中國歷代名著全譯叢書

吴越春秋全译
（修订版）

〔汉〕赵 晔 原著 张 觉 译注

贵州出版集团
贵州人民出版社

中国历代名著全译丛书

编　委　会

（以姓氏笔画为序）

王运熙　　余冠英　　张　克(常务)
罗尔纲　　程千帆　　缪　钺

再版说明

出版的境界是：为饥作浆，为旱作润，为冥作光，为往圣继绝学。《中国历代名著全译丛书》担当这一历史的重托，挟着春风走到了学人和国学爱好者的面前。

书似青山常乱叠，眼光如炬淘金来。《中国历代名著全译丛书》自上个世纪九十年代推出，即以权威、精到、普及的面貌风靡整个书界。本套丛书曾获中宣部精神文明建设五个一工程奖及中华人民共和国出版规划重点项目。但多年断档，令人怀恋。上个世纪九十年代的名著全译，多以三五本的规模推出，而今天的《中国历代名著全译丛书》，出手尽显大家气度，一次集中推出五十种，满足眼睛与心灵的饕餮。

中华民族有数千年的文明历史，产生了辉煌灿烂的古代文化。浩如烟海的历代名著，就是中国古代文化遗产的重要组成部分。这些文字不仅记录了中国古代各个方面的历史与人文，物质与精神，成为后来人的精神家园，而且对中华民族的成长提供了丰富的营养，对中华民族的形成和发展产生了巨大的凝聚力和感召力。

但古人留下的典籍，由于时代的变异，语言的古奥，当下人已难识其庐山真面目。且以往坊间的不少古籍今译的读物，大都难尽人意：

——选本。如《国语选译》《诗经选译》等。了解中国古代文学批评史的人知道，"选"是一种评论的方式。鲁迅先生曾指出，如果对陶渊明只选"采菊东篱下，悠然见南山"，而不选"刑天舞干戚，猛志固常在"这类"金刚怒目"式的作品，那就很难使读者对陶渊明的"全人"有完整的认识，若"再加抑扬"，就"更离真实"了。所以说选译本的缺陷是显而易见的。

——白话本。如《白话史记》《白话搜神记》之类。这类今译本有的置原文于不顾，随意增删敷衍，从严格意义上已不是原书；有的译文尚称严谨，但无原文对照核查，欲引用古人文句还要另觅原书，难称人意。

——单译本。这类书最多,译文之外附有原文、注释,其中也不乏质量较高者。遗憾的是见木不见林,缺乏学术系统性,读者买到一本算一本,对中华民族传统文化的了解很难达到全面。

本丛书在策划之初就考虑到避免以上各种译本之不足,本着推陈出新、汇聚英华、弘扬传统、振兴华夏之宗旨,化艰深为浅显,融译注为一炉,俾使社会各界广大读者了解我国古代各名著之完整原貌,有利于当下人文精神建设,又利于中外文化之交流译介,乃延聘海内学界通人,精选史有定评之夏商迄晚清经史子集四部,以全注全译形式重新装帧、重新校勘整理出版。所选各书前言对该名著之时代、作者、内容、成就、文献版本皆有详赡说明,各篇各卷前有简明扼要的题解,原文选用业经整理的善本,注释采用学术界公认的成果,译文强调忠实原文、通达流畅。

书行天下,道亦随之,既有品味,又有普及,为大家营造出一片文化底蕴深厚、知识境界广博、思想空间深邃的精神沃土,是《中国历代名著全译丛书》的孜孜追求。此次修订是在前辈学人呕心沥血的基础上,重新进行认真的审读和勘校,是在"国学热"基础上的一次新的提升,在强调通俗性的同时,亦重视学术性与资料性。今日重现书界,必将旋起一种新的阅读风暴。

我们相信,这套丛书的问世,对传播中华民族优秀的传统文化,提升我们国家的软实力,形成当代的人文精神有着重要意义,在现代化人文化的进程中对开启今人智慧、滋养今人心灵都有着不可估量的意义。

经典不腐更不朽,它是源远流长的活水,天光云影,亘古永在。

贵州人民出版社
2008 年 9 月

目 录

前言 ………………………………………………… 1
凡例 ………………………………………………… 1

卷第一
   吴太伯传 ……………………………………… 1

卷第二
   吴王寿梦传 …………………………………… 15

卷第三
   王僚使公子光传 ……………………………… 27

卷第四
   阖闾内传 ……………………………………… 58

卷第五
   夫差内传 ……………………………………… 114

卷第六
   越王无余外传 ………………………………… 174

卷第七
   勾践入臣外传 ………………………………… 196

卷第八
   勾践归国外传 ………………………………… 233

卷第九
　　勾践阴谋外传 ·· 255
卷第十
　　勾践伐吴外传 ·· 289

附录一
　　一、《吴越春秋》佚文 ······································ 340
附录二
　　二、《吴越春秋》的研究考证资料辑录 ······················ 346
附录三
　　三、本书采撷文献目录 ···································· 352

后记 ·· 359

前　言

　　《吴越春秋》一书,历叙吴、越两国的史事,而重在叙述春秋末期吴、越两国争霸的历史故事。该书虽大量取资于《左传》《国语》《史记》等史籍,但并不拘泥于此,而又采撷掺入了不少佚闻传说,其中恐怕也不乏作者的想象塑造之辞;同时,它又注意到故事的完整性,注意写清其来龙去脉。所以,从它记载史事这一点来说,是一部史书;但从它记载的内容与格调来说,又不同于严谨的史家之实录。它实是一部介于史家与小说家之间的作品,可谓是后代历史演义小说的滥觞。因此,它虽然一向被列入史部,但读起来却比一般史书更为生动、更富于情趣,因而更受到读者的喜爱。不但后代的史籍方志,如《吴郡志》之类,常取资于该书;就是后代的文学作品,如唐代的说唱文学《伍子胥变文》、宋元话本《吴越春秋连像评话》、明代传奇梁辰鱼的《浣纱记》、明清历史小说冯梦龙、蔡元放编的《东周列国志》、近代的《吴越春秋说唱鼓词》、现代曹禺创作的话剧《胆剑篇》、萧军所著的《吴越春秋史话》等,都或多或少地取材于该书。所以,该书既是一部世所公认的历史典籍,又是一部脍炙人口的文学名著,在我国的史学史与文学史上都具有很高的地位,是一部学习与研究中国古代文化的人不可不读的要籍。

一、《吴越春秋》的作者

　　据史载,赵晔著《吴越春秋》是没有问题的。至于赵晔的生平事迹,史载甚略。据《后汉书·儒林列传》可知[①],赵晔字长君,会稽郡山阴县(今浙江绍兴)人。年轻时做过县里的小吏,曾让他去迎接郡里来的督邮[②]。由于他禀性清高,不愿阿谀奉迎,所以弃职不干,到犍为郡资中县(今四川资中)去向当时的经师杜抚学习《韩诗》,潜心于学问,一连二十年也不捎个信回去,家里的人还以为他死了。杜抚死了以后他才回家,州里召他做官,他仍未就职,曾被选举为有道徵士。他的著作首推《吴越春秋》，但《诗细历神渊》更为当时的学者蔡邕所赏识，以为胜过王充的《论衡》。据《隋书·经籍志·经部》著录，他还著有《韩诗谱》二卷、《诗神泉》一卷，但隋、唐时就已亡佚了。史籍未载其生卒年，所以我们只能根据其事迹稍加推断。他年轻时即抛弃县吏之职不干而就学于杜抚，当在二十岁左右。在杜抚处二十年而杜抚死，当在四十岁左右。据《后汉书·儒林列传》，杜抚"建初中（公元76—83年）为公车令，数月卒官"。算他死于公元80年左右，由此上推，赵晔当生于公元40年（汉光武帝建武十六年）前后。他的书曾受到蔡邕（公元132—192年）的推崇，想必在他死后不久，由此推测，他可能卒于公元130年（汉顺帝永建五年）前后。这些推测虽然不一定精确，但他生活于东汉明帝、章帝、和帝、殇帝、安帝之时（公元58—125年），恐怕是可以肯定的。

据《隋书·经籍志》《旧唐书·经籍志》《新唐书·艺文志》《郡斋读书志》等著录，赵晔所撰的《吴越春秋》是十二卷，而现存的《吴越春秋》却只有十卷，有些本子还将它合为六卷，可见今传的《吴越春秋》已不是赵氏的原著了。《隋书》又著录杨方撰《吴越春秋削繁》五卷、皇甫遵撰《吴越春秋》十卷。《唐书》也载杨方撰《吴越春秋削烦》五卷、皇甫遵撰《吴越春秋传》十卷。这些著作与赵晔之作是否有关呢？《崇文总目》卷三在著录了"《吴越春秋》十卷"与"《吴越春秋传》十卷"之后加按语说："唐皇甫遵注③。初，赵晔为《吴越春秋》十卷④。其后有杨方者，以晔所撰为烦，又刊削之为五卷，遵乃合二家之书考定而注之。"此说若是事实，则赵晔、杨方、皇甫遵三家之作虽不相同，却也有联系。而流传至今的《吴越春秋》十卷，应该是皇甫遵的考定本。虽然它的原著者是赵晔，但经过杨方的刊削与皇甫遵的订正，早已不同于原著了。所以，我们也就不能简单地说它是"赵晔所撰"。这种情况，与《东周列国志》有相似之处。如果说，《东周列国志》的作者被题为"蔡元放"不太妥当而应题为"冯梦龙、蔡元放"，那么《隋书》将十卷本的《吴越春秋》题为"皇甫遵撰"也就不太妥当而应该改题为"赵晔、皇甫遵撰"。为了依从全译丛书体例，今姑题为赵晔原著。

据《崇文总目》之说而得出的这一结论是否能成立呢？后人议论纷纭。

马端临《文献通考·经籍考》完全承袭《崇文总目》之说。

徐天祐则认为今传之十卷本为赵晔所著,杨方、皇甫遵之书已不传⑤。

杨慎则对传世的《吴越春秋》之作者表示疑问。其《丹铅馀录》卷十四说:"《汉书》:赵晔撰《吴越春秋》。《晋书》:杨方亦撰《吴越春秋》。今世所行,晔耶?方耶?"

胡应麟则认为今本为赵晔之作,而非杨方之作。他在《少室山房笔丛》卷五《丹铅新录一》中说:"案隋、唐诸《志》。杨方所撰名《吴越春秋削繁》,南渡尚存见。《通考》盖以晔所撰太繁,故芟削之,若刘孝标《九州春秋钞》之类耳。夫东京、六代文体迥异,即二书并行,岂能惑具眼哉?"

姚际恒《古今伪书考》完全承袭杨慎之说而不加论断。

余嘉锡《四库提要辨证》认为今传十卷本为皇甫遵之书⑥。

黄云眉《古今伪书考补证》认为今传十卷本是杨方之作⑦。

今传《吴越春秋》十卷的作者究竟是谁呢?我认为应该题为"赵晔编著、皇甫遵删定"。

说"赵晔编著",应该是不成问题的。因为杨方、皇甫遵的《吴越春秋》,都不过是在赵著的基础上加以删削、考定而成的。所以,今本即使最终出于皇甫遵之手,也不能将赵晔排除在作者之外。但另一方面,我们也不能简单地只题"赵晔撰"。因为今本实非赵氏原著,它与赵氏原著相比,不但被删削了,而且也被改动了不少。这从古代类书与注释的引文中可以得到证实。

我之所以不把杨方当作为今本的作者之一,是因为:《晋书》卷六十八《杨方传》说他"著《五经钩沉》,更撰《吴越春秋》",这所谓"更撰",不过是改编而已,究其实,也就是《崇文总目》所说的"刊削"。其书在当时可能是以《吴越春秋》为书名而行世的,所以《晋书》只说他撰《吴越春秋》。但当时赵晔的十二卷本同样流行,正如胡应麟所说,它是不能"惑具眼"的。所以《隋书》《唐书》的编著者在著录时就不再承袭《晋书》而正其名为《吴越春秋削繁(烦)》。杨方既然以为赵书烦而大加芟削,恐怕是不会再作什么增补的。就是说,他的书不过是赵书的删节本,其中并没有他的创作成果。所以,我们不应该将他视为《吴越春秋》的作者。有人以为杨方对赵书有删也有增⑧,恐怕是不符合事实的。《崇文总目》所谓"遵乃合二家之书考定",恐怕也只是指取赵晔之书、参照杨方的删削方法加以删定而已。就是说,杨方之书不过是皇甫遵考定时的一种参考资料,而不是一种原材料。皇甫遵的十卷本,根本不是简单地将杨方的五卷析为十卷、再去其"削繁"之名而成的。他的十卷本,应该是一种较赵书为简而较杨书为详的本子,所以皇甫之书一流行,杨方之书便无甚价值而渐渐地失传了,而绝不是后人将杨方之书改题为"赵晔撰"。

我之所以要把皇甫遵当作今本的删定者而著其名,是因为今传之十卷本实即皇甫遵的考定本。它们的卷数相同当然是一个重要的证据。另外,皇甫遵本是一种注本,所以《唐书》将《隋书》的皇甫遵撰《吴越春秋》十卷正名为《吴越春秋传》十卷。大概后来的本子删去了他的注,所以又转题为赵晔撰,但其中却不免残留下皇甫本的痕迹。顾广圻、蒋光煦都曾见到过影宋钞本十卷。蒋光煦虽说它"无注",但从他的校记中可以看到,宋本还残留着一些注释。如卷三:"胥乃贯('乌还切'三字,宋本原注)弓执矢。"卷四:"会楚之白喜(宋本有注云:'上音伯,下音喾。下文同。')来奔。"卷六:"化为黄能(宋本有注云:'囊来切,鳖三足。')⑨。"这说明,题为赵晔撰的宋本十卷,实出自皇甫遵"考定而注之"的本子。《宋史·艺文志》著录了"赵晔《吴越春秋》十卷"、"皇甫遵注《吴越春秋》十卷"两种本子,其间的区别恐怕只在于注释的有无,其原文恐怕是一样的,即都是皇甫遵考定的十卷本。皇甫遵在考定时,将赵氏的十二卷本删削改动了不少,这一点已为古代类书及古注的引文所证明。所以,宋以后流传的十卷本,如果不题"皇甫遵删定"而只题"赵晔撰",就不能反映出该书作者的真相和全貌。因此,皇甫遵应被看作为今本《吴越春秋》的准作者而著其名。

末了需补充说明的是,古代凡抄撮旧史、删削他书、考订校注等皆称"撰",所以,赵晔抄撮《左传》《国语》《史记》以及传闻异说被称为"撰",杨方删削赵书也被称为"撰",皇甫遵考定赵、杨二书而加注也被称为"撰"。但真正要确定其作者,是不能不作具体分析的。

二、《吴越春秋》的流传

《后汉书》卷七十九载赵晔"著《吴越春秋》",可知该书成于东汉。《晋书》卷六十八载杨方"更撰《吴越春秋》",可见此书到晋代又有了改编本。据《隋书》《唐书》以及郑樵《通志》卷六十五的著录,可知在隋、唐、北宋期间，此书有三种传本，即赵晔的原本十二卷，杨方的删节本五卷，皇甫遵的参定注释本十卷。晁公武《郡斋读书志》卷二上著录了"《吴越春秋》十二卷"，并说："右后汉赵晔撰。吴起太伯，尽夫差；越起无余，尽勾践。内吴外越，本末咸备。"可见南宋初年赵氏的原著尚存。《艺文类聚》《初学记》《文选》注、《史记》注、《太平御览》等引文有不少不见于今本，也可说明唐、北宋时期赵氏的十二卷本并未亡佚。但陈振孙《直斋书录解题》未著录此书，《宋史》卷二百三也只载"赵晔《吴越春秋》十卷，皇甫遵注《吴越春秋》十卷"，由此可以推知，赵晔所著的十二卷本及杨方所芟削的五卷本在宋末元初都已经亡佚⑩，剩下的就只有皇甫遵删定的十卷本了。清代顾广圻曾见到过影宋钞本，并在乾隆甲寅(公元1794年)九月用它校过明刻本；蒋光煦也曾用影宋本校过⑪。从他们的校记中可以知道，宋本是十卷本，文字与明刻本稍异，仅有极少几条注释。但这种影宋本现在也早已亡佚了。

《吴越春秋》现存的最早刊本，是元大德十年丙午(公元1306年)绍兴路儒学刻明修本。这是元代绍兴路总管提调学校官刘克昌支持刊刻的，由前宋国子监书库官徐天祜作序，并加考订音注⑫。该书今藏北京图书馆⑬，恐怕是孤本了。今未见该书，难以评论。但该版既在明代修过，恐怕与元代的原刻本不尽相同了⑭。但该本与其他翻刻本相比，无疑是值得珍视的。元代的大德刻本对《吴越春秋》的流传影响极大，后世的刻本都源自大德本。

明代有好几种刻本，其中最能体现大德本风貌的有弘治十四年(公元1501年)邝廷瑞、冯弋的刻本⑮，该书共十卷而又分上、下。该本现存虽已不多，但上海涵芬楼1919年辑印《四部丛刊》时影印了此本，所以现在也易见到。此外还有一种明代翻刻十卷本也甚佳。这种本子每半叶9行，每行17字，其刻书年月及刻书人均未标明，所以莫友芝还以为是大德原版的重印本⑯。其实它只是明刻本。徐乃昌在光绪三十二年(公元1906年)将它辑入《随庵徐氏丛书》而校刊印行⑰，其"字画行款，一仍其旧"⑱，所以也可利用。明代万历丙戌(公元1586年)冯念祖卧龙山房也翻刻过大德本，十卷。该本现存尚多，较易见到，可惜误字甚多。明代除了保留十卷本面貌的翻刻本外，又有人将十卷合并为六卷，即将前三篇合为第一卷，第六、第七篇合为第四卷，第八、第九篇合为第五卷。他们虽然保留了徐天祜的注，却删去了徐天祜的序以及书末的衔名,文字也多异同。吴琯辑校的《古今逸史》中的《吴越春秋》,何允中辑刊的《广汉魏丛书》中的《吴越春秋》,都是如此。这两种六卷本也为后人所重,后世翻刻影印者不少,其实不足称善。

　　清代的刊本不少,但大多是六卷本,如:(一)汪士汉康熙七年(公元1668年)搜罗《古今逸史》残版重加印行的《祕书廿一种》本,其版除卷一至卷五的第一叶有所剜改外,其他与《古今逸史》本同。该书嘉庆九年(公元1804年)又重刊过。(二)于敏中等乾隆三十八年(公元1773年)所辑的《摛藻堂四库全书荟要》本,该本为钞本,今藏台北故宫博物院。但现也有影印本可供利用。(三)乾隆《钦定四库全书》本,也是钞本。据《四库全书总目》,《四库全书》中的《吴越春秋》为十卷本,但台湾商务印书馆于1986年影印的《文渊阁四库全书》中的《吴越春秋》却与《四库全书荟要》本一样,是六卷本,不知他阁是否抄有十卷本。文渊阁本抄校于乾隆四十六年(公元1781年),虽为孤本,但现已影印,流传甚广。该本虽为御制,但误字却不少。(四)王谟乾隆五十六年(公元1791年)辑刊的《增订汉魏丛书》本,该本后来翻刻者甚多,有光绪二年(公元1876年)红杏山房刊本,光绪六年(公元1880年)三馀堂刊本,光绪十七年(公元1891年)艺文书局刊本,宣统三年(公元1911年)上海大通书局石印本等等。除六卷本外,清代也有十卷本传世,如:(一)徐维则光绪廿年(公元1894年)所辑的《会稽徐氏初学堂群书辑录》中的《吴越春秋》,该本为稿本,藏上海师范大学图书馆。(二)徐乃昌《随庵徐氏丛书》本(见上)。

　　清亡以来的刊本有:(一)郑国勋1917年辑刊的《龙谿精舍丛书》本,十卷。此本北京中国书店1982年又用郑氏原版重印过。(二)张元济等1919年编辑影印的《四部丛刊》本(见上)。(三)上海商务印书馆编印的《丛书集成初编》本,该本据《古今逸史》本影印,六卷。(四)上海中华书局1936年据冯念祖本(见上)排印的《四部备要》本[19],十卷。(五)上海商务印书馆1937年出版的《万有文库》第二集《国学基本丛书》本,六卷。(六)上海商务印书馆1937年所辑的《景印元明善本丛书十种》本,该书据《古今逸史》本影印,六卷。(七)台湾商务印书馆1986年影印的《文渊阁四库全书》本,六卷。(八)台北世界书局1986—1988年影印的《摛藻堂四库全书荟要》本,六卷。

（九）江苏古籍出版社1986年出版的苗麓点校本，十卷。该本以"大德本"为底本，较上述各本之底本为优，但在校点排印中有疏漏，这是很可惜的。

由上所述可知，明代以来《吴越春秋》流布甚广，但其中好的版本并不多，值得称道的当推元大德刻明修本、邝廷瑞本及其影印本（《四部丛刊》本）、明刻9行17字本及徐乃昌校刊本。其他的版本，与大德本的差异就比较多了。

前人对《吴越春秋》的注释工作做得不多，皇甫遵的注本在宋末就已亡佚了，而自徐天祐音注的大德本问世至今近七百年，还未有过新的注释本问世，这也是令人遗憾的。因为徐注虽解决了不少疑难，但要读通全书，仅依靠他的注显然是远远不够的。

三、《吴越春秋》内容概要

《吴越春秋》全书可分为前后两部分，前半叙述吴国史事，后半叙述越国史事。

吴国的史事，一直追溯到吴国的开创者太伯的祖先后稷。后稷是帝喾元妃姜嫄的儿子，姜嫄在野外踩了一个巨人的脚印而怀了他，所以生下来就把他抛弃了，但牛马、众鸟都保护他，使他活了下来。他从小善于种植，后来当了农官。他的后代公刘、古公亶父都积德行义，很得民心。古公生太伯、仲雍、季历，古公知道季历之子姬昌（周文王）圣贤，于是想把君位传给小儿子季历。太伯、仲雍心领神会，便借口到江南采药而将君位让给了季历，自己在江南创建了吴国，筑都城于梅里（今江苏无锡县梅村）。吴国传到寿梦之世，国力始强，不但与中原各国时有交往，而且与楚国频频交战。寿梦有四个儿子：诸樊、馀祭、馀昧、季札。寿梦死时想传位给贤德的季札，季札推让不受。于是诸樊、馀祭、馀昧禀承父意，依次相袭（兄传弟叫袭）而不传位于儿子，想最后传给季札，但季札仍推让逃避。结果吴人便拥立了馀昧之子州于，即吴王僚。诸樊之子公子光对此心怀不满。这时，楚国的伍子胥一家由于费无忌的谗毁而遭到楚平王的迫害。伍子胥的父、兄被杀，他立志报仇，先逃到宋国，最后投奔吴国。他深知公子光的心事，就进荐专诸，为公子光刺杀了王僚。于是公子光立为国君，即吴王阖闾。阖闾任用伍子胥，在今苏州一带建造了都城。后来楚国的伯嚭前来投奔，阖闾也任命他为大夫。由于阖闾又担心王僚之子庆忌复仇，所以伍子胥又进荐要离，设计刺杀了庆忌。伍子胥时刻不忘报仇，便进荐了孙武，并怂恿阖闾伐楚。结果吴军伐楚，楚军大败，楚昭王出逃。吴王攻入楚国国都郢，伍子胥掘平王之墓，鞭尸三百以解恨。后来楚臣申包胥到秦国哭庭求救，秦国出兵，打败了吴兵，子胥等才回到吴国。这时，原来的太子病死，子胥在夫差的苦求下，便劝阖闾立夫差为太子。阖闾死后，夫差继位。他不听伍子胥的劝告，放下越国，屡次伐齐，虽在艾陵大败齐军，但已实力大伤，却还以此责备伍子胥，赐属镂剑令其自裁。子胥死后，夫差即使连年歉收，仍然穷兵黩武，伐齐后与晋国在黄池争当盟主。越国乘虚而入，大败吴国太子，攻入吴国。夫差回国后，越国又屡败吴军。最后夫差逃离国都，被围困在秦馀杭山（今苏州市西北之南阳山），向越王求和不成，自杀而国亡。

  越国的史事，一直追溯到越国的始祖无余的祖先夏禹。禹是颛顼的孙子、鲧的儿子。鲧的妻子女嬉吞了一颗宝珠而怀了孕，结果生了禹。当时洪水泛滥，鲧受四方诸侯之长的推荐而奉帝尧之命治水，未获成功而被流放。禹继承父业，在委宛山求得天书，了解了通水之理，于是奔劳海内，治水获得成功。尧、舜相继去世后，禹即天子之位，大会四方诸侯于会稽山，死后即葬于此。禹以下六世为少康帝，他怕禹庙断了香火，就封其庶子无余于越以祭祀大禹。其后代后来渐渐衰微，结果又有人起来复兴越国，传到元常，便开始强大了。元常之子勾践，因被吴王夫差打败而只得求和，并前往吴国当夫差的奴仆。他在范蠡的参谋下，忍垢受辱，最后终于打动了夫差的恻隐之心而被赦回国。回国后他委托范蠡建城作都，自己则卧薪尝胆，念念不忘复仇。他对外继续讨好吴王，不断送礼；对内休养生息，以增强国力，并和群臣一起谋划攻吴之计。大夫文种献上九术。于是越王尊天事鬼以求其福佑；送吴王大木良材，使其大兴土木而耗其国力；将西施、郑旦献给吴王以惑乱其心；向吴国借粟，然后还其蒸过之粟，使吴国种而无收。越王自己则积聚粮食以富国，请处女、陈音教授击剑、射箭之术以强兵。国富兵强之后，越王便广泛地进行战争动员，严明法令，然后出兵攻吴，屡次打败吴军，最后迫使夫差自杀，灭了吴国。接着又出兵北上，横行于江、淮之间。其后范蠡出走，文种被勾践赐剑自杀。勾践迁都琅琊，称霸于函谷关之东。勾践死后，传到越王亲，被楚国所灭。

四、《吴越春秋》的文化价值

唐代魏徵等所撰的《隋书·经籍志二》对《吴越春秋》之类的杂史曾有一段很有见地的评述。其言云："自秦拨去古文,篇籍遗散。汉初,得《战国策》,盖战国游士记其策谋。其后陆贾作《楚汉春秋》……后汉赵晔又为《吴越春秋》。其属辞比事,皆不与《春秋》《史记》《汉书》相似,盖率尔而作,非史策之正也。灵、献之世,天下大乱,史官失其常守。博达之士,愍其废绝,各记闻见,以备遗亡。是后群才景慕,作者甚众。又自后汉已来,学者多钞撮旧史,自为一书,或起自人皇,或断之近代,亦各其志,而体制不经。又有委巷之说,迂怪妄诞,真虚莫测。然其大抵皆帝王之事,通人君子,必博采广览以酌其要,故备而存之,谓之杂史。"这段评述,既涉及到了作者的编纂意图,也涉及到了作品的文化价值。概而论之,则《吴越春秋》之所以能流传近二千年而不废,其原因大概就在于:(一)所述为帝王之事,通人君子,必博采广览以酌其要;(二)虽非史策之正,也可备遗亡;(三)有委巷之说,引人入胜。用现代的话说,就在于它具有思想价值、史料价值、文学价值。

（一）《吴越春秋》的思想意义

中国古代的文化是倾向于现实的。纵观古代圣哲贤智博达之士的著述,可以很明显地感觉到,它们大多围绕着一个主题,即治乱兴废与世道人心。作为史籍名著之一的《吴越春秋》,也无非如此。《隋书》的评说,不但体现了中国古代文化所具有的现实性评判倾向,而且也切中要害地揭示了《吴越春秋》所蕴蓄的富有现实意义的思想内涵。

读过《吴越春秋》的人,恐怕都会被夫差由强而亡、勾践由弱而胜的历史事实引入沉思。这其中的历史教训是什么? 是因为夫差昏庸、勾践明智? 夫差暴虐、勾践仁慈? 夫差刚愎自用、勾践从善如流? 夫差听信谗佞、勾践依靠忠臣? 夫差奢侈淫荡、勾践苦心劳身? 夫差穷兵黩武、勾践休养生息? 夫差民多怨恨、勾践深得人心? ……这一系列的问题恐怕都会在好学深思者的头脑中闪现。当然,具体的问题是复杂的。就说暴虐与仁慈吧。夫差将公孙圣暴尸蒸山;令伍子胥自杀后,还盛以鸱夷之器投之于江;大兴土木,使得民疲士苦,人不聊生,道死巷哭;穷兵黩武,敢谏者死……其暴虐之行,令人发指。但对勾践,他却颇多仁慈之心,尽管勾践有杀父之仇,他也曾立志为父王阖闾复仇，但天以越赐吴，他却不受；勾践入臣于吴，伍子胥劝他诛之，他却很讲究仁义之道，不"诛降杀服"；见到勾践、范蠡在石室中不失君臣之礼，他颇"伤之"，"心不忍见而欲赦之"；子胥反复劝谏，他"不忍复闻"而赦勾践……其恻隐之心，可谓尽矣。至于勾践，虐杀文种，与夫差杀子胥又有何异？由此可见，决定兴亡成败的关键还不能简单地用某种品性去解释，主要地还应该从其政治上的思想水平、洞察力、辨析力、策略原则等方面去分析。夫差在政治上无疑是幼稚的，他甚至分不清敌我忠谗。他不懂得敌人总是敌人，纵敌者必自殃。他没有深湛的政治洞察力，只为一些表象所迷惑，所以虐杀忠良，放虎归山。他的灭亡实体现了社会政治领域中的某些必然规律。而勾践，在政治上显然成熟得多，他虽一心复仇，即使肝脑涂地也在所不辞，但当自量其力而不足以伤吴时，他便忍垢受辱，委屈求全；等他有了足够的力量，就全力以赴以制敌于死地；面对夫差之使的哀求，他也曾有过恻隐之心，但最终还是当机立断，怒令夫差自杀。从中国的传统道德观来说，勾践可能会受到以怨报德之讥，但无情的历史却说明，他是政治上的胜利者。这无疑也体现了社会政治规律的某种必然性。本书洋溢着一种强烈的复仇精神，勾践伐吴而杀夫差，子胥谋楚而鞭王尸，都是一种复仇行动。政治斗争是你死我活的斗争，而其成败又取决于各自的实力、用人、谋略、民心等一系列因素。本书正是以其具体生动的事例，深刻地揭示了丰富的政治规律，所以通人君子博采广览以酌其要也就是必然的事了。当然，本书也颂扬了太伯、季札的让位之德，但那已是过去了的政治观。吴国的谦让传统，早就被公子光谋杀王僚而篡位的政治事实给否定了。本书所述的事迹言论，虽颇违反传统的道德观，但它却惟妙惟肖地从历史事实的演变以及针锋相对的辩辞中揭示了政治的历史演进以及诸多富有成效的政治经验，这也正是其价值之所在。徐天祜说它"可以劝诫万世"；钱福说"是书所载，若胥之忠，蠡之智，种之谋，包胥之论战，孙武之论兵，越女之论剑，陈音之论弩，勾践之畏天自苦、臣吴之别辞、伐吴之戒语，五大夫之自效，世亦胡可少哉？[20]"皆可谓是知音之言。

毋庸讳言，本书的思想观念也自有其缺陷。作者身处迷信图谶、阴阳五行观念盛行的东汉初年，也不可避免地使本书带上了这种历史思想的烙印。书中多次出现以卜日、占梦的方式来进行决策的描写，不管它是否合乎史实,从其思想意义上来说,无疑是不足取的。

(二)《吴越春秋》的史学价值

《吴越春秋》作为一部世所公认的史书,其直接的价值当然应该是它的史料价值。如果我们将它与今传之《左传》《国语》《史记》等史籍相对照,就可以明显地感到,该书对吴、越两国的史事记载要比他书丰富得多,而且也更具系统性。虽然书中有些记载不一定合乎史实,如其占日之术"皆非三代卜筮之法,未免多所附会","至于处女试剑、老人化猿、公孙圣三呼三应之类,尤近小说家言"[21],但我们决不能因此而抹杀它的史料价值。书中很大一部分内容可与《左传》《国语》《史记》等典籍相印证固不必再加称说,就是那些《左传》等未载的事迹,恐怕也并非都是无稽之谈。东汉初年,去古未远,当时或有许多杂史与传说可供采录,其中有些材料显然具有较大的真实性。如《吴太伯传》载太伯"葬于梅里平墟",不但可与《皇览》等记载相印证,更可为今无锡县梅村乡留存的古迹所证实。还有像《王僚使公子光传》中载专诸杀王僚之前"从太湖学炙鱼",今江苏吴县胥口乡有炙鱼桥,也可相证;该篇又载公子光迎太子建母于郑,虽与《左传》《史记》的记载不同,却很可能最合乎史实[22]。至于《阖闾内传》以下诸篇,其记事十分详赡,更可用来补充《左传》等记载的不足,其史料价值也是值得重视的[23]。这一点其实也早为前人所肯定与利用。《隋书·经籍志》说它可"备遗亡",《史记》三家注引用《吴越春秋》之文来疏证《史记》,现代的学者把其中的弹歌作为探究文学艺术起源的重要史料,即其例。

《吴越春秋》不但具有史料价值,即其体例而言,也颇可称道。作者将《左传》的编年体、《国语》的国别体、《史记》的纪传体熔为一炉,以其丰富的资料,编著了一部十分系统的以纪传为主体、以编年为头绪来铺叙两国史事的国别史。从体例构思的缜密性、系统性来说,它对我国古代史学的贡献也是不容忽略的。

当然,作者对体例的构思虽然很好,但在具体的记载中却往往有年代错乱的情况,有些事迹也明显有违史实[24]。我们虽然基本上肯定了它的史料价值,但它毕竟是一部杂史,如果毫无鉴别地采用其中的记述来研究当时的历史,那显然也是不适当的。这是我们在利用其中的史料时应加注意的。

(三)《吴越春秋》的文学成就

《吴越春秋》虽是一部史籍,但它的文学成就却远远胜过它的史学成就。它在文学史上的重要地位早已为世所公认。它作为后代历史演义小说的滥觞,在艺术上的成就是多方面的。

首先,作者善于选材与构思。他善于从丰富的史料与传说中选取最生动的故事情节加以渲染铺排,同时又充分舒展其想象力,加入一些合乎情节发展逻辑但于史无徵的内容,再通过别具匠心的构思,将它们组织成有头有尾、脉络分明、前后照应的完整故事。这恐怕是人们视之为历史演义的主要原因。例如,在《王僚使公子光传》中,他便以这种方式详尽地描写了伍子胥的身世及其活动。这从史书的角度来说,并不能算是成功之笔,因为这些事迹与吴国的历史并无多大关系。但从文学的角度来说,显然是成功的。后世很多文学作品、特别是那些描写伍子胥的说唱文学与小说,之所以从《吴越春秋》中吸取得那么多,其主要的原因恐怕就在于作者对这一段富有戏剧效果的故事情节作了系统、详尽、曲折、生动的描绘。其他像越女试剑,袁公变猿,公孙圣三呼三应,伍子胥兴风作浪,孔子进见越王之类,"尤近小说家言"⑤,虽无甚史料价值,却是道地的文学作品,可视为六朝志怪、佚事小说之权舆。

其次,作者善于刻画人物,善于从人物的行动、对话、表情、心理等各个方面来展现他们各自的性格特征。就拿关系到吴国兴亡的关键人物伍子胥来说,他的亮相,是在楚平王派使者诱捕之时,这是一个关系到生死存亡的关键时刻。作者紧紧抓住伍子胥与伍尚弟兄二人一去一留这种截然相反的思路与决心,从强烈的对比中一下子就刻画出了伍子胥深湛的政治洞察力与"能成大事"的政治素养。接着,作者写他行哭林泽之中,决心"因于诸侯以报仇",这既显示了他的富于情感,又深刻地揭示了一个政治家的成熟。因为只有那些无政治才能的匹夫才只能凭个人的私勇去报仇,而政治家是一定能利用他人之力去实现自己的抱负。接着写他历经千辛万苦而奔吴,充分展示了他的坚定性与韧性。而作者从王僚的眼中来写他状貌的非凡,也更有力地塑造了他形神兼美的形象。为了真正实现自己的愿望,他小心谨慎而不急于求成。不但劝王僚不要为自己用兵于楚,就是阖闾让他当了行人之后,他仍然不敢造次行事。直到他推荐要离杀了庆忌,又推荐孙武领兵以后,才劝吴王伐楚。这充分表现了一个政治上成熟的亡臣所应有的忍耐与谨慎。至于其鞭平王之尸三百与"倒行而逆施"的答语,又合乎情理地表现了他那蕴蓄已久、势如决堤的仇恨迸发。他对渔父与击绵女的报恩,和他对平王的复仇,从心理逻辑上来说是统一的,所以作者也极力铺排。他事业上的成功,使他在夫差之时具有了托孤老臣的地位,因而作者通过他出言激切、无所顾忌的一系列言行来显示其当时的身份,这又是十分成功的。伍子胥的一生,其经历及性格的变化都具有一种复杂性,作者正是通过各各不同的言行描写给我们刻画出了一个栩栩如生、富有立体感的忠臣形象。当然,书中描写的一系列人物,无论其所化笔墨是多是少,一般说来,刻画得都相当成功,如深谋远虑的范蠡,赤胆忠心的文种,阿谀谗佞的白喜,忍辱图远的勾践,刚愎自用的夫差,深沉稳重的阖闾,粗野高傲的寿梦,德高望重的太伯,淡泊无欲的季札,清逸侠义的渔父,善良朴实的击绵女,智勇双全的专诸,形弱神强的要离,严明必胜的孙武,一心为国的申包胥,多愁善感的齐女,胸怀狭窄的滕玉,盛气凌人的椒丘䜣,身体力行的夏禹,年轻有为的计砚,精通剑术的越女,知识渊博的陈音,正直不阿的公孙圣等等,都给人以不可磨灭的印象。这些都显示了作者艺术技巧的高超,也充分体现了本书的演义性特点。

再次,作者善于利用对比、衬托的手法来强化人物性格的个性特征与故事情节的内涵。如将夫差的天赐不受与越王的天赐而受相对比,将伍子胥与公孙圣的忠诚正直与太宰嚭的阿谀谄媚相对比,用伍尚的愚孝来衬托伍子胥的大孝,用椒丘䜣的匹夫之勇与庆忌的武士之勇来映衬要离的义士之勇,用文种被戮的结局来映衬范蠡功成告退的明智等等。这样,不但突出了人物的个性,而且使故事的情节更富有深厚的义蕴。

还有,作者往往能抓住特定的情感,利用环境的描写、气氛的渲染,创造出一种情景交融的境界。如写勾践入臣吴国"君臣生离"时,用"浙江之上,临水祖道,军阵固陵"等设置了一个严阵肃杀的背景,显得严峻而凄切,其情景真不亚于荆轲易水之别。而他与范蠡回归时,同样至"浙江之上",却是"望见大越,山川重秀,天地再清"。这通过越王视觉折射出来的明朗清丽的景色,无疑饱含着他当时重见天日的欢快心情以及对光明前途的无限希望,真是情中有景,景中有情。作者的笔触虽极简练,但此情此景却传神地表现了出来。再像《勾践伐吴外传》写勾践胜吴后置酒文台时群臣作乐之情,那文种、范蠡调侃的两句诗,不但表现了当时活跃的气氛,而且也使群臣欢快的心情顿现在读者面前。如此含而不露却神情顿现的精彩之笔,从艺术上来说,实已达到了炉火纯青的地步。

此外,正如《四库提要》所说,该书"词颇丰蔚"。作者语汇丰富,句法有散有骈,潇洒而整练,因而读上去琅琅上口。作者也十分注重文章的音乐美,不但在祝词中使用整练的四字句韵文(如7.1的文种祝词),就连某些一般性的言论也追求使用这种形式(如5.17的伍子胥之言)。更值得一提的是,本书的韵文形式十分丰富,除四言韵文外,还有楚辞式的歌吟(如3.8的渔父之歌、7.5的越王夫人之歌、10.9的离别之词),而尤其重要的是,书中还有原始歌谣的记录与好几首七言诗,它们在中国文学史上都具有相当重要的地位。9.12所记录的弹歌,早已被文学研究者视为原始歌谣的典型作品而在中国文学史上大书了一笔[26]。至于本书中的七言诗,如4.31的《穷劫之曲》、8.6的《苦之诗》、10.24的《河梁之诗》等,其实也不可忽视。有人认为:"七言诗,在曹丕以前,只有东汉张衡的《四愁诗》,但第一句夹有'兮'字,曹丕的《燕歌行》要算是现存最早的完整的七言诗,对七言诗的形成是有贡献的。[27]"其实,本书所载七言诗,虽然不能说它产生于春秋之时[28],但至少要比张衡、曹丕的时代要早一些,它们在我国诗歌史上的地位无疑也应该给予高度的评价。

限于篇幅,只能将《吴越春秋》的情况略述如上,其中如有谬误不当之处,尚望海内外方家不吝赐教。

太仓张觉于沪上流水斋
1992年12月17日夜

注释

①《后汉书·儒林列传》:"赵晔,字长君,会稽山阴人也。少尝为县吏,奉檄迎督邮,晔耻于厮役,遂弃车马去。到犍为资中,诣杜抚受《韩诗》,究竟其术。积二十年,绝问不还,家为发丧制服。抚卒乃归。州召补从事,不就。举有道。卒于

家。晔著《吴越春秋》《诗细历神渊》。蔡邕至会稽,读《诗细》而叹息,以为长于《论衡》。邕还京师,传之,学者咸诵习焉。"

②督邮是郡守佐吏,主管督察属县的违法之事,权任甚重。

③"唐"字误,《隋书》已著录皇甫遵之书,则此人当在隋代或更早。

④"十卷"当作"十二卷",《文献通考·经籍考》引《崇文总目》作"十二卷"。

⑤⑥⑦⑧⑳㉑㉕见本书附录二。

⑨见《斠补隅录》。

⑩《文献通考·经籍考》虽也著录《吴越春秋》十二卷、《吴越春秋传》十卷,但不过是抄录了《郡斋读书志》与《崇文总目》,不足徵。

⑪见叶昌炽手录在明刻本《吴越春秋》上的顾广圻校语及跋,蒋光煦《斠补隅录》。

⑫徐天祜,字受之,山阴(今浙江绍兴)人,景定三年(公元1262年)进士,时年尚英妙,为大州教授,日与诸生讲经义,听者感发。德祐二年(公元1276年),以文林郎国子监书库官召,不赴,退归城南,杜门读书。及文天祥被执以死,徐天祜与王英孙并为衣冠避乱者所宗。四方学者至越,必进谒。天祜高冠大带,议论卓卓,见者咸以为仪刑。参见清曾廉《元书》卷九十一(宣统三年层漪堂刊本),王梓材、冯云濠《宋元学案补遗》卷六十四(张寿镛1937年刊《四明丛书》第五集),万斯同《宋季忠义录》卷十四(张寿镛1934年刊《四明丛书》第二集),厉鹗《宋诗纪事》卷六十八(乾隆十一年黄氏琴趣轩刊本),陆心源《宋史翼》(光绪三十二年归安陆氏刊本)。以上除《宋涛纪事》外,均误为"徐天佑"。《诗经·小雅·信南山》:"受天之祜。"其字"受之",当名"天祜",作"祐"者误。

⑬见《中国古籍善本书目·史部》卷七,上海古籍出版社1991年版。

⑭苗麓(缪、陆)点校的《吴越春秋》,其《前言》称"据大德本排印"。经请教缪先生,知其所用即北京图书馆所藏的本子,所以实为大德刻明修本。苗麓在《附录》中说:"《徐氏补注》仅见于弘治本。大德本、万历本均无。"按理说,弘治本只是大德本的重刊本,它有《徐氏补注》,大德本也应该有。现在没有,说明该明修本与大德原印本是不尽相同的。还有,苗麓本的目录分十卷而不分上下,如果其所据的"大德本"如此,则该"大德本"肯定也不同于原印本了。因为不但邝廷瑞翻刻大德本的目录分上下卷,而且徐天祜在注中也时常说"上卷……"(如10.12注⑭)、"下卷……"(见第四篇题解),这说明徐氏考定的初印本是分上下卷的。今不分,则其书版肯定与原来不一样了。当然,这仅是据苗麓本所作的推测。这些若是苗麓本之误,则当别论。

⑮苗麓称该本为"弘治本",其《前言》说:将它与大德本的异文,"全部写成校勘记,附在每卷之末"。据其校勘记,弘治本的异文很少,可见它很能体现大德本的风貌。不过,我将四部丛刊本与苗麓本一校,在其校勘记之外又发现很多异文,

不知是否是苗麓本在排印过程中造成的。

⑯见莫友芝写在该明刻本上的跋,上海图书馆藏。

⑰徐乃昌《随庵徐氏丛书总目》以及《吴越春秋跋》明确地说其所据底本为"明覆元大德本"、"明繙元大德本"。《中国丛书综录》说他"据元大德本景刊",误。

⑱此为缪荃孙《随庵丛书》序中语。

⑲该本自称据《古今逸史》本校刊,实非。不过,冯念祖本与《古今逸史》本均未善,取以为底本,失当。

㉒参见3.12注②。

㉓参见各篇题解。

㉔详注释,此不赘言。

㉖见游国恩等主编的《中国文学史》,1963年版第16页。

㉗游国恩等主编的《中国文学史》第211页。

㉘见4.31注⑥。

凡 例

一、本书原文,以上海涵芬楼影印的明弘治十四年(公元1501年)邝廷瑞、冯弋刻本(简称四部丛刊本)为底本,并用其他明、清版本,类书、古注的引文,以及《左传》《国语》《史记》等史籍异文进行校勘改正。凡校改订正之处,均在注释中加以说明。对于可能有误但无版本及古籍异文作为根据的地方,即使有确凿的论证,也一律不加改动,而仅在注释中说明前人或自己的研究成果,以免妄改古书之弊。

二、为便于阅读与参照,对原文作了分段,并加篇、段号。

三、四部丛刊本首载钱福《重刊吴越春秋序》,次载徐天祜序,今收入本书附录二,不再刊于书首。

四、本书《吴越春秋目录》承用四部丛刊本,以便读者见其旧貌。但四部丛刊本的目录,在第一、第三、第五、第七、第九篇下还附有徐天祜的注,今已酌情采入题解,故不再赘录。

五、四部丛刊本在每篇末均复标篇题;书末还有如下七行字:"大德十年岁在丙午三月音注"、"越六月书成刊板十二月毕工"、"前文林郎国子监书库官徐天祜音注"、"绍兴路儒学学录留圣"、"绍兴路儒学学正陈禺伯"、"绍兴路儒学教授梁相"、"正议大夫绍兴路总管提调学校官刘克昌"。今一并删除。

六、本书题解,除解释题目外,还对本篇的内容及特点略作介绍。其大旨相同,但不求一格。

七、本书注释,尽量吸收前人成果,但于其未当之处,则加案语辨析之。

八、前人校释《吴越春秋》者甚少,故该书疑难之处尚多。本书为全译,虽仍难免阙疑,但力求周详。所以尽量对书中的疑难之处加以考释,并努力做到信而有征。但是,很多地方既无前人考证可供参考,又无辞书解释可供采用,纯粹是我的一家之说,其是非正误,尚请读者注意评判。

九、该书一向被视为史籍,但有些记载却与正史相左,所以,本书在注释中尽量注意对其史实、地理等加以考证,以便利史学研究者。

十、本书译文,力求准确、明白、通俗。以直译为主,以便读者从译文中推求出原文的词义。但为了畅达,也辅以意译。

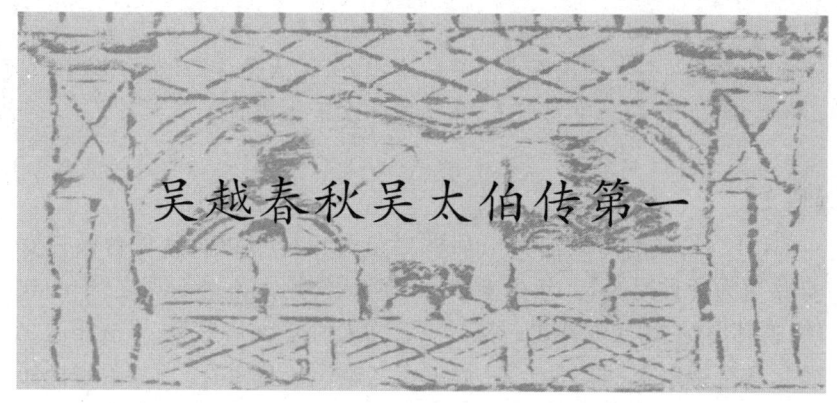

吴越春秋吴太伯传第一

【题解】

　　四部丛刊本在篇题前均冠以书名"吴越春秋",其他明刻十卷本也如此。这很可能是大德本的原貌,今一仍其旧。

　　"吴太伯传",顾广圻、蒋光煦所见影宋本作"吴王太伯传"。徐天祜说:"元本'太伯传'作'吴王太伯传'。太伯三以天下让,宜王而不王者也;吴之后君又未尝追王之。尊之曰'王',名不与实称也。今去'王'字以从其实。"徐氏所谓"元本",即"原本",当指宋本而言,而非指元代刊本。(古代表示原来之意,多用"元"字。至明初,因嫌与元代之"元"混淆,才改作"原"。参阅顾炎武《日知录》卷三二。)由此可知,本篇篇题原作"吴王太伯传",现在的篇题是徐天祜删定的。

　　吴太伯传(zhuàn 撰),就是吴国太伯的传记。文章追述了太伯的祖先,叙说了太伯如何从周原出奔荆蛮从而建立吴国的经过,最后记述了太伯的葬地及其后代的世系,直至寿梦为止,以便与第二篇相衔接。

　　本文所叙史事时间跨度极大,但作者善于剪裁,使文章详略相间,既富于跳跃性,又显得凝炼而生动。如追述太伯的祖先,作者对后稷、古公作了详述,对不窋、公刘作了简述,对鞠、皇仆、差弗、毁隃、公非、高圉、亚圉、公叔祖类等则略而不述。将此与《史记·周本纪》相比可知,作者所追求的,并不是纯粹为了写史,这也就是本书富于文学意味的原因所在;而末了对吴国世系的叙述,则又一丝不苟,可见作者也致力于写出一部较为详备的《吴国春秋》,这也就是历来将本书视为史书的原因。当然,由于古代有关太伯的事迹史载不详,所以本文所述吴太伯的事迹占全文的比例也不多。这作为《吴太伯传》来说,不免有点比例失调,但这实为史料所限,是不能苛求于作者的。

【原文】

1.1 吴之前君太伯者①,后稷之苗裔也②。后稷,其母台氏之女姜嫄③,为帝喾元妃④。年少未孕,出游于野,见大人迹而观之,中心欢然,喜其形像,因履而践之,身动,意若为人所感⑤,后妊娠,恐被淫泆之祸⑥,遂祭祀以求,谓"无子"。履上帝之迹⑦,天犹令有之⑧。姜嫄怪而弃于阨狭之巷⑨,牛马过者折易而避之⑩;复弃于林中,适会伐木之人多⑪;复置于泽中冰上,众鸟以羽覆之⑫;后稷遂得不死。姜嫄以为神,收而养之长,因名"弃"。为儿时好种树禾、黍、桑、麻、五谷⑬。相五土之宜⑭,青赤黄黑、陵水高下⑮,粢稷、黍、禾、蓲、麦、豆、稻⑯,各得其理。尧遭洪水⑰,人民泛滥,遂高而居。尧聘弃,使教民山居,随地造区⑱,研营种之术⑲。三年余,行人无饥乏之色,乃拜弃为农师,封之台,号为后稷,姓姬氏。后稷就国为诸侯。卒,子不窋立⑳,遭夏氏世衰,失官㉑,奔戎、狄之间㉒,其孙公刘㉓。

【注释】

①徐天祜说:"《论语》作'泰伯'。"觉按:太伯,是周代吴国的始祖,其生活年代约在公元前12世纪,其事迹详下文。《史记·吴太伯世家》司马贞《索隐》:"《国语》:黄池之会,晋定公使谓吴王夫差曰:'夫命圭有命,固曰吴伯,不曰吴王。'是吴本伯爵也。范宁解《论语》曰:'太者,善大之称;伯者,长也。周太王之元子,故曰太伯。称仲雍、季历,皆以字配名。'则伯亦是字,又是爵,但其名史籍先阙尔。"今按下文武王"追谥古公为太王,追封太伯于吴",则"太"字当为武王给太伯追加的尊号。下文又载太伯之言说:"吾以伯长居国绝嗣者也。"则"伯"字当为排行而非爵位名。至于晋定公使者所言,实为春秋时的外交辞令,恐无关史实。吴:古代诸侯国名,也叫勾吴,姬姓。开始时范围不大,后来逐渐扩大,占地包括今江苏省、上海市大部和安徽、浙江省部分地区。约建立于公元前12世纪,公元前473年为越国所灭。其国都先后有二处,《史记·吴太伯世家》张守节《正义》:"太伯居梅里,在常州无锡县东南六十里,至十九世孙寿梦居之,号句吴。寿梦卒,诸樊南徙吴,至二十一代孙光,使子胥筑阖闾城都之,今苏州也。"参见1.5注⑨、1.7注②、⑨、4.2。

②后稷:名弃,"后稷"是他受封后的号,"后"是君长的意思,"稷"是谷物,因为他后来被任命为农师,封于邰,所以称"后稷"。他是古代周族的始祖,其生活年代约在公元前23世纪,其事迹详下文。

③徐天祐说:"《韩诗章句》:'姜,姓;嫄,字。'《说文》:'邰,炎帝之后,姜姓封邰国。'"觉按:台,通"邰"(tái 台),古国名。《诗经·大雅·生民》"即有邰家室"传:"邰,姜嫄之国也。尧见天因邰而生后稷,故国后稷于邰。"故址在今陕西武功县境。

④帝喾(kù 酷):号高辛氏,名夋,字喾,是黄帝的曾孙。相传他有四妻,所生四子皆有天下。元妃有邰氏之女姜嫄生后稷(弃),是周族的始祖;次妃有娀氏之女简狄生契,是商族的始祖,次妃陈丰氏之女庆都生帝尧;次妃娵訾氏之女常仪生帝挚(参见《史记·五帝本纪》《正义》所引《帝王纪》)。但后世学者对姜嫄是帝喾元妃的说法多所怀疑。元妃:帝王的嫡妻。

⑤《说文》:"感,动人心也。"《诗·大雅·生民》郑笺:"时则有大神之迹,姜嫄履之,足不能满,履其拇指之处,心体歆歆然,其左右所止住,如有人道感己者也,于是遂有身。"此文"感"与"意"相应,当指心中感动。若依郑玄之说,则"感"指交媾,也通。

⑥淫泆(yì 义):也作"淫佚"、"淫逸"。《左传·隐公三年》:"骄奢淫泆,所自邪也。"疏:"淫,谓嗜欲过度,泆,谓放恣无艺。"

⑦徐天祐说:"《诗经·生民篇》所谓'履帝武'是也。"

⑧《诗经·大雅·生民》:"上帝不宁,不康禋祀,居然生子。"即此文所本。指上帝的脚印被她踩了以后心神不安,所以不理会她的祭祀,还是让她生了儿子。

⑨阨(ài 爱):同"隘",狭隘。

⑩徐天祐说:"'折'疑当作'辟'。《诗经》云:'诞置之隘巷,牛羊腓字之。'"觉按:徐说不当。因为"辟(bì 避)易"是退避原处而改变地方的意思,用来解释此文,并不妥当;而且"折"、"辟"两字形、音相差较大,不易致误;此句已用"避"字,"折"不应该再作"辟"。《荀子·宥坐》"其万折也必东"注:"折,萦曲也。"此文"折"字当是指曲折前行,即绕过。《考工记·玉人》"以易行"《释文》:"易,改也。"此文"易"当指改道而行。又,此句所述,与《诗经·大雅·生民》所叙不同,不可类比。《史记·周本纪》作"马牛过者皆辟不践",与此文相类。

⑪徐天祐说:"《诗》云:'诞置之平林,会伐平林。'"

⑫徐天祐说:"《诗》云:'诞置之寒冰,鸟覆翼之。'"觉按:"覆"上宜有"藉"字。《竹书纪年》卷下作"大鸟以一翼藉覆之。"

⑬徐天祐说:"树亦种也。"觉按:五谷,古代说法不一,《周礼·夏官·职方氏》"其谷宜五种"注认为是指黍、稷、菽、麦、稻,较为妥当。此文"五谷"统称谷物,并不确指五种谷物。

⑭相(xiàng向):审察,仔细看。五土:山林、川泽、丘陵、水边平地、低洼地等五种土地。

⑮陵:徐天祜说:"陆地。"

⑯粢(zī资):稷的别名,见《尔雅·释草》。稷是古代最早种植的一种谷物,所以古代称为百谷之长,谷神、农官也都名"稷"。但古代典籍中对稷之形态描述各异。汉以后以粟为稷,唐以后又以黍为稷,恐不当。它当是一种没有黏性的谷物,类似现在的籼稻而更粗劣些。黍:黍子,性黏,子粒供食用或酿酒,去皮后北方称黄米子。禾:粟,上古又称为"梁"。秦汉以前,禾皆指粟(即今所谓谷子,去壳后称小米),后世才以稻为禾。蘧(qú渠):芋芳老头。《广雅·释草》:"蘧,芋也。"王念孙《疏证》:"芋之大根曰蘧。蘧者,巨也。或谓之芋魁。"孙诒让说:"蘧非谷名,疑当作'梁',形近而误。"可备一说。稻:古之稻,皆指糯稻,宋以后始兼指粳稻,见程大中《四书逸笺》卷二"稻"字条。

⑰尧:传说中的贤君,是原始时代陶唐氏部落的首领,名放勋,其在位时代约在公元前23世纪,都于唐(今山西临汾西南),史称唐尧,《史记》列为五帝(黄帝、颛顼、帝喾、尧、舜)之一。传说他后来将帝位禅让给舜;一说他晚年德衰而被舜囚禁,帝位也被舜篡夺。

⑱区:《汉书·张敞传》"发起贼主名区处"注:"区谓居止之所也。"《礼记·礼运》:"昔者先王,未有宫室,冬则居营窟,夏则居橧巢。"古文"区"作"區",像一区域之内有众多的洞穴。此文之"区",当即指山洞之类的住处。

⑲研:徐天祜说:"穷也。"

⑳不窋(zhuō茁):徐天祜说:"《帝王世纪》:'后稷纳姞氏,生不窋。'《括地志》曰:'不窋故城,在庆州弘化县南三里。'"觉按:庆州弘化县即今甘肃庆阳县,它是不窋奔戎、狄之间以后所居住的地方。又,《史记·周本纪》说:"后稷之兴,在陶唐(尧)、虞(舜)、夏(禹)之际,皆有令德。后稷卒,子不窋立。不窋末年,夏后氏政衰……"陶唐、虞、夏之际约当公元前23世纪至公元前22世纪,而夏后氏之衰落约在公元前16世纪,弃与不窋的生活年代前后相差六七百年,所以不窋不可能是弃的儿子。《史记》说"皆",可见其所谓"后稷"并非一人,而"后稷卒,子不窋立"之"后稷",也当指世代为农官的弃的后人,而不是指弃。因年代久远,其名失传,所以司马迁才泛称之为"后稷"。此文以不窋为弃的儿子,失当。

㉑《史记·周本纪》:"不窋末年,夏后氏政衰,去稷不务,不窋以失其官,而奔戎、狄之间。"可见,不窋失官,是因为夏王朝废去了农官所致。

㉒戎:我国古代对西部民族的统称。狄:我国古代北部的一个民族,也写作"翟",写作"狄"时带有污蔑性。

㉓《史记·周本纪》:"不窋卒,子鞠立。鞠卒,子公刘立。"

【今译】

  吴国的先君太伯,是后稷的后代。后稷,他的母亲邰氏部落长的女儿姜嫄,是帝喾的正妻。她年轻还没有怀孕时,一次出去游览来到野外,看见一只巨人的脚印而观赏它,心中不由得兴奋起来,情不自禁地爱上了这脚印的形状,于是就走上去踩它,顿时身体被撼动了,心神也好像被人触动了一样,后来就怀孕了,她怕遭受纵欲放荡的祸殃,就向上帝祭祀来祈求,祷告说"不要有儿子"。但因为她是踩了上帝的脚印,上天还是让她生了儿子。姜嫄把这儿子看做怪物而把他抛弃在狭窄的小巷中,但路过的牛、马都绕道改路而躲避他;姜嫄又把他抛弃在树林中,恰巧又碰上伐木的人很多;姜嫄又把他放在湖中冰上,但群鸟用羽翼来衬垫覆盖他;后稷因而能不死。姜嫄认为他是个超人,就收留了他,并把他抚养成人,因为当初想抛弃他,所以给他取名叫"弃"。弃还是小孩的时候就喜欢种植谷子、黍子、桑树、大麻等各种庄稼。他仔细考察了五种土地的适宜性、土色的青赤黄黑以及陆地水泽的高低,因而粱稷、黍子、谷子、芋头、麦子、豆子、糯稻等等,都分别获得了它们适宜的生长条件。尧统治天下的时候碰上洪水,民众被淹,就到高地上去居住。尧就聘请弃,让他训导民众到山上居住,按照地形来建造住处,研究营造种植的技术。三年多,走在路上的人就没有饥饿困乏的面色了,于是尧就任命弃当农业大臣,把他分封在邰,称号是后稷,姓姬氏。后稷前往封国当了诸侯。后稷去世了,儿子不窋立为诸侯,因为碰上夏朝世道衰微,他失去了农业大臣的官职,于是就逃亡到戎、狄之间,他的孙子就是公刘。

【原文】

  1.2 公刘慈仁,行不履生草,运车以避葭苇①。公刘避夏桀于戎、狄②,变易风俗,民化其政。公刘卒,子庆节立。

注释

  ①葭(jiā 加):初生的芦苇。
  ②桀:传说中的暴君,名履癸,夏朝的末代君主,被商汤战败后流放南巢(今安徽巢县)而死。其在位年代约在公元前16世纪。其事迹可参见《左传》昭公四年、昭公十一年、《国语·鲁语上》《史记·夏本纪》。公刘避夏桀于戎、狄:见8.2注⑪。

【今译】

公刘慈善仁爱,走路时不踩活着的青草,运行车辆避开芦苇。公刘因为躲避夏桀而住在戎、狄,他移风易俗,民众都被他的政治措施感化了。公刘去世,儿子庆节继位。

【原文】

1.3 其后八世而得古公亶甫①,脩公刘、后稷之业②,积德行义,为狄人所慕。薰鬻、戎姤而伐之③,古公事之以犬马牛羊④,其伐不止;事以皮币金玉重宝⑤,而亦伐之不止。古公问:"何所欲?"曰:"欲其土地⑥。"古公曰:"君子不以养害。害所养⑦,国所以亡也。而为身害⑧,吾所不居也。"古公乃杖策去邠⑨,逾梁山而处岐周⑧,曰:"彼君与我何异?"邠人父子兄弟相帅、负老携幼、揭釜甑而归古公⑪。居三月,成城郭⑫,一年成邑,二年成都,而民五倍其初。

注释

①《史记·周本纪》:"庆节卒,子皇仆立;皇仆卒,子差弗立;差弗卒,子毁隃立;毁隃卒,子公非立;公非卒,子高圉立;高圉卒,子亚圉立;亚圉卒,子公叔祖类立;公叔祖类卒,子古公亶父立。"徐天祜说:"《毛诗》《史记》'甫'皆作'父','甫'、'父'通。自庆节至是为八世。"

②脩:通"修"。《论语·尧曰》"修废官"皇疏:"治故曰修。"

③徐天祜说:"薰鬻,《孟子》作'獯鬻',《史记》作'薰育',《汉·匈奴传》作'荤粥',音同。"觉按:《诗经·小雅·采薇》作"玁狁",《史记·五帝本纪》作"荤粥",司马贞《索隐》:"匈奴别名也。唐、虞以上曰山戎,亦曰熏粥,夏曰淳维,殷曰鬼方,周曰玁狁,汉曰匈奴。"春秋时也称为北狄,它是我国古代北方的一个民族。姤(gòu构):《管子·地员》"其人夷姤"尹知章注:"夷,平也;姤,好也;言均善也。""姤"与"伐"并列,用作意动词。认为古公好而伐之,是因为古公为狄族民众所仰慕,北狄、西戎的统治者怕他威胁到自己的缘故。《史记·周本纪》作"薰育戎狄攻之","薰育"即"狄",文重义复,不如此文为好。

④事:事奉,这里指贿赂。

⑤《孟子·梁惠王下》:"昔者大王居邠,狄人侵之,事之以皮币,不得免焉。"注:"皮,狐貉之裘;币,缯帛之货也。"

⑥其:这里指称对方,是一种活用。

⑦徐天祜说:"《孟子》曰:'君子不以其所以养人者害人。'觉按:此文当作:

"君子不以养害所养。以养害所养,国所以亡也。"盖传抄过程中因抄者疏忽而脱四字。

⑧《史记·周本纪》载古公之言说:"民欲以我故战,杀人父子而君之,予不忍为。"可明此句之义。

⑨杖:通"仗",执持。杖策:执鞭,指驱马而行。邠(bīn 滨):古国名,公刘所建,故地在今陕西彬县,位于不窋所居之地(今甘肃庆阳县)的南面约二百多里,本作"豳",因其字形类似"幽",故改为"邠"。

⑩梁山:古代名梁山的有多处,此指邠国之南的梁山,位于今陕西乾县西北。古公须越过梁山,才能逃避薰鬻之祸。从邠至岐约二百里,梁山在其半途。参见《嘉庆一统志·乾州山川》、阎若璩《四书释地续·梁山》。岐:徐天祐说:"徐广曰:'岐山在扶风美阳西北,其南有周原。'颜师古曰:'梁山在夏阳,岐山在美阳,即今岐州岐山县箭括岭也。'"觉按:岐山在今陕西岐山县东北六十里,古又称箭括岭,因岭巅有缺,山有两岐,故以为名。参见成蓉镜《禹贡班义述》卷上。周:指岐山之南的周原,位于今陕西岐山县。《史记·周本纪》《正义》:"因太王所居周原,因号曰周。《地理志》云:'右扶风县岐山西北中水乡,周太王所邑。'《括地志》云:'故周城,一名美阳城,在雍州武功县西北二十五里,即太王城也。'"

⑪揭:《小尔雅·广言》:"揭,担也。"釜(fǔ 斧):一种锅。甑(zèng 赠):古代做饭用的一种陶器。

⑫城郭:内城与外城,泛指城邑。

【今译】

庆节之后八代便是古公亶甫,他继续从事公刘、后稷的事业,积聚恩德实行道义,被狄族的民众所仰慕。北狄、西戎认为古公有善行、得民心而去攻打他,古公用狗马牛羊等贿赂他们,他们仍然攻打不止;古公用毛皮、丝织品、黄金、玉器、贵重的珍宝等贿赂他们,他们还是不停地攻打他。古公问:"你们要的是什么?"他们说:"想要你的土地。"古公说:"有道德的人不因为养人的土地而戕害了被养的人民。因为养人的土地而戕害了被养的人民,这是国家灭亡的根源啊。而为了我自己去伤害人民,这是我所不能安居的。"古公于是就执鞭驱马离开了邠地,越过梁山而定居在岐山南面的周原,并安慰邠地的民众说:"他们的君主和我有什么不同呢?"但邠地的民众还是父子兄弟互相结伙、背着老人携带着小孩、扛着锅子而归附古公。古公在周原住了三个月,就形成了一个城镇;住了一年,成了一个小城市;住了二年,成了一个大都市,而人口发展到那原来的五倍。

【原文】

1.4 古公三子，长曰太伯，次曰仲雍，雍一名吴仲①，少曰季历②。季历娶妻太任氏③，生子昌④。昌有圣瑞⑤。古公知昌圣，欲传国以及昌，曰："兴王业者，其在昌乎！"因更名曰季历。太伯、仲雍望风知指⑥，曰："历者，适也⑦。"知古公欲以国及昌。古公病，二人托名采药于衡山⑧，遂之荆蛮⑨，断发文身⑩，为夷狄之服⑪，示不可用。

注释

①徐天祐说："《史记》作'虞仲'。"觉按："虞"、"吴"古同音。《史记·吴太伯世家》《索隐》："'伯'、'仲'、'季'，是兄弟次第之字。"

②徐天祐说："太姜生少子季历，即王季也。"觉按：下文说"因更名曰季历"，则王季原来不名"历"。

③徐天祐说："《诗·大明篇》：'挚仲氏任。'毛氏笺：'挚，国；任，姓；仲，中女也。'《列女传》：'太任，挚任氏之中女。'"

④昌：即周文王，姓姬，名昌，商纣时为西伯（西方各部落的首领）。

⑤徐天祐说："《尚书纬·帝命验》曰：'季秋之月，甲（觉按："甲"原误为"中"，据冯念祖本改）子，赤爵（觉按：同"雀"）衔丹书入于酆，止于昌户，其书云云。'此盖圣瑞。"觉按：《史记·周本纪》《正义》所录丹书之文为："敬胜怠者吉，怠胜敬者灭；义胜欲者从，欲胜义者凶。凡事不强则枉，不敬则不正；枉者废灭，敬者万世。以仁得之，以仁守之，其量百世；以不仁得之，以仁守之，其量十世；以不仁得之，不仁守之，不及其世。"

⑥望风：观察风头、气势。指：同"旨"，意旨。

⑦适（dí 嫡）：通"嫡"，指嫡长子。《论衡·谴告篇》："太王亶父以王季之可立，故易名为'历'。历者，适也。"《说文》："历，过也。"《广雅·释言》："历，逢也。"《尔雅·释诂》："适，往也。"《文选·王命论》注："适，犹遇也。"可见古代"历"、"适"同义词。"适"古音读若"嫡"，故又通"嫡"。古代正妻所生的儿子称为"嫡"，有时也专指正妻所生的长子，这里即是专指。按古代的封建宗法制度，君位必须传给嫡长子。季是少子，按理不能继位，现在古公将他改名为"历"，相当于称他为"嫡"（嫡长子），这实是在暗示要把君位传给他。

⑧衡山：徐天祐说："南岳。"卢文弨说："此衡山亦当在乌程。"觉按：徐说误，见2.4注②。

⑨荆蛮：楚同的卑称。楚原建国于荆山一带，所以又称"荆"。而秦始皇的父亲秦庄襄王名子楚，由于避讳的缘故，秦以后更常称楚为荆。蛮：我国古代对南部民族的污蔑性称呼。据《史记·楚世家》，楚建国于周成王时，则太伯奔江南时，

江南并不是楚国,此文说"荆蛮",大概是承袭了《史记·周本纪》的说法。《史记正义》说:"太伯奔吴,所居城在苏州北五十里,常州无锡县界梅里村,其城及冢见存。而云亡荆蛮者,楚灭越,其地属楚,秦灭楚,其地属秦,秦讳楚改曰荆,故通号吴越之地为荆。及北人书史,加云蛮,势之然也。"

⑩断发文身:是当时南方民族的一种风俗。中原各国的民俗,无论男女,都蓄发。《史记·吴太伯世家》《集解》引应劭说:"常在水中,故断其发,文其身,以象龙子,故不见伤害。"

⑪夷:我国古代对东部各民族的统称,此泛指少数民族。

【今译】

古公有三个儿子,长子叫太伯,次子叫仲雍,仲雍又叫吴仲,少子叫季历。季历娶了妻子太任氏,生了儿子姬昌。姬昌有圣灵的吉兆。古公知道姬昌的圣德,想把国家传到姬昌手中,就说:"建成称王天下的功业的,大概是在姬昌吧!"于是就把姬昌的父亲改名叫季历。太伯、仲雍看这风头就知道了古公的意图,说:"历,就是嫡啊。"知道古公要把国家的大权传给姬昌。古公病了,太伯、仲雍二人就借口到横山采药,于是就到了楚地,并按照当地的习俗剪短了头发,在身上刺了花纹,穿着少数民族的服装,表示自己已不能再被任用继位了。

【原文】

1.5 古公卒,太伯、仲雍归。赴丧毕,还荆蛮。国民君而事之,自号为勾吴①。吴人或问:"何像而为勾吴②?"太伯曰:"吾以伯长居国绝嗣者也③,其当有封者吴仲也④,故自号勾吴,非其方乎⑤?"荆蛮义之,从而归之者千有馀家,共立以为勾吴。数年之间,民人殷富。遭殷之末⑥,世衰,中国侯王数用兵⑦,恐及于荆蛮,故太伯起城周三里二百步、外郭三百馀里⑧,在西北隅⑨,名曰故吴。人民皆耕田其中。

注释

①徐天祜说:"《汉·地理志》:'太伯奔荆蛮,号曰勾吴。'颜师古注:'夷俗语发声,犹越为于(觉按:"于"原误为"千",据四库全书本改)越也。'"觉按:这是说"勾吴"之"勾"是助词,只凑一个音节。杨慎《丹铅馀录》卷十三则说:"越曰於越,吴曰勾吴,邾曰邾娄,本一字而为二字,古声双叠也。……或以勾吴、於越为方言夷音,谬矣。"可备一说。

②徐天祜说:"'像'疑当作'據'。"卢文弨说:"何像,何所依仿也。若'何據',则时下语耳。"觉按:《楚辞·怀沙》"愿志之有像"注:'像,法也。'《淮南子·览冥》"骄主而像其意。"注:"像,犹随也。""法"、"随"即仿效、根据的意思,文通,为繁改字。

③绝嗣:无子接代。此指季历生了有圣瑞的儿子昌,自己因为没有贤能之子而未能继承君位。

④俞樾说:"仲雍所以称吴仲者,以其后君吴而称之也。此乃云太伯因仲雍名吴仲而号其国为吴,汉人之异说有如此!"

⑤《国语·周语》"上得民心以殖义方。"注:"方,道也。"《广雅·释诂》:"方,义也。"

⑥殷:朝代名。公元前16世纪商汤灭夏后建立商王朝,建都于亳(今山东曹县南),后又曾多次迁移。后来盘庚迁都殷(今河南安阳小屯村),因而商也常被称为殷。传至纣,被周武王攻灭,约在公元前11世纪。

⑦中国:古代华夏族建国于黄河流域一带,以为居天下之中,故称中国,此指商王朝统治地区。数(shuò朔):屡次。此句当指周武王会八百诸侯伐纣之事。

⑧城、郭:古代内城叫"城",外城叫"郭"。三里二百步:"步"、"里"是古代丈量土地时的长度单位。后汉以前六尺为步,三百步为里(参见吴承洛《中国度量衡史》第四章第四节);1尺相当于现在的0.693市尺,即0.231米(参见张传玺主编的《中国古代史教学参考手册》附录2)。三里二百步合6600尺,即1524.6米。

⑨隅(yú愚):角落,边。西北隅:西北角。这是相对于后来的吴国都城(今苏州)而说的。故吴城在今江苏无锡市东的梅村,在今苏州市的西北。参见1.1注①。

【今译】

　　古公死了,太伯、仲雍回家奔丧。奔丧完毕,又回到楚地。楚地的民众把他们当作国君来侍奉,太伯把自己的住地称为勾吴。吴地的民众中有人问他:"凭什么称为勾吴呢?"太伯说:"我是一个因为排行老大而应该住在国内继承君位却又没有儿子能继承君位的人,那应该受封的是吴仲,所以我把自己的住地称为勾吴。这不是那合乎道义的事么?"楚地的民众认为太伯讲究道义,于是服从而归附他的有一千多家,共同拥戴他而形成了吴国。几年之间,人们就变得很富裕了。这时正逢商朝的末年,世道衰微,商王朝统治下的中原地区的诸侯王频频发动战争,因为怕战祸连累到楚地,所以太伯筑起了周长为三里二百步的内城与周长为三百余里的外城,这城筑在西北角,名叫旧吴城。

民众都在这城中种地。

【原文】

1.6 古公病①,将卒,令季历让国于太伯,而三让不受②,故云"太伯三以天下让"③。于是季历莅政④,脩先王之业,守仁义之道。季历卒,子昌立,号曰西伯⑤,遵公刘、古公之术,业于养老,天下归之⑥。西伯致太平,伯夷自海滨而往⑦。西伯卒,太子发立⑧,任周、召而伐殷⑨。天下已安,乃称王,追谥古公为太王⑩,追封太伯于吴。

注释

①古代病情轻的叫"疾",病情重的叫"病"。
②三让:《史记·吴太伯世家》《正义》:"江熙云:'太伯少弟季历生文王昌,有圣德。太伯知其必有天下,故欲传国于季历。以太王病,托采药于吴越不反,太王薨而季历立,一让也;季历薨而文王立,二让也;文王薨而武王立,遂有天下,三让也。'又释云:'太王病,托采药,生不事之以礼,一让也;太王薨而不反,使季历主丧,不葬之以礼,二让也;断发文身,示不可用,使季历主祭祀,不祭之以礼,三让也。'"觉按:江熙之说可供参考。但这"三"字可能只是约数,表示多次,而非确数。
③此引孔子语,所以说"故云"。《论语·泰伯》:"子曰:'泰伯,其可谓至德也已矣。三以天下让,民无德而称焉。'"天下:指君位。
④莅:临,统治。
⑤徐天祐说:"按《孔丛子》:'羊容问子思曰:"周自后稷封为王者之后,至太王、王季、文王,此为诸侯,奚得为西伯乎?"子思曰:"吾闻诸子夏曰:'殷帝乙之时,王季以九命作伯于西,受圭瓒秬鬯之赐,故文王因之得专征伐。'此诸侯为伯,犹召公分陕谓之召伯也。"'"
⑥《孟子·离娄上》:"伯夷辟纣,居北海之滨,闻文王作,兴曰:'盍归乎来?吾闻西伯善养老者。'太公辟纣,居东海之滨,闻文王作,兴曰:'盍归乎来?吾闻西伯善养老者。'二老者,天下之大老也,而归之,是天下之父归之也。天下之父归之,其子焉往?"事又见《史记·周本纪》。
⑦伯夷:商朝末年孤竹国国君的长子。孤竹君原让伯夷的弟弟叔齐做自己的继承人,孤竹君死后,叔齐把王位让给伯夷,他不接受。两人都不肯当君主,就投奔周国。后来周武王进军讨伐商王朝,他们认为武王是不孝不仁。武王灭商,他们认为这是奇耻大辱,于是就逃避到首阳山,下决心不吃周朝的粮食而饿死了。参见《史记·伯夷列传》。古代都把伯夷说成是清高廉洁的典范。

⑧发:即周武王,姓姬,名发,商朝末年周族的领袖。他继承其父周文王的遗志,联合庸、蜀、羌等部族,打败了商纣王,建立了西周王朝。

⑨周:指周公旦,姓姬,名旦,周武王之弟,因其采邑在周(位于今陕西省岐山县东北),故称周公。他辅助武王灭商,有功而受封于曲阜称鲁,但他未到封地而留佐武王。武王死后,成王年幼,他代为摄政,其弟管叔、蔡叔等不服,联合武庚与东方夷族反叛,他出师平叛。成王七年,已年长,周公便还政于成王。接着他又率师东伐淮夷,残奄。参见《史记·周本纪》《鲁周公世家》。召(shào 邵):即召公奭(shì 市),姓姬,名奭,因采邑在召(今陕西岐山西南),所以称召公。他曾帮助武王灭商,被封于燕,成为燕国的始祖。参见《史记·燕召公世家》。

⑩太:四部丛刊本作"大",据冯念祖本改。谥(shì 视):古代帝王、贵族、大臣等死后被加的带有褒贬意义的称号。

【今译】

　　古公病得很厉害,临终时,叫季历把君位让给太伯,但太伯屡次推让而不接受,所以说"太伯多次把君位推让掉"。于是季历执政,继续从事前代君王的事业,坚持实行仁义的原则。季历逝世了,儿子姬昌立为国君,号称西伯。他遵循了公刘、古公的统治方法,致力于扶养老人,于是天下的人都归附他。西伯使国内太平了,伯夷从海边去投奔他。西伯死了,太子姬发立为国君,任用周公旦、召公奭去讨伐商王朝。天下已经平定后,就改称王,给古公追加谥号为太王,把太伯补封在吴国。

【原文】

　　1.7　太伯殂卒①,葬于梅里平墟②。仲雍立③,是为吴仲雍④。仲雍卒⑤,子季简,简子叔达,达子周章,章子熊,熊子遂,遂子柯相,相子强鸠夷,夷子馀乔疑吾,吾子柯庐,庐子周繇,繇子屈羽,羽子夷吾,吾子禽处,处子专,专子颇高,高子句毕立⑥。是时晋献公灭周北虞⑦,虞公以开晋之伐虢氏⑧。毕子去齐,齐子寿梦立,而吴益强,称王⑨。凡从太伯至寿梦之世⑩,与中国时通朝会⑪,而国斯霸焉⑫。

注释

　　①殂:四部丛刊本作"祖",据四库全书本改。殂(cú 徂):死亡。
　　②徐天祐说:"即太伯故城之地。刘昭云:'无锡县东皇山有太伯冢,去墓十

里有旧宅,其井犹存。'《皇览》云:'太伯墓在吴县北梅里聚。'二说不同。此云平墟,当以刘说为正。"觉按:梅里:即今无锡市东13公里处的梅村镇。今镇中伯渎河南岸有泰伯庙,相传为泰伯故宅。庙又名至德寺,俗称让王庙,建于汉永兴二年(公元154年),明、清时曾修葺过,现大殿和附属建筑基本完好,为省级文物保护单位。据说农历正月初九是太伯生日,当地民众常至此凭吊。平墟:太伯墓在今无锡市东18公里的鸿山西南坡,在梅村乡境内,也就是在吴县北而偏西,所以《皇览》之说也并不误。鸿山又名古皇山,故此墓也称吴王墩、皇陵。古代大丘叫"墟","平墟"当即鸿山之古称。太伯死后即葬此,汉永兴二年(公元154年),桓帝命吴郡太守糜豹整修,清嘉庆二十年(公元1815年)又加重修。其上为坟冢,平面圆形,直径3米余,周围筑青石块护墙,顶部用土覆盖,高约2米多。前有石望柱一对。向下是四角攒尖式的四棱碑,正面刻有"泰伯墓"3个篆体大字;其侧有泰伯墓碑记两块,为明代所立。还有清嘉庆二十三年(公元1818年)建的享堂,墓地长90米,宽20米,四周砖砌围墙。现保存完好,为省级文物保护单位。

③古代父传子叫"世",兄传弟叫"袭"(或作"及")。《史记·吴太伯世家》:"太伯卒,无子,弟仲雍立。"可见太伯是因为没有儿子才传给弟弟的。

④仲雍:《左传·僖公五年》《史记·周本纪》皆作"虞仲"(见1.4注①);而他的曾孙被武王封于虞,也叫虞仲(见下注⑦)。为了避免两者混淆,所以这里强调一下这是吴国的仲雍。

⑤仲雍墓在今常熟市虞山镇旱北门大街西、虞山东麓。仲雍死后葬于海隅山(即乌目山),吴人纪念仲雍,故改为海虞山(因仲雍又名虞仲),后又省称为虞山。墓依山建造,前有3道石牌坊,清代所立。坊后墓穴有墓碑4块,正中一块为明崇祯时巡按御史路振飞所立,上题"商逸民虞仲周公墓",为省级文物保护单位。

⑥从"仲雍卒"至"句毕立",其中都承上省了"卒",探下省了"立"《史记·吴太伯世家》所记与此文有所不同,其言云:"仲雍卒,子季简立。季简卒,子叔达立。叔达卒,子周章立。是时周武王克殷,求太伯、仲雍之后,得周章,周章已君吴,因而封之;乃封周章弟虞仲于周之北故夏虚,是为虞仲,列为诸侯。周章卒,子熊遂立。熊遂卒,子柯相立。柯相卒,子强鸠夷立。强鸠夷卒,子馀桥疑吾立。馀桥疑吾卒,子柯卢立。柯卢卒,子周繇立。周繇卒,子屈羽立。屈羽卒,子夷吾立。夷吾卒,子禽处立。禽处卒,子转立。转卒,子颇高立。颇高卒,子句卑立。"

⑦晋献公:名诡诸,春秋时晋国君主,公元前676—公元前651年在位。周北:古公亶父定居之周,在今陕西岐山县,故称岐周。周文王时迁都于丰(今陕西长安县沣河以西),周武王灭商后建都于镐(今陕西长安县沣河以东),公元前770年,周平王迁都于雒邑(今洛阳王城公园一带)。据《史记》(见注⑥),此文之"周"当指镐京,但虞国实在镐京之东而偏北、雒邑之西而偏北。《史记》说"周之北",此文说"周北",乃约略言之。虞:诸侯国名,周文王时已有,在今山西平陆县

北。武王灭商后,将周章之弟仲(吴仲雍的曾孙)封于虞,称虞仲。虞国国君与吴国有血缘关系,故此文及之。

⑧此句当作"以虞公之开晋伐虢氏"。虢(guó 国):古国名,姬姓,有东虢、西虢、北虢之分,此指北虢,位于今河南三门峡和山西平陆县一带,建都于上阳(在今河南陕县东南李家窑)。晋献公二十二年(公元前655年),晋国再次向虞国借路去攻打虢国,虞国大夫宫之奇以唇亡齿寒的道理劝谏虞公,但虞公贪小利而不听。此年冬,晋灭虢,回师又灭了虞国。事详《左传·僖公五年》。

⑨《吴地记》:"其后至寿梦,始别筑城,为宫室于平门西北二里(基址见存)。"依此说,则寿梦强大后都城已开始迁移了。此说法与张守节之说有所不同,参见1.1 注①。

⑩《史记·吴太伯世家》作"大凡从太伯至寿梦十九世"。此文似应作。凡从太伯至寿梦十九世,至寿梦之世",传写误脱六字。

⑪中国:见 1.5 注⑦,此指中原诸侯各国(参见第二篇)。通:交往。朝会:古代臣属朝见君主,春季去朝见叫做"朝",按规定的时间去朝见叫做"会"。此文则泛指与诸侯各国会见。

⑫斯:就。

【今译】

　　太伯去世,葬在梅里平墟。仲雍立为国君,这是吴国的仲雍。仲雍去世,儿子季简继位;季简去世,儿子叔达继位;叔达去世,儿子周章继位;周章去世,儿子熊继位;熊去世,儿子遂继位;遂去世,儿子柯相继位;柯相去世,儿子强鸠夷继位;强鸠夷去世,儿子馀乔疑吾继位;馀乔疑吾去世,儿子柯庐继位;柯庐去世,儿子周繇继位;周繇去世,儿子屈羽继位;屈羽去世,儿子夷吾继位;夷吾去世,儿子禽处继位;禽处去世,儿子专继位;专去世,儿子颇高继位;颇高去世,儿子句毕继位。这时晋献公灭掉了周都北面的虞国,这是因为虞国的国君打开了国门让晋国通过自己的国土去攻伐虢国的缘故。句毕去世,儿子去齐继位;去齐去世,儿子寿梦继位;从此以后吴国日益强大,自称为王。总计从太伯传到寿梦共十九代。到寿梦这一代,才与中原各国时常来往会见,而吴国也就称霸一方了。

吴越春秋吴王寿梦传第二

【题解】

吴王寿梦传,就是有关吴王寿梦的传记。但文章同时也叙述了寿梦四个儿子的事迹。

和《春秋》《左传》《史记》的记载相比较,本篇具有十分鲜明的特色。其一是突出吴文化与中原文化的不同。吴国虽然在寿梦之世崛起了,但其文化则显然不同于中原的礼仪之邦。所以文章一开始便描写了寿梦与鲁成公相见时的场面。显然,"陈前王之礼乐"、"咏歌三代之风"的鲁成公是华夏文化的代表,而"以椎髻为俗"的寿梦则是吴文化的代表。文章通过他们那些具有强烈反差的言行对比,形象地揭示了两种文化的不同色彩;而寿梦之叹,更渲染了一种对于华夏礼仪不屑一顾的傲气,十分传神。这些笔墨,在其他史籍中是没有的。特别值得注意的是,《左传·襄公二十九年》与《史记·吴太伯世家》都以极大的篇幅详细地描述了季札在鲁国观赏周乐的情节,由于季札的评论带有浓厚的华夏文化色彩,所以此文竟只字不提。这史料的一添一删,很能体现作者的写作意图。其二是突出吴国的让位传统。这种传统始于太伯。但在此篇中,作者不但一而再、再而三地以赞赏的口气大肆铺陈季札的让位言行,甚至还无视《春秋》《左传》等史籍的经典记载,创作出诸樊"轻慢鬼神,仰天求死"的情景来,其创作倾向也是不言而喻的。其三是突出吴国的崛起,所以对其"与诸侯为敌"之处也往往大书一笔。其四是取材叙事疏略而不严谨。与其他史籍相比,本文不但略去了许多史事,而且其记年也有错误。所以本书虽以"春秋"

为名,其实是不同于史家之实录的。

【原文】

2.1 寿梦元年①,朝周②,适楚③,观诸侯礼乐。鲁成公会于钟离④,深问周公礼乐⑤,成公悉为陈前王之礼乐,因为咏歌三代之风⑥。寿梦曰:"孤在夷蛮⑦,徒以椎髻为俗⑧,岂有斯之服哉⑨?"因叹而去,曰:"於乎哉⑩!礼也。"

注释

①吴国从寿梦开始,才可考知其确切的年代。据《左传·襄公十二年》及《史记·吴太伯世家》,可知寿梦二十五年死时为鲁襄公十二年,即公元前561年,由此上推,则寿梦元年为鲁成公六年,即公元前585年。寿梦是号,他的名字叫乘。见2.6注⑨。

②周:当时为周简王元年。

③楚:古国名。芈姓。始祖鬻熊。西周时立国于荆山一带,建都丹阳(今湖北秭归东南)。后建都于郢(今湖北江陵西北纪南城)。楚庄王曾为霸主。疆域西北到武关(今陕西丹凤东南),东南到昭关(今安徽含山北),北到河南南阳,南到洞庭湖以南。战国时疆域又有扩大。公元前223年为秦所灭。寿梦元年为楚共(gōng恭)王六年。

④鲁成公:名黑肱,鲁宣公之子,公元前590—公元前573年在位。钟离:春秋时为钟离子国,此时恐为楚国所灭,所以此文说:"适楚……会于钟离",《春秋·成公十五年》杜预注也说:"钟离,楚邑,淮南县。"《史记·伍子胥列传》:"楚平王以其边邑钟离与吴边邑卑梁氏俱蚕,……吴使公子光伐楚,拔其钟离、居巢而归。"可见钟离位于吴、楚交界处,后来又为吴国所夺(参见3.13)。秦汉时为钟离县,明初因朱元璋生于此地,增设凤阳县,改钟离县为临淮县,其地在今安徽凤阳县东北之临淮关。会于钟离:《左传·成公十五年》:"十一月,会吴于钟离,始通吴也。"《史记·十二诸侯年表》记鲁、吴会于钟离也在鲁成公十五年,即吴寿梦十年。此文将此事系于寿梦元年,显属谬误。

⑤周公:见1.6注⑨。相传周朝的礼乐典章制度是周公旦所作,所以说"周公礼乐"。

⑥风:即土风,就是民歌,歌谣。《文心雕龙·乐府》:"匹夫庶妇,讴吟土风。"因为民歌体现了民间风俗,所以称为风。三代流传至今的土风歌谣只有《诗经》中的周代十五国风。

⑦孤:古代王侯的谦称,谦示自己单独孤寒。有人认为指"少德",不当。详

拙文《古汉语中的谦称》。夷蛮:见1.4注⑪、⑨。

⑧髻:四部丛刊本作"髽",据冯念祖本改。徒:单,只。椎髻:扎成一把的发髻,形状如椎,故名。

⑨斯:这。

⑩於(wū 乌)乎:同"呜呼",感叹词。

【今译】

　　寿梦元年(公元前585年),朝见了周天子,又到了楚国,考察了其他诸侯国的礼制音乐。鲁成公在钟离会见了寿梦,寿梦深入地询问了周公旦制作的礼制音乐,鲁成公便详尽地给他陈说了先前帝王的礼制音乐,接着还给他吟诵歌唱了夏、商、周三代的土风民谣。寿梦说:"我住在少数民族地区,只把扎发髻作为习俗,哪有这种服装呢?"便叹着气走了,说:"唉呀呀!这种礼制啊。"

【原文】

　　2.2　二年,楚之亡大夫申公巫臣适吴①,以为行人②,教吴射御,导之伐楚。楚庄王怒③,使子反将④,败吴师,二国从斯结雠。于是吴始通中国,而与诸侯为敌。

注释

　　①申公巫臣:巫臣原为楚国申县(在今河南南阳)县尹,楚国国君僭称王,大夫、县尹等僭称公,所以称申公巫臣。《左传·成公三年》又称"屈巫",可知他姓屈。《左传·襄公二十六年》复述成公二年之事时又说"子反与子灵争夏姬",可知他字子灵。鲁成公二年(公元前589年),子反想娶夏姬,巫臣劝阻他,而自己却携夏姬逃到了晋国(见《左传·成公二年》)所以称"楚之亡大夫"。

　　②据《左传·成公七年》,楚国的子重、子反怨恨巫臣而杀了巫臣的同族子阎、子荡等,巫臣决心报复,于是从晋国出使吴国,教吴车战,并使之叛楚。结果吴攻楚,"子重、子反于是乎一岁七奔命。蛮夷属于楚者,吴尽取之。"但据《左传》,巫臣是让他的儿子狐庸在吴国当行人,《史记·吴太伯世家》也说:"令其子为吴行人",故此文"以为行人"当作"以其子为行人"。行人:《史记·吴太伯世家》《集解》引度叔说:"行人,掌国宾客之礼籍,以待四方之使。"即接待各国使者的官,相当于现在外交部礼宾司之职。

　　③楚庄王:春秋五霸之一,熊氏,名旅,一作侣,公元前613—公元前591年在

位。寿梦时楚庄王已死,此当作楚共(gōng恭)王,熊氏,名审,公元前590—公元前560年在位。

④子反:楚公子侧的字,他在楚共王时为司马(楚国掌管军政的官)。将(jiàng酱):带兵。

【今译】

　　寿梦二年(公元前584),楚国的出逃在外的大夫申公巫臣到吴国,让他的儿子当了接待国宾的外交大臣,还教吴国人射箭驾车,并劝导他们攻打楚国。楚恭王生气了,派子反带兵回击,打败了吴国的军队,吴、楚二国从此结下了怨仇。从这个时候起吴国才开始和中原各国交往,而和诸侯为敌。

【原文】

　　2.3　五年,伐楚,败子反。

【今译】

　　寿梦五年(公元前581年),讨伐楚国,打败了子反。

【原文】

　　2.4　十六年,楚恭王怨吴为巫臣伐之也①,乃举兵伐吴,至衡山而还②。

注释

　　①楚恭王:即楚共王。之:这里指代自己。
　　②衡山:《左传·襄公三年》:"三年春,楚子重伐吴,为简之师,克鸠兹,至于衡山。"杜注:"鸠兹,吴邑,在丹阳芜湖县东。衡山,在吴兴乌程县南。"乌程县即今浙江吴兴县(湖州)南下菰城。高士奇《春秋地名考略》卷十一则认为:古以"横"为"衡",所以衡山即横山;乌程县南十八里虽有横山,但太远;此衡山应指当涂县东北六十里之横山。依高说,那就在今安徽马鞍山市东南、石臼湖北。杜、高两说均通,但此文似以高说为胜。据《左传·襄公三年》记载,子重攻克了吴国的鸠兹(在今安徽芜湖东)而进兵衡山后,又派邓廖进攻吴都。吴军拦腰截击,俘获邓廖,又攻取了楚邑驾(在今安徽无为县境)。这次战争,子重所获不如所亡,楚人因此责怪他,他忧郁而死。吴国强大后,晋国也想和吴国增进友好关系。这些

18　吴越春秋全译

内容此文都从略了。

【今译】

　　寿梦十六年(公元前570年),楚恭王怨恨吴国为巫臣攻打自己,于是就起兵讨伐吴国,打到衡山才返回。

【原文】

　　2.5　十七年,寿梦以巫臣子狐庸为相,任以国政。

【今译】

　　十七年(公元前569年),寿梦把巫臣的儿子狐庸提拔为宰相,将国家的政事交给他处理。

【原文】

　　2.6　二十五年,寿梦病将卒。有子四人,长曰诸樊[1],次曰馀祭,次曰馀眛[2],次曰季札。季札贤,寿梦欲立之。季札让曰:"礼有旧制,奈何废前王之礼而行父子之私乎?"

　　寿梦乃命诸樊曰:"我欲传国及札,尔无忘寡人之言[3]。"诸樊曰:"周之太王知西伯之圣[4],废长立少,王之道兴。今欲授国于札,臣诚耕于野。"王曰:"昔周行之德加于四海[5],今汝于区区之国、荆蛮之乡[6],奚能成天子之业乎?且今子不忘前人之言[7],必授国以次及于季札[8]。"诸樊曰:"敢不如命?"

　　寿梦卒[9],诸樊以适长摄行事[10],当国政[11]。

注释

①《史记·吴太伯世家》《索隐》:"《春秋经》书'吴子遏',《左传》称'诸樊'。盖遏是其名,诸樊是其号。《公羊传》'遏'作'谒'。"参见2.7注①。

②《史记·吴太伯世家》《正义》:"祭,侧界反。眛,莫葛反。"这是说,"祭"当读zhài(债),"眛"当读mò(末)。据此,则"眛"当作"眜"。《公羊传·襄公二十九年》"馀眛"作"夷昧",也误。《春秋·昭公十五年》作"夷末",是。马王堆出土的帛书《春秋事语》"馀祭"作"馀蔡"。

③无:通"毋"。

④太王:即古公亶甫,参见1.4,1.6。

⑤古代以为中国四周皆有海,所以把中国叫作海内,把外国叫做海外。四海,表示整个天下。

⑥区区:形容小。荆蛮:见1.4注⑨。

⑦且:犹"若",如果。参见《经传释词》。前人:前一代人,这里是寿梦指自己。

⑧《公羊传·庄公三十二年》"一生一及"注:"兄死弟继曰及。"古代实行世袭制,父传子叫"世",兄传弟叫"及"。

⑨徐天祜说:"《春秋·襄公十二年》:'秋九月,吴子乘卒。'《左传》书'寿梦卒'。杜预曰:'寿梦,吴子之号。'"

⑩徐天祜说:"'適'通作'嫡',正出也。"觉按:古代称正妻、正妻所生的儿子为"嫡"。嫡长,即正妻所生的长子。依古代的宗法制,嫡长子才有继位权。摄:《左传·隐公元年》:"春,王周正月,不书即位,摄也。"杜注:"假摄君政,不脩即位之礼,故史不书于策。"本文之"摄"也是代理的意思,指诸樊遵奉父命,欲传于季札,因而不修即位之礼,而只是代理国君处理国政。

⑪《左传·襄公二年》"于是子罕当国"注:"当国,摄君事。"此文"当国政"与"摄行事"义近,是负责主持国事、执政的意思。

【今译】

二十五年(公元前561年),寿梦病重将死。他有四个儿子,大儿子叫诸樊,第二个儿子叫馀祭,第三个儿子叫馀眜,第四个儿子叫季札。季札有德才,寿梦想让他继位。季札推让说:"礼制有成规,怎么能废弃从前帝王的礼制而根据父子之间的私情来办事呢?"

寿梦于是命令诸樊说:"我想把国家传给季札,你不要忘了我的话。"诸樊说:"周国的太王古公亶甫知道西伯昌的圣德,便废弃了大儿子而让小儿子继位,于是周王朝的治国之道得以兴盛。现在您想把国家交给季札,我一定心甘情愿地在野外种地。"寿梦说:"过去周王施行的恩德加给了普天下的民众,现在你住在一个小小的国家里,处在少数民族的区域中,哪能成就统一天下的大业呢?如果你不忘记父亲的话,就一定要把国家的政权依照兄弟的次序传给季札。"诸樊说:"我敢不服从您的命令么?"

寿梦去世,诸樊便以嫡长子的身份代理操办国事,秉持国家的政权。

【原文】

2.7 吴王诸樊元年①,已除丧,让季札,曰:"昔前王未薨之时②,

尝晨昧不安③,吾望其色也,意在于季札。又复三朝悲吟④,而命我曰:
'吾知公子札之贤⑤。'欲废长立少,重发言于口⑥。虽然,我心已许之。
然前王不忍行其私计,以国付我。我敢不从命乎?今国者,子之国也。
吾愿达前王之义⑦。"

季札谢曰:"夫適长当国,非前王之私,乃宗庙社稷之制⑧,岂可
变乎?"

诸樊曰:"苟可施于国,何先王之命有⑨?太王改为季历,二伯来
入荆蛮,遂城为国,周道就成。前人诵之,不绝于口,而子之所习也⑩。"

札复谢曰:"昔曹公卒⑪,庶存適亡⑫,诸侯与曹人不义而立于国⑬。
子臧闻之,行吟而归。'曹君惧。将立子臧⑭,子臧去之,以成曹之道。
札虽不才,愿附子臧之义⑮。吾诚避之。"

吴人固立季札,季札不受而耕于野,吴人舍之。诸樊骄恣,轻慢鬼
神,仰天求死⑯。将死,命弟馀祭曰:"必以国及季札。"及封季札于延
陵⑰,号曰"延陵季子"。

注释

①徐天祐说:"《史记·年表》,吴诸樊元年为鲁襄公十三年;诸樊在位十三年
卒,是为襄公二十五年。此书止载元年事,余皆不书。"觉按:其他史书所载诸樊
在位时期的吴国史事有:《春秋》:襄公十四年(公元前559年),"春,王正月,季孙
宿、叔老会晋士匄、齐人、宋人、卫人、郑公孙虿、曹人、莒人、邾人、滕人、薛人、杞
人、小邾人,会吴于向。……秋,楚公子贞帅师伐吴。"二十四年(公元前549年),
"夏,楚子伐吴。"二十五年:"十有二月,吴子遏伐楚,门于巢,卒。"《左传》:襄公十
三年,"秋,楚共王卒。……吴侵楚,养由基奔命,子庚以师继之。养叔曰:'吴乘
我丧,谓我不能师也,必易我而不戒。子为三覆以待我,我请诱之。'子庚从之。战
于庸浦,大败吴师,获公子党。君子以吴为不吊。""十四年春,吴告败于晋。会于
向,为吴谋楚故也。范宣子数吴之不德也,以退吴人。……吴子诸樊既除丧,将立
季札。季札辞曰:'曹宣公之卒也,诸侯与曹人不义曹君,将立子臧。子臧去之,遂
弗为也,以成曹君。君子曰能守节。君,义嗣也,谁敢奸君?有国,非吾节也。札
虽不才,愿附于子臧,以无失节。'固立之,弃其室而耕,乃舍之。……秋,楚子为庸
浦之役故,子囊师于棠,以伐吴。吴人不出而还。子囊殿,以吴为不能而弗儆。吴
人自皋舟之隘要而击之。楚人不能相救,吴人败之,获楚公子宜谷。"二十三年
(公元前550年),"晋将嫁女于吴。"二十四年,"夏,楚子为舟师以伐吴,不为军
政,无功而还。"冬,"吴人为楚舟师之役故,召舒鸠人。舒鸠人叛楚。"二十五年,

"十二月,吴子诸樊伐楚,以报舟师之役。门于巢。巢牛臣曰:'吴王勇而轻,若启之,将亲门。我获射之,必殪。是君也死,疆其少安。'从之。吴子门焉,牛臣隐于短墙以射之,卒。"《史记·十二诸侯年表》:"吴诸樊元年,楚败我。二年,季子让位。楚伐我。十三年,诸樊伐楚,迫巢门,伤射以薨。"据《左传》及此《年表》,季札让位事当在诸樊二年。此文记于元年,盖误从《史记·吴太伯世家》。

②薨(hōng 轰):古代诸侯死叫做"薨"。《礼记·曲礼下》:"天子死曰崩,诸侯曰薨,大夫曰卒,士曰不禄,庶人曰死。"

③昧:昏暗,此指黄昏。

④古代天子、诸侯处理政事的地方有三朝。外朝有一,是询众庶之朝。内朝有二:一名治朝,是每天处理政事的地方;一名燕朝,是处理政事完毕后休息之处,也是与同宗之人商量私事之处。参见《书·召诰》"越五日甲寅"疏。此文"三朝",当指内朝而言。

⑤公子:古代除嫡长子外,凡正妻生的小儿子及小妾生的儿子,都称为"公子"。

⑥重:《史记·货殖列传》"重为邪"《索隐》:"重者,难也。"

⑦义:通"议",意见,主张。

⑧宗庙:天子、诸侯祭祀祖先的处所。由于封建帝王把天下占为一家所有,所以把宗庙作为王室、国家的代称。社稷:社是土地神,稷是谷神。古代帝王立国秉政都要祭祀社稷,所以社稷成了国家与政权的代称。

⑨何先王之命有:即"有何先王之命"。

⑩习:《战国策·秦策》注:"习,晓。"即通晓,熟悉。

⑪曹公:指曹宣公,名庐,公元前594—公元前578年在位。公元前578年夏五月,晋与齐、鲁、宋、卫、郑、曹等国联合攻秦,曹宣公死于军中。见《春秋·成公十三年》。

⑫庶:指庶子,即公子,见注⑤。这里指公子负刍。適:通"嫡",这里特指嫡长子。庶存適亡:曹宣公死后,曹国派公子负刍守国,派公子欣时(字子臧)去运回宣公尸体。这年秋天,负刍杀死了太子而自立,即曹成公。见《左传·成公十三年》。

⑬义:意动用法,以为……合乎道义。依古代的宗法制,嫡长子才有继位权,庶子杀嫡自立是不合道义的。而:犹"其"(参见《古书虚字集释》),此指代公子负刍。据《左传·成公十三年》,公元前578年负刍自立后,诸侯要求讨伐他,晋厉公因为曹国对秦作战有功,决定以后再说。

⑭《史记·吴太伯世家》《集解》引服虔说:"子臧,负刍庶兄。"据《春秋》及《左传》,成公十五年(公元前576年)三月,晋厉公与卫、郑、曹、齐等诸侯会盟,声讨曹成公,晋厉公将曹成公劫持到京师(周天子所在地),诸侯要把子臧(公子欣

时)引见给周天子而拥立他为曹君,子臧逃奔宋。成公十六年,子臧回曹后,晋国才让周天子放曹成公回国,于是子臧交出了自己的封邑与卿位,不再出仕。

⑮附:《广雅·释诂》:"附,依也。"《小尔雅·广诂》:"附,因也。"即依从、遵循的意思。

⑯此文与《春秋》《左传》不合,不足信,见注①。《公羊传·襄公二十九年》:"其让国奈何?谒也,馀祭也,夷昧也,与季子同母者四。季子弱而才,兄弟皆爱之,同欲立之以为君。谒曰:'今若是迮而与季子国,季子犹不受也。请无与子而与弟,弟兄迭为君,而致国乎季子。'皆曰'诺'。故诸为君者皆轻死为勇,饮食必祝曰:'天苟有吴国,尚速有悔于予身。'故谒也死,馀祭也立。馀祭也死,夷昧也立。夷昧也死,则国宜之季子者也。"此文可能即根据这种说法敷衍而成。

⑰延陵:季札封邑,在今江苏省武进县。

【今译】

吴王诸樊元年(公元前560年),已经脱下丧服后,便把君位让给季札,说:"过去父王在世时,曾经从早到晚坐立不安,我观察他的脸色,知道他的希望全在于季札。接着他又在内朝悲叹,并且告诉我说:'我知道公子季札贤能。'他想废弃大儿子而让小儿子继位,只是难以把这话说出口。即使这样,我心里已许诺他了。但是父王不忍心按他个人的打算来办事,仍然把国家托付给我。我敢不服从命令么?现在这个国家,实是您的国家。我希望能实现父王的意见。"

季札推辞说:"嫡长子主持国政,并不是父王的私意,而是国家的制度,怎么能改变呢?"

诸樊说:"如果可以在国家的政事中实行的话,又有什么古代帝王的成命呢?太王把继承人改成了季历,两位兄长便来到楚地,筑起城墙建立了国家,周王朝的治国之道取得了成就。前人称颂他,赞不绝口,这也是您所熟悉的啊。"

季札又推辞说:"从前曹宣公死后,公子负刍自立为国君,嫡长子却被杀死,诸侯和曹国人民都认为负刍在国中立为国君是不合乎道义的。子臧听说了这件事,一边走一边叹息地回到曹国。曹成公也害怕了。诸侯要拥立子臧为曹君,子臧逃离了曹国,以此来成全曹国的治国之道。我季札虽然不成器,却愿意奉行子臧的为人之道。我真的要避让君位。"

吴国的人民坚决要拥立季札当国君,季札不接受而到野外去种地,吴国人这才不去强求他了。于是诸樊恣肆放纵,怠慢鬼神,抬头仰求老天给他一死。临死时,他命令弟弟馀祭说:"一定要把国家传给季札。"于是就把季札封在延陵,称他为"延陵季子"。

【原文】

2.8 馀祭十二年①,楚灵王会诸侯伐吴②,围朱方③,诛庆封④。庆封数为吴伺祭⑤,故晋、楚伐之也⑥。吴王馀祭怒曰:"庆封穷来奔吴,封之朱方,以效不恨士也⑦。"即举兵伐楚,取二邑而去⑧。

注释

①此年前,其他史籍记载的吴国史事有:馀祭元年(公元前547年),"楚子、秦人侵吴,及雩娄,闻吴有备而还"。见《左传·襄公二十六年》。馀祭三年(公元前545年),齐国庆封奔鲁,继而奔吴,吴予庆封朱方,以女妻之。见《左传·襄公二十八年》《史记·吴太伯世家》。馀祭四年(公元前544年),季札出使诸侯各国。见《左传·襄公二十九年》《史记·吴太伯世家》。又,《春秋》《左传》以及《史记·十二诸侯年表》都记馀祭在该年为越俘所杀,则馀祭在位仅四年,其所记馀昧在位为十七年。此文则与《史记·吴太伯世家》一致,认为馀祭在位十七年而馀昧在位四年。两者必有一误,前人取舍也有不同,其史实当以《春秋》《左传》所记为是。公元前542年,"吴子使屈狐庸聘于晋"。见《左传·襄公三十一年》。公元前538年秋,楚灵王联合诸侯伐吴朱方,执齐庆封,杀之;冬,吴伐楚,取三邑。见《春秋》《左传·昭公四年》《史记·吴太伯世家》。公元前537年冬,楚与诸侯及东夷伐吴,吴败诸鹊岸。吴子使蹶由犒师,吴早有备,楚无功而回。见《春秋》《左传·昭公五年》《史记·吴太伯世家》。据《春秋》《左传》,本文所述之事发生在鲁昭公四年(公元前538年),为吴夷末六年;据《史记·吴太伯世家》及《十二诸侯年表》,此表发生于鲁昭公四年,而为吴馀祭十年。无论如何,本书系之于馀祭十二年,必误。本文记年与《史记》同(即以为馀祭在位十七年),故此文当作"十年","二"字当删。徐天祜认为当删"十"字,误,因为庆封奔吴在馀祭三年,诛庆封不可能在馀祭二年。译文姑仍其旧。

②楚灵王:熊氏,名围,即位后改名为虔,公元前540—公元前529年在位。会诸侯伐吴:据《春秋·昭公四年》,伐吴在公元前538年秋七月,楚灵王联合的诸侯有蔡侯、陈侯、许男、顿子、胡子、沈子以及淮夷。

③徐天祜说:"朱方,吴邑,秦改丹徒,今属镇江。"觉按:古朱方位于今镇江市东丹徒镇南。这是馀祭三年庆封逃奔吴国后吴国给庆封的封邑。

④庆封:春秋时齐国大夫,字子家,又字季。崔杼杀齐庄公而拥立景公,和他

分任右相、左相。齐景公二年(公元前546年),他灭掉崔氏执政,次年被鲍、栾氏合谋进攻,先奔鲁,后奔吴。公元前538年,楚灵王伐吴,他被擒灭族。

⑤数(shuò朔):屡次。伺(sì寺):侦察。祭:古与"察"字音近义通。本文的"馀祭",马王堆三号汉墓出土的帛书《春秋事语》作"馀蔡",与此类似。

⑥据《春秋》《左传》《史记》,晋并未参加伐朱方之役,此文恐误。译文姑仍其旧。

⑦《荀子·正论》"由此效之也"注:"效,明也。"

⑧《左传·昭公四年》:"冬,吴伐楚,入棘(今河南永城县南)、栎(今河南新蔡县北)、麻(今安徽砀山县东北),以报朱方之役。"《史记·吴太伯世家》也说"取三邑"。与此不同。

【今译】

　　馀祭十二年(公元前536年),楚灵王会合诸侯进攻吴国,包围了朱方,诛杀了庆封。庆封屡次为吴国侦察敌情,所以晋、楚等国才要讨伐他。吴王馀祭愤怒地说:"庆封走投无路了才来投奔吴国,把他封在朱方,只是为了表明我们不仇视有才之士啊。"便起兵讨伐楚国,夺取了两个城邑才回师。

【原文】

　　2.9　十三年①,楚怨吴为庆封故伐之,心恨不解,伐吴,至乾谿②。吴击之,楚师败走。

注释

　　①《左传·昭公六年》:"令尹子荡帅师伐吴,师于豫章,而次于乾谿。吴人败其师于房钟。"《史记·十二诸侯年表》《吴太伯世家》均将此役系于馀祭十二年,也即鲁昭公六年(公元前536年)。本文"十三年"当作"十二年",徐天祐认为当删"十"字,不当。现译文姑从原文。

　　②乾谿:楚国地名,位于今安徽亳(bó博)县东南七十里。

【今译】

　　馀祭十三年(公元前535年),楚国怨恨吴国为了庆封的缘故而去讨伐他,心中的愤恨不能消除,于是攻打吴国,进兵到乾谿。吴军攻击他们,楚军失败逃跑了。

【原文】

2.10 十七年,馀祭卒①,馀昧立。四年②,卒,欲授位季札,季札让,逃去,曰:"吾不受位,明矣。昔前君有命,已附子臧之义,洁身清行,仰高履尚,惟仁是处③,富贵之于我,如秋风之过耳。"遂逃归延陵。吴人立馀昧子州于,号为吴王僚也④。

【注释】

①此纪年与《史记》同而与《左传》不同,见2.8注①。《左传·襄公二十九年》:"吴人伐越,获俘焉,以为阍(守门人),使守舟。吴子馀祭观舟,阍以刀弑之。"事又见马王堆出土的《春秋事语》。此文则略。

②据《春秋·昭公十三年》,公元前529年冬,吴灭楚邑州来。此文略而不书。

③惟仁是处:与"惟利是图"结构相同,即"惟处仁"。"是"是结构助词。处:居,处于,引申指遵守、奉行。

④《史记·吴太伯世家》:"季札让,逃去。于是吴人曰:'先王有命,兄卒,弟代立,必致季子。季子今逃位,则王馀昧后立,今卒,其子当代。'乃立王馀昧之子僚为王。"《史记·刺客列传》所记与此一致。本文与《史记》同。《公羊传·襄公二十九年》则认为吴王僚是寿梦最大的庶子、季札的庶兄,其文曰:"季子使而亡焉。僚者,长庶也,即之。季子使而反,至,而君之尔。阖庐曰:'先君之所以不与子国而与弟者,凡为季子故也。将从先君之命与,则国宜之季子者也;如不从先君之命与,则我宜立者也。僚恶得为君乎?'于是使专诸刺僚,而致国乎季子。季子不受,曰:'尔弑吾君,吾受尔国,是吾与尔为篡也。尔杀吾兄,吾又杀尔,是父子兄弟相杀,终身无已也。'去之延陵,终身不入吴国。"两说未知孰是,参见3.1注①。

【今译】

十七年(公元前531年),馀祭去世,馀昧继位。馀昧四年(公元前527年),去世,想把君位传给季札,季札推让,因而逃走了,说:"我不肯接受君位,已经很明白了。过去诸樊曾有吩咐,我已决心奉行子臧的为人之道,洁身自好,清廉为人,景仰高风亮节,从事崇高的事业,只遵行那仁义的原则,荣华富贵对于我来说,就像秋风吹过罢了。"于是逃回延陵。吴国人就拥立馀昧的儿子州于,号称为吴王僚。

吴越春秋王僚使公子光传第三

【题解】

"王僚使公子光"几字取自篇首。取篇首之语作为篇名,在古代是较常见的,它显然不能概括本篇的内容。本篇记述王僚在位时期的史事,但其中记述王僚的事迹极少,这大概就是不把本篇题为"吴王僚传"的原因;而文中所记事情又十分驳杂,难以用一个准确的篇题概括它,所以只得取篇首之语姑且作为篇名。

本篇所叙王僚各年之事,详略悬殊。从中可以看出,作者并不只是为了叙述王僚时代的吴国史事,而主要地只是在写两个方面。一、伍子胥的身世及其活动;二、王僚被刺的方方面面。凡与此两方面有关的,作者便浓笔重彩加以铺陈描绘,否则就一笔带过甚至略而不提。所以,像二年王僚使公子光伐楚之事,《左传》有较详的记载,此文就很简略;但在这极为简略的一段文字中却写进了《左传》《史记》所没有的公子光因谋杀王僚而暗中求贤的事。在五年中,甚至连伍子胥祖父、父亲的事都不厌其烦地大肆渲染;而叙述伍子胥之事时,凡与之相关的人物、言行更是详加描绘。八年、九年、十二年虽写得很简省,但于子胥之事仍是滴水不漏。十三年写王僚被刺,所以又较详赡;但其中季札之言,又较《左传》《史记》为略。凡此种种,作者的匠心也就不难揣测了。

从本篇的叙事中,可以明显地体会到本书的特点。我们读二年、八年、九年等章节,感到是在读史;而读到五年时,则感到似在读小说,它充分体现了作者的艺术才华与本书的文学色彩。像其中使者之诈、渔父之歌、击绵女之言、子胥之貌、专诸之斗等等，史所不载，可能是当时的传闻异说，它们虽然不一定合乎史实，读来却很传神。稍加玩味，则狡诈而乏味的使者、清逸而侠义的渔父、善良而笃信礼教的击绵女、奇伟而令人刮目的伍子胥、勇猛而明智的专诸等人物形象顿现眼前。当然，这种文学色彩较浓的地方，其史料价值可能不是很大。不过，篇中虽然对史实或年代的记载时有舛误，却也不能完全抹杀其史料价值。如八年所记公子光迎太子建母于郑，《左传·昭公二十三年》则说成吴太子诸樊入郑取楚夫人，《史记·吴太伯世家》则说公子光迎太子建母于居巢。三说不同，而本书所记很可能最合乎史实（参见3.12注②）。

【原文】

3.1　二年，王僚使公子光伐楚①，以报前来诛庆封也。吴师败而亡舟②，光惧，因捨，复得王舟而还③。光欲谋杀王僚，未有所与合议，阴求贤，乃命善相者为吴市吏④。

注释

①徐天祜说："光，诸樊子阖庐也。"觉按：阖庐（hé lú 河驴），一作阖闾（古代"庐"、"闾"同音），是公子光立为吴王后的号。所以此文只称公子光。《史记·吴太伯世家》："公子光者，王诸樊之子也。"但一说以为公子光是馀眜之子，如《世本》说："夷眜生光。"对此，后人取舍不同。《左传·昭公二十七年》"吴公子光曰……我王嗣也"杜注："光，吴王诸樊子也，故曰'我王嗣'。"孔疏："《世本》云：'夷眜及僚，夷眜生光。'服虔云：'夷眜生光而废之。僚者，夷眜之庶兄。夷眜卒，僚代立，故光曰：我王嗣也。'是用《公羊》为说也。杜言：'光，吴王诸樊子。'用《史记》为说也。班固云：'司马迁采《世本》为《史记》。'而今之《世本》与迁言不同。《世本》多误，不足依冯，故杜以《史记》为正也。光言'王嗣'者，言己是世適之长孙也。"《公羊》之说，见2.10注④。孔颖达虽以为《世本》、服虔之说误，但惠栋《春秋左传补注》却说："服氏之说是也。《襄公卅一年传》吴屈狐庸曰：'若天所启，其在今嗣君乎！有吴国者，必此君之子孙实终之。'注云：'嗣君谓夷眜。'则光，夷眜之子审矣。"终吴国者，是阖闾之子夫差，那么阖闾似乎肯定是馀眜之子了。但是，屈狐庸之言，并不是对史实的叙述，而是对前途的推断，他的话可能只是奉承当时吴王夷眜之言，不一定合乎史实，所以杨伯峻从其说，也未必正确。总之，《史记》《世本》两说均讲得通，但究竟哪一说合乎史实，尚难断定，今俱录之以

供参考。

②徐天祐说:"舟名馀皇,为楚所获。亦曰艅艎"。觉按:此为水战,故"亡舟"。

③徐天祐说:"'捨'字不通,疑当作'掩'。盖掩其不备,取之以归。"俞樾说:'捨'乃'舍'字之假借,军行一宿为舍,吴师时已奔北,因公子光欲复得王舟,故又止一宿而以计取舟也。"觉按:两说都通,但徐说为优。掩,同"掩",是埋伏而袭取的意思。《左传·昭公十七年》:"吴伐楚……战于长岸,子鱼先死,楚师继之,大败吴师。获其乘舟馀皇。使随人与后至者守之,环而堑之,及泉,盈其隧炭,陈以待命。吴公子光请于其众,曰:'丧先王之乘舟,岂唯光之罪,众亦有焉。请藉取之以救死。'众许之。使长鬣者三人潜伏于舟侧,曰:'我呼皇则对。'师夜从之,三呼,皆迭对。楚人从而杀之。楚师乱,吴人大败,取馀皇以归。"《史记·吴太伯世家》:"公子光伐楚,败而亡王舟,光惧,袭楚,复得王舟而还。"《淮南子·泛论训》注:"掩,夺也。"《广雅·释诂》:"掩,取也。"皆可圆徐说。《太平御览》卷七百六十九无"捨"字,盖不知其义而妄删,不可从。又,此舟为"先王之乘舟",所以称"王舟"。

④相:相面,观察人的相貌来推测其命运吉凶。

【今译】

吴王僚二年(公元前525年),僚派公子光攻打楚国,以此来报复上次楚国前来诛杀庆封。吴军战败而丢了船,公子光害怕了,便布置了伏兵去袭取,又得到了这条先王传下来的船,然后才回去。公子光想谋杀王僚,没有得到能和自己一起合谋的人,为了能暗中访求贤能的人,就任命一个善于相面的人当了吴国管理市场的官吏。

【原文】

3.2 五年,楚之亡臣伍子胥来奔吴①。伍子胥者,楚人也,名员②。员父奢,兄尚。其前名曰伍举③,以直谏事楚庄王④。

王即位三年,不听国政,沉湎于酒,淫于声色,左手拥秦姬,右手抱越女,身坐钟鼓之间,而令曰:"有敢谏者,死。"于是伍举进谏曰⑤:"有一大鸟,集楚国之庭⑥,三年不飞,亦不鸣,此何鸟也?"于是庄王曰:"此鸟不飞,飞则冲天;不鸣,鸣则惊人。"伍举曰:"不飞不鸣,将为射者所图,弦矢卒发⑦,岂得冲天而惊人乎?"于是庄王弃其秦姬、越女,罢钟鼓之乐,用孙叔敖⑧,任以国政,遂霸天下,威伏诸侯。

庄王卒,灵王立⑨,建章华之台⑩,与登焉⑪。王曰:"台美!"伍举曰:"臣闻国君服宠以为美⑫,安民以为乐,克听以为聪⑬,致远以为明;不闻以土木之崇高、虫镂之刻画⑭、金石之清音、丝竹之凄唳以之为美⑮。前庄王为抱居之台⑯,高不过望国氛⑰,大不过容宴豆⑱,木不妨守备⑲,用不烦官府⑳,民不败时务㉑,官不易朝常。今君为此台七年㉒,国人怨焉,财用尽焉,年谷败焉,百姓烦焉㉓,诸侯忿怨㉔,卿士讪谤㉕,岂前王之所盛㉖、人君之所美者耶㉗?臣诚愚,不知所谓也。"灵王即除工去饰,不游于台。由是伍氏三世为楚忠臣。

注释

①伍子胥:名员,字子胥,春秋时楚大夫伍奢次子。楚平王七年(公元前522年)伍奢被杀,他出逃,历经宋、郑等国入吴。后为吴国大夫,帮助吴王阖闾攻破楚国,以功封于申,故又称申胥。吴王夫差时,他屡次劝阻夫差,结果夫差赐剑逼他自杀,因死。事详下文。《史记》有传,可参阅。其奔吴之事,也可参阅《左传·昭公二十年》。

②员:徐天祜说:"音云。"

③俞樾说:"'其前'犹云'其先',言伍员之先世名曰伍举也。下文'胥乃解百金之剑,以与渔者:此吾前君之剑',又专诸及公子光称'前王馀昧'、'前君寿梦',是此书'前'字皆作'先'字用。"徐天祜说:"举即奢之父、员之祖。"

④楚庄王:见2.2注③。

⑤下面的谏说之言又见于《史记·楚世家》与《韩非子·喻老》。《韩非子》作"右司马御座而与王隐曰",可知伍举当时为右司马(楚国主管军政之官)。

⑥"集"是个象形字,像鸟停于木上,引申为停留。庭:通"廷",朝廷,宫廷。

⑦卒(cù 促):通"猝",突然,急速。

⑧孙叔敖:春秋时楚国期思(今河南淮滨东南)人,楚庄王时为令尹。又,《史记·楚世家》作"任伍举、苏从以政",与此不同。

⑨据《史记·楚世家》,楚庄王死后,子共王审立;共王三十一年死,子康王招立;康王十五年卒,子郏敖立;郏敖四年,围弑郏敖而立,即灵王。此文有所省略。灵王:见2.8注②。

⑩章华台:在今湖北监利县西北。《水经注》卷二十八:"水东入离湖,湖在(华容)县东七十五里,……湖侧有章华台,台高十丈,基广十五丈。"

⑪"与"下省了宾语。《太平御览》卷一百七十七所引《吴越春秋》之文"与"下有"群臣"二字,《国语·楚语上》作"与伍举升焉",均通。

⑫服:顺从,这里是使动用法。宠:指受宠之人。服宠:与"安民"对文,当解

为"使受宠之人顺从",《国语》注解为"以贤受宠服",恐误。《韩非子·爱臣》:"爱臣太亲,必危其身。"又《八奸》:"明君之于内也,娱其色而不行其谒,不使私请。其于左右也,使其身必责其言,不使益辞。"即此文"服宠"之义。《韩非子·外储说右上》载楚庄王称赞维护法令的廷理而训斥太子,太子避舍请罪,即此所谓"服宠"之例。服宠以为美:即"以服宠为美。"下几句语法结构与此同。

⑬克:能够。

⑭虫:动物的通称。据《大戴礼记·曾子天圆》,飞禽为羽虫,兽类为毛虫,龟鳖为甲虫,鱼龙为鳞虫,人为倮虫。此文用来指古建筑梁、柱上的各种动物图案。《国语·楚语上》"虫"作"彤",两字音近,或有一误。镂:指梁、柱、椽上的图案雕刻。

⑮丝:指弦乐器,如琴、瑟之类。竹:指管乐器,如管、箫之类。唳(lì 立):鹤叫。古代常用风声鹤唳形容声音的凄惨。

⑯《国语》作"匏居"。韦注:"匏居,台名。"

⑰氛:云气,这里指预示灾祸的不祥之气。《国语·楚语上》"台不过望氛祥"注:"凶气为氛,吉气为祥。"古代有登上高台观察云气来预测吉凶的习惯。《左传·昭公二十年》"梓慎望氛"注:"时鲁侯不行登台之礼,使梓慎望气。"

⑱豆:古代一种盛食物的木制器皿,形似高脚盘。

⑲备:指城墙。《淮南子·齐俗训》"则必有穿窬拊楗抽箕逾备之奸"注:"备,后垣也。"

⑳《国语·楚语上》"用不烦官府"注:"材用不出府藏。"《战国策·魏策》"吾用多"注:"用,资也。"

㉑时务:农时之劳务,即农事。陶渊明《癸卯岁始春怀古田舍》:"秉耒欢时务,解颜劝农人。"

㉒七年:《国语》作"数年"。《左传·昭公元年》:"冬……楚灵王即位。"《左传·昭公七年》:"春……楚子成章华之台。"则此台建成于鲁昭公七年,即楚灵王六年(公元前535年)。大概楚灵王即位后即开始建台,前后共有七个年头,所以此文说"七年",其实只有五年多。

㉓百姓:指百官。《诗·小雅·天保》"群黎百姓"传:"百姓,百官族姓也。"《国语·楚语上》作"百官"。

㉔《国语·楚语上》:"愿得诸侯与始升焉,诸侯皆距,无有至者。"可见"诸侯忿怨"的情景。

㉕讪(shàn 善):诽谤,诋毁。

㉖盛:《文选·东京赋》"盛夏后之致美"薛注:"盛,犹嘉也。"即夸奖、称颂的意思。

㉗四部丛刊本"美"字上无"所",据《太平御览》卷一百七十七引文补。

【今译】

　　吴王僚五年(公元前522年)，楚国逃亡在外的臣子伍子胥前来投奔吴国。伍子胥，是楚国人，名员。伍员的父亲是伍奢，哥哥是伍尚。他的祖父名叫伍举，曾以直言诤谏侍奉楚王。

　　楚庄王登上君位后三年，不处理国家的政事，沉湎于酒宴之间，纵情于音乐美女之中，左手搂着秦国嫁过来的姬妾，右手抱着越国献来的少女，身坐钟、鼓之间，还下令说："如果有人敢来劝谏，就处死。"在这个时候，伍举进谏说："有一只大鸟，停留在楚国的朝廷上，三年不飞，也不叫，这是什么鸟呀？"于是庄王说："这只鸟不飞便罢，如果飞起来，就会冲上云霄；不叫便罢，如果叫起来，就会使人吃惊。"伍举说："这只鸟不飞不叫，就会被射鸟的人所谋取，弓弦上的箭很快就要射出来了，哪能冲上云霄而令人吃惊呢？"于是楚庄王抛开了那秦国的姬妾、越国的少女，除去了钟、鼓的音乐，任用孙叔敖，把国家的政事交给他负责，于是就称霸天下，威势降伏了各国诸侯。

　　楚庄王去世后，楚灵王立为国君，筑起了章华台，和伍举一起登上那高台。灵王说："台真美啊！"伍举说："我听说国君把制服受宠之人当作为美事，把安定民众当作为乐事，把能够听取意见当作为听力好，把能够获得远方的情况当作为视力好；却没有听说过把土木工程的巍峨高大、画栋雕梁的刻缕描画、金钟石磬奏出的清越悠扬的乐章、琴瑟箫管奏出的凄凉似鹤鸣的声音当作为美。从前庄王筑抱居台，高度只够用来瞭望预示国家灾祸的凶气，大小只够用来放置宴饮时的器皿，所用的木材也不妨害修筑守卫用的城墙，所花费的钱财也不去打扰官府，民众不因此而破坏了农事，官吏不因此而改变朝廷的正常工作。现在大王造这个高台造了七年，国内的人民因此而怨声载道，资财因此而花光了，年成因此而被毁坏了，百官因此而烦劳奔忙，诸侯各国愤怒怨恨，贵卿士大夫诋毁诽谤，这哪里是从前庄王所称颂、国君所赞美的事呢？我真是愚昧得很，不知道您所说的意思啊。"灵王就立即辞去了工匠、放弃了装饰，不再到台上游览了。从此伍家三代都成了楚国的忠臣。

【原文】

　　3.3　楚平王有太子名建①，平王以伍奢为太子太傅②，费无忌为少傅③。平王使无忌为太子娶于秦④。秦女美容,无忌报平王曰:"秦女天下无双,王可自取⑤。"王遂纳秦女为夫人,而幸爱之⑥,生子珍,而更为太子娶齐女。无忌因去太子而事平王,深念平王一旦卒而太子立,当害己也⑦,乃复谗太子建。建母蔡氏无宠,乃使太子守城父⑧,备边兵。

注释

①楚平王:熊氏,名弃疾,公元前529年即位后改名熊居,公元前528—公元前516年在位。太子建:弃疾为楚大夫时到蔡国访问,蔡国郹(jú 局)阳(今河南新蔡县)封人之女私奔他而生了建。见《左传·昭公十九年》。

②太子太傅:是辅导太子的主官。但汉代始称此官为"太子太傅",所以《左传·昭公十九年》只说"使伍奢为之师"。

③费无忌:《左传》作"费无极",是楚平王的宠臣。《韩非子·内储说下》:"费无极,荆令尹之近者也。"可见他又是令尹子常的亲信。少傅:辅导太子的副官。春秋时齐国已有设置,汉代称为"太子少傅",但春秋时楚国并不称为"少傅",而称为"少师",所以《左传·昭公十九年》说"费无极为少师"。此文盖承袭《史记·楚世家》,用汉代之称。

④这是楚平王二年(公元前527年)的事,见《史记·楚世家》。

⑤取:通"娶"。

⑥幸:宠爱。之:指秦女。参见本书附录一佚文第27条。

⑦己:四部丛刊本作"已",据四库全书本改。

⑧此事发生在楚平王六年(公元前523年),见《左传·昭公十九年》《史记·楚世家》。城父(fǔ 甫):春秋时名城父的有两处,此指楚国北面的边邑(见《左传·昭公十九年》),地在今河南宝丰县东四十里。

【今译】

楚平王有个太子名叫建,平王让伍奢做太子太傅,让费无忌做少傅。平王派费无忌为太子建到秦国娶妻。那秦国姑娘容貌很美,无忌报告平王说:"那秦国的女子天下无双,大王可以自己娶了。"平王就娶了这秦国的女子作为夫人,而且十分宠爱她,生了儿子熊珍,而另外给太子娶了个齐国的女子。无忌便离开了太子而侍奉平王,他遥想到平王有朝一日去世后太子建将立为国君,就会害及自己,于是又在平王面前谗毁太子建。太子建的母亲蔡氏失宠后,平王就派太子建去守卫城父,防备边境上的敌寇。

【原文】

3.4　顷之①,无忌日夜言太子之短,曰:"太子以秦女之故,不能无怨望之心②,愿王自备。太子居城父将兵③,外交诸侯,将入为乱。"平王乃召伍奢而按问之④。奢知无忌之谗,因谏之曰:"王独奈何以谗贼小臣而疏骨肉乎?"无忌承宴⑤,复言曰:"王今不制,其事成矣,王且见擒。"平王大怒,因囚伍奢,而使城父司马奋扬往杀太子⑥。奋扬使人前告太子:"急去!不然,将诛。"三月⑦,太子奔宋⑧。

【注释】

①顷之:不久。以下之事发生在楚平王七年(公元前522年),所以说"顷之"。

②望:怨恨,责怪。

③将(jiàng酱):率领,统帅。

④按问:同"案问",审问,查问。

⑤承:通"乘",趁着。宴:安逸,安闲,指休息。参见4.6注①。

⑥司马:楚国掌管军政的官。《周礼·夏官司马》:"都司马每都上士二人,中士四人,下士八人,府二人,史八人,胥八人,徒八十人。……都司马掌都之士庶子及其众庶车马兵甲之戒令,以国法掌其政学,以听国司马。"郑注:"都,王子弟所封及三公采地也。司马主其军赋。"可见周代只有君王子弟及三公才设置司马,他们受国家一级的大司马领导。城父为太子所居,所以设置司马。城父司马即都司马一级的官,所以受国君差遣。

⑦三月:指楚平王七年(公元前522年)三月。见《左传·昭公二十年》。

⑧宋:诸侯国名,有今河南东部和山东、江苏、安徽间地。此时为宋元公十年。

【今译】

过了不久,无忌又日日夜夜在平王面前说太子的坏话,他说:"太子因为那秦国女子的缘故,不可能没有怨恨之心,希望大王自己有所戒备。太子住在城父统帅着军队,在外和诸侯勾结,恐怕要打进来造反作乱了。"平王就召见伍奢而查问他。伍奢知道这是无忌的谗毁,便劝谏平王说:"大王怎么偏要因为那谗毁陷害别人的小人而疏远骨肉至亲呢?"无忌趁平王休息时,又提议说:"大王现在如果不加以制裁,他们的事情就要成功了,大王将要被活捉。"平王大怒,于是就囚禁了伍奢,然后派城父司马奋扬去杀太子。奋扬派人先去告诉太子:"快走!否则,就要被杀。"三月,太子建逃到宋国。

【原文】

3.5　无忌复言平王曰:"伍奢有二子,皆贤,不诛,且为楚忧。可以其父为质而召之。"

王使使谓奢曰:"能致二子,则生;不然,则死。"

伍奢曰:"臣有二子,长曰尚,少曰胥。尚为人慈温仁信,若闻臣召,辄来。胥为人,少好于文,长习于武;文治邦国,武定天下;执纲守戾①,蒙垢受耻②,虽冤不争,能成大事,此前知之士,安可致耶?"

平王谓伍奢:"之誉二子③!"即遣使者驾驷马④,封函印绶⑤,往诈召子尚、子胥⑥,令曰⑦:"贺二子。父奢以忠信慈仁去难就免⑧,平王内惭囚系忠臣,外愧诸侯之耻,反遇奢为国相⑨,封二子为侯。尚赐鸿都侯⑩,胥赐盖侯⑪,相去不远,三百余里。奢久囚系,忧思二子,故遣臣来奉进印绶。"

尚曰:"父系三年⑫,中心忉怛⑬,食不甘味⑭,尝苦饥渴,昼夜感思,忧父不活。惟父获免,何敢贪印绶哉?"

使者曰:"父囚三年,王今幸赦,无以赏赐,封二子为侯。一言当至,何所陈哉?"

尚乃入报子胥曰:"父幸免死,二子为侯。使者在门,兼封印绶,汝可见使。"

子胥曰:"尚且安坐,为兄卦之。今日甲子⑮,时加于巳⑯,支伤日⑰下,气不相受。君欺其臣,父欺其子。今往方死,何侯之有?"

尚曰:"岂贪于侯?思见父耳。一面而别,虽死而生⑱。"

子胥曰:"尚且无往,父当我话。楚畏我勇,势不敢杀。兄若误往,必死不脱。"

尚曰:"父子之爱,恩从中出。徼倖相见⑲,以自济达⑳。"

于是子胥叹曰:"与父俱诛,何明于世?冤雠不除,耻辱日大。尚从是往,我从是决㉑。"

尚泣曰:"吾之生也,为世所笑;终老地上㉒,而亦何之㉓?不能报仇㉔,毕为废物。汝怀文武,勇于策谋。父兄之雠,汝可复也。吾如得返,是天祐之;其遂沉埋[25],亦吾所喜。"

胥曰:"尚且行矣,吾去不顾。勿使临难,虽悔何追?"

旋泣辞行[26],与使俱往。楚得子尚,执而囚之,复遣追捕子胥。胥乃贯弓执矢去楚[27]。楚追之,见其妻,曰:"胥亡矣,去三百里。"使者追及无人之野,胥乃张弓布矢,欲害使者,使俯伏而走。胥曰:"报汝平王[28],欲国不灭,释吾父兄;若不尔者,楚为墟矣。"使返报平王,王闻之,即发大军追子胥,至江,失其所在,不获而返。

子胥行至大江,仰天行哭林泽之中,言:"楚王无道,杀吾父兄,愿吾因于诸侯以报雠矣。"闻太子建在宋,胥欲往之。

伍奢初闻子胥之亡,曰:"楚之君臣,且苦兵矣。"

尚至楚就父[29],俱戮于市。

注释

①守:保住,引申指抑制。戾(lì立):凶暴,引申指怒火。
②蒙:受。垢(gòu构):耻辱。
③之:此,这样。
④驷(sì四):同驾一辆车的四匹马。
⑤函:匣子。印绶:官印及系于印纽的丝带。古代常用不同颜色的丝带系在官印上来标识官吏的身份和等级。
⑥诈:四部丛刊本作"许",据顾广圻所录影宋钞本改。"许"于"诈",形近而误。
⑦《尔雅·释诂》:"令,告也。"
⑧去难:离开灾难,指不再依附太子建。免:免除灾难。就免:走向平安,指归附平王。
⑨遇:《汉书·公孙弘传》:"躬率以正而遇民信也。"注:"遇谓处待之而已。"
⑩鸿:东汉宫门及皇家藏书之所有名鸿都的,至于地名,则无鸿都。此当为作者杜撰之词,无关史实。
⑪盖(gě舸):齐国地名,在今山东沂源县东南,并非楚地。这也是作者杜撰之词。
⑫据《左传·昭公二十年》,伍奢被囚禁,平王召尚、胥,奢、尚被杀,子胥奔吴,均在楚平王七年。此言"父系三年",不但与《左传》不合,也与上文不合,恐为作者夸诞之词。
⑬忉:四部丛刊本作"切",据冯念祖本改。忉怛(dāo dá刀达):忧伤,痛苦。
⑭甘:甜,味美,这里是意动用法。

⑮古人用干支记日,这"甲子"表示甲子日。此指吴王僚五年三月(见3.4注⑦)以后的甲子日,即该年四月初七。

⑯巳(sì肆):古人用十二地支来表示十二时辰。巳时等于现在的上午九时至十一时。顾炎武《日知录》认为汉代始有十二时的划分。据此,则此文也是作者杜撰,非春秋时实事。

⑰支:地支的简称,这里指上句表示时辰的"巳"。支伤日下:此句含义双关。"巳"在五行配"火",而这里表示日期的"甲子"的地支"子"在五行配"水"(参见5.12注⑯),根据五行相胜之道,水胜火(参见5.27注⑱),所以这表示地支的"巳"伤于甲子日之下,这是其字面意义。另外,表时辰的"支"象征在下位的臣,"日"象征在上位的平王,"支伤日下"预示着伍奢父子将被害于楚王。所以下文说"今往方死。"

⑱卢文弨说:"'而'同'如'。"
⑲相:指代性副词,这里偏指其父。
⑳济:成。达:指表示自己的情义。
㉑决:通"诀",告别。
㉒终老:到老,终寿。
㉓之:到。
㉔仇:四部丛刊本作"仇",据汪士汉本改。
㉕沉:没于水中。埋:没于土中。沉埋:指死。
㉖旋:随即。
㉗贯(wān弯):通"弯"。贯弓:弯弓,张满弓。此文《太平御览》卷三百九十三引作:"子胥以夜半时卧觉,忽而仰天悲叹,言曰:'父兄俱死,当谁归乎?'泣下交流,恐为楚所得,乃贯弓执矢,步出东郭。"本文已被删改。
㉘徐天祐说:"'平',字当去,王在,安得先称其谥?不则当作'君王'。下文'平王'则后人追书也。"卢文弨说:"古人行文,不屑屑检点,注非是。"
㉙《广雅·释诂》:"就,归也。"

【今译】

　　无忌又对平王说:"伍奢有两个子,都很贤能,如果不杀掉,将成为楚国的忧患。可以将他们的父亲作为人质而把他们召来。"

　　平王于是派使者对伍奢说:"你如果能够把两个儿子招来,就可以活命;否则,就处死。"

　　伍奢说:"我有两个儿子,大儿子叫尚,小儿子叫胥。尚为人慈善温和仁爱诚实,如果听到我召见,马上就会来的。胥的为人,年轻时学习文献经典很出色,长大后练习武艺很精通;他将用文献经典来治理国家,用武力去平定天下;他又能够掌握要领而抑制自己的怒火,能够容忍污蔑忍受耻辱,即使冤枉也不争辩,以便能成就大事。他是个有预见的贤士,哪能招得来呢?"

平王对伍奢说:"你竟这样来赞誉两个儿子!"就派使者驾了四匹马拉的车,把官印及其绸带封在匣子里,前去欺骗子尚、子胥,告诉他们说:"祝贺你们二位。你们的父亲伍奢因为忠诚老实慈善仁爱而去祸就福,平王对内因为囚禁忠臣而感到羞惭,对外因为诸侯的耻笑而感到愧怍,所以反而安排伍奢做国家的宰相,封你们二位为王侯。伍尚赐封鸿都侯,伍胥赐封盖侯,两地相距不远,只有三百多里。伍奢被囚禁已很久了,挂念二位,所以派我来送上印绶。"

伍尚说:"父亲被囚禁三年了,我内心忧伤,吃东西不感到味道甜美,尝到的都是苦味,常常忍受饥渴,日日夜夜想念他,担心父亲活不了。只要父亲能获得释放,哪敢奢望当官呢?"

使者说:"你们父亲囚禁了三年,大王现在幸运地给予赦免了,但没有什么东西可以拿来赏赐,所以封你们二位为王侯。有一番话应该说出来,但你所说的又是些什么话呢?"

伍尚便进去告诉子胥说:"父亲幸运地免于一死,两个儿子又被封为王侯。使者就在大门口,同时还拿来了封好的印绶,你可以去接见使者。"

子胥说:"尚兄暂且安心坐一下,我给兄长为此事算个卦。今天是甲子日,现在时辰正当巳时,表示时辰的地支伤于表示日期的干支之下,各自的元气不能互相容纳。这象征着国君欺骗他的臣子,父亲欺骗他的儿子。现在如果前去,将被杀死,哪有什么封侯的事?"

伍尚说:"我哪里是贪图封侯呢?我只是想看看父亲罢了。和父亲见上一面再分别,即使是死了,也像活着一样。"

子胥说:"尚兄暂且不要前去,父亲该由我来救活。楚国害怕我的勇武,势必不敢杀害父亲。兄长如果错误地前去,一定被杀而不能逃脱。"

伍尚说:"父子之间这样亲爱,情义也就从这相亲相爱中产生出来了。我想侥幸地去见父亲一面,以此来表示自己对父亲的深情厚意。"

于是子胥叹息着说:"和父亲一起被杀掉,拿什么来昭示天下?冤仇不能除去，耻辱就会与日俱增。尚兄从这里出发前往，我在这里与你诀别吧。"

伍尚哭着说："我出生的时候，被世人所讥笑；而在世上养老终寿，又能达到什么地步呢？不能报仇，终究是个废物。你胸怀文韬武略，敢于出谋划策。父兄的冤仇，你是有能力报复的。我如果能返回，那是老天保佑我；如果我就此而死，也是我所心甘情愿的。"

子胥说："尚兄就要走了，我也将离开这里而不能再照顾你了。但愿别使你遭殃，否则的话，即使后悔，又怎能补救呢？"

伍尚就哭着告别上路，和使者一起走了。楚平王得到子尚后，就拘捕囚禁了他，又派人追捕子胥。子胥便拉开了弓拿着箭离开了楚国。楚国人追赶他，见到他的妻子，他妻子说："子胥逃跑了，走了有三百里了。"受楚王委派的人直到荒无人烟的野地里才追上子胥，子胥便拉满了弓，放上了箭，要杀害这使者，使者低着头、弯着腰逃跑了。子胥说："回报你的平王，要想国家不灭亡，就放了我的父亲兄长；如果不这样的话，楚国就将成为废墟了。"使者回去报告了平王，平王听说了这番话，马上派出大批军队追赶子胥，来到江边，没找到他所在的地方，所以没抓获他就回去了。

子胥走到大江边，在树林沼泽之中抬头望着天空边走边哭，说："楚王昏庸无道，杀了我的父亲兄长，但愿我能依靠诸侯来报仇了。"听说太子建在宋国，子胥就想到宋国去。

伍奢当初听见子胥逃跑的消息后说："楚国的君臣，将要被战争搞得困苦不堪了。"

伍尚到楚国，回到父亲身边，一起被杀死在街市中。

【原文】

3.6　伍员奔宋，道遇申包胥①，谓曰："楚王杀吾兄父，为之奈何？"申包胥曰："於乎②！吾欲教子报楚，则为不忠；教子不报，则为无亲友也。子其行矣③，吾不容言。"子胥曰："吾闻：'父母之雠，不与戴天履地④；兄弟之雠，不与同域接壤；朋友之雠，不与邻乡共里⑤。'今吾将复楚辜⑥，以雪父兄之耻。"申包胥曰："子能亡之，吾能存之；子能危之，吾能安之。"胥遂奔宋。

【注释】

①申包胥:又作"申鲍胥",春秋时楚国大夫,姓公孙,封于申而以申为氏,故称申包胥。《战国策》作"棼冒勃苏"。"棼冒"即"蚡冒",为楚武王之兄,可见他是蚡冒之后代。"勃苏"即"包胥"之音讹。他原和伍员为友。伍员逃亡时表示要报复楚国,他表示要保存楚国。楚昭王十年(公元前506年),伍员以吴军攻楚入郢,他到秦国求救,哭于秦廷七日七夜,终于使秦发兵救楚,败吴军。事见《左传·定公四年》《战国策·楚策一》《史记·楚世家》《伍子胥列传》等。

②於(wū乌)乎:同"呜呼",感叹词。

③其:表示命令、劝告的语气副词。

④不与戴天履地:与"不共戴天"义同,表示和仇敌不能并存于天下,要进行你死我活的报复。

⑤乡:古代一种居民区,12500户为一乡。里:古代一种居民区,大小因时而异,春秋以前以25户为一里,后有以50户、80户、100户为里的。

⑥辜:罪过。

【今译】

　　伍员逃奔宋国,在路上碰到申包胥,对他说:"楚王杀了我的父兄,对此该怎么办?"申包胥说:"唉!我要是教您报复楚国,那就是不忠;如果教您不要报复,那就是心目中没有您这个亲密的朋友。您还是走了吧,我不能插嘴啊。"子胥说:"我听说:'对于父母的仇人,不和他共顶着这天空、同踩着这大地;对于兄弟的仇人,不和他生活在同一个区域内或土地相连的区域内;对于朋友的仇人,不和他住在毗邻的乡中或同一个里巷中。'现在我将要报复楚国犯下的罪行,来洗刷父兄所受的耻辱。"申包胥说:"您能灭掉楚国,我能保存楚国;您能使它危急,我能使它平安。"伍子胥就逃亡到宋国去了。

【原文】

　　3.7 宋元公无信于国①,国人恶之。大夫华氏谋杀元公,国人与华氏,因作大乱②。子胥乃与太子建俱奔郑,郑人甚礼之。太子建又适晋。晋顷公曰③:"太子既在郑,郑信太子矣。太子能为内应而灭郑,即以郑封太子。"太子还郑,事未成,会欲私其从者④,从者知其谋,乃告之于郑。郑定公与子产诛杀太子建⑤。

【注释】

①宋元公:名佐,公元前531—公元前517年在位。子胥奔宋在宋元公十年(公元前522年)。

②华氏:指华定、华亥。其作乱事详《左传·昭公二十年》。

③晋顷公:名去疾,公元前525—公元前512年在位。此时为晋顷公四年。

④"私"下当有"杀"字,《史记·伍子胥列传》作"会自私欲杀其从者"。会:恰巧。下文"适会"与此同义。

⑤郑定公:名宁,公元前529—公元前514年在位,此时为郑定公八年。子产:即公孙侨、公孙成子,春秋时政治家,郑国贵族子国的儿子,名侨,字子产。郑简公十二年(公元前554年)为卿,二十三年(公元前543年)执政,推行法治,为法家先驱。

【今译】

宋元公在国内不讲信用,国内的人民怨恨他。大夫华氏谋杀元公,国内的人支持华氏,因而国内搞得大乱。子胥就和太子建一起逃亡到郑国,郑国人非常尊重他们。太子建又到晋国。晋顷公说:"太子既然在郑国,而郑国又已信任太子了。太子如果能做内应而帮助我灭掉郑国,我就拿郑国封给太子。"太子返回郑国,事情还没有成功,恰巧想私下杀掉自己的随从。随从知道太子的计谋,就把它告诉了郑国,郑定公与子产便杀了太子建。

【原文】

3.8 建有子名胜,伍员与胜奔吴。到昭关①,关吏欲执之。伍员因诈曰:"上所以索我者,以我有美珠也②。今我已亡矣。将告子取吞之③。"关吏因舍之。

与胜行去,追者在后,几不得脱。至江④,江中有渔父乘船从下方溯水而上⑤。子胥呼之,谓曰:"渔父渡我!"如是者再,渔父欲渡之,适会旁有人窥之,因而歌曰:

"日月昭昭乎寖已驰⑥,

与子期乎芦之漪⑦。"

子胥即止芦之漪。渔父又歌曰:

"日已夕兮予心忧悲,

月已驰兮何不渡为⑧?

事寖急兮当奈何?"

子胥入船,渔父知其意也,乃渡之千浔之津⑨。

子胥既渡,渔父乃视之,有其饥色,乃谓曰:"子俟我此树下⑩,为子取饷。"渔父去后,子胥疑之,乃潜身于深苇之中。有顷,父来,持麦饭、鲍鱼羹、盎浆⑪,求之树下,不见,因歌而呼之,曰:"芦中人,芦中人,岂非穷士乎?"如是至再,子胥乃出芦中而应。渔父曰:"吾见子有饥色,为子取饷,子何嫌哉?"子胥曰:"性命属天,今属丈人⑫,岂敢有嫌哉?"

二人饮食毕,欲去,胥乃解百金之剑⑬,以与渔者:"此吾前君之剑,上有七星北斗⑭,价直百金⑮,以此相答。"渔父曰:"吾闻楚王之命⑯:得伍胥者,赐粟五万石,爵执圭⑰。岂图取百金之剑乎?"遂辞不受,谓子胥曰:"子急去,勿留!且为楚所得。"子胥曰:"请丈人姓字。"渔父曰:"今日凶凶⑱,两贼相逢⑲,吾所谓渡楚贼也。两贼相得,得形于默,何用姓字为?子为芦中人,吾为渔丈人。富贵莫相忘也。"子胥曰:"诺。"既去,诫渔父曰:"掩子之盎浆,无令其露。"渔父诺。子胥行数步,顾视渔者,已覆船自沉于江水之中矣。

注释

①《艺文类聚》卷六引作"夜行昼伏,出到昭关",文义更为丰富。昭关:春秋时吴、楚之界,有两山对峙,因以为关,为两国往来要冲。在今安徽含山县北。

②四部丛刊本无"以我有"三字,据《初学记》卷七引文补。

③将告子取吞之:四部丛刊本作"将去取之",据《初学记》卷七引文改。"去"乃"告"之形讹。此句《艺文类聚》卷六引作"我将告子欲取之",《太平御览》卷八百三引作"将言尔取之",各不相同,当以《初学记》所引为是。因为此文不见于《史记·伍子胥列传》,当取材于《韩非子·说林上》,其文为:"上索我者,以我有美珠也。今我已亡之矣。我且曰:'子取吞之。'"

④江:指长江。渔父渡子胥处,当在昭关之东的江面上,在今安徽和县。有人认为此"江"是指溧水(见《辞源》"溧水"条),恐误。今浙江建德县东北七里泷西岸有"子胥渡",相传为子胥避楚平王之谋害而逃奔吴国时所渡之处;今江苏仪征县西部有胥浦河,相传也是伍子胥在蒲田渡口过长江而得名。此两处恐怕都是后世人的附会。

⑤父(fǔ 甫):对老人的尊称。

⑥寖:四部丛刊本作"侵",据四库全书本改。寖(qīn 亲):逐渐。

⑦漪(yī 衣):岸边。

⑧何不渡为:即"不渡为何",不上船摆渡干什么。

⑨徐天祜说:"'浔'当作'寻'。"觉按:古以八尺为一寻;千寻,形容极远。

⑩俟(sì 寺):等待。

⑪鲍:盐渍鱼。《史记·货殖列传》"鲍千钧"《索隐》:"(鱼)渍云鲍。"现在江南一带称刚醃不久叫鲍醃。羹:带汁的食物。盎:一种大腹敛口的容器。《急就篇》注:"缶、盆、盎,一类耳。缶即盎也,大腹而敛口,盆则敛底而宽上。"浆:饮料。

⑫丈人:对年长者的尊称。

⑬金:货币单位,先秦以黄金二十两或二十四两为一镒(yì 益),一镒又称一金。

⑭上有七星北斗:四部丛刊本作"中有七星",据《北堂书钞》卷一百二十二引文改。

⑮直:同"值"。

⑯楚王之命:四部丛刊本作"楚之法令",据《北堂书钞》卷一百二十二引文改。

⑰执圭:也作"执珪",或称"上执珪",是春秋时楚国设置的爵位名,它是楚国的最高爵位。《周礼·春官·大宗伯》:"以玉作六瑞,以等邦国。王执镇圭,公执桓圭,侯执信圭,伯执躬圭,子执谷璧,男执蒲璧。"可见执圭者是王、公、侯、伯等较高的爵位,"执圭"之名盖源于此,谓以玉圭赐给功臣,使其执持玉圭以参加礼仪活动。圭:是玉制的礼器,上尖下方。

⑱凶凶:恐惧的样子。《国语·晋语一》"敌入而凶"注:"凶犹凶凶,恐惧也。"

⑲贼:造反者,叛逆者。两贼:指子胥与渔翁。子胥为楚贼,渔翁渡楚贼,则也为贼。

【今译】

　　太子建有个儿子名胜,伍员便与胜逃奔吴国。他们来到昭关,守关的官吏想要拘捕他们。伍员便欺骗他说:"皇上之所以要搜捕我,是因为我有颗美丽的宝珠。现在我已经丢了。如果你要抓我,我将告发说你已把它取去吞了。"守关的官吏怕国君剖腹取珠,因而放了他们。

　　他与胜步行逃走,追兵在后,差一点不能脱身。到了江边,江中有一个渔翁坐在船上从下方逆水而上。子胥喊他,对他说:"渔翁渡我过江!"像这样喊了两次,渔翁正要渡他们过江,恰好碰上旁边有人在窥测他,渔翁便唱道:

"日月明亮啊渐渐地已奔前,
和您相约啊在芦苇的岸边。"

子胥就停留在芦苇的岸边。渔翁又唱道:
"太阳已经下山啦我的心忧伤悲哀,
月亮已经赶上来啦为什么不上船来?
事情越加危急啦该怎么办?"

子胥进入船舱,渔翁早已知道他的心意了,于是就把他渡到极远的渡口上。

子胥已经渡过了江,渔翁这才仔细地观察他,见他面有饥色,就对他说:"您在这棵树下等我,我给您去拿一点吃的来。"渔翁走了以后,子胥对他发生了怀疑,就藏身于深深的芦苇之中。过了一会儿,渔翁来了,拿来了麦子煮的饭、腌鱼做的羹、一壶水,到树下找他,却不见人影,于是便唱着呼唤他,说:"芦苇中的人啊芦苇中的人,你难道不是个走投无路的贤士吗?"像这样唱到第二遍,子胥才从芦苇丛中走出来回答。渔翁说:"我看到您面有饥色,所以给您去拿吃的,您为什么要猜疑呢?"子胥说:"性命隶属于老天,但我今天的性命全在您老人家手里,哪里敢有什么猜疑呢?"

两人吃喝完毕,要分手了,子胥便解下价值百金的宝剑,把它送给渔翁,说:"这是我先父的宝剑,上面铸有北斗七星,价值百金,我拿这个来报答您。"渔父说:"我听说楚王下令说:对于抓获伍子胥的人,赏赐粮食五万石,赏赐的爵位是执圭。我难道是想取得这价值百金的宝剑吗?"于是就推辞而没接受,并对子胥说:"您赶快走,不要停留!否则就要被楚国人抓获了。"子胥说:"请问老人家尊姓大名。"渔翁说:"今天惊恐,两个强盗相逢,我就是以后人们所说的把楚国的强盗渡过江的人。两个强盗互相投合,这种投合表现在默契,为什么要用姓名呢?您就是芦苇中的人,我就是老渔翁。富贵了别忘了我。"子胥说:"行。"已经要走了,就告诫渔翁说:"藏起您的那壶水,不要让它暴露了踪迹。"渔翁答应了。子胥走了几步,回过头来看那渔翁,只见他已经把船弄翻而使自己沉溺在江水之中了。

【原文】

3.9　子胥默然,遂行至吴,疾于中道,乞食溧阳①。适会女子击绵于濑水之上②,筥中有饭③。子胥遇之,谓曰:"夫人,可得一餐乎④?"女子曰:"妾独与母居,三十未嫁,饭不可得。"子胥曰:"夫人赈穷途,少饭,亦何嫌哉?"女子知非恒人,言曰:"妾岂可逆人情乎?"即发其箪筥⑤,饭其盎浆⑥,长跪而与之⑦。子胥再餐而止。女子曰:"君有远逝之行⑧,何不饱而餐之?"子胥已餐而去,又谓女子曰:"掩夫人之壶浆,无令其露。"女子叹曰:"嗟乎!妾独与母居三十年,自守贞明,不愿从适⑨,何宜馈饭而与丈夫?越亏礼仪,妾不忍也。子行矣!"子胥行五步⑩,反顾女子,已自投于濑水矣。

於乎!贞明执操,其丈夫女哉!

注释

①溧阳:县名,故治在今江苏溧阳西北四十五里,因在溧水之阳,故名。秦置,汉、晋沿置。此当为作者追述之语,并非春秋时已置溧阳。
②绵:本字作"緜",丝绵。击绵:等于说"捣丝",是把废丝、碎丝捣烂,然后纺成丝、织成丝织品,这种丝织品称为绵绸、绵绅。濑水:即溧水,在今江苏省溧阳县中部,今名南河。
③筥(jǔ矩):圆形的竹筐。
④夫人:诸侯之妻称为夫人,因而用作为妇女的尊称。
⑤言曰妾岂可逆人情乎即:四部丛刊本作"遂许之",据《太平御览》卷四百四十引文改。箪(dān单):古代盛饭的圆形竹器。
⑥饭:给……吃,喂。
⑦长跪:直身而跪。古人席地而坐,坐时两膝着地而将臀部放在脚跟上。跪则伸直腰与大腿,称为长跪,以示庄重。
⑧逝:跑。行:走。
⑨女子跟人叫"从",出嫁叫"适"。"从适"即嫁人。
⑩四部丛刊本无"五步",据《太平御览》卷五十九引文补。

【今译】

　　子胥沉默不言,于是就步行到吴国去,但又在半路上生了病,在溧阳讨饭。正巧有一个女子在溧水的岸边捣丝,圆篮中有饭。子胥碰上了她,对她说:"夫人,可以搞到一顿饭食吗?"那女子说:"我独身和母亲住在一起，三十岁了还没嫁人，饭食搞不到。"子胥说："夫人救济我这走投无路的人，就是饭少一点，我又有什么不满意的呢？"女子知道他不是个平常的人，便自言自语地说："我哪能违背人情呢？"于是立即打开她的圆篮，拿出她壶中的浆给子胥吃，跪着递给子胥。子胥吃了两口就停了。女子说："您有很远的行程，为什么不饱餐一顿？"子胥吃完后要走了，又对女子说："藏起夫人的那壶浆吧，不要让它暴露了踪迹。"女子叹息说："唉！我独身和母亲住了三十年，自己保持贞洁，不愿意嫁人，怎么适合送饭给男人吃呢？逾越损害了礼仪，这是我不能容忍的啊。您走吧！"子胥走了才五步远，再回头看那女子，已经自投于溧水中了。

唉！贞节贤明坚持操行，那真是个大丈夫式的女子啊！

【原文】

3.10　子胥之吴，乃被发佯狂①，跣足涂面，行乞于市。市人观，罔有识者②。翌日③，吴市吏善相者见之④，曰："吾之相人多矣，未尝见斯人也⑤。非异国之亡臣乎？"乃白吴王僚，具陈其状："王宜召之。"王僚曰："与之俱入。"

公子光闻之，私喜曰："吾闻楚杀忠臣伍奢，其子子胥勇而且智。彼必复父之雠来入于吴。"阴欲养之。

市吏于是与子胥俱入见王，王僚怪其状伟——身长一丈，腰十围⑥，眉间一尺⑦。王僚与语三日，辞无复者。王曰："贤人也。"子胥知王好之，每入语，语遂有勇壮之气，稍道其雠，而有切切之色。王僚知之欲为兴师复雠⑧。

公子谋杀王僚，恐子胥前亲于王而害其谋，因谗伍胥之谏⑨："伐楚者，非为吴也，但欲自复私雠耳。王无用之。"

子胥知公子光欲害王僚，乃曰："彼光有内志，未可说以外事⑩。"入见王僚，曰："臣闻诸侯不为匹夫兴师用兵于比国⑪。"王僚曰："何以言之？"子胥曰："诸侯专为政，非以意，救急后兴师。今大王践国制威，为匹夫兴兵，其义非也。臣固不敢如王之命⑫。"吴王乃止。

【注释】

①被：通"披"。

②罔:无。古代"罔"与"无"一声之转。
③翌(yì 意):明(天)。
④吴市吏善相者:见3.1注④。
⑤斯:这。
⑥围:两手大拇指与食指合拢的圆周长。"腰十围"是夸饰之词。
⑦尺:见1.5注⑨。"眉间一尺"也是夸饰之词。
⑧之:犹"其"也。
⑨徐天祜说:"'谏'当作'谋'。"觉按:《史记·伍子胥列传》:"伍子胥说吴王僚曰:'楚可破也,愿复遣公子光。'"即此所谓"伍胥之谋"。
⑩说(shuì 税):劝说,说服。事:《礼记·乐记》"恐不逮事也"注:"事,戎事也。"即战事。说以外事:即《史记》所载的"楚可破也,愿复遣公子光"。
⑪匹夫:平民。这里是子胥自指。比国:邻国,指楚国。
⑫《左传·宣公十二年》注:"如,从也。"

【今译】

　　子胥到了吴国,便披着头发假装发疯,光着脚,用烂泥涂在脸上,在街市中乞讨。市场上的人都去看,但没有认识他的人。第二天,吴国有个善于相面的管理市场的官吏看见了他,说:"我相过很多人的面,但从来没有见到过这种人。这不是别国的亡命之臣么?"于是就报告了吴王僚,详细陈说了他的情况,并说:"大王应该召见他。"王僚说:"和他一起进来吧。"

　　公子光听说了这件事,暗自高兴地说:"我听说楚国杀掉了忠臣伍奢,他的儿子子胥勇敢而且足智多谋。他一定是为了报父亲的仇而来投奔吴国的。"暗中想收养他。

　　那管理市场的官吏于是和子胥一起进宫拜见吴王,王僚惊奇他的身材高大——他身高一丈,腰粗十围,两眉之间相距一尺。王僚和他谈了三天,他的话没有一句重复的。吴王说:"是个贤能的人啊。"子胥知道吴王喜欢自己,所以每次进宫交谈,一谈起来就有英勇豪壮的气概,稍稍言及自己的仇恨,便有咬牙切齿的神色。王僚因而知道他想要吴国为他起兵报仇。

　　公子光要谋杀王僚,他怕子胥事先和王僚亲近而妨害了自己的计谋,于是就诋毁伍子胥的计谋,说:"子胥要攻打楚国,并不是为了吴国啊,不过是想自己报私仇罢了。大王别采用他的计谋。"

子胥知道公子光想杀害王僚,就思忖道:"那公子光心中另有主意,还不能说服他去对外作战。"就进见王僚,说:"我听说诸侯不为平民百姓兴师动众而与邻国作战。"王僚说:"为什么说这种话?"子胥说:"诸侯王独自处理政事,并不是只凭愿望来办事,而是为了援救危急的情况,然后才起兵。现在大王处在君位上而控制了权势,为平民百姓起兵,那道理说不过去。我本来就不敢顺从大王的命令。"吴王也就罢休了。

【原文】

3.11　子胥退耕于野①,求勇士,荐之公子光,欲以自媚,乃得勇士专诸②。

专诸者,堂邑人也③。伍胥之亡楚如吴时,遇之于途。专诸方与人斗,将就敌,其怒有万人之气,甚不可当。其妻一呼,即还。子胥怪而问其状:"何夫子之怒盛也④,闻一女子之声而折道⑤,宁有说乎?"专诸曰:"子视吾之仪,宁类愚者也?何言之鄙也?夫屈一人之下,必伸万人之上。"子胥因相其貌,碓颡而深目⑥,虎膺而熊背,戾于从难⑦,知其勇士,阴而结之,欲以为用。遭公子光之有谋也,而进之公子光。

光既得专诸,而礼待之。公子光曰:"天以夫子辅孤之失根也⑧。"专诸曰:"前王馀昧卒,僚立,自其分也。公子何因而欲害之乎?"光曰:"前君寿梦有子四人⑨,长曰诸樊——则光之父也,次曰馀祭,次曰馀昧,次曰季札。札之贤也⑩,将卒,传付適长⑪,以及季札。念季札为使,亡在诸侯未还⑫,馀昧卒,国空。有立者,適长也。適长之后,即光之身也。今僚何以当代立乎?吾力弱,无助于掌事之间,非用有力徒,能安吾志⑬?吾虽代立,季子东还,不吾废也。"专诸曰:"何不使近臣从容言于王侧、陈前王之命以讽其意⑭、令知国之所归?何须私备剑士以捐先王之德?"光曰:"僚素贪而恃力,知进之利,不睹退让。吾故求同忧之士,欲与之并力。惟夫子诠斯义也⑮。"专诸曰:"君言甚露乎⑯?于公子何意也⑰?"光曰:"不也⑱。此社稷之言也,小人不能奉行⑲。惟委命矣⑳。"专诸曰:"愿公子命之。"公子光曰:"时未可也。"专诸曰:"凡欲杀人君,必前求其所好。吴王何好?"光曰:"好味。"专诸曰:"何味所甘㉑?"光曰:"好嗜鱼之炙也。"专诸乃去,从太湖学炙鱼㉒,三月,得其味,安坐待公子命之㉓。

注释

①退:《离骚》"退将复修吾初服"注:"退,去也。"指离开朝廷。

②专诸:《左传·昭公二十七年》作"鱄设诸"。《史记·刺客列传》有专诸传,可参见。此文说伍子胥"退耕于野""乃得勇士专诸",与下文所述及《史记·刺客列传》所载均不同,误。

③堂邑:本名棠,为春秋时楚地(见《左传·襄公十四年》),后属吴,称堂邑。故城在今江苏六合县北。

④夫子:对人的尊称。

⑤折:《荀子·修身》注:"折,损也。"即折扣,减损。折道:指半路而退。

⑥碓(duì 对):舂米的工具。桓谭《新论》:"宓牺之制杵舂,万民以济,及后人加巧,因延力借身重以践碓,而利十倍。"今碓已少见,但尚有存留。其主体为一厚木。木之一端凸出,其下为舂米柱,其上绑缚石块。木之中部设轴而置于支架上。舂米时人在木之另一端一踩一放,舂米柱借助石块的势能舂入石臼。颡(sǎng 桑上声):额。碓颡:凸额头。其眉额突出,像舂米的碓,所以叫"碓颡"。

⑦戾(lì 粒):强劲,凶猛。从难:从事危难之事,冒险。

⑧孤:见2.1注⑦。根:《左传·昭公二十七年》:"吴公子光曰:'……我,王嗣也。'"《史记·刺客列传》:"公子光曰:'使以兄弟次邪,季子当立。必以子乎,则光真适嗣,当立。'"此文所谓"根",当即"王嗣"、"嫡嗣"之意,指可以继承王位的嫡长子。此文称"根",盖汉代之语,汉《相府小史夏堪碑》:"夏堪,……零陵太守之根嗣也。"(《隶释》十二)不称"嫡嗣"而称"根嗣",可证汉代"根"与"嫡"同义。

⑨见2.6注①、②。

⑩札之贤也:指寿梦想废长立少以传位给季札而季札推辞的事,见2.6。

⑪付:给予。適:通"嫡"。传付適长:指传给诸樊,见2.6。此文所述与《史记·刺客列传》不同。

⑫亡:外出,与《论语·阳货》"孔子时其亡也"之"亡"义同。季札出使诸侯的事详《左传·襄公二十九年》《史记·吴太伯世家》。

⑬安吾志:指立自己为国君。

⑭讽:不正面直说而用含蓄的话委婉地劝说。

⑮诠:阐明,解释。诠斯义:阐明这里面的事理,指明白上述这几句话中的道理,从而为自己去刺杀王僚。

⑯这句的言外之意是:无须我"诠斯义"了。

⑰于:在。于公子:在公子看来。"于……"是本书一种询问对方意见时习用的语法结构。又如4.10"于二子何如",5.17"于众大夫何如",7.9"于子奈何",8.6"于子何如"。

⑱不(fǒu 否)：同"否"。
⑲小人：自己的谦称。
⑳委命：托付性命。《史记·刺客列传》："公子光顿首曰：'光之身，子之身也。'"即此"委命"之义。
㉑甘：甜美，味道好。这里用作意动词。所甘：认为是甜美的东西。何味所甘：即"所甘何味"。
㉒今江苏吴县胥口乡有炙鱼桥，相传即专诸学炙鱼处。
㉓坐：《左传·桓公十二年》"楚人坐其北门"注："坐，犹守也。"引申为常驻，不离开。

【今译】

　　子胥离开朝廷而到田野中耕种，并寻觅勇士，准备把他推荐给公子光，想靠这种办法来讨好公子光，于是找到了勇士专诸。

　　专诸，是堂邑人。伍子胥从楚国出逃前往吴国时，在路上碰上了他。当时专诸刚要和人搏斗，将要逼近对手时，他的愤怒有压倒上万人的气势，厉害得不可抵挡。但他的妻子一喊，他就回去了。子胥觉得奇怪而询问他的情况："为什么您的愤怒那样强烈，但听见一个女人的声音就半途而退了，难道有什么讲究吗？"专诸说："您看我的仪表，难道像个愚蠢的人么？为什么您的话这样鄙陋呢？那屈服于一人之下的人，一定能舒展于万人之上。"子胥因而端详他的相貌，只见他眉额凸出而眼眶深凹，老虎似的胸膛而熊一样的脊背，凶猛得敢于冒险，知道他是个勇士，就暗中和他结交，想利用他。正好碰上公子光有谋划，就把他推荐给了公子光。

　　光得到专诸后，便礼貌地款待他。公子光说："老天让您来辅助我这个没有能继承君位的嫡长子啊。"专诸说："上一代吴王馀昧去世后，僚继位，这本来就是他的职分。公子为什么要杀害他呢？"公子光说："先君寿梦有儿子四个，大儿子叫诸樊——就是我光的父亲，其次是馀祭，其次是馀昧，其次是季札。因为季札的贤能，寿梦将去世时，把君位传给了嫡长子，从而依次传给季札。回想那季札作为使者而外出到诸侯各国还没有还来，而馀昧去世了，国君的位子就空缺无人了。有资格继位的人，是嫡长子。而嫡长子的后代，就是我光。现在僚凭什么该替代我而继承君位呢？我势力薄弱，在掌管国家大事的大臣之中得不到辅助，如果不是使用有力的党徒，能安我的心吗？我即使替代王僚而立为国君,季札向东回到国内,也不会废黜我的。"专诸说:"为什么不派亲近的大臣从容不迫地在王僚身边建议、陈述先君的命令来委婉地打动他的心、使他知道国家应该归谁所有?何必要私下准备刺客而抛弃先王的道德呢?"公子光说:"僚一向贪婪而依仗强力,知道进取的好处,就不理睬退让了。所以我要寻觅患难与共的勇士,想和他齐心合力。但只有您能明白这种道理啊。"专诸说:"您的话很露骨了吧?公子究竟是什么意图呢?"公子光说:"我刚才的话并不露骨。这是有关国家命运的谋划啊,敝人不能奉行。只有把我的性命委托给你了。"专诸说:"请公子命令我吧。"公子光说:"时机还没有成熟。"专诸说:"凡是要杀君主,必须先觅得他所喜欢的东西。吴王喜欢什么呢?"公子光说:"喜欢美味佳肴。"专诸说:"他所喜欢的是什么美味佳肴?"光说:"他喜欢吃烤鱼。"专诸便走了,到太湖学习烤鱼,三个月过去了,会做吴王喜欢吃的食物了,就安心等待公子光命令他。

【原文】

3.12　八年①,僚遣公子伐楚,大败楚师,因迎故太子建母于郑。郑君送建母珠玉簪珥,欲以解杀建之过②。

注释

①此年之事可参见《左传·昭公二十三年》及《史记·吴太伯世家》,其所记较此文为详,但不尽相同。如吴伐州来,与楚所率各诸侯战于鸡父等等,此书均略。

②《礼记·礼运》"著有过"疏:"过,罪也。"俞樾说:"按昭二十三年《左传》:'楚大子建之母在郹,召吴人而启之。冬十月甲申,吴大子诸樊入郹,取楚夫人与其宝器以归。'杜注曰:'郹,郹阳也。平王娶秦女,废太子建,故母归其家。'又曰:'诸樊,吴王僚之太子。'《正义》曰:'吴子诸樊,吴王僚之伯父也。僚子又名诸樊,乃与伯祖同名。吴人虽是东夷,理亦不应然也。此久远之书,又字经篆隶,或误耳。'然则《左传》'诸樊'二字显有错误,今以此书证之,似'郹'字亦误也。杜解'郹'为郹阳,《正义》以为蔡地。夫太子建母虽蔡女,然既归母家,自应居蔡国都,不应居郹阳也。《史记·世家》云:'吴使公子光伐楚,败楚师,迎楚故太子建母于居巢以归。'则又以为在居巢而不在郹。夫楚太子建母何缘得在居巢亦未详也。此书以为在郑,疑得其实。盖太子建之出奔,实奉其母以行,先奔宋,后奔郑,及建见杀而其母仍在郑。至是,建之子胜与伍员俱奔吴,故吴迎其母于郑以归,使依其

孙也。郑字隶书或作鄭,故《左传》误为鄎,殆与'诸樊'同为字误也。"

【今译】

　　八年(公元前519年),王僚派遣公子光进攻楚国,大败楚军,接着又从郑国接来了原太子建的母亲。郑定公送给建的母亲珍珠、宝玉、发簪、玉耳饰,想以此来消除杀害太子的罪过。

【原文】

　　3.13　九年①,吴使光伐楚,拔居巢、钟离②。吴所以相攻者,初,楚之边邑脾梁之女与吴边邑处女蚕,争界上之桑③,二家相攻,吴国不胜,遂更相伐④,灭吴之边邑。吴怒,故伐楚,取二邑而去⑤。

注释

　　①本段承袭《史记·吴太伯世家》之文,《左传·昭公二十四年》与此文不尽相同。
　　②居巢:《春秋》《左传》均作"巢"。巢原为殷商旧国,汤流放桀于南巢,即此。春秋时为巢国。据《史记》及此文,可知其先为楚地,后又为吴国所灭。秦为居巢县,汉沿置,所以《史记》及本书称"居巢"。故城在今安徽巢县西南。钟离:见2.1注④。
　　③脾:四部丛刊本作"胛",据冯念祖本改。《史记·吴太伯世家》作"初,楚边邑卑梁氏之处女与吴边邑之女争桑",与本文同。但《史记·伍子胥列传》作"楚平王以其边邑钟离与吴边邑卑梁氏俱蚕,两女子争桑",《史记·楚世家》作"初,吴之边邑卑梁与楚边邑钟离小童争桑",《正义》:"卑梁邑,近钟离也。"相较而论,当以后者为是,即卑梁为吴国边邑,相邻的楚国边邑为钟离,本文误。译文姑从原文。
　　④更:交替,轮番。
　　⑤《史记·楚世家》:"两家交怒相攻,灭卑梁人。卑梁大夫怒,发邑兵攻钟离。楚王闻之,怒,发国兵灭卑梁。吴王闻之,大怒,亦发兵使公子光因建母家攻楚,遂灭钟离、居巢。"于此事叙述最为详备,可作为这几句的注释。

【今译】

　　九年(公元前518年),吴王派公子光进攻楚国,攻克了居巢、钟离。吴国之所以攻打楚国,是因为当初楚国的边城脾梁的女子和吴国边城中的少女养蚕而争夺边界上的桑叶,二家互相攻打,吴国那一家没有取胜,于是吴、楚双方交替相攻,灭掉了吴国的边城。吴王大怒,所以攻打楚国,夺取了居巢、钟离两座城邑才离去。

【原文】

3.14 十二年冬,楚平王卒①。伍子胥谓白公胜曰②:"平王卒,吾志不悉矣。然楚国存③,吾何忧矣④?"白公默然不对,伍子胥坐泣于室。

注释

①徐天祜说:"《左传·昭公二十六年》:'九月,楚平王卒。'《索隐》曰:'按《年表》及《左传》,合在僚十一年。'此书作'十二年',又以秋为冬,皆误。"觉按:此承《史记·吴太伯世家》之误。

②白公胜:即楚平王太子建的儿子,名胜,又称王孙胜,因避难而与子胥一起逃到吴国(见3.8)。楚惠王十年(公元前479年),楚令尹子西召回胜,让他住在白邑(楚国边境上的县城,在今河南息县东七十余里),故号白公(楚君僭称王,大夫、县令僭称公)。此年他作乱,杀了令尹子西、司马子期,劫持了楚惠王。后叶公子高起兵攻胜,胜败,自缢死。详《左传·哀公十六年》。

③存:四部丛刊本作"有",据四库全书本改。

④这是说,楚国尚存,还可报仇,不必担忧。

【今译】

十一年(公元前516年)冬,楚平王去世。伍子胥对白公胜说:"平王去世了,我们报仇的心愿不能完全实现了。但楚国还存在,我们担心什么呢?"白公沉默而不回答,伍子胥在房间里坐着哭泣。

【原文】

3.15 十三年春①,吴欲因楚葬而伐之,使公子盖馀、烛佣以兵围楚②,使季札于晋以观诸侯之变。楚发兵绝吴后,吴兵不得还。于是公子光心动。伍胥知光之见机也,乃说光,曰:"今吴王伐楚,二弟将兵未知吉凶。专诸之事,于斯急矣。时不再来,不可失也。"于是公子见专诸曰:"今二弟伐楚,季子未还。当此之时,不求何获?时不可失。且光,真王嗣也。"专诸曰:"僚可杀也。母老子弱,弟伐楚,楚绝其后。方今吴外困于楚,内无骨鲠之臣,是无如我何也。"

四月,公子光伏甲士于窟室中③,具酒而请王僚。僚白其母曰:"公子光为我具酒,来请期④,无变悉乎⑤?"母曰:"光心气怏怏,常有愧恨之色,不可不慎。"王僚乃被棠铗之甲三重⑥,使兵卫陈于道,自宫门至于光家之门,阶席左右皆王僚之亲戚,使坐立侍皆操长戟交轵⑦。酒酣,公子光佯为足疾入窟室裹足,使专诸置鱼肠剑炙鱼中进之⑧。既至王僚前,专诸乃擘炙鱼,因推匕首,立戟交轵倚专诸胸⑨,胸断臆开⑩,匕首如故,以刺王僚,贯甲达背,王僚立死⑪,左右共杀专诸。众士扰动。公子光伏其甲士以攻僚众⑫,尽灭之,遂自立,是为吴王阖闾也。乃封专诸之子,拜为客卿⑬。

季札使还至吴,阖闾以位让。季札曰:"苟前君无废⑭,社稷以奉⑮,君也,吾谁怨乎?哀死待生⑯,以俟天命。非我所乱,立者从之,是前人之道⑰。"命哭僚墓⑱,复位而待。

公子盖馀、烛佣二人,将兵遇围于楚者,闻公子光杀王僚自立,乃以兵降楚,楚封之于舒⑲。

注释

①徐天祜说:"《索隐》曰:'据《表》及《左氏》,僚止合有十二年事。'今《史记·世家》乃书云'十三年',此书似承《世家》之误。"觉按:当作"十二年",此承《史记·吴太伯世家》之误,与上文"十二年"同。

②盖馀、烛佣:《左传·昭公二十七年》作"掩馀"、"烛庸"。《史记·吴太伯世家》《索隐》:"《春秋》作'掩馀',而《史记》并作'盖馀',音同而字异者,或谓太史公被腐刑不欲言'掩'也。贾逵及杜预并《刺客传》皆云:'二公子,王僚母弟。'而昭公二十三年《左传》曰:'光帅右,掩馀帅左。'杜注云:'掩馀,吴王寿梦子。'又,《系族谱》亦云:'二公子,并寿梦子。'若依《公羊》,僚为寿梦子,则与《系族谱》合也。"围楚:《左传·昭公二十七年》作"围潜"。潜,楚地,在今安徽霍山东北。

③窟(kū枯):同"窟",洞穴。窟室:地下室。

④《广雅·释诂》:"期,会也。"

⑤变:事变,突发的事故。悉:当作"患",形近而误。冯念祖本作"意",恐为臆改。

⑥被(pī披):通"披",穿在身上。棠:疑指棠谿,春秋时楚国地名,故址在今河南遂平县西北,以铸剑戟而闻名。《战国策·韩策一》:"韩卒之剑戟,皆出于冥

山、棠谿、墨阳……"铢：古"铁"字。棠铢：指棠谿出产的好铁。或作"唐夷"，字通，参见10.22 注⑧。

⑦坐：当作"夹"，形近而误。《史记·刺客列传》作"夹立侍皆持长铍"，是其证。夹，在两旁。戟：徐天祐说："戟，有枝兵也。《周礼》：'戟长丈六尺。'《增韵》：'双枝为戟，单枝为戈。'"即头部有两个横刃（如树枝）的一种长柄兵器。轵（zhǐ 只）：俞樾说："此'轵'字当读为'枝'，古字通用。'枝'从支声，'轵'从只声，两声相近，'胑'或作'肢'，即其证也。戟者，有枝之兵。交轵，即交枝，言戟枝相交也。下文'立戟交轵'义同。"觉按：古代常使卫兵执戟交错来防卫，如《史记·项羽本纪》："哙即带剑拥盾入军门，交戟之卫士欲止不内。"

⑧鱼肠剑：匕首名。《史记·吴太伯世家》《刺客列传》均作"匕首"。《淮南子·脩务训》注："鱼肠，文理屈辟若鱼肠者，良剑也。"可见鱼肠是因剑之纹理而得名。此剑相传为越国欧冶子所造，参见4.15 注⑬。

⑨倚：《礼记·曲礼下》"主佩倚"注："倚，谓附于身。"

⑩此文当作"臆断胸开"。臆：《说文》又作"肊"，云："胸骨也。"

⑪立：四部丛刊本作"既"，据《太平御览》卷三百五十六引文改。

⑫此句《史记·刺客列传》作"公子光出其伏甲以攻王僚之徒"，较此文为胜。

⑬客卿：原为秦官名，请别国之人在本国做官，其位为卿，而以客礼待之，故称客卿。《史记·范雎蔡泽列传》："（秦昭王）乃拜范雎为客卿，谋兵事。"雎本为魏国人，故称客卿。专诸之子为堂邑人，当时大概堂邑仍属楚国，所以说"拜为客卿"。

⑭此季札之言，取自《史记·吴太伯世家》，又见于《左传·昭公二十七年》，但为了凑成其四音步，颇多删省，致使文义不明。这"废"字下《左传》《史记》都有"祀"字，文义较足。

⑮裴学海说："'以'犹'有'也。"觉按：此"以"字，《左传》《史记》均作"有"。

⑯死：死者，指王僚。待：当作"侍"。《庄子·田子方》"孔子便而待之"《释文》："'待'本作'侍'。"与此同例。《左传》《史记》均作"事"，是其证。生：生者，指阖闾。

⑰《左传·昭公二十七年》杜注："吴自诸樊以下兄弟相传而不立適，是乱由先人起也。季子自知力不能讨光，故云尔。"

⑱《左传》《史记》"命"上均有"复"字，文义为足。杜注："复使命于僚墓。"

⑲徐天祐说："按《左传》：'掩馀奔徐，烛庸奔钟吾；吴使徐人执掩馀，钟吾人执烛庸，二公子奔楚。'此言'以兵降楚'，与《传》不合。"觉按：二公子奔徐、钟吾，见《左传·昭公二十七年》；二公子奔楚，见《左传·昭公三十年》。可见二公子奔楚应在阖闾三年（公元前 512 年）。《史记·十二诸侯年表》《楚世家》所记其奔楚时间与《左传》合。此文与《史记·吴太伯世家》《伍子胥列传》所记同，误。舒：在今安徽舒城县。

【今译】

　　十二年(公元前515年)春,吴国想趁楚国葬平王的机会去攻打它,所以派遣公子盖馀、烛佣带兵去包围楚国,派季札到晋国去观察诸侯的反应。楚国出兵截断了吴军的后路,吴军回不来了。在这个时候公子光就心动了。伍子胥知道公子光看到了机会,就劝说公子光,说:"现在吴王攻打楚国,两个弟弟带兵在外还不知吉凶如何。专诸的事情,在这个时候要赶快做了。时机不可能再次来到,机会不可以错过啊。"于是公子光会见专诸说:"现在吴王两个弟弟攻打楚国去了,季札还没有回来。在这个时候不去争取,那什么时候才能获得王位呢?这时机可不能丢了。况且我光,是真正的王位继承人啊。"专诸说:"王僚是可以杀死的。他母亲老了,孩子还小,弟弟又去攻打楚国,楚国截断了他们的退路。当今吴王外困于楚,内无忠诚正直的大臣,在这种情况下他是不能把我们怎么样的。"

　　四月,公子光把身披铠甲的武士埋伏在地下室里,备办了酒宴去邀请王僚。王僚禀告他的母亲说:"公子光为我准备了酒席,前来邀请我聚会,该没有什么变乱吧?"母亲说:"光的情绪怏怏不乐,常常有因羞愧而怨恨的脸色,不能不小心谨慎。"王僚于是穿了用棠谿的优质铁片制成的铠甲三层,派手执武器的卫兵排列在路旁,从王官的大门一直排到光家的大门,台阶坐席身旁都是王僚的亲戚,使两旁站着的侍卫都手握长戟,并把戟的横刃互相交错着来防卫。酒喝到痛快之时,公子光假装因为脚痛而到地下室包脚,就派专诸把鱼肠剑放置在烤鱼中进献给王僚。已经到了王僚跟前,专诸便用手擘开烤鱼,接着就拿匕首向前刺去,站着的侍卫手中那交错着横刃的长戟也就刺到了专诸的胸膛上,专诸的胸骨断了,胸膛刺开了,但匕首却还是像原来那样刺向王僚,穿透了王僚的铠甲而直刺到他的背上,王僚立刻死了,他身旁的侍卫便一起杀死了专诸。王僚手下的人乱成一团。公子光埋伏了披甲的士兵来攻打王僚的党徒,把他们全部歼灭了,于是就自立为国君,这就是吴王阖闾。于是阖闾就授予专诸的儿子封地,任命他为客卿。

　　季札出使回到吴国,阖闾把君位让给季札。季札说:"如果从前的国君不被废绝祭祀,国家的土地神谷神得到供奉,那就是我的国君,我还怪怨谁呢?我也只有哀悼死者而侍奉生者,来等待天神和命运的安排。这不是我造成的祸乱,谁即位为君我就服从谁,这是前人的原则啊。"于是就到王僚的墓前汇报了执行使命的情况,并向着王僚墓痛哭了一场,然后又回到原来的职位上等候阖闾的命令。

公子盖馀、烛佣二人,本来就率兵而被包围在楚国,听说公子光杀了王僚而自立为君,就率领军队投降了楚国,楚国把他们封在舒邑。

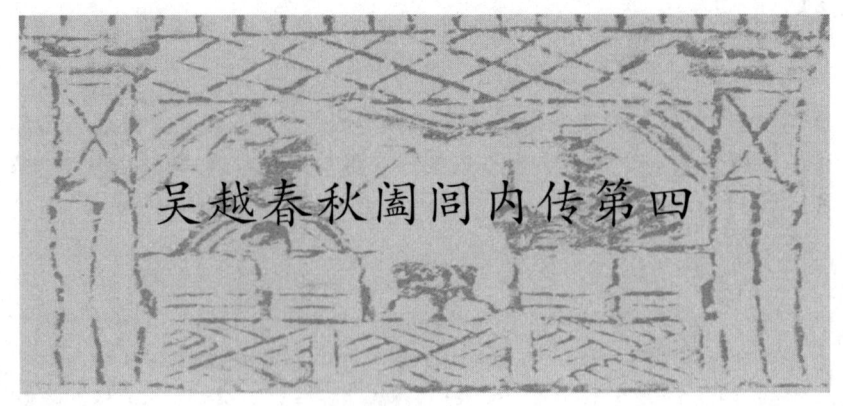

吴越春秋阖闾内传第四

【题解】

徐天祜说:"元本阖闾、夫差传皆曰'内传',下卷无余、勾践传皆曰'外传',内吴而外越,何也？况晔又越人乎！若以吴为内,则太伯、寿梦、王僚三传不曰'内',而阖闾、夫差二传独曰'内',又何也？"赵晔是越人,这题目上的"内"、"外"的确不易理解。我看这"内"、"外"两字可能与《韩非子》中的《内储说》《外储说》之"内"、"外"相似,仅用来区别篇题,等于说"上"、"下",而没有什么特别的含义。

阖闾内传,就是吴王阖闾的传记。它记载了阖闾立为吴王后的十一年间的事迹,写出了阖闾在伍子胥的辅佐下如何从建城筑郭开始,直至破楚威齐、称霸一方的全过程。其中主要的事迹有:伍子胥筑城,干将铸剑,吴人杀子作钩,白喜奔吴,要离刺庆忌,孙武试兵法,孙子攻楚,楚诛无忌,吴王葬女,风湖子说剑,唐、蔡怨楚,吴军入郢,楚王出奔,子胥复仇,渔者退兵,申包胥乞师,夫概奔楚,吴军回师,扈子作曲,子胥偿金,吴王作鲙,齐女思齐,夫差立为太子,阖闾治宫室,楚王迁都。其中很多内容都是《左传》《史记》等史家著作中所见不到的,类似后世的佚事小说。其中有些内容还与《左传》等所记不相一致。如此文所写的要离刺庆忌,与《左传·哀公二十年》所载的吴人杀庆忌完全不同。这一事迹,当是采自战国以来的传闻,如《吕氏春秋·忠廉篇》所记与此文类同,《战国策·魏四》所记唐且之言也说:"要离之刺庆忌也,仓鹰击于殿上。"《史记·鲁仲连邹阳列传》所载邹阳的上书中也有"要离之烧妻子"的话。这种不拘于古史所记而广采传闻异说的做法,虽然不一定能增强本书的史料价值,却大大地增强了本书的文学色彩,为后世提供了丰富的文学素材。

　　值得指出的是,本篇所具有的浓厚的文学色彩不仅仅体现在选材上,还体现在具体的行文之中。就是在《史记》等史籍中有记载的事件,本书也刻意写得更周详生动。如子胥报复之事,《史记》记作"子胥、伯嚭鞭平王之尸以报父雠"(《吴太伯世家》),"辱平王之墓,以伍子胥故也"(《楚世家》),"乃掘楚平王墓,出其尸,鞭之三百,然后已"(《伍子胥列传》)。将这种种记述与本篇的"乃掘平王之墓,……以辱楚之君臣也"相比,其疏密之分不言而喻。同时,作者在写作中也充分施展了各种艺术技巧。如用莫邪的献身来渲染干将铸剑的神圣,用金钩的听话来宣扬灵魂的永存,用敢于与水神搏斗的壮士椒丘䜣以及"万人莫当"的庆忌来反衬身材瘦小的要离之勇。用湛卢剑"水行如楚"来贬斥残暴等等,都带有传奇色彩,使人久久难以忘怀。还有,作者非常注意与他篇的呼应。如写子胥鞭平王尸、见渔者之子而退兵、投金漂水等等复仇报恩之事,使上一篇中所写的子胥遭害受德之事有了着落;而篇中所记被离告子胥之言、阖闾论夫差之语,又为下篇子胥受谗于白喜、遭害于夫差以及夫差之亡国绝嗣埋下了伏笔。凡此种种,明显地体现了本书的演义性特点,值得重视。

【原文】

　　4.1　阖闾元年①,始任贤使能,施恩行惠,以仁义闻于诸侯。

注释

　　①阖闾:见3.1注①。

【今译】

　　阖闾元年(公元前514年),吴国开始任用贤能的人,施行恩惠,因为讲究仁爱道义而闻名于诸侯各国。

【原文】

　　4.2　仁未施、恩未行,恐国人不就、诸侯不信,乃举伍子胥为行人①,以客礼事之,而与谋国政。阖闾谓子胥曰:"寡人欲强国霸王②,何由而可?"伍子胥膝进,垂泪顿首,曰:"臣,楚国之亡虏也。父兄弃捐,骸骨不葬,魂不血食③。蒙罪受辱,来归命于大王。幸不加戮,何敢与政事焉④?"阖闾曰:"非夫子,寡人不免于絷御之使⑤。今幸奉一言之教,乃至于斯。何为中道生进退耶?"子胥曰:"臣闻谋议之臣,何足处于危亡之地? 然忧除事定,必不为君主所亲。"阖闾曰:"不然。寡人非子无所尽议,何得让乎? 吾国僻远,顾在东南之地,险阻润湿,又有江海之害。君无守御,民无所依,仓库不设,田畴不垦。为之奈何?"子胥良久对曰:"臣闻治国之道,安君理民,是其上者。"阖闾曰:"安君治民,其术奈何?"子胥曰:"凡欲安君治民、兴霸成王、从近制远者,必先立城郭,设守备,实仓廪,治兵库。斯则其术也。"阖闾曰:"善! 夫筑城郭,立仓库,因地制宜,岂有天气之数以威邻国者乎⑥?"子胥曰:"有。"阖闾曰:"寡人委计于子。"

子胥乃使相土尝水⑦,象天法地,造筑大城,周回四十七里⑧。陆门八,以象天八风⑨;水门入,以法地八窗⑩。筑小城,周十里⑪。陆门三⑫,不开东面者,欲以绝越明也。立阊门者⑬,以象天门,通阊阖风也⑭。立蛇门者,以象地户也⑮。阖闾欲西破楚,楚在西北,故立阊门以通天气⑯,因复名之破楚门。欲东并大越,越在东南,故立蛇门以制敌国⑰。吴在辰,其位龙也⑱,故小城南门上反羽为两鲵鱬⑲,以象龙角。越在巳地,其位蛇也,故南大门上有木蛇,北向首内,示越属于吴也。

注释

①行人:见2.2注②。

②王(wàng 旺):称王,统治天下。

③血食:指祭祀。古代杀牲取血而祭,所以把祭祀称为血食。

④与(yù 愈):参与。

⑤絷(zhí 执):用缰索拴缚马足。《九歌·国殇》:"霾两轮兮絷四马。"御:驾驭车马。絷御之使:拴缚马足、驾御车马的差使,指奉命出外征战杀敌。参见上篇。

⑥据下文,此所谓"天气",包括天地,所以这"天气"当指自然界的元气、气数。

⑦《小尔雅·广言》:"尝,试也。"

⑧大城:位于今苏州,当时阖闾用作为都城。里:见1.5注⑧。

⑨陆门八:《吴郡志》卷三:"东面娄、匠二门,西面阊、胥二门,南面盘、蛇二门,北面齐、平二门。唐时八门悉启。刘梦得诗云:'二八城门开道路。'许浑诗云:'共醉八门回画舸。'今惟启五门。八门,《吴地记》所纪而不载葑门,《续经》载葑门而谓平门一名巫门与赤门,二门皆不在八门之数。盖考之于今者如此。"八风:八方之风,即东北风、东风、东南风、南风、西南风、西风、西北风、北风。这八风古代有专称,如《淮南子·地形训》分别称为炎风、条风、景风、巨风、凉风、飂风、丽风、寒风。《说文》分别称为融风、明庶风、清明风、景风、凉风、阊阖风、不周风、广莫风。

⑩窗:四部丛刊本作"聰",乃"牕"之形讹。《太平御览》卷一百九十三引《吴越春秋》作"牕","牕"即"窗"字,《艺文类聚》卷六十三引文即作"窗",今据改。《周礼·考工记·匠人》"四旁两夹窗"注:"窗,助户为明。每室四户八窗。"《释名·释宫室》:"窗,聪也,于内窥外为聪明也。"水门用来帮助陆门的交通,所以用"窗"来比拟。至丁地之八窗,或即指地之八门。《淮南子·地形训》:"八纮之外,乃有八极:自东北方曰方土之山,曰苍门;东方曰东极,曰开明之门;东南方曰波母之山,曰阳门;南方曰南极之山,曰暑门;西南方曰编驹之山,曰白门;西方曰西极之山,曰阊阖之门;西北方曰不周之山,曰幽都之门;北方曰北极之山,曰寒门。"

⑪小城:《越绝书·外传记吴地传》:"阖庐之时大霸,筑吴越城,城中有小城二。"则小城在大城中。一说其大城位于今苏州市;小城位于今太湖北岸无锡县胡埭乡与武进县雪堰乡境内,东距无锡市区20公里,北距常州市区34公里。现尚存西南半个城的残垣,东西长约910米,南北长约600米,城基宽15—20米,残垣高2—4米不等。城的断面未发现砖石之类,说明此城纯用土筑。遗址附近出土有西周到春秋的印纹陶器及青铜兵器。现该阖闾城遗址为省级文物保护单位。

⑫陆:四部丛刊本作"陵",据四库全书本改。

⑬今苏州市仍有阊门,在城西北。

⑭阊阖风:即西风,见注⑨。

⑮徐天祜说:"巳为地户。"觉按:蛇对应地支中的"巳"(见注⑰),所以徐氏云"巳"。户:古代一个门框内安双扇的叫"门"(古文作"門",象形),单扇的叫"户"(古文作"戶",象形)。这里"户"泛指门。

⑯楚国在吴国的西北,阊门也在西北,从大自然的角度来看,其方位相同,所以说"通天气"。

⑰古代阴阳五行家把十二地支和十二种动物(十二生肖)及四面八方相配。其相配关系如下表:

子	丑	寅	卯	辰	巳	午	未	申	酉	戌	亥
鼠	牛	虎	兔	龙	蛇	马	羊	猴	鸡	狗	猪
北	北偏东	东偏北	东	东偏南	南偏东	南	南偏西	西偏南	西	西偏北	北偏西

《论衡·言毒》:"辰为龙,巳为蛇,辰、巳之位在东南。"《魏书·灵征志上》:"庄帝永安三年六月甲子申时,辰地有青气。"都是这样的例子。由于越国在南方偏东,对应巳、蛇,所以吴立蛇门以制之。

⑱辰:指东偏南的方位。吴国在东偏南,所以"在辰",并配"龙"。

⑲孙诒让说:"反羽,即'反宇'。《释名·释宫室》云:'宇,羽也。如鸟羽翼自覆蔽也。'《论衡·骨相篇》云:'孔子反羽。'《讲瑞篇》作'反宇'。此谓吴小城南门门台甍宇反起为美观也。鲵鲩:当作'螭绕',下又挩'栋'字(觉按:"字"当为"字"之误)。《太平御览》七十六(觉按:当为卷一百七十六)引《勾践归国外传》,说越王作飞翼之楼云:'为两螭绕栋以象龙角。'(今本无此文)制正与此同。可据以校此文之误。"觉按:"反羽"即"反宇",但此文"反羽"的含义似有所转移,孙氏解为甍宇反起似嫌笼统。古代屋脊叫"甍"(méng 蒙),《说文》云:"甍,屋栋也。""栋"即正檩。古代屋檐叫"宇"。此文说"为两鲵鲩以象龙角",《御览》说"为两螭绕栋以象龙角",则此"反羽",当专指正脊两端翘起的饰物,即江南营造法中所谓的"龙吻"之类,而并非兼指飞檐或发戗(房屋转角处使屋角翘起的结构),参见《营造法原》。鲵:当作"螭"(qiú 虬),通"虬",《说文》:"虬,龙子有角者。"鲩:当作"绕",盘绕。

【今译】

当仁爱之道还没有实施、恩惠之事还没有实行的时候,阖闾怕国民不靠拢自己、诸侯不相信自己,于是提拔伍子胥当接待国宾的外交大臣,用对待外宾的礼仪来对待他,并和他一起商讨国家的政务。阖闾对子胥说:"敝人想使吴国强盛起来从而称霸称王,遵循什么道路才可以达到目的?"伍子胥跪着用膝盖向前走近阖闾,挂着眼泪向阖闾磕头,说:"我是楚国的逃犯啊。父亲兄长被抛弃,尸骨不得埋葬,灵魂得不到活杀牲口的祭祀。我带着罪名忍受耻辱,前来归顺大王。只希望大王不施加杀戮,怎么敢参与谋划国家大事呢?"阖闾说:"如果没有先生,敝人免不了去干些征战杀敌的差使。现在我希望领受您一番教导,您竟然说到这种地步。为什么中途会产生这种变化呢?"子胥说:

"我听说出谋划策的大臣,哪里值得置身于危险灭亡的境地呢?如果将自己置于危险灭亡的境地,那么等到忧患解除、事态平定以后,就一定不会再被君主所亲近。"阖闾说:"您说得不对。我如果没有您,就不再有什么人能够一起畅所欲言了,哪会责怪您呢?我的国家地处边远,只是在东南地区,而地势艰险阻塞,空气潮湿,还有长江、大海的危害。国君没有防守的设施,民众没有什么依靠,仓库也没有建立起来,田地又没有被开垦。对这种情况该怎么办呢?"子胥过了很久才回答说:"我听说治国的原则,使国君安定、使民众有秩序,这才是那上策。"阖闾说:"要使国君安定、使民众有秩序,那手段是什么呢?"子胥说:"凡是想要使国君安定、使民众有秩序、建立霸业、成就王业,既使近处的人服从、又制服远方的人,那就一定得先筑起内城外城,设置防守的器具,充实粮仓米仓,整治好军用仓库。这就是那手段啊。"阖闾说:"好!那修筑内城外城,建造粮仓兵库,得根据各地的具体情况而制定适宜的办法,是否还有利用自然界元气的手段来威慑邻国的呢?"子胥说:"有。"阖闾说:"我把城市设计的事委托给您了。"

子胥于是就派人观察土地、探测水文,仿照上天、效法大地,建造大城,城墙周长四十七里。陆地上的城门有八个,用来象征天空中八个方向来的风;水路上的城门有八个,用来模仿大地边缘八个方向的门窗。又建筑小城,周长十里。陆地上的城门只有三个,不开启东面的城门,是想以此来堵塞越国的明智。设置阊门的原因,是要用它来象征上天的门,使阊阖风能通过。设置蛇门,是要用它来象征大地的门。阖闾想向西攻破楚国,楚国位于西北,所以设立了阊门来和自然界的元气互相贯通,后来又把阊门命名为破楚门。他想向东吞并越国,越国在东南方,所以他设立了蛇门来镇服这与自己相匹敌的国家。吴国在东偏南的辰方,它的位置对应龙,所以小城南门城楼上的龙吻做成两条小龙盘绕着,用它们来象征龙角。越国在南方偏东的巳地,它的位置对应蛇,所以南大门上雕有木蛇,蛇身方向朝北,蛇头向着城内,表示越国归附于吴国。

【原文】

4.3 城郭以成①,仓库以具,阖闾复使子胥屈盖馀、烛佣②,习术——战骑射御之巧,未有所用,请干将铸作名剑二枚。干将者,吴人也,与欧冶子同师③,俱能为剑。越前来献三枚,阖闾得而宝之,以故使剑匠作为二枚,一曰干将,二曰莫耶。莫耶,干将之妻也。

干将作剑④,采五山之铁精、六合之金英⑤,候天伺地,阴阳同光⑥,百神临观,天气下降,而金铁之精不销沦流⑦。于是干将不知其由⑧。莫耶曰:"子以善为剑闻于王,使子作剑。三月不成,其有意乎⑨?"干将曰:"吾不知其理也。"莫耶曰:"夫神物之化,须人而成。今夫子作剑,得无得其人而后成乎⑩?"干将曰:"昔吾师作冶,金铁之类不销,夫妻俱入冶炉中,然后成物。至今后世,即山作冶,麻绖蒆服⑪,然后敢铸金于山。今吾作剑,不变化者,其若斯耶?"莫邪曰:"先师亲烁身以成物⑫,吾何难哉?"于是干将妻乃断发剪爪投于炉中。使童女童男三百人鼓橐装炭⑬,金铁乃濡⑭,遂以成剑。阳曰干将,阴曰莫耶。阳作龟文,阴作漫理。

干将匿其阳,出其阴而献之,阖闾甚重。既得宝剑,适会鲁使季孙聘于吴⑮,阖闾使掌剑大夫以莫耶献之。季孙拔视⑯,剑之锷中缺者大如黍米⑰,叹曰:"美哉!剑也。虽上国之师⑱,何能加之⑲?夫剑之成也,吴霸;有缺,则亡矣。我虽好之,其可受乎?"不受而去。

注释

①以:通"已"。下句同。

②俞樾说:"按上传,盖馀、烛庸已降楚矣,此传错也。"觉按:此传未错。屈:使动用法,使……屈服,即制服。盖馀、烛佣:见3.15注②、⑲。

③欧冶子:又作"区冶",《淮南子·览冥训》"区冶生而淳钩之剑成"注:"区,越人,善冶剑工也。"

④今浙江省西北部有莫干山,传说是干将、莫邪曾在山上炼剑而得名。

⑤五山:古代所指不一。据《列子·汤问》,则渤海之东,岱舆、员峤、方壶、瀛洲、蓬莱称五山;据《史记·孝武本纪》,则华山、首山、太室、泰山、东莱也称五山;据《后汉书·冯衍传》"经营五山"注,则五山指五岳。此文为夸饰之词,恐非确指。六合:天地四方。

⑥阴阳:古代思想家认为万事万物的构成,必有一对正反矛盾的基本因素,这就是所谓的阴阳。凡天地、日月、昼夜、男女乃至腑脏、气血皆分属阴阳。此文阴阳指日月,古代日称为太阳,月称为太阴。光:照耀。日月同光:当指十五月圆之时。

⑦销:熔化。沦:《尔雅·释水》:"小波为沦。"此指金属熔化后形成沦漪。

⑧由:缘由,原因。

⑨其:同"岂",是否。

⑩得无:恐怕,是否,莫非。

⑪绖(dié 迭):古代丧期系在腰间或头上的麻带。葌(jiān 奸)服:茅草衣。这里用作动词。

⑫先师亲:四部丛刊本作"师知",据《文选·七命》注引文改。烁(shuò 朔):通"铄",熔化。

⑬橐(tuó 驼):用牛皮制成的两头相通的袋状鼓风设备,它的作用类似后代的风箱。

⑭濡(rú 儒):湿润,柔软,指熔化。

⑮季孙:春秋后期鲁国掌握政权的贵族,三桓之一,鲁桓公少子季友的后裔。从季文子(季友之孙,字行父)起,季武子(文子之子,名宿)、季平子(武子之孙,名意如)、季桓子(平子之子,名斯)、季康子(桓子庶子,名肥)等相继执政,掌握鲁国权力。此文之季孙指季平子。公元前517年,鲁昭公伐季平子,叔孙氏、孟孙氏救平子,昭公兵败而逃奔国外。此时季平子掌国政。聘:《礼记·曲礼下》:"诸侯使大夫问于诸侯曰聘。"

⑯四部丛刊本无"视",据《北堂书钞》卷一百二十二引文补。

⑰锷(è 厄):刀剑之刃。

⑱上国:上游之国。春秋时吴、楚等国称中原各诸侯国为上国。《左传·昭公二十七年》"使延州来季子聘于上国"疏引服虔曰:"上国,中国也。盖以吴辟在东南,地势卑下,中国在其上流,故谓中国为上国也。"4.25 的"上国"与此义同。另外,越国对吴国也称"上国",见5.7 注⑦。

⑲加:《吕氏春秋·离俗》"有可以加乎"注"加,上也。"

【今译】

　　城墙已经筑成,仓库已经完备,阖闾又派伍子胥去征服盖馀、烛佣,于是便练习武艺——战斗、骑马、射箭、驾车等技巧,但没有配用的武器,于是请干将铸造了著名的宝剑两把。干将,是吴国人,和欧冶子同一师傅,他们都善于造剑。越国过去来进献过三把宝剑,阖闾得到后觉得它们很珍贵,因为这个缘故,他就又派铸剑的工匠干将再造两把,一把叫作干将,一把叫作莫耶。莫耶,是干将的妻子。

　　干将造剑,采集了五山上铁中的精华以及天下金属中的优质材料,等到了天时、候上了地利,在那日月同照之时,群神俯视观看,大自然的元气也降下来了,而这金属钢铁的精粹仍然不熔化成液体流动。

在这个时候,干将真不知道其中的缘由了。莫耶说:"您因为善于造剑而名声传到了吴王那里,所以吴王让您造剑。现在您铸造了三个月也没有造成,是否有什么意图呢?"干将说:"我不明白其中的道理啊。"莫耶说:"那神奇的东西发生变化,必须有人的加入才能成功。现在夫君造剑,是否也要得到那人的帮助以后才能成功呢?"干将说:"从前我师傅进行冶炼的时候,金属钢铁之类不熔化,夫妻俩就一起跳进冶炼炉中,然后才炼成了宝物。直到今天,人们到那山中进行冶炼,总是系着麻制的丧带,穿着那茅草衣,然后才敢在山中铸造金属。现在我造剑,那金属不熔化的原因,难道就像这种情况吗?"莫耶说:"先师亲自熔化了自己的身体来铸成宝物,我又有什么畏难的呢?"于是干将的妻子就剪断了头发、剪光了指甲而投身于炉中。让三百个童女童男鼓风装炭,那金属钢铁才熔化了,于是就用它铸成了宝剑。阳剑叫做干将,阴剑叫做莫耶。阳剑刻上了龟背的纹理,阴剑刻上了无规则的纹理。

干将藏起了那阳剑,拿出那阴剑把它献给了阖闾,阖闾十分器重它。阖闾已经得到了宝剑,正巧碰上鲁国派季孙意如到吴国访问,阖闾派掌管宝剑的大夫把莫耶剑献给他。季孙意如拔出剑来仔细观察,剑的刃口中有一个像黄米子般大小的缺口,季孙意如叹息说:"这把剑真美啊!即使是中原各国的师傅造出的剑,又怎能超过它呢?这把剑铸成了,吴国要称霸了;但有缺口,那也就要灭亡了。我虽然爱它,难道可以接受吗?"于是没有接受宝剑就走了。

【原文】

4.4 阖闾既宝莫耶,复命于国中作金钩,令曰:"能为善钩者,赏之百金①。"吴作钩者甚众,而有人贪王之重赏也,杀其二子,以血衅金②,遂成二钩,献于阖闾,诣宫门而求赏。王曰:"为钩者众,而子独求赏。何以异于众夫人之钩乎③?"作钩者曰:"吾之作钩也,贪王之赏而杀二子④,衅成二钩。"王乃举众钩以示之:"何者是也?"王钩甚多,形体相类,不知其所在,于是钩师向钩而呼二子之名:"吴鸿、扈稽,我在于此,王不知汝之神也。"声绝于口,两钩俱飞,着父之胸。吴王大惊,曰:"嗟乎!寡人诚负于子。"乃赏百金,遂服而不离身。

【注释】

①金:见 3.8 注⑬。
②釁(xìn 衅):同"衅",涂抹。
③人:四部丛刊本作"子",据《北堂书钞》卷一百廿四引文改。夫(fú 扶)人:《左传·襄公八年》"夫人愁痛"注:"夫人,犹人人也。"
④四部丛刊本无"王之赏"三字,据《太平御览》卷三百五十四引文补。

【今译】

阖闾已经把莫耶剑当作宝贝后,又命令国内的人造金钩,下令说:"能够造出好钩的,就奖赏他百金。"吴国造钩的人很多,而有人贪图吴王的重赏,就杀掉了自己的两个儿子,用他们的血来涂在金上,造成了两只钩,献给了阖闾,并到官门口来求取奖赏。吴王说:"造钩的人很多,而就你一个人来求赏。你造的钩和众人的钩凭什么来区别呢?"这造钩的人说:"我造钩的时候,贪图大王的奖赏而杀掉了两个儿子,把他们的血涂在金上而造成了这两只钩。"吴王就拿出所有的钩给他看:"哪两只是你的呢?"吴王的钩很多,形状相似,不知道那两只钩在什么地方,于是这造钩师傅就对着钩呼唤两个儿子的名字:"吴鸿、扈稽,我在这里,大王不知道你们的精灵啊。"口中话声刚落,两只钩便都飞来了,附着在父亲的胸膛上。吴王十分惊奇,说:"啊呀!我真辜负你了。"于是奖赏了他百金,便佩带了这两只钩而永不离身。

【原文】

4.5 六月,欲用兵,会楚之白喜来奔①。吴王问子胥曰:"白喜何如人也?"子胥曰:"白喜者,楚白州犁之孙②。平王诛州犁③,喜因出奔,闻臣在吴而来也。"阖闾曰:"州犁何罪?"子胥曰:"白州犁,楚之左尹④,号曰郤宛⑤,事平王⑥。平王幸之,常与尽日而语,袭朝而食⑦。费无忌望而妒之⑧,因谓平王:'王爱幸宛,一国所知。何不为酒一至宛家以示群臣于宛之厚?'平王曰:'善。'乃具酒于郤宛之舍。无忌教宛曰:'平王甚毅猛而好兵,子必前陈兵堂下门庭⑨。'宛信其言,因而为之。及平王往,而大惊,曰:'宛何等也?'无忌曰:'殆且有篡杀之忧,王急去之,事未可知。'平王大怒,遂诛郤宛。诸侯闻之,莫不叹息。喜闻臣在吴,故来请见之⑩。"

阖闾内传第四 67

阖闾见白喜而问曰:"寡人国僻远,东滨海⑪。侧闻子前人为楚荆之暴怒⑫、费无忌之谗口。不远吾国,而来于斯,将何以教寡人?"喜曰:"楚国之失虏,前人无罪,横被暴诛⑬。臣闻大王收伍子胥之穷厄,不远千里,故来归命⑭。惟大王赐其死。"阖闾伤之,以为大夫,与谋国事。

注释

①白喜:蒋光煦说:"宋本有注云:'上音伯,下音嚭。下文同。'"觉按:白喜,又作帛喜、伯嚭,字子馀,楚大夫伯州犁之孙,出亡奔吴,后任太宰,故又称太宰嚭。他善于逢迎,深得夫差宠信。吴破越后,他受越贿赂,许越媾和,并屡进谗言,潜杀伍子胥。吴亡后,被越王勾践所杀。一说他降越为臣。

②徐天祜说:"《左传》《史记》'白'俱作'伯'。"

③平王:见3.3注①。州犁为公子围所诛(见《左传·昭公元年》),此文误。译文姑从原文。

④左尹:春秋时楚国官名。左尹、右尹都在令尹之下。据《左传·昭公元年》,伯州犁为大宰。据《左传·昭公二十七年》,郤宛为左尹。此文误将伯州犁与郤宛混为一人,所以认为白犁是左尹,实误。今译文姑从原文。

⑤徐天祜说:"徐广曰:'州犁之子曰郤宛,郤宛之子曰伯嚭。宛亦姓伯,又别氏郤。'此云伯州犁号郤宛,非也。"觉按:徐说是,但译文仍从原文。又,"郤"与"郄"同。郤宛,字子恶。

⑥伯州犁被公子围(后为楚灵王,见2.8注②)杀死于鲁昭公元年(公元前541年,见《左传·昭公元年》),不可能侍奉平王。此下所述,全是郤宛之事,与伯州犁实无关。又,《韩非子·内储说下》:"郤宛新事令尹,令尹甚爱之。"则郤宛乃事令尹子常,而非平王。此文作"平王",误。据《左传·昭公二十七年》及《韩非子》,此下"平王"皆当作"令尹"。平王已于鲁昭公二十六年(公元前516年)九月庚申死(见《春秋》),不可能在鲁昭公二十七年诛郤宛。现译文姑从原文。

⑦袭:重复,重叠。朝(zhāo 招):早晨。

⑧费无忌:见3.3注③。

⑨前:先,参见3.2注③。4.7"前拔子剑"的"前"与此同义。门庭:门前的空地。

⑩见之:使之见,使白喜见到吴王。

⑪滨:同"濒",靠近,接近。

⑫侧闻:从旁闻知。《文选·报任少卿书》注:"侧闻,谦词也。"

⑬横(hèng 横去声):出乎意料地。

⑭故:特地,参见《助字辨略》。归命:归顺。

【今译】

　　六月，阖闾想发动战争，正巧碰上楚国的白喜前来投奔。吴王问子胥说："白喜是个什么样的人？"子胥说："白喜，是楚国白州犁的孙子。楚平王杀了白州犁，白喜因而出境逃亡，听说我在吴国后才来的。"阖闾说："白州犁犯了什么罪？"子胥说："白州犁，是楚国的左尹，号称郤宛，侍奉平王。平王非常宠爱他，常常和他整天交谈，连着几个早晨一起进餐。费无忌看见后十分妒嫉他，就对平王说：'大王宠爱郤宛，是全国的人都知道的。为什么不到郤宛家去搞一次酒宴来向大臣们表示大王对郤宛的器重呢？'平王说：'好。'于是就到郤宛的家里置备酒宴。无忌教郤宛说：'平王非常刚毅勇猛而爱好兵器，您一定要事先把兵器陈列在厅堂下面和大门前的空地上。'郤宛相信了他的话，就这样做了。等到平王前往，便大吃一惊，说：'郤宛怎么啦？'无忌说：'大概要有篡位杀君的祸患了，大王赶快离开这里吧，事情还不能预料啊。'平王大怒，就杀了郤宛。诸侯听说了这件事，没有谁不叹息。白喜听说我在吴国，所以来请求我把他介绍给您。"

　　阖闾接见了白喜而问道："我的国家偏僻边远，东面靠近大海。听说您先人被楚王的暴虐发怒、费无忌那张诋毁人的嘴巴所杀害。现在您不认为我国遥远，前来投奔这里，将拿什么来教导我呢？"白喜说："我是楚国的逃犯，先人没有罪，但意外地被残酷地杀害了。我听说大王收揽了穷困的伍子胥，所以不远千里，特地前来归顺。请大王赐我一死。"阖闾怜悯他，让他当了大夫，和他一起谋划国家的大事。

【原文】

4.6　吴大夫被离承宴问子胥曰①："何见而信喜？"子胥曰："吾之怨与喜同。子不闻《河上歌》乎②？'同病相怜，同忧相救。惊翔之鸟，相随而集；濑下之水③，回复俱流④。'胡马望北风而立⑤，越燕向日而熙⑥。谁不爱其所近、悲其所思者乎？"被离曰："君之言外也，岂有内意以决疑乎？"子胥曰："吾不见也。"被离曰："吾观喜之为人，鹰视虎步，专功擅杀之性，不可亲也。"子胥不然其言，与之俱事吴王。

【注释】

　　①卢文弨说："承宴，疑即乘燕闲之时也。"觉按：参见3.4注⑤。

②《河上歌》：歌名。此歌大概是流传于河边的山歌，故名。河上：河边。

③濑(lài 赖)：激于石间的湍急之水。《楚辞·九歌·湘君》"石濑兮浅浅"注："濑，湍也。"《汉书·武帝纪》"甲为下濑将军"注："濑，湍也，吴、越谓之濑，中国为之碛。"

④回：四部丛刊本作"因"，据《文选·广绝交论》注引文改。

⑤胡：我国古代泛称西北部的民族，秦汉时多指匈奴。风：疑为衍文。

⑥熙：同"嬉"，玩乐。

【今译】

吴国大夫被离趁闲暇的时候问子胥说："为什么您一见面就信任白喜？"子胥说："因为我的怨恨与白喜相同。您没听见过《河上歌》么？'患了同样的疾病啊互相怜悯，有了同样的忧患啊互相搭救。受惊而飞翔的鸟啊互相追随而会聚，石下那湍急的水啊旋转往复而同流。'产于北胡的马远望北方而站立，越国的燕子向着太阳而玩乐。谁不疼爱自己所亲近的人、哀怜自己所思念的人呢？"被离说："您所说的只着眼于外部的因素，您是否还有根据其内在的思想来决断疑难的呢？"子胥说："我没看到。"被离说："我观察白喜的生性，他像老鹰似的看人，像老虎般的走路，完全是一副一心追求功利而任凭己意杀人的本性，不可以和他亲近啊。"子胥并不认为被离的话是对的，还是和白喜一起侍奉吴王。

【原文】

4.7　二年，吴王前既杀王僚，又忧庆忌之在邻国①，恐合诸侯来伐，问子胥曰："昔专诸之事，于寡人厚矣。今闻公子庆忌有计于诸侯，吾食不甘味，卧不安席。以付于子。"

子胥曰："臣不忠无行，而与大王图王僚于私室之中，今复欲讨其子，恐非皇天之意。"

阖闾曰："昔武王讨纣而后杀武庚②，周人无怨色。今若斯议③，何乃天乎④？"

子胥曰："臣事君王，将遂吴统⑤，又何惧焉？臣之所厚其人者，细人也，愿从于谋。"

吴王曰："吾之忧也，其敌有万人之力，岂细人之所能谋乎？"

子胥曰:"其细人之谋事而有万人之力也。"

王曰:"其为何谁?子以言之。"

子胥曰:"姓要⑥,名离。臣昔尝见曾折辱壮士椒丘䜣也。"

王曰:"辱之奈何?"

子胥曰:"椒丘䜣者,东海上人也。为齐王使于吴,过淮津,欲饮马于津。津吏曰:'水中有神,见马即出,以害其马。君勿饮也。'䜣曰:'壮士所当⑦,何神敢干?'乃使从者饮马于津,水神果取其马。马没,椒丘䜣大怒,袒裼持剑⑧,入水求神决战,连日乃出,眇其一目。遂之吴,会于友人之丧,䜣恃其与水战之勇也⑨,于友人之丧席而轻傲于士大夫,言辞不逊,有陵人之气。要离与之对坐,合坐不忍其溢于力也⑩。时要离乃挫䜣曰:'吾闻勇士之斗也,与日战不移表⑪,与神鬼战者不旋踵,与人战者不达声,生往死还,不受其辱。今子与神斗于水,亡马失御而受眇目之病。形残名勇,勇士所耻。不即丧命于敌而恋其生,犹傲色于我哉⑫?'于是椒丘䜣卒于诘责⑬,恨怒并发,暝即往攻要离。于是要离席阑至舍⑭,诫其妻曰:'我辱勇士椒丘䜣于大家之丧,馀恨蔚恚⑮,暝必来也。慎无闭吾门。'至夜,椒丘䜣果往,见其门不闭;登其堂,不关;入其室,不守,放发僵卧无所惧。䜣乃手剑而挫要离曰:'子有当死之过者三,子知之乎?'离曰:'不知。'䜣曰:'子辱我于大家之众,一死也;归不关闭,二死也;卧不守御,三死也。子有三死之过,欲无得怨。'要离曰:'吾无三死之过,子有三不肖之愧。子知之乎?'䜣曰:'不知。'要离曰:'吾辱子于千人之众,子无敢报,一不肖也;入门不咳,登堂无声,二不肖也;前拔子剑,手挫捽吾头,乃敢大言,三不肖也。子有三不肖而威于我,岂不鄙哉?'于是椒丘䜣投剑而叹曰:'吾之勇也,人莫敢眦占者⑯,离乃加吾之上,此天下壮士也。'臣闻要离若斯,诚以闻矣。"

吴王曰:"愿承宴而待焉。"

注释

①庆忌:吴王僚之子,事迹详下。《左传·哀公二十年》也载庆忌事,但发生在吴王夫差二十一年(公元前475年),与此文所述完全不同,其言云:"吴公子庆忌骤谏吴子(夫差),曰:'不改,必亡。'弗听。出居于艾,遂适楚。闻越将伐吴,冬,请归平越,遂归。欲除不忠者以说于越。吴人杀之。"《左传》所载,可能出于

较早的古史传说。本文所载,可能是战国后的传说,参见题解。

②武王:见1.6注⑧。纣:传中的暴君,一作"受",也称"帝辛"、"商辛",商朝的末代君主,被周武王在牧野(今河南淇县西南)打败后自焚而死。武庚:商纣王之子,字禄父。周武王灭商后,继续封他为殷君。武王去世,成王年幼,周公旦摄政,其兄弟管叔、蔡叔等不服,武庚乘机与他们勾结,联合东方夷族反叛。周公平叛,他被杀。此文说武庚被武王所杀,是古人引史不经意处,不可视为史实。

③若:犹"此",参见《经传释词》。若斯:如此,这样。

④孙诒让说:"此当作'何反天乎'。此因上子胥对曰'恐非皇天之意'而诘之也。"

⑤将:犹"必",参见《古书虚字集释》。统:世代相继的系统。遂吴统:指维护阖闾父子相继的国统。

⑥要:徐天祐说:"平声。"

⑦当:《荀子·正名》注:"当,主也。"即主持、掌管的意思。所当:等于说"所有"。

⑨袒(tǎn 坦)裼(xī 息):脱去上衣露出上身。

⑨徐天祐说:"'水'字下当有'神'字。"

⑩溢:水漫出来叫"溢",此指过分地赞美。

⑪表:古代测量日影以计时的标杆。

⑫犹:可。参见《古书虚字集释》。

⑬徐天祐说:"卒,音'猝'。'於'字疑当作'被'。"

⑭阑:尽。

⑮馀:遗留。蔚(yù 郁):通"鬱"(郁),忧郁愁闷。恚(huì 惠):怒。

⑯眦(zì 自):眼角。占:徐天祐说:"占,疑当作'觇'。"觉按:觇(chān 搀):窥视,偷看。眦占:用眼角斜视,表示看不起。

【今译】

二年(公元前513年),吴王前年已经杀了王僚以后,又因为庆忌在邻国而担忧,怕他联合诸侯前来攻打,因而问子胥说:"从前专诸的事情,您对我的情意够深的了。现在听说公子庆忌和诸侯们出谋划策,我吃东西不觉得味道甜美,躺着不能安心于席。我把这件事托付给您了。"

子胥说:"我不忠于君、没有德行,而和大王在私房之中图谋王僚,现在又想要讨伐他的儿子,恐怕不是上天的意思吧。"

阖闾说:"从前周武王讨伐商纣王以后又杀了武庚,周朝的人民没有怨恨的脸色。现在这样计议,怎么会违反上天呢?"

子胥说:"我侍奉大王,肯定要成全吴国的国统,还会害怕什么呢?只是我所看重的那个人是个身材瘦小的人。希望您跟他谋划。"

吴王说:"我所担忧的那个对手,有上万人的力量,哪里是身材瘦小的人所能图谋的呢?"

子胥说:"那身材瘦小的人图谋起大事来倒有上万人的力量。"

吴王说:"那是谁呢?您把他说出来听听。"

子胥说:"姓要,名离。我从前曾经看见他侮辱过壮士椒丘䜣。"

吴王说:"怎样侮辱椒丘䜣?"

子胥说:"椒丘䜣,是东海边上的人。他为齐王出使到吴国,经过淮河渡口的时候,想让马在渡口喝水。管理渡口的官吏说:'河中有神,看到马就会出来杀害那马。您不要在这里让马喝水啊。'椒丘䜣说:'壮士所掌有的马,什么神敢冒犯?'于是就派随从到渡口让马喝水,水神果然夺取了他的马。马沉到水中去了,椒丘䜣十分愤怒,便脱去了上衣,手握宝剑,跳入水中找水神决战,接连过了几天才出来,瞎了一只眼睛。于是他到了吴国,正好碰上朋友的丧事,椒丘䜣仗着自己敢与水神决斗的勇气,在朋友丧事的筵席上对士大夫们轻视傲慢,说话一点也不谦虚,有欺侮别人的气色。要离和他对面坐着,因为和他同坐实在不能忍受他滥吹自己的力量。当时要离就折辱椒丘䜣说:'我听说勇士的决斗,和时间竞争时不去移动标杆做手脚,和神鬼决斗时不转过脚跟往后退,和人作战时不发出声音多嚷嚷,就是活着前去而死了回来,也不会忍受他们的侮辱。现在你和神在水中决斗,丢了马、损失了车夫又受到瞎眼的创伤。形体残废而名声勇敢,这是勇士所感到耻辱的事。不是和敌人拼死而留恋自己的生命,还能对我露出骄傲的神色么?'在这个时候椒丘䜣突然被责问,憎恨和愤怒同时发作,准备天黑就去攻打要离。于是要离在宴席结束后回到家中,告诫他的妻子说:'我在豪富之家的丧事中侮辱了勇士椒丘䜣,留下了他满腔的怨恨、愁闷和愤怒,到天黑他一定要来的。你千万别关上我们的门。'到了夜晚,椒丘䜣果然去了,看见要离的家门没关上,登上他的厅堂,也没上门闩;走进他的卧室,也未加防守,而是散开了头发朝天躺着毫无畏惧。椒丘䜣就手拿利剑揪住要离说:'你有该死的过错三个,你知道么?'要离说:'不知道。'椒丘䜣说:'你在豪富之家的众人面前侮辱我,这是第一个该死的过错;回到家里不关门,这是第二条该死的过错;睡觉也不加防备,这是第三条该死的过错。你有三个该死的过错,心里不能再有什么怨恨的了。'要离说:'我并没有三个该死的过错,而你却有三种没有德才的惭愧,你知道么?'椒丘䜣说:'不知道。'要离说:'我在上千人的大庭广众之下侮辱你,你不敢当场报复,这是第一种无能的表现;进门不敢吭声,登堂毫无声响,这是第二种无能的表现;事先拔出了你的剑,用手揪歪了我的头,才敢大声说话,这是第三种无能的表现。你有了这三种无能的行为,却还要在我面前逞威风,岂不是太鄙陋了么?'于是椒丘䜣扔掉剑而叹息说:'我勇敢,没有人敢小看我,要离竟凌驾在我的头上,这是天下的壮士啊。'我听说要离如此,现在真诚地把他的情况都报告给您了。"

吴王说:"希望能趁我空闲的时候接待他。"

【原文】

4.8　子胥乃见要离,曰:"吴王闻子高义,惟一临之①。"乃与子胥见吴王。

王曰:"子何为者?"要离曰:"臣,国东千里之人。臣细小无力,迎风则僵,负风则仆②。大王有命,臣敢不尽力?"吴王心非子胥进此人,良久默然不言。要离即进曰:"大王患庆忌乎?臣能杀之。"王曰:"庆忌之勇,世所闻也。筋骨果劲,万人莫当。走追奔兽,手接飞鸟,骨腾肉飞③,拊膝数百里。吾尝追之于江,驷马驰不及。射之暗,接矢不可中。今子之力不如也。"要离曰:"王有意焉④,臣能杀之。"王曰:"庆忌,明智之人。归穷于诸侯,不下诸侯之士。"要离曰:"臣闻:'安其妻子之乐⑤,不尽事君之义,非忠也;怀家室之爱而不除君之患者,非义也。'臣诈以负罪出奔,愿王戮臣妻子,焚之吴市,飞扬其灰,购臣千金与百里之邑⑥,庆忌必信臣矣。"王曰:"诺。"

要离乃诈得罪出奔,吴王乃取其妻子,焚弃于市⑦。

【注释】

①临:俯视。
②仆:四部丛刊本作"伏",据《太平御览》卷三百八十六引文改。
③骨肉:指躯体。骨腾肉飞:形容其雄健踊跃。

④有意焉：有意于之，有愿望于我。

⑤《淮南子·泛论训》"而百姓安之"注："安，乐也。"

⑥焚之吴市飞扬其灰购臣千金与百里之邑：四部丛刊本作"断臣右手"，据《太平御览》卷四百九十四引文改。顾观光说："按断手事不见下文，且要离方欲刺庆忌，而先断右手，计亦左矣。《吕氏春秋》亦但云'执其妻子，焚之而扬其灰'。"觉按："焚之吴市，飞扬其灰，购臣千金与百里之邑"，更能造成影响；而且，下文说"焚弃于市"，也与《太平御览》引文合，故以《太平御览》之引文为是。购：用重赏来收买。金：见3.8注⑬。

⑦弃：暴尸街头。这两句《太平御览》卷四百九十四引作："王杀其妻子，焚之吴市，飞扬其灰，购之千金与百里之邑。"

【今译】

　　子胥于是去见要离，说："吴王听说您行为高尚合于正义，希望见您一面。"要离就和子胥去见吴王。

　　吴王说："你是干什么的？"要离说："我是国都东面千里以外的人。我瘦小无力，面对着风就会向后倒下，背着风就会向前倒下。但大王若有命令，我敢不尽心竭力吗？"吴王心里认为子胥推荐这个人很不得当，所以沉默了很久不说话。要离便走前去说："大王担心庆忌吗？我能杀死他。"吴王说："庆忌的勇力，是社会上都知道的。他筋骨刚劲，上万个人也不能抵挡。他跑起来能追上飞奔的野兽，手能抓住飞翔的鸟，身体能跳跃腾飞，一拍腿就能跑上几百里。我曾经追他追到江边，连四匹马拉了车飞快地奔驰也没追上。在暗中射他，他把箭接住了而不能射伤他。现在你的力量不及他啊。"要离说："大王如果想用我，我就能杀死他。"吴王说："庆忌，是个明智的人。他虽然因为困厄而投奔了诸侯，但并不谦卑地去奉承诸侯各国的贤士。"要离说："我听说：'沉溺于和自己妻子儿女的欢乐，而不能尽到侍奉君主的道义，是不忠；怀念妻室的爱恋而不去除掉君主的祸患，是不义。'我假装负罪出国逃亡，请大王杀掉我的妻子儿女，在吴中的街市上把她们烧掉，再播撒她们的骨灰，拿出千金和方圆百里的城邑作为赏金来收捕我，庆忌一定会相信我了。"吴王说："行。"

　　要离便假装获罪出逃，吴王就抓来了他的妻子儿女，在闹市把她们烧死，并将她们的尸体暴露在街头示众。

【原文】

4.9　要离乃奔诸侯而行怨言,以无罪闻于天下。遂如卫①,求见庆忌。见曰:"阖闾无道,王子所知②。今戮吾妻子,焚之于市,无罪见诛。吴国之事,吾知其情,愿因王子之勇,阖闾可得也。何不与我东之于吴?"庆忌信其谋。

后三月,拣练士卒③,遂之吴。将渡江于中流,要离力微,坐与上风④,因风势以矛钩其冠,顺风而刺庆忌。庆忌顾而挥之,三摔其头于水中,乃加于膝上:"嘻嘻哉!天下之勇士也,乃敢加兵刃于我!"左右欲杀之,庆忌止之,曰:"此是天下勇士,岂可一日而杀天下勇士二人哉?"乃诫左右曰:"可令还吴,以旌其忠。"于是庆忌死。

要离渡至江陵⑤,愍然不行⑥。从者曰:"君何不行?"要离曰:"杀吾妻子以事吾君,非仁也;为新君而杀故君之子,非义也;重其死,不贵无义,今吾贪生弃行,非义也。夫人有三恶以立于世,吾何面目以视天下之士?"言讫,遂投身于江。未绝,从者出之。要离曰:"吾宁能不死乎?"从者曰:"君且勿死,以俟爵禄。"要离乃自断手足,伏剑而死。

注释

①徐乃昌说:"按《左传·哀公二十年》,庆忌适楚,此及《吕览》十一并云奔卫。"觉按:《左传》所记公子庆忌被杀于鲁哀公二十年,即夫差二十一年(公元前475年),与此年代不同,事迹也不同。依情理而言,《左传》所记,当为春秋末年的传闻,较为确实。《吕氏春秋·忠廉篇》所记,当为战国末年的异闻;而本书所记,则又经辅张渲染,恐不合史实。

②庆忌是吴王僚之子,故称"王子"。

③拣练:同"简练",精选训练。《汉书·息夫躬传》:"简练戎士,缮修干戈。"

④杨树达说:"与,介词,用同'於'。"觉按:《吴郡志》卷二十引文"与"作"庆忌",盖不明"与"字用法而妄改。

⑤江陵:春秋时为楚国的国都,称郢。秦分郢为江阳县,到汉代才置江陵县,为南郡治所。位于今湖北江陵县境。此文说"江陵",乃作者误用汉代地名,并非春秋时已有江陵。而且,自卫入吴,也不必经过江陵,此文甚荒诞。

⑥愍(mǐn Ⅲ):忧伤。

【今译】

要离于是逃亡到诸侯各国,散播怨言,因而以无罪被害闻名于天下。于是他到了卫国,求见庆忌。他见到庆忌后说:"阖闾暴虐无道,是王子您所知道的。现在他杀了我的妻子儿女,在街市上焚烧她们,她们实是无罪被杀。吴国的事情,我知道它的内情,我希望依靠王子的勇力,这样,阖闾就可以擒获了。为什么不和我朝东到吴国去呢?"庆忌相信了他的计谋。

三个月后,庆忌挑选训练了士兵,就到吴国去。将要渡过长江而到达江中的时候,要离因为力气小,便坐在庆忌的上风,靠风力用矛钩掉了庆忌的帽子,顺着风向直刺庆忌。庆忌回过头来甩掉矛,揪住了要离的头多次按进水中,然后把他放在膝盖上,说:"唉呀呀!真是天下的勇士啊,竟敢把兵器的锋刃加到我的头上!"庆忌身边的侍从想杀掉要离,庆忌阻止了他们,说:"这是天下的勇士,怎么能在一天之内杀掉两个天下的勇士呢?"又告诫侍从说:"可以让他返回吴国,以此来表彰他的忠诚。"于是庆忌就死了。

要离渡过长江而到了江陵,忧伤地不走了。随从说:"您为什么不走?"要离说:"杀我的妻子儿女来侍奉我的君主,不合乎仁;为了新的君主而杀害原来君主的儿子,不合乎义;人们看重舍生就死,但不尊崇不合乎道义的行为,现在我贪生怕死而抛弃了德行,也就不合乎道义了。人有了这三种丑恶的行为还活在世上,我有什么脸面去见天下的贤士呢?"说完,就纵身跳入江中。要离还没有断气,随从就把他救上来了。要离说:"我难道能不死么?"随从说:"您暂且不要死,以便等候吴王赏给你爵位俸禄。"要离便自己斩断了手脚,用剑自杀而死。

【原文】

4.10 三年,吴将欲伐楚①,未行。伍子胥、白喜相谓曰:"吾等为王养士,画其策谋,有利于国。而王故伐楚②,出其令,托而无兴师之意,奈何?"有顷,吴王问子胥、白喜曰:"寡人欲出兵,于二子何如?"子胥、白喜对曰:"臣愿用命。"吴王内计,二子皆怨楚,深恐以兵往,破灭而已③。登台向南风而啸,有顷而叹,群臣莫有晓王意者,子胥深知王之不定,乃荐孙子于王。

【注释】

①4.3说:"阖闾复使子胥屈盖馀、烛佣",《左传·昭公三十年》(即阖闾三

年,公元前512年)记载"吴子使徐人执掩馀,使钟吾人执烛庸,二公子奔楚",楚君受而封之。结果,吴王怒,冬十二月,执钟吾子,灭徐,徐子章羽奔楚。于是吴王问伍员如何去伐楚。此文于灭徐之事略而不提,但此所谓"将欲伐楚",或指吴王问伍员伐楚之事。

②《尔雅·释诂》:"故,今也。"

③已:止。

【今译】

三年(公元前512年),吴国将要攻打楚国,还没有出师。伍子胥、白喜互相商量说:"我们给吴王收养了贤能之士,谋划了那些计策,对吴国很有利。但吴王现在攻打楚国,颁布了命令,却又借故推诿而没有起兵的意思,怎么办呢?"过了不久,吴王问子胥、白喜说:"我想出兵,你们两位看怎么样?"子胥、白喜回答说:"我们愿意服从命令。"吴王心中盘算,这两个人都怨恨楚国,所以深怕他们带兵去了以后,要把楚国消灭了才罢休。于是登上高台,对着南风长啸,过了一会儿又是叹息,群臣之中没有谁能知道吴王的心意,只有伍子胥深切地明了吴王这种犹豫不定的心思,于是就把孙子推荐给了吴王。

【原文】

4.11 孙子者①,名武,吴人也,善为兵法,僻隐深居②,世人莫知其能。胥乃明知鉴辩③。知孙子可以折冲销敌④,乃一旦与吴王论兵,七荐孙子。吴王曰:"子胥托言进士,欲以自纳。"

而召孙子,问以兵法。每陈一篇,王不知口之称善⑤。其意大悦,问曰:"兵法宁可以小试耶?"孙子曰:"可。可以小试于后宫之女。"王曰:"诺。"孙子曰:"得大王宠姬二人,以为军队长,各将一队。"令三百人皆被甲、兜鍪,操剑盾而立⑥,告以军法,随鼓进退、左右、回旋,使知其禁。乃令曰:"一鼓皆振,二鼓操进⑦,三鼓为战形。"于是宫女皆掩口而笑。孙子乃亲自操枹击鼓,三令五申,其笑如故。孙子顾视,诸女连笑不止。孙子大怒,两目忽张,声如骇虎,发上冲冠,项旁绝缨,顾谓执法曰:"取铁锧⑧。"孙子曰:"约束不明,申令不信,将之罪也。既以约束,三令五申,卒不却行,士之过也⑨。军法如何?"执法曰:"斩。"武乃令斩队长二人——即吴王之宠姬也。吴王登台观望,正见斩二爱姬,驰使下之令曰:"寡人已知将军用兵矣。寡人非此二姬,食不甘味。宜勿斩之。"孙子曰:"臣既已受命为将,将法在军,君虽有令,臣不受之。"孙子复捣⑩,鼓之,当左右、进退、回旋、规矩⑪,不敢瞬目。二队寂然,无敢顾者。于是乃报吴王曰:"兵已整齐,愿王观之。惟所欲用⑫。使赴水火,犹无难矣,而可以定天下。"吴王忽然不悦⑬,曰:"寡人知子善用兵,虽可以霸,然而无所施也。将军罢兵就舍,寡人不愿⑭。"孙子曰:"王徒好其言而不用其实⑮。"

注释

①孙子:名武,也称孙武子。春秋时齐国人(见《史记·孙子吴起列传》,此文说"吴人",恐误,但译文仍依原文),我国古代最杰出最著名的军事家。他曾以兵法十三篇见吴王阖闾,被任为将,率吴军西破强楚,北威齐、晋。《汉书·艺文志》兵家著录《吴孙子兵法》八十二篇,今传仅十三篇,是我国现存最早的兵书。1972年山东临沂汉墓出土《孙子兵法》竹简二百余枚,二千三百余字,其中除今本十三篇中的文字外,还有《吴问》《四变》等佚文残简。

②僻:四部丛刊本作"辟",据《太平御览》卷三百五引文改。

③乃:犹"固",本然之词。参见《古书虚字集释》。辩:通"辨",辨别。鉴辨:犹明辨,与"明知"同义。

④冲:冲撞敌城的战车。折冲:使敌人的战车受挫后撤,即击退敌军。销:通"消",消灭。

⑤知:《艺文类聚》卷五十三引文作"觉",两字同义。

⑥三百人:当为约数,非确数(参见汪中《述学·释三九》)。《史记·孙子吴起列传》作"百八十人"。被(pī 披):通"披"。兜鍪(móu 谋):战盔。

⑦孙诒让说:"'操'当为'譟'。《诗经·大雅·大明》孔疏引今文《书·太誓》云:'师乃鼓譟。'《周礼·大司马》郑注云:'譟,謹也。''譟'、'操'形声相近而误。"

⑧徐天祐说:"铁,斧也。锧,铁椹。"

⑨《老子》"善为士者王"注:"士,卒之帅也。"《说苑·指武》:"士者,将之肢体也。"

⑩捣(huī 挥):通"挥",指挥。

⑪"规矩"上宜有"皆中"二字。《史记·孙子吴起列传》作:"于是复鼓之,妇人左右、前后、跪起,皆中规矩绳墨。"

⑫惟所欲用:《史记·孙子吴起列传》作"唯王所欲用之"。

⑬忽然:犹"忽忽",惆怅失意的样子。

⑭《史记·孙子吴起列传》作"寡人不愿下观",文意更明确。

⑮其:我。好其言:喜欢我的言论,指上文"每陈一篇,王不知口之称善,其意大悦"。不用其实:不用我的实际才能,指不能在实战中发挥自己的军事才能。

【今译】

　　孙子,名武,吴国人,善于策划用兵的方法,但他在偏僻幽深的地方隐居,所以社会上的人没有谁知道他的才能。子胥本来就能明智地了解世事、英明地鉴别人才,他知道孙子可以击退敌军、消灭敌人,便在一天和吴王讨论用兵的时候,多次推荐孙子。吴王寻思道:"子胥只是借口推荐贤士,实是想靠这种办法来使他自己进用。"

　　于是吴王便召见孙子,问他用兵的方法。孙子每陈述一篇,吴王便不知不觉地在嘴里连连称好。吴王心中十分高兴,问道:"用兵的方法是否可以稍微试验一下呢?"孙子说:"可以。可以在后宫的宫女中稍微试验一下。"吴王说:"行。"孙子说:"请给我大王宠爱的妃子二人,让她们当军队的队长,使她俩各人带领一队。"于是孙子让几百个宫女都披上铠甲、戴上头盔,拿着剑和盾站着,把军队的法规告诉她们,叫她们随着鼓声或前进或后退、或向左或向右、或者旋转打圈,让她们都明了操练时的禁例。接着就命令说:"第一次敲鼓时大家都振作起来,第二次敲鼓时大家都呼喊着前进,第三次敲鼓时大家都排成作战时的阵势。"于是宫女们都捂着嘴笑。孙子便亲自拿着鼓槌敲鼓,再三命令、反复告诫,宫女们的笑声还是像原来那样。孙子转头环视一周,宫女们接连地笑个不停。孙子十分愤怒,双眼忽然瞪大了,声音就像受惊的老虎一样,头发向上顶起了帽子,脖子旁边的帽带都迸断了,回头对执法官说:"拿斧头和铁砧板来。"孙子说:"禁约不明确,命令不守信用,是将官的罪过。已经下了禁令,而且三令五申,士兵仍不能按照命令后退前进,便是队长的罪过了。按军法该怎么办?"执法官说:"斩首。"孙武就命令杀掉两个队长——即吴王所宠爱的妃子。吴王登上阅兵台观看,正好看见要杀那两个爱妃,马上让使者奔驰而去,向孙子下达命令说:"我已经知道将军能用兵了。我如果没有这两个妃子,那么吃东西就不觉得味道甜美。最好不要杀她们。"孙子说:"我既然已经被任命为将官,将官在军队中执法,君主即使有命令,我也不接受它。"孙子又重新指挥,敲起战鼓,应当向左或向右、前进或后退、或转身打圈,官女们都合乎规矩,不敢眨一下眼睛。两队官女肃静无声,没有敢转头的。于是孙子就去汇报吴王说:"军队已经操练整齐,请大王去检阅她们。只管凭大王的想法去使用她们好了。就是使她们赴汤蹈火,也不会有什么困难了,甚至可以用她们去平定天下。"吴王闷闷不乐,说:"我知道您善于用兵了,虽然可以靠它来称霸,但是没有地方来用它啊。将军解散队伍回客舍去吧,我不想再检阅她们了。"孙子说:"吴王只是喜欢我的理论罢了,而并不能让我付诸实施。"

【原文】

4.12　子胥谏曰:"臣闻:'兵者,凶事①,不可空试。'故为兵者,诛伐不行,兵道不明②。今大王虔心思士,欲兴兵戈以诛暴楚,以霸天下而威诸侯,非孙武之将,而谁能涉淮、逾泗、越千里而战者乎③?"于是吴王大悦,因鸣鼓会军,集而攻楚。孙子为将,拔舒④,杀吴亡将二公子盖馀、烛佣。谋欲入郢⑤。孙武曰:"民劳,未可,恃也⑥。"

注释

①《老子》第三十一章:"兵者,不祥之器也,不得已而用之。"(此据帛书《老子》,通行本文字稍有不同)此文所谓"臣闻",盖源于《老子》。《国语·越语下》:"范蠡进谏曰:'……兵者,凶器也。'"也类此。

②兵道不明:针对上文"兵法小试"而言,指兵法不能够公开地试验。

③泗:泗水,即泗河。发源于今山东泗水县陪尾山。因其四源合为一水,故名。古时泗水流经今山东曲阜、鱼台、江苏徐州,至洪泽湖畔龙集附近入淮。

④舒:见3.15注⑲。

⑤郢:徐天祜说:"楚都。楚文主始自丹阳徙都郢。即江陵之纪南城也。"觉按:参见4.9注⑤。

⑥恃也:当作"待之"。《史记·吴太伯世家》作:"光谋欲入郢,将军孙武曰:'民劳,未可,待之。'"《史记·伍子胥列传》作:"因欲至郢,将军孙武曰:'民劳,未可,且待之。'"此文作"恃",如果解为"依靠"而与"未可"连读,似也可通,但与"未"字的语气不甚合。故今从《史记》。

【今译】

子胥劝谏吴王说:"我听说:'用兵打仗,是不吉祥的事,不可以毫无结果地来试验它。'所以用兵打仗的人,如果声讨攻打的事情不准备付诸实施,那么用兵之道就不应该暴露出来。现在大王恭敬虔诚地思慕贤士,想发动战争去惩罚暴虐的楚国,从而称霸天下而威服诸侯,如果不是孙武当将军,那还有谁能跨过淮河、越过泗水、驰骋千里去作战呢?"于是吴王十分高兴,就敲响战鼓会合军队,集中起来去攻打楚国。孙子当将军,攻克了舒,杀掉了吴国逃亡在外的将军——即两个公子盖馀、烛佣。吴王又和大臣谋划,想打进郢都,孙武说:"民众已经劳苦了,现在还不可以去攻打郢都,等以后再说吧。"

【原文】

4.13 楚闻吴使孙子、伍子胥、白喜为将,楚国苦之,群臣皆怨,咸言费无忌谗杀伍奢、白州犁①,而吴侵境,不绝于寇,楚国群臣有一朝之患。于是司马成乃谓子常曰②:"太傅伍奢、左尹白州犁,邦人莫知其罪,君与王谋诛之,流谤于国③,至于今日,其言不绝。诚惑之④。盖闻仁者杀人以掩谤者,犹弗为也。今子杀人以兴谤于国,不亦异乎?夫费无忌,楚之谗口,民莫不知其过⑤。今无辜杀三贤士⑥,以结怨于吴。内伤忠臣之心,外为邻国所笑。且郤、伍之家,出奔于吴。吴新有伍员、白喜,秉威锐志结雠于楚⑦,故强敌之兵日骏。楚国有事,子即危矣。夫智者除谗以自安,愚者受佞以自亡。今子受谗⑧,国以危矣。"子常曰:"是囊之罪也⑨,敢不图之?"九月,子常与昭王共诛费无忌⑩,遂灭其族⑪,国人乃谤止⑫。

▍注释

①参见3.3与4.5。《左传·昭公二十七年》《史记·楚世家》记楚人怨费无忌而子常杀之,在楚昭王元年,即吴王僚十二年(公元前515年)。此文记于阖闾三年(公元前512年),误。

②司马:掌管军政的官。司马成:当作"左司马戌"(今译文姑从原文),《左传·昭公二十七年》作"沈尹戌言于子常曰"可证。《左传·昭公二十七年》又载"左司马沈尹戌",可知楚昭王时他为左司马。《左传·昭公十九年》杜注:"戌,庄王曾孙,叶公诸梁父也。"王符《潜夫论》:"左司马戌者,庄王之曾孙;叶公诸梁者,戌之第三弟也。"《吕氏春秋》高诱注:"沈尹戌,庄王之孙,沈诸梁叶公子高之父也。"三说不同,似以杜说为是。子常:名囊瓦,字子常,子囊之孙,楚平王十年(公元前519年)起任楚国令尹(相当于他国的相国),见《左传·昭公二十三年》。

③流:流行,传播,这里是使动用法。谤,公开指责别人的过失。流谤于国:使

意见流行于国内。

④诚:真,的确。又,《左传·昭公二十七年》作"戌也惑之"。此文"诚"或为"戌"字之误。盖"戌"讹为"成",又误为"诚"。

⑤四部丛刊本无"不"字,据《左传·昭公二十七年》补。

⑥三贤士:徐天祜说:"伍奢、伯州犁与郤宛而三。"卢文弨说:"上以白州犁、郤宛为一人,此当以伍尚当其一。"觉按:伯州犁非死于费无忌之谗,而为公子围所杀(见4.5注③),徐说显属谬误。《左传·昭公二十七年》作:"今又杀三不辜,以兴大谤。"杜注:"三不辜:邵氏、阳氏、晋陈氏。"依此,则当指郤宛、阳令终(阳匄之子)、晋陈。此文虽采自《左传》,但有所变化(不说"以兴大谤",而说"以结怨于吴"),故当以卢说为是。

⑦锐志:志向坚决,如锋刃之锐利向前。

⑧《左传·昭公二十七年》"受"作"爱",义胜。

⑨囊:四部丛刊本作"曩",据冯念祖本改。《左传·昭公二十七年》作"瓦"。

⑩昭王:见4.15注②。

⑪《左传·昭公二十七年》作"尽灭其族",此文"遂"字与"尽"义同。《诗·商颂·长发》"遂视既发"笺:"遂,犹遍也。"

⑫《左传·昭公二十七年》作"谤言乃止",可证此文当作"国人谤乃止"。

【今译】

楚国听说吴国派孙子、伍子胥、白喜为将军,都为此叫苦不迭,群臣都怨恨万分,都说是费无忌说坏话而杀害了伍奢、白州犁,因而吴国才侵犯楚国边境,不断地来骚扰,楚国的大臣们才有这一时的祸患。于是司马成便对子常说:"太傅伍奢、左尹白州犁,国民都不知道他们有什么罪,您和国君谋划而杀害了他们,使得国内议论纷纷,直到今天,人们的意见仍然不断。我对此实在感到疑惑不解。我听说讲究仁爱的人杀了人来堵住人们的非议,也还是不干。现在您却杀了人在国内挑起人们的非议,不也是太奇怪了么?那费无忌,是楚国的谗佞,民众无不知道他的罪过。现在别人没有罪过,却杀了这三个贤德之士,以致和吴国结下了怨仇。在国内伤害了忠臣的心,在国外被邻国所耻笑。而且郤宛、伍奢的家族,出境逃到了吴国。吴国新添了伍员、白喜,掌握了威势而又一心一意和楚国作对,所以这强大的敌人所发动的战争一天比一天可怕。楚国如果发生战事,您就危险了。聪明的人除掉中伤贤良者来使自己安全无恙,愚蠢的人收留巧言谄媚者以致使自己灭亡。现在您收揽了中伤贤良的人，国家因此而危险了。"子常说："这是我囊瓦的罪过啊，敢不图谋他吗？"九月，子常和楚昭王一起杀掉了费无忌，全部诛灭了他的家族，国内民众的非议才算止息了。

【原文】

4.14　吴王有女滕玉。因谋伐楚，与夫人及女会，食蒸鱼①，王前尝半而与女②。女怨曰③："王食我残鱼辱我④，我不忍久生⑤。"乃自杀。阖闾痛之甚⑥，葬于国西阊门外。凿地为池，积土为山⑦，文石为椁⑧，题凑为中⑨，金鼎、玉杯、银樽、珠襦之宝⑩，皆以送女。乃舞白鹤于吴市中，令万民随而观之，遂使男女与鹤俱入羡门⑪，因发机以掩之⑫，杀生以送死，国人非之。

【注释】

①四部丛刊本无"食"字，据《北堂书钞》卷一百四十五引文补。

②前：先。参见4.5注⑨。

③怨：四部丛刊本作"怒"，据《事类赋注》卷十八引文改。

④四部丛刊本"食"下无"我残"，据《事类赋注》卷十八引文补。食（sì 寺）：给……吃。

⑤四部丛刊本不重"我"字，据《事类赋注》卷十八引文补。忍：四部丛刊本作"忘"，据四库全书本改。

⑥四部丛刊本无"甚"，据《太平御览》卷五百五十六引文补。

⑦凿地为池积土为山：四部丛刊本作"凿池积土"，据《艺文类聚》卷七十三引文改。《越绝书·外传记吴地传》："阊阖子女冢在阊门外道北，下方池广四十八步，水深二丈五尺；池广六十步，水深丈五寸。塜出庙路以南，通姑胥门，并周六里。"

⑧椁（guǒ 果）：古代贵族死了，棺材常有几层，最里一层称"棺"，棺外各层均称"椁"。《庄子·天下》："天子棺椁七重，诸侯五重，大夫三重，士再重。"

⑨题凑：古代贵族死后，放棺椁的墓室里用大木累积，大木之头皆内向凑集，称为"题凑"。为：犹"于"，参见《古书虚字集释》。

⑩鼎：古代烹煮用的器物，一般做成圆形、三足两耳，也有方形四足的。

⑪遂：四部丛刊本作"还"，据《文选·舞鹤赋》注引文改。羡（yán 延）：通"埏"，墓道。羡门：墓门。《六选·舞鹤赋》注引文作"墓门"。

⑫掩：《广雅·释诂》："掩，取也。"《史记·司马相如列传》"掩群雅"《索隐》："掩，捕也。""掩"是乘其不备而袭取的意思，参见3.1注③、10.3注④。

【今译】

　　吴王有个女儿叫滕玉。因为商量讨伐楚国的事,吴王与夫人及女儿一起会餐,吃蒸鱼的时候,吴王先吃掉了一半,然后再给女儿吃。女儿怨恨地说:"父王给我吃剩下来的鱼来侮辱我,我不能再忍气吞声地长期活下去。"于是就自杀了。阖闾为此悲痛得很,就把她葬在国都西面阊门之外。挖掘土地做成池塘,堆积泥土垒成山冈,用有纹理的石头做成外棺,在墓室中用大木头铺垫成向心形,黄金做成的鼎、宝玉做成的杯子、白银制成的酒器、珍珠镶饰的短袄之类宝物,都用来送给女儿。于是又在吴国国都的街市中舞弄白鹤,使成千上万的民众跟随着观看它们,于是就让男男女女和白鹤一起进入墓门,接着便打开机关来袭取他们,杀死了这些活人来殉葬,国内的民众都非议这件事。

【原文】

　　4.15　湛卢之剑①,恶阖闾之无道也,乃去而出,水行如楚。

　　楚昭王卧而寤②,得吴王湛卢之剑于床。昭王不知其故,乃召风湖子而问曰③:"寡人卧觉而得宝剑,不知其名,是何剑也?"风湖子曰:"此谓湛卢之剑。"昭王曰:"何以言之?"风湖子曰:"臣闻吴王得越所献宝剑三枚,一曰鱼肠④,二曰磐郢,三曰湛卢。鱼肠之剑已用杀吴王僚也,磐郢以送其死女⑤,今湛卢入楚也。"昭王曰:"湛卢所以去者何也?"风湖子曰:"臣闻越王元常使欧冶子造剑五枚⑥,以示薛烛⑦。烛对曰:'鱼肠剑逆理不顺,不可服也。臣以杀君,子以杀父。'故阖闾以杀王僚。一名磐郢,亦曰豪曹,不法之物,无益于人,故以送死。一名湛卢,'五金之英⑧、太阳之精⑨,寄气托灵⑩,出之有神⑪,服之有威,可以折冲拒敌⑫。然人君有逆理之谋,其剑即出',故去无道以就有道⑬。今吴王无道,杀君谋楚,故湛卢入楚。"昭王曰:"其直几何⑭?"风湖子曰:"臣闻此剑在越之时,客有酬其直者,有市之乡三十、骏马千匹、万户之都二,是其一也。薛烛对曰⑮:'赤堇之山已合无云⑯,若耶之溪深而莫测⑰,群神上天⑱,欧冶死矣。虽倾城量金,珠玉盈河,犹不能得此宝,而况有市之乡、骏马千匹、万户之都,何足言也?'"昭王大悦,遂以为宝。

注释

　　①湛卢:剑名,相传为春秋时欧冶子所造。详下文,又可参见《越绝书·外传

记宝剑》。

②楚昭王：熊氏，名珍，一作"轸"，楚平王与秦女所生之子（见3.3），公元前515—公元前489年在位。

③风湖子：《越绝书·外传记宝剑》作"风胡子"，春秋时人，善识剑。

④鱼肠：见3.15注⑧。

⑤以：通"已"。

⑥元常：徐天祜说："《左传》《史记》俱作'允常'。"觉按：当作"允常"。《太平御览》卷三百四十三引《吴越春秋》作"允常"。但本书"允常"均作"元常"，现译文姑从原文。元常：见6.10注③。欧冶子：见4.3注③。

⑦薛烛：春秋时秦国人，善于鉴别宝剑。参见注⑬。

⑧五金：《汉书·食货志》"金、刀、龟、贝"注："金谓五色之金也，黄者曰金，白者曰银，赤者曰铜，青者曰铅，黑者曰铁。"五金后指金、银、铜、铁、锡五种金属，此文似泛指金属而言。

⑨阳：阳气（参见4.3注⑥）。太阳：旺盛的阳气。《风俗通·三皇》："遂人以火纪。火，太阳也。"本文的"太阳之精"，当指该剑在冶炼时达到了炉火纯青的境地。《周礼·考工记》："凡铸金之状：金与锡，黑浊之气竭，黄白次之；黄白之气竭，青白次之；青白之气竭，青气次之。然后可铸也。"

⑩气：我国古代哲学概念，指构成宇宙万物的物质元素。《周易·系辞上》："精气为物。"疏："谓阴阳精灵之气，氤氲积聚而为万物也。"《论衡·自然》："天地合气，万物自生。"灵：《大戴礼记·曾子天圆》："阳之精气曰神，阴之精气曰灵。"托灵：与"寄气"同义。

⑪薛烛说："夫宝剑，五色并见。今豪曹，五色黯然无华，已殒其光、亡其神。"（见注⑬）可见剑之"神"是指"光"、"华"等精神。此句类书所引作"有游出之神"（见注⑬），与此不同。

⑫折冲：见4.11注④。

⑬从"臣闻"至此117字，仍以今本原文译出。但赵著《吴越春秋》之文原非如此，顾观光对此有校正，今录于下以供参考。括号内的文字为顾氏原注，我另加的注冠以"觉按"。

臣闻越王允常（"允"原误"元"，依《御览》三百四十三、又八百三改，与《史记》合）聘欧冶子作名剑五枚，三大二小。一曰纯钧，二曰湛卢，三曰豪曹，或曰磐郢，四曰鱼肠，五曰钜阙。秦客薛烛善相剑，王取豪曹示之。薛烛曰："非宝剑也。夫宝剑，五色并见。今豪曹，五色黯然无华，已殒其光、亡其神，此剑不登斩而辱，则堕于饮中矣。"王曰："寡人置剑竹卢之上，过而堕之，断金兽之颈，饮濡其刃，吾以为利也。"而服不舍。王复取钜阙示之，薛烛曰："非宝剑也。夫宝剑，金锡和同，气如云烟。今其光也离矣。"王复取鱼肠示之。薛烛曰："夫宝剑者，金精从理

(《书钞》"从"作"顺"),至本不逆,锷中生光,从文不起。今鱼肠倒本从末,逆理之剑也。服此者臣弑其君、子弑其父。"王取纯钩示之,薛烛矍然而望之,曰:"光乎如屈阳之华(《初学记》《书钞》《事类赋注》"湖"并作"屈"),沈沈如芙蓉始生于湖(《御览》作"湘")。观其文,如列星之行(《御览》作"芒");观其光,如水之溢于塘;观其断割,严如镶石之芒;观其色,涣如冰将释见日之光。此纯钩也者(二字应倒,"也"即"耶"字)?"王曰:"是也。客有买此剑者,有市之乡三十,骏马千匹,万户之都二("万户",《事类赋注》作"千户"。觉按:《艺文类聚》也作"千户"),其可有乎?"薛烛曰:"不可。臣闻王之初造此剑,赤堇之山破而出锡,若耶之溪涸而出铜。吉日良时,雨师洒道,雷公鼓橐(《白帖》作"击橐",《艺文》《御览》并作"发鼓"),蛟龙捧炉,天帝壮炭(《事类赋注》作"装炭"),太一下观,天精下降。于是欧冶子因天地之精,悉其伎巧,造为此剑。吉者宜王,凶者可以遗人。凶者尚直万金,况纯钩耶?"取湛卢示之,薛烛曰:"善者!衔金铁之英,吐银锡之精,寄气托灵(《艺文》"寄"作"行",《御览》作"奇"。觉按:《艺文》作"奇"),有游出之神。服此剑者,可以折冲伐敌。人君有逆谋,则去之他国。"允常乃以鱼肠、湛卢、豪曹献吴王僚。(自"臣闻越王允常"至此,今本仅有百十七字,文亦迥异,盖妄人删改,今以《初学记》廿二、《艺文》六十、《书钞》百廿二、《白帖》九十五、《御览》三百四十三、《事类赋注》十三所引参定,其与今本不同处,文繁不具论。觉按:今本乃皇甫遵删定之书,故与各书所引不同,参见《前言》。)

⑭直:同"值"。

⑮顾观光删此上37字,其说云:"诸书并云'昭王寤而得之,召风胡子问之:此剑直几何?对曰'云云,亦约举前文也。今本此下有'臣闻此剑在越之时,客有酬其直者,有市之乡三十、骏马千匹、万户之都二,是其一也。薛烛对曰'三十七字,据诸书所引,并在前文。盖妄人既删去越王问薛烛语,则下文无根,故以前文移置于此。然删去薛烛对越王语,则'赤堇'、'若耶'数语仍无根也。观下文云'欧冶死矣',又云'昭王大悦',其非薛烛语甚明,今删去。"顾说可资参考,今译文仍从原文。

⑯合:四部丛刊本作"令",据《太平御览》卷三百四十三引文改。

⑰徐天祜说:"若耶溪在会稽县甫二十五里,溪傍即赤堇山,一名铸浦山,欧冶子铸剑之所。《战国策》曰:'涸若耶而取铜,破堇山而取锡。'张景阳《七命》曰:'邪溪之铤,赤山之精。'皆谓此也。"觉按:赤堇山,又名鄞城山、铸浦山,在今浙江奉化县东。山有草曰赤堇,故名,而其县也因名为鄞县。徐氏说它在若耶溪旁,恐误。若耶溪:一作若邪溪,又名五云溪,在浙江绍兴县东南若邪山下。此文说赤堇山已合,表示已不能取到好锡;说若耶溪深,表示已无法取到好铜。古代在铁器发明之前,大量使用的是青铜(铜、锡合金)器。所铸刀剑也往往用青铜,今出土的吴、越兵器即如此(参见4.2注⑪、5.2注②)。《周礼·考工记》:"金有六齐(六

剂,六种配方):六分其金(指铜)而锡居一,谓之钟鼎之齐;五分其金而锡居一,谓之斧斤之齐;四分其金而锡居一,谓之戈戟之齐;参分其金而锡居一,谓之大刃之齐。五分其金而锡居二,谓之削、杀矢之齐;金锡半,谓之鉴燧之齐。"

⑱神:四部丛刊本作"臣",据《太平御览》卷三百四十三引文改。相传欧冶子铸纯钩之剑,群神都参与其事(见注⑬),此说"群神上天",表示已不能依靠天神铸出如此好剑了。

【今译】

　　那把名为湛卢的宝剑,憎恶阖闾的暴虐无道,就离开阖闾而逃出了吴国国都,在水中漂游而到了楚国。

　　楚昭王睡觉醒来,便在床上得到了吴王的湛卢宝剑。昭王不知这其中的缘故,就把风湖子召来而问他说:"我睡醒过来便得到这把宝剑,不知道它的名称,这是什么剑啊?"风湖子说:"这叫湛卢宝剑。"昭王说:"你凭什么来论断它的呢?"风湖子说:"我听说吴王得到越国所献的宝剑三把,第一把叫鱼肠,第二把叫磐郢,第三把叫湛卢。鱼肠那把宝剑已经用于刺杀吴王僚,磐郢已经送给了他那死去的女儿。现在湛卢宝剑来到了楚国。"昭王说:"湛卢宝剑离开吴王的原因是什么呢?"风湖子说:"我听说越王元常让欧冶子造了五把剑,将它们拿给薛烛看。薛烛回答说:'鱼肠剑纹理逆反而不顺,不可以佩带啊。臣子将用它来杀害君主,儿子将用它来杀害父亲。'所以阖闾用它来杀了王僚。还有一把剑称为磐郢,也叫豪曹,是件不合规范的东西,对人没有什么好处,所以用它来送葬。还有一把名叫湛卢,薛烛说它'含有各种金属的精华,蕴蓄了盛阳的结晶,寄寓着灵异的精气,把它拔出来便有烁烁神光,把它佩带在身上就有威势,可以击退敌军、抵抗敌人。但如果君主有违背天理的阴谋,那把宝剑就会外出',所以它要离开暴虐无道之人而归附有德有义之君。现在吴王暴虐无道,杀害国君图谋楚国,所以湛卢剑就到了楚国。"昭王说:"湛卢剑的价值是多少?"风湖子说:"我听说这把剑在越国的时候,外商中有人还它的价钱是,含有市镇的乡里三十个、骏马一千匹、拥有上万户人家的大城市两个,这是其中的一种价钱。当时薛烛回答说:'赤堇山已经合拢而没有了云气,若耶溪已经深得不能测量,群神都已上了天,欧冶已经死了。即使是用整个城才能度量的黄金,多得塞满了河道的珍珠宝玉,也不能换得这样的宝剑,更何况是那含有市镇的乡里、骏马一千匹、拥有上万户人家的大城市,哪里值得你说出口呢?'"楚昭王听了十分高兴,就把这湛卢剑当作宝贝。

【原文】

4.16　阖闾闻楚得湛卢之剑,因斯发怒,遂使孙武、伍胥、白喜伐楚。子胥阴令宣言于楚曰①:"楚用子期为将②,吾即得而杀之;子常用兵,吾即去之。"楚闻之,因用子常,退子期。吴拔六与潜二邑③。

【注释】

①此事又见《韩非子·内储说下》。
②《国语·楚语上》注:"子期,楚平王之子、子西之弟公子结也,为大司马。"子期是楚国有政治和战争经验的大臣,公元前479年白公胜发动政变时被杀,见《左传·哀公十六年》。
③六:在今安徽六安县北。潜:在今安徽霍山县南。吴拔六、潜当在阖闾四年秋,见《左传·昭公三十一年》《史记·十二诸侯年表》《吴太伯世家》《楚世家》《伍子胥列传》。此文连书于"三年"之下,误。此节上当补"四年"二字。

【今译】

阖闾听说楚国得到了湛卢宝剑,因此发怒了,就派孙武、伍子胥、白喜攻打楚国。伍子胥便在暗中派人到楚国扬言说:"楚国如果任用子期当将军,我们就将擒获他而把他杀了;如果子常指挥军队作战,我们就将离开楚国。"楚国听说了这些话,就任用子常,而不用子期。结果吴国攻克了六和潜两个城邑。

【原文】

4.17　五年,吴王以越不从伐楚,南伐越。越王元常曰:"吴不信前日之盟,弃贡赐之国而灭其交亲。"阖闾不然其言,遂伐,破檇里①。

【注释】

①檇(zuì醉)里:即檇李(见5.25、8.6),又作醉李、就李,地名。据《越绝书·外传记地传》,则在今浙江嘉兴县西南;据《吴地记》,则在今浙江嘉兴县北三十里。今一般都从前说。

【今译】

　　五年(公元前510年)，吴王因为越国不跟随自己攻打楚国，所以向南讨伐越国。越王元常说："是吴国不信守从前的盟约，抛弃进献地方物产的臣服之国而使我们相互之间的亲密关系毁于一旦。"阖闾不把他的话当作一回事，就发起进攻，攻破了檇李。

【原文】

　　4.18　六年，楚昭王使公子囊瓦伐吴①，报潜、六之役。吴使伍胥、孙武击之，围于豫章②。吴王曰："吾欲乘危入楚都而破其郢。不得入郢，二子何功？"于是围楚师于豫章，大破之。遂围巢③，克之，获楚公子繁以归④，为质⑤。

注释

　　①徐天祐说："按《左传》，楚公子贞字子囊，其孙名瓦，字子常。此当言'公孙'，不得云'公子'也。"觉按：《史记·伍子胥列传》也作"公子囊瓦"，此文盖承其说。囊瓦：见4.13注②。
　　②徐天祐说："豫章，地名也，在江夏之间。杜预曰：'豫章，汉东、江北地名。'孔颖达曰：'《汉书·地理志》："豫章，郡名，在江南。"此则在北者，土地之名。'按宋武帝讨刘毅，遣王镇恶先袭至豫章口，豫章口去江陵城二十里。乃知春秋之豫章，非今隆兴郡名之豫章也。"觉按：据杜、徐之说，可知春秋时之豫章在汉水之东、长江之北，汉代以后属江夏郡，位于今武汉市以北。而汉代又移其名于江南，汉代以后所置豫章郡治所在今江西南昌，与此不同。徐氏所引杜、孔之说，见《左传·定公四年》。豫章古又称"章"、"越章"，见9.12注㉑。
　　③巢：见3.13注②。此时大概为楚所占据。
　　④《左传·定公二年》杜注："繁，守巢大夫。"
　　⑤徐天祐说："见《左传·定公二年》。《索隐》曰：'当为阖庐七年。'《史·年表》《世家》皆书之六年，此书似亦因以为据。"

【今译】

　　六年(公元前509年)，楚昭王派子常进攻吴国，以报复潜、六的那一仗。吴国派伍子胥、孙武还击楚军，把他们包围在豫章。吴王说："我想趁楚国危难之际攻进楚国国都而摧毁他们的郢城。如果不能打进郢都，二位又有什么功劳呢？"于是伍子胥、孙武把楚军包围在豫章后,大规模地歼灭他们。接着又包围了巢,攻克了它,俘虏了楚国的公子繁才回师,把他带回作为人质。

【原文】

4.19　九年,吴王谓子胥、孙武曰:"始子言郢不可入,今果何如?"二将曰:"夫战,借胜以成其威,非常胜之道。"吴王曰:"何谓也?"二将曰:"楚之为兵,天下强敌也,今臣与之争锋,十亡一存。而王入郢者,天也。臣不敢必。"吴王曰:"吾欲复击楚,奈何而有功?"伍胥、孙武曰:"囊瓦者,贪而多过于诸侯,而唐、蔡怨之①。王必伐,得唐、蔡。""何怨?"二将曰:"昔蔡昭公朝于楚②,有美裘二枚、善珮二枚,各以一枚献之昭王。王服之以临朝。昭公自服一枚,子常欲之,昭公不与,子常三年留之③,不使归国。唐成公朝楚,有二文马④,子常欲之,公不与,亦三年止之。唐人相与谋⑤,从成公从者请马以赎成公⑥。饮从者酒⑦,醉之,窃马而献子常。常乃遣成公归国。群臣诽谤曰:'君以一马之故,三年自囚。愿赏窃马之功。'于是成公常思报楚,君臣未尝绝口。蔡人闻之,固请献裘、珮于子常。蔡侯得归,如晋告诉,以子元与大夫之子质⑧,而请伐楚。故曰'得唐、蔡而可伐楚'。"

【注释】

①唐:古国名,姬姓,在今湖北随县西北唐县镇。公元前505年灭于楚,见《左传·定公五年》。蔡:古国名,春秋时由于受楚国的逼迫,多次迁都。蔡平侯迁新蔡(今属河南),蔡昭侯迁州来(今安徽凤台),称为下蔡。公元前447年为楚所灭。

②蔡昭公:即蔡昭侯,名申,蔡悼侯之弟,公元前518—公元前491年在位。

③《谷梁传·定公四年》作:"囊瓦求之,昭公不与,为是拘昭公于南郢,数年然后得归。"范宁《集解》:"南郢,楚都。"

④《左传·定公三年》作:"唐成公如楚,有两肃爽马。"杜注:"成公,唐惠侯之后。肃爽,骏马名。"文马:《左传·宣公二年》:"宋人以兵车百乘、文马百驷以赎华元于郑。"注:"画马为文四百匹。"五代丘光庭《兼明书·文马》:"文马者,马之毛色自有文彩,重其难得,若画为文,乃是常马,何足贵乎?"此文指身有花纹的骏马騑骊。

⑤人:四部丛刊本作"成",据《左传·定公三年》改。

⑥《左传·定公三年》作:"唐人或相与谋,请代先从者,许之。"与此文不同。

⑦饮(yìn 印):给……喝。
⑧大夫之子:四部丛刊本作"太子",据《左传·定公三年》改。

【今译】

　　九年(公元前506年),吴王对子胥、孙武说:"当初你们说郢都不可攻进去,现在究竟怎么样?"两位将军说:"打仗嘛,凭借着胜利来成就自己的威势,并不是永远能取胜的办法。"吴王说:"你们的话是什么意思?"两位将军说:"楚国从军事力量上来说,是天下一个强大的敌人。现在我们和他们决一胜负,十成会灭亡而只有一成存活的希望。因而大王要攻入郢都,就得靠上天了。我们不敢肯定。"吴王说:"我想再去攻打楚国,怎样才有功效?"伍子胥、孙武说:"囊瓦这个人,贪婪而多次得罪于诸侯,因而唐、蔡两国怨恨他。大王如果一定要去攻打楚国,就应该得到唐、蔡两国的援助。"吴王问:"什么怨恨呢?"两位将军说:"从前蔡昭侯去朝见楚王,有美丽的裘皮大衣两件和精巧的佩玉两块,他分别拿一件裘皮大衣和一块佩玉献给了楚昭王。楚昭王穿着裘皮大衣、佩带着佩玉去上朝听政。蔡昭侯自己也穿了一件裘皮大衣、佩带着一块佩玉,子常想得到它们,蔡昭侯不给,子常就把他扣留了三年,不让他回国。唐成公朝见楚王,有两匹身有花纹的骕骦马,子常想得到它们,唐成公不给,子常也把他扣留了三年。唐国的一些人互相谋划,准备从成公的侍从那里求得这两匹马来赎成公。于是就给成公的侍从喝酒,把他们灌醉了,便偷了马去献给了子常。子常才让成公回国。大臣们都非议说:'国君因为一匹马的缘故,使自己被囚禁了三年。希望国君对偷马的功劳加以奖赏。'从此,成公经常想报复楚国,报仇的呼声在君臣的口中从未间断过。蔡国人听说了唐成公被赎的事,就坚决请求国君把裘皮大衣和佩玉献给子常。蔡昭侯因而得以回国,于是到晋国诉说怨苦,把儿子元以及大夫的儿子作为人质,以此来请求晋国讨伐楚国。所以我们说'得到了唐国、蔡国的援助就可以讨伐楚国了'。"

【原文】

　　4.20　吴王于是使使谓唐、蔡曰:"楚为无道,虐杀忠良,侵食诸侯,困辱二君。寡人欲举兵伐楚,愿二君有谋。"唐侯使其子乾为质于吴①。三国合谋伐楚,舍兵于淮汭②,自豫章与楚夹汉水为阵。子常遂济汉而阵,自小别山至于大别山③,三不利④,自知不可进,欲奔亡。史皇曰:"今子常无故与王共杀忠臣三人⑤,天祸来下,王之所致。"子常不应。

> **注释**
>
> ①唐侯:当作"蔡侯",见《左传·定公四年》。
> ②《左传·定公四年》作"舍舟于淮汭",杜注:"吴乘舟从淮来,过蔡而舍之。"汭:河流的北岸叫汭。《书·禹贡》"泾属渭汭"疏:"郑云:汭之言内也。盖以人皆南面望水,则北为汭也。"蔡国当时的国都在今安徽凤台,即淮河北岸,所以三国的水军驻扎在淮汭。
> ③徐天祐说:"杜预曰:'二别在江夏界。'《元和郡县志》:'小别山在汉阳县。'《禹贡》:'至于大别。'今汉阳县北有大别山。《地志》《水经》云'在安丰'者非。"觉按:《汉书·地理志》注所谓安丰,以今安徽霍丘县西南,今犹有大别山。杨伯峻注《左传·定公四年》"自小别至于大别"时,仍从洪亮吉之说而认为此文之大别山即今安徽霍丘县西南之大别山,并认为小别山在今河南光山县与湖北黄冈县之间,与徐天祐之说不同。据上文"自豫章与楚夹汉水为阵,子常遂济汉而阵"来看,则小别山、大别山自当在汉水附近,徐说是。《书·禹贡》"内方至于大别"孔传及孔疏,《左传·定公四年》孔疏、《史记·夏本纪》"内方至于大别"《正义》等与徐天祐说同,可参见。此大别山,古又名鲁山、翼际山,在今武汉市西南鹦鹉洲之北。此小别山,古又名甑山,在今湖北省汉川县南。参见高士奇《春秋地名考略》卷九。
> ④三不利:《左传·定公四年》作"三战"。
> ⑤依文意,"今"字当在"人"字下,属下句;"常"当通"尝"。三人:见 4.13 注⑥。

【今译】

吴王于是派使者对唐、蔡两国国君说:"楚国干暴虐无道的事,残酷地杀害忠诚善良的人,侵略别国,拘禁侮辱两位君主。我想起兵讨伐楚国,希望两位国君一起来出谋划策。"蔡昭侯让他的儿子乾到吴国作人质。吴、蔡、唐三国合谋攻打楚国,先将军队驻扎在淮河的北岸,接着在豫章和楚国夹着汉水排好阵。子常就渡过汉水而排好战阵,从小别山到大别山,三次失利,自知不能挺进了,就想逃跑。史皇对子常说:"你曾经无缘无故和楚王一起杀死了三个忠臣,现在天灾降临,实是楚王招致的。"子常并没有回答。

【原文】

4.21 十月①,楚二师阵于柏举②。阖闾之弟夫概晨起请于阖闾曰:"子常不仁,贪而少恩,其臣下莫有死志,追之,必破矣。"阖闾不许。夫概曰:"所谓'臣行其志不待命'者,其谓此也。"遂以其部五千人击子常。大败,走奔郑,楚师大乱,吴师乘之,遂破楚众。楚人未济汉,会楚人食,吴因奔而击,破之雍滞③。五战,径至于郢。

注释

①十月:《左传·定公四年》作"十一月庚午"(即十一月十八),此文恐误,或置闰不同所致。

②"楚"字当衍,《左传·定公四年》无"楚"字可证。杜注:"二师,吴、楚师。"柏举:楚地,在今湖北麻城县东。

③雍滞:《左传·定公四年》作"雍澨(shì 示)","滞"当为"澨"之音误。杨伯峻说:"据《汇纂》,今湖北京山县西南有三澨水,春秋之雍澨其一也。洪亮吉云:'今澨水在京山县西南,南流入天门县为汉水。'疑雍澨即入天门河之支流。"

【今译】

十月,双方的军队在柏举排好战阵。阖闾的弟弟夫概早晨起床后向阖闾请求说:"子常暴虐,贪婪而缺少恩爱之情,他的臣下没有一个抱有为他殉身的志向,如果追击他们,他们一定会全线崩溃。"阖闾不同意。夫概说:"人们所说的'臣子按照自己的意志去行动而不去等待君主的命令',大概就是说的现在这种情况吧。"于是他就用自己的部属五千人去攻击子常。子常大败,逃跑到郑国,楚国的军队大乱,吴国的军队追击他们,于是就攻破了楚军。楚军还没有渡过汉水,又正好楚国的士兵在吃饭,吴军便趁楚军逃跑的机会去攻击他们,在雍澨把楚军打垮了。吴军打了五仗,便直达郢都。

【原文】

4.22 王追于吴寇①,出,固将亡②,与妹季芈出河、滩之间③。楚大夫尹固与王同舟而去④。

吴师遂入郢，求昭王。

王涉濉，济江，入于云中⑤。暮宿，群盗攻之，以戈击王头。大夫尹固隐王⑥，以背受之，中肩。王惧，奔郧⑦。大夫钟建负季芈以从。

郧公辛得昭王⑧，大喜，欲还之。其弟怀怒曰："昭王是我雠也。"欲杀之，谓其兄辛曰："昔平王杀我父，吾杀其子，不亦可乎？"辛曰："君讨其臣，敢雠之者？夫乘人之祸，非仁也；灭宗废祀⑨，非孝也；动无令名，非智也。"怀怒不解，辛阴与其季弟巢以王奔随⑩。

吴兵逐之，谓随君曰："周之子孙在汉水上者，楚灭之谓⑪。天报其祸，加罚于楚，君何宝之⑫？周室何罪？而隐其贼。能出昭王，即重惠也⑬。"随君卜昭王与吴王，不吉，乃辞吴王曰："今随之僻小，密近于楚，楚实存我。有盟，至今未改。若今有难而弃之，何以事君⑭？今且安静，楚敢不听命？"吴师多其辞，乃退。

是时大夫子期虽与昭王俱亡，阴与吴师为市，欲出昭王。王闻之，得免，即割子期心以与随君盟而去⑮。

注释

①徐天祐说："'追'当作'迫'。"觉按："追"用作被动词，原文不误。

②固：通"姑"，姑且。将：且，姑且。参见《古书虚字集释》。固将：犹"姑且"。卢文弨怀疑"固"是"国"字之误，可备一说。

③季芈(mǐ弥)：季是伯仲叔季之季，表示排行最小。芈是姓。据《左传·定公四年》，季芈名畀我。河濉：徐天祐说："河水出昆仑。'濉'与'睢'同。杜预曰：'睢水出新城昌魏县东南，至枝江县入江。是楚王西走也。'按《水经》：'睢水出梁郡鄢县。'郦道元注：'睢水出陈留县西蒗荡渠。'三说各不同。"觉按：河，即黄河。濉，《左传·定公四年》作"雎"(jū居)，通"沮"(jū居)，即今沮水，源出今湖北保康县西南，东南流经远安县、枝江县、江陵县西境入长江。沮水在郢都(在今江陵县纪南城)之西，所以杜预说楚王西走。至于《水经注》所说，乃指睢(suī虽)水(出今河南睢县，东南流经今安徽宿县、泗县等地)，与此不同。本文之"濉"，当为"濉"之形误，"濉"同"沮"。下同。

④尹固：《左传·定公四年》作"鍼尹固"，《左传·哀公十六年》作"箴尹固"。

⑤徐天祐说："楚有云梦泽。《左传》载令尹子文之生，'邙夫人弃诸梦中'，言'梦'而不及'云'。今此'云中'，言'云'而不及'梦'，是二泽明矣。《汉阳图经》：'云在江之北，梦在江之南。'"觉按：古云梦泽历来说法不一，徐说为其中之一；一说云梦泽实为一泽，跨越长江南北，可单言"云"或"梦"。此文既说"涉濉，

济江,入于云中",则昭王从郢都西逃过沮水后,大概又在今湖北枝江县境渡过长江,然后才至此云泽中。那么这云泽当在江南,即在今湖北松滋县东北。故徐说与此文不合,此当从另一说。

⑥尹固:徐天祜说:"《左传》作王孙由于。"觉按:此文为了简省人物,便将王孙由于之事移于尹固,可见其行文之不严谨。

⑦郧:徐天祜说:"音云。江陵有郧城,楚昭王时郧公所筑,今松滋也。"觉按,松滋即今湖北松滋县,在云泽附近,徐说似乎可从,然恐未当。《史记·楚世家》《正义》引《括地志》云:"安州即安陆县城(觉按:即今湖北安陆县),本春秋时郧国城。"据下文,当以此说为是。盖昭王逃离云中后,又复渡江北上。

⑧郧公辛:即斗成然(亦作蔓成然、曼成然,字子旗,曾为楚国令尹)之子斗辛。楚平王元年(公元前528年)九月,平王杀斗成然,使斗辛居郧。见《左传·昭公十四年》。

⑨《左传·定公四年》杜注:"弑君罪应灭宗。"

⑩随:西周初分封的诸侯国,姬姓,故城在今湖北随县南。春秋后期成为楚国的附庸。

⑪楚灭之谓:即"谓楚灭"。据《史记·楚世家》,楚武王三十五年(公元前706年)伐随,三十七年,始开濮地而有之;五十一年,又伐随。至楚文王六年(公元前684年),伐蔡,楚强,陵江、汉间小国,小国皆畏之。《左传·僖公二十八年》载栾贞子(栾枝)之言曰:"汉阳诸姬,楚实尽之。"(意为:汉水之北各个与周天子同姓的姬姓之国,楚国把他们都灭掉了。)此文说"楚灭之谓",当即指此而言。吴国与随国皆为周之后裔,姬姓。吴作此语,是想利用宗法观念使随君放出楚昭王。

⑫宝:意动用法,以……为宝。指把昭王当作宝贝藏起来。徐天祜说:"'宝'当作'保'。"也通。

⑬重惠:双重的恩惠。指对天、对周王室都有恩德。

⑭四部丛刊本无"何以事君",据《左传·定公四年》补。

⑮《左传·定公四年》也说:"王割子期之心以与随人盟。"杜注:"当心前割取血以盟,示其至心。"古代往往以饮血为盟(即所谓"歃"),或杀牲取血,或破人皮取血。如《左传·庄公三十二年》所载孟任"割臂盟公",即其例。《淮南子·齐俗训》"越人契臂"注:"割臂出血。"所谓"割",与"契"同义,并非指割断,而是指划破皮肤。割心,指划破心口的皮肤取血。作者不明其意,而将"割心"误解成了挖出心脏,所以附会出"是时大夫子期……欲出昭王。王闻之,得免"等等事迹来(《左传》无这些话),纯属虚妄。据《左传·定公四年》记载,子期甚忠,他生得与昭王相似,所以穿上了昭王之衣,请求把自己交给吴军,来使昭王逃脱。据《左传·哀公十六年》,子期是公元前479年白公胜发动政变时被杀的。此时尚未死。4.29又提及"子期",也可证此文为误。现译文姑依原文的误解译出。

【今译】

　　楚昭王被吴国侵略军追逐,逃出国都,姑且外出逃亡,和妹妹季芈出逃在黄河、沮水之间。楚国的大夫尹固和昭王同船离去。

　　吴国的军队便进入郢都,搜索昭王。

　　昭王渡过沮水,又渡过长江,进入云泽中。夜晚住宿时,强盗们打劫他,用戈砍击昭王的头。大夫尹固掩护昭王,用自己的背来挡住戈,结果戈击中了肩膀。昭王十分恐惧,逃亡到郧城,大夫种建背着季芈跟随着昭王。

　　郧公斗辛得到了昭王,十分高兴,想保护他回国。他的弟弟斗怀则愤怒地说:"昭王是我们的仇人啊。"斗怀想杀掉昭王,对他的哥哥斗辛说:"从前平王杀了我们的父亲,我们杀掉他的儿子,不也是可以的么?"斗辛说:"君主讨伐他的臣子,臣子敢和他作对吗?再说,趁别人遭殃时去杀害他,并不是仁;杀死了君主而使自己的宗族被诛灭、祭祀被废除,并不是孝;干了事而没有好名声,并不是智。"斗怀的怒气并没有消除,斗辛便暗中和他的小弟巢伴随昭王一起逃奔随国。

　　吴军追击他们,对随国的国君说:"周天子的子孙被封在汉水一带的,听说都被楚国灭掉了。现在上天为他们的灾难而进行报复,对楚国施加惩罚,您为什么要把昭王当作宝贝呢?周王室有什么罪过?而您却窝藏他的敌人。如果您能交出昭王,那就有双重的恩惠了。"随国的国君为把昭王送交吴王的事占了个卜,占卜的结果不吉利,于是就拒绝吴王说:"现在随国这样偏僻狭小,紧靠着楚国,楚国实在是保存了我们。我们和楚国订有盟约,直到今天也没有改变。如果现在楚国有了灾难就抛弃他们,那凭什么来侍奉您呢?现在您姑且让楚国安定下来,楚国敢不听您的命令吗?"吴军赞赏他的这番话,就退兵了。

　　这时楚国大夫子期虽然和昭王一起逃亡,却暗地里与吴军搞交易,想献出昭王。昭王听说了这件事,方得免遭祸害,于是就割了子期的心和随国国君缔结了盟约,然后就离开了随国。

【原文】

　　4.23　吴王入郢,止留。伍胥以不得昭王,乃掘平王之墓,出其尸,鞭之三百,左足践其腹①,右手抉其目,诮之曰②:"谁使汝用谗谀之口杀我父兄?岂不冤哉?"即令阖闾妻昭王夫人③,伍胥、孙武、白喜亦妻子常、司马成之妻,以辱楚之君臣也。

【注释】
①四部丛刊本"腹"上无"其",据《太平御览》卷三百七十一引文补。
②诮(qiào 俏):责备,谴责。
③妻:这里作动词,当然不是指把她娶为正妻,而等于下文所说的"奸"(见4.31 注②)。

【今译】
吴王进入郢都,便滞留在那里。伍子胥因为没有擒获昭王,就掘开了平王的坟墓,挖出平王的尸体,把他鞭打了三百下,用左脚踩他的腹部,用右手挖出他的眼睛,谴责他说:"谁让你听从那诋毁奉承的话而杀死了我的父兄?难道不冤枉吗?"于是就叫阖闾奸淫昭王的夫人,伍子胥、孙武、白喜也奸淫子常、司马成的妻子,以此来侮辱楚国的君臣。

【原文】
4.24 遂引军击郑。郑定公前杀太子建而困迫子胥①,故怨郑。兵将入境②,郑定公大惧③,乃令国中曰:"有能还吴军者,吾与分国而治。"渔者之子应募,曰:"臣能还之。不用尺兵斗粮,得一桡④,而行歌道中,即还矣。"公乃与渔者之子一桡⑤。子胥军将至,当道扣桡而歌曰:"芦中人!"如是再。子胥闻之,愕然大惊⑥,曰:"何等人者?"即请与语⑦。"公为何谁矣?"曰:"渔父者子。吾国君惧怖,令于国:'有能还吴军者,与之分国而治。'臣念前人与君相逢于途,今从君乞郑之国。"子胥叹曰:"悲哉!吾蒙子前人之恩,自致于此。上天苍苍,岂敢忘也?"于是乃释郑国,还军守楚,求昭王所在日急。

【注释】
①事见 3.7。
②故怨郑兵将入境:四部丛刊本作"自此",据《太平御览》卷四百七十九引文改。
③徐天祐说:"按《史·年表》,郑定公十一年书:'楚建作乱,杀之。'是为楚平

王十年。其后吴破楚入郢乃昭王十年,盖郑献公八年,非定公时也。"觉按:此"郑定公"乃涉上而误。郑献公:定公之子,名虿,公元前513—公元前501年在位。

④桡(ráo饶):徐天祜说:"小楫。"

⑤四部丛刊本无"一",据《太平御览》卷四百七十九引文补。

⑥愕(è厄)然:吃惊的样子。

⑦人者即请:四部丛刊本作"谓",据《太平御览》卷四百七十九引文改。

【今译】

接着伍子胥又带领军队攻打郑国。郑定公从前杀了楚太子建而使伍子胥艰难窘迫,所以子胥怨恨郑国。吴军将进入郑国国境。郑献公十分恐惧,就向国内发布命令说:"有谁能够退去吴军,我就和他平分郑国而一起统治。"渔翁的儿子接受招募,说:"我能使他们回去。我连尺把长的短小兵器和斗把军粮都不必使用,只要得到一支小桨而在路上边走边唱,吴军就会回去了。"郑献公就给了这渔翁的儿子一支船桨。子胥的军队将要到了,渔翁的儿子便拦路敲着船桨而唱道:"芦苇中的人啊!"像这样唱了两遍。子胥听到这声音,吃惊得直发楞,说:"是什么人啊?"便请来和他交谈,问他说:"您是什么人啊?"那人说:"我是那渔翁的儿子。我的国君十分恐惧,向国内发布命令说:'有谁能退去吴军,就和他平分郑国而一起统治。'我想到先父与您曾在路上有一面之交,所以现在向您乞求保全郑国。"子胥感叹地说:"可悲啊!我受到您父亲的恩惠,使自己弄到这种尴尬的地步。上天苍苍,我难道敢忘恩负义么?"于是就放弃郑国,回师守卫楚国,搜寻楚昭王的住地日益急迫。

【原文】

4.25 申包胥亡在山中①,闻之,乃使人谓子胥曰:"子之报雠,其以甚乎②!子,故平王之臣,北面事之③。今于僇尸之辱④,岂道之极乎⑤?"子胥曰:"为我谢申包胥曰:'日暮路远,倒行而逆施之于道也⑥。'"

申包胥知不可,乃之于秦,求救楚。昼驰夜趋,足踵蹠劈⑦,裂裳裹膝,鹤倚哭于秦庭⑧,七日七夜,口不绝声。秦桓公素沉湎⑨,不恤国事。申包胥哭已歌曰⑩:"吴为无道,封豕长蛇⑪,以食上国⑫,欲有天下。政从楚起[13],寡君出[14],在草泽[15],使来告急[16]。"如此七日,桓公大惊[17]:"楚有贤臣如是,吴犹欲灭之。寡人无臣若斯者,其亡无日矣。"为赋《无衣》之诗[18],曰:

"岂曰无衣?与子同袍。
王于兴师,与子同仇。"

包胥曰:"臣闻戾德无厌[19]。王不忧邻国[20],壃场之患[21]。逮吴之未定,王其取分焉[22]。若楚遂亡,于秦何利?则亦亡君之土也。愿王以神灵存之,世以事王。"秦伯使辞焉[23],曰:"寡人闻命矣。子且就馆,将图而告。"包胥曰:"寡君今在草野,未获所伏。臣何敢即安?"复立于庭,倚墙而哭,日夜不绝声,水不入口[24]。秦伯为之垂涕,即出师而送之。

注释

①申包胥:见3.6注①。

②以:通"已",太。

③北面:朝北。古代君主在朝廷上朝南而坐,臣子向北朝拜,所以"北面"表示在臣位上。

④僇(lù戮):施刑折磨。《礼记·大学》"辟则为天下僇矣"疏:"僇,谓刑僇也。"此文指鞭打平王之尸。

⑤这二句《史记·伍子胥列传》作:"今至于僇死人,此岂其无天道之极乎?"意为:"现在竟至于刑僇死人,这难道不是伤天害理到了极点么?"此文脱胎于《史记》,但有所不同。《史记》之文文义较明了,可资参证。

⑥《史记·伍子胥列传》《索隐》:"子胥言志在复雠,常恐且死,不遂本心,今幸而报,岂论道理乎?譬如人行,前途尚远,而日势已暮,故其在颠倒疾行,逆理施事,何得责吾顺理乎?"

⑦踵(zhǒng种):脚后脚。蹠(zhí直):脚掌。

⑧鹤倚:当作"鹤跱倚墙"。《淮南子·脩务训》述此事作:"申包胥……七日七夜,至于秦庭,鹤跱而不食,昼吟宵哭。"下文说:"复立于庭,倚墙而哭。"是其证。鹤跱(zhì置):等于说"鹤立",像鹤一样企足而立,含有企望之意。

⑨徐天祜说:"按《史·年表》,秦哀公三十一年书'楚包胥请救',是为楚昭王十年。楚十一年书'秦救至',即哀公三十二年也。据此,则请救在三十一年,秦师至楚乃三十二年,非桓公时也。"觉按:秦桓公,公元前603—公元前577年在位。此当作秦哀公。秦哀公,公元前536—公元前501年在位。沉湎:沉溺于酒。《书·泰誓上》"沈湎冒色"注:"沈湎,嗜酒。"

⑩已:通"以",而也。歌:吟唱。此指长歌当哭之类,现今有些地方哭丧时犹

有边哭边吟唱其词以诉苦陈事的习俗。

⑪封豕长蛇：大猪与长蛇。《淮南子·本经训》："封豨、脩蛇皆为民害。"即用其本义。此文则用来比喻贪暴的元凶首恶。《淮南子·脩务训》"吴为封豨脩蛇"注："豨、蛇，喻贪也。"

⑫上国：见4.3注⑱。此句《淮南子·脩务训》作"蚕食上国"，义长。

⑬政：通"征"，征伐。

⑭寡君：人臣对别国谦称自己的国君为"寡君"，意为孤寡之君。

⑮草泽：《左传·定公四年》作"草莽"，义同，泛指荒野。

⑯告急：告诉危急之事，即遇上危难而向人求救。

⑰徐天祜说："'桓'当作'哀'。"觉按：《史记·伍子胥列传》作"秦哀公"。

⑱赋：朗诵（诗）。春秋时代，为了使外交辞令显得典雅，往往断章取义地朗诵《诗经》中的某些诗句来表达自己的意见。秦哀公朗诵《无衣》诗，表示自己决心与楚国同仇敌忾，出兵援救楚国。《无衣》：见《诗经·秦风》。

⑲戾（lì立）：凶暴。厌：满足。

⑳邻国：秦之邻国，此指楚国。秦王若不为楚国分忧解愁，楚一旦被吴所灭，则封豕长蛇般的吴国就与秦相邻了，秦也就有边患了，所以下句说"壃场之患"。《左传·定公四年》作："若邻于君，疆场之患也。"文义更为显豁。

㉑场：四部丛刊本作"塌"，据四库全书本改。壃：同"疆"。壃场（yì易）：边境，边界。

㉒其：表示劝告的语气词。分：《左传·定公四年》"君其取分焉"杜注："与吴共分其地。"《释文》："分，扶问反。"所谓"扶问反"，即读为fèn（奋）。"分"作"取"的宾语，当为名词，可解为全数的一部分，即指楚国的一部分。

㉓秦伯：秦国初封时为伯爵，所以秦国的君主称秦伯。

㉔此即以绝食的方式来表示自己为国殉身、不达到目的决不罢休的意思。

【今译】

申包胥逃亡在山中，听说了这种情况，便派人对子胥说："您的报仇，或许太过分了吧！您过去是平王的臣子，处在臣位上侍奉他。现在对于这鞭打尸体的耻辱，难道是道义的最高境界么？"子胥说："你替我辞谢申包胥说：'我复仇的时间怕不多了，就像太阳已下山而路途还遥远一样，所以我就对此倒行逆施而不顾情理了。'"

申包胥知道劝说子胥行不通，就到了秦国，恳求秦国援救楚国。他日夜奔走，脚跟、脚底都破裂开来了，还撕下衣裳包住了膝部，像鹤一样站在秦国的朝廷上，靠着墙啼哭，七天七夜，嘴里哭声从未断过。

秦哀公一向沉溺于花天酒地之中而不关心国家的政事。申包胥一边哭一边吟唱道:"吴国暴虐无道啊,就像大猪和长蛇;来蚕食中原各国啊,想要占有整个天下。征伐从楚国开始啦,我的君主逃到国外,流落于荒野啊,派我来告急。"像这样哭吟了七天,秦哀公十分吃惊:"楚国有这样的贤德之臣,吴国尚且要灭掉它。我没有这样的臣子,那么我的灭亡也就要不了几天了。"他便给申包胥朗诵了《无衣》这首诗,吟道:

  "难道能说没衣裳?和您一同穿军装。

  大王发动去打仗,和您仇敌一个样。"

  申包胥说:"我听说暴行是没有止境的。大王如果不为邻国担忧,那就会有边境被侵扰的祸患。趁现在吴国还没有把楚国完全平定,大王还是去夺取一部分吧。如果楚国因为吴国的攻伐就灭亡了,这对秦国有什么好处呢?那样的话,还会使您的国土沦丧啊。请大王凭借您的神通威灵保存楚国,让楚国世世代代来侍奉大王。"秦哀公派人去打发他,说:"我听到您的话了。您暂且到宾馆去,我将在谋划以后来告诉您。"申包胥说:"我的君主现在流落在荒野,还没有得到栖身之地。我哪里敢去安心休息呢?"就又站在秦国的朝廷上,靠着墙痛哭,哭声日夜不断,连水也不喝。秦哀公被他感动得掉下了眼泪,就派出军队送他回楚国。

【原文】

  4.26 十年,秦师未出。越王元常恨阖闾破之樵里,兴兵伐吴。吴在楚,越盗掩袭之①。

注释

  ①掩:《礼记·月令》"处必掩身"注:"掩,犹隐翳也。"

【今译】

  阖闾十年(公元前505年),秦国的军队还没有出动。越王元常怨恨阖闾攻破了他的樵季,就起兵攻打吴国。当时吴军在楚国,越国就像盗贼似的偷偷地袭击了它。

【原文】

4.27 六月,申包胥以秦师至①。秦使公子子蒲、子虎率车五百乘救楚击吴②。二子曰:"吾未知吴道③。"使楚师前与吴战④,而即会之,大败夫概⑤。

【注释】

①以:与。参见《古书虚字集释》。
②《左传·定公五年》杜注:"五百乘,三万七千五百人。"乘(shèng 剩):量词,春秋时战车一辆称一乘,每乘配备四匹马、三个甲士、七十二个步兵。
③《左传·定公五年》杜注:"道,犹法术。"
④前:见4.5注⑨。《左传·定公五年》作"先"。
⑤《左传·定公五年》作:"而自稷(楚地,在今河南桐柏县境)会之,大败夫概王于沂(楚地,在今河南正阳县境)。"较此文为详。

【今译】

六月,申包胥和秦国的军队到了。秦国派公子子蒲、子虎率领战车五百辆来援救楚国而攻打吴国。两位公子说:"我们还不了解吴国的战术。"就让楚军先和吴军交锋,然后马上和楚军会合,把夫概打得大败。

【原文】

4.28 七月,楚司马子成、秦公子子蒲与吴王相守,私以间兵伐唐①,灭之②。子胥久留楚,求昭王,不去。

【注释】

①间(jiàn 见):秘密。唐:见4.19注①。
②徐天祜说:"唐从吴伐楚故。"

【今译】

七月,楚国的司马成、秦国的公子子蒲在和吴王互相对峙防守时,又偷偷地用秘密部队去攻打唐国,把它消灭了。子胥长期留在楚国,搜索楚昭王,不离开楚国。

【原文】

4.29 夫概师败,却退。九月,潜归,自立为吴王。阖闾闻之,乃释楚师,欲杀夫概。奔楚,昭王封夫概于棠溪①。阖闾遂归。

【注释】

①棠溪:《左传·定公五年》作"堂谿",字通。春秋时属楚,战国时属韩,故址在今河南遂平县西北。

【今译】

夫概的部队被打败后,就退却了。九月,他偷偷地回到吴国,擅自立为吴王。阖闾听说了这件事,就放开楚军,想去攻杀夫概。夫概逃奔楚国,楚昭王把夫概封在棠溪。阖闾就回到了吴国。

【原文】

4.30 子胥、孙武、白喜留,败楚师于雍澨①。秦师又败吴师。楚子期将焚吴军②,子西曰③:"吾国父兄身战暴骨草野焉④,不收,又焚之,其可乎⑤?"子期曰:"亡国失众,存没所在,又何杀生以爱死⑥?死如有知,必将乘烟,起而助我;如其无知,何惜草中之骨而亡吴国⑦?"遂焚而战,吴师大败。

子胥等相谓曰:"彼楚虽败我馀兵⑧,未有所损我者。"孙武曰:"吾以吴干戈⑨,西破楚,逐昭王而屠荆平王墓,割戮其尸,亦已足矣。"子胥曰:"自霸王以来⑩,未有人臣报雠如此者也。行去矣!"

【注释】

①败楚师于雍澨:四部丛刊本作"与楚师于淮澨",据《左传·定公五年》改。雍澨:见4.21注③。

②子期:见4.16注②。

③子西:楚平王的长庶子、昭王的庶兄公子申(见《左传·昭公二十六年》及杜注。《史记·楚世家》说他是平王之庶弟,误),昭王、惠王时任令尹。公元前479年白公胜作乱时被杀(见《左传·哀公十六年》)。

④暴(pù铺)骨:暴露尸骨,指死于野外。《左传·定公五年》:"吴师居麇,子期将焚之,子西曰:'父兄亲暴骨焉,不能收,又焚之,不可。'"杜注:"前年楚人与吴战,多死麇中,言不可并焚。"可见其父兄实暴骨于吴师驻地麇,所以子西才有

这些话。此文删《左传》之"麇",而加"草野"二字,反使文义不明了。

⑤其:通"岂"。

⑥杀生:指不焚吴军而致使楚军被吴军攻击屠杀。

⑦"亡吴国"也是"何惜"的宾语。

⑧馀兵:多余的军队。这是自我掩饰之词。

⑨干:盾。戈:戟。干戈为古代常用的兵器,此当指战争工具,包括战士和兵器。

⑩以:四部丛刊本作"已",古"已"、"以"通,今据四库全书本改为"以",以便阅读。

【今译】

　　子胥、孙武、白喜留在楚国,在雍澨打败了楚军。秦军又打败了吴军。楚国的子期准备火烧吴军,子西说:"我国父兄亲自出战而尸骨抛散在荒野,不但不收敛埋葬,却又要焚烧他们,怎么可以呢?"子期说:"国家灭亡而丧失民众,这是我们生死存亡的要害所在,又为什么要用葬送生者的办法去爱惜死者呢?再说,死者如果有知觉的话,一定会凭借火烟,起来帮助我们;如果他们没有知觉的话,那又为什么要爱惜荒野中的尸骨而舍不得灭掉吴国呢?"于是就焚烧了吴军而和他们作战,吴军大败。

　　子胥等人互相议论说:"那楚国虽然打败了我们的余部,但并没有给我们造成什么损害啊。"孙武说:"我们用吴国的战争工具,向西攻破了楚国,追击了昭王而在楚平王坟墓上进行了屠杀,斩割了他的尸体,这也已经足够了。"子胥说:"自从有了霸主帝王以来,还没有臣子像这样来报仇的。我们可以走啦!"

【原文】

　　4.31　吴军去后,昭王反国①。乐师扈子非荆王信谗佞杀伍奢、白州犁而寇不绝于境,至乃掘平王墓、戮尸奸喜以辱楚君臣②,又伤昭王困迫,几为天下大鄙,然已愧矣。乃援琴为楚作《穷劫之曲》③,以畅君之迫厄④,之畅达也⑤。其词曰⑥:

　　"王耶王耶何乖烈⑦,不顾宗庙听谗孽⑧。

　　任用无忌多所杀,诛夷白氏族几灭⑨。

　　二子东奔适吴越⑩,吴王哀痛助忉怛⑪。

垂涕举兵将西伐,伍胥白喜孙武决⑫。
三战破郢王奔发,留兵纵骑虏荆阙⑬。
楚荆骸骨遭发掘,鞭辱腐尸耻难雪⑭。
几危宗庙社稷灭⑮,严王何罪国几绝⑯。
卿士凄怆民恻惔⑰,吴军虽去怖不歇⑱。
愿王更隐抚忠节⑲,勿为谗口能谤亵⑳。"

昭王垂涕,深知琴曲之情。扈子遂不复鼓矣。

注释

①反:通"返"。

②戮尸奸喜:卢文弨说:"当作'戮尸奸妻'。"觉按:参见4.23注③。

③穷:困厄。劫:《淮南子·精神训》"不可劫以死生"注:"劫,迫也。"穷劫:与上面"困迫"、下句"迫厄"同义。徐天祜认为"劫"当作"岬",似未可从。

④徐天祜说:"'畅'当作'伤'。"

⑤徐天祜说:"'之畅达'当作'而畅达之'。"

⑥俞樾说:"昔人谓《招魂》《大招》去其'些'、'只'即是七言诗,今观此曲,则更在前,可为七言诗之祖矣。"觉按:俞樾将此文所叙视为春秋时的史实,所以认为此曲产生于《招魂》《大招》之前。此说恐误,因为此诗很可能是汉代人附会其事而作(参见注⑯)。不过,俞氏说它是"七言诗之祖",恐怕是能成立的,参见《前言》。

⑦孙诒让说:"'烈'当读为'剌','烈'、'剌'声近字通,古金文'烈'字并作'剌'。乖烈,犹言乖剌也。"觉按:"烈"、"剌"、"戾"古代均属来母月部。"乖烈"、"乖剌"、"乖戾"音近义同,实为一个词的不同写法,都是违背情理的意思。徐天祜认为"烈"当作"劣",误。

⑧宗庙:天子、诸侯祭祀祖先的庙宇。封建帝王把天下据为一家所有,世代相传,故以宗庙作为王室、国家的代称。谗孽:说别人坏话的坏人,此指费无忌。

⑨诛:杀死。夷:灭族。族:家族。几:几乎,差一点。这几句之事见3.5与4.5。

⑩二子:指伍子胥与白喜。吴越:指吴国。"越"为连类而及之词,在这里只是凑一个音节。这种辞例古代甚多,参见拙著《韩非子全译》49.4注①,本书8.2注③、9.12注⑥、⑲、10.10注④。

⑪忉怛:见3.5注⑬。这里指伍子胥、白喜的心情。助忉怛:指帮助伍子胥、白喜报仇。

⑫决:决策。

⑬留兵:指吴军留守楚国郢都。纵骑:放纵驰骋。房:房掠。荆阙:楚国的王宫。

⑭雪:洗刷。

⑮社稷:土地神和谷神,是古代国家政权的象征。

⑯徐天祜说:"'严'字义不通,今详当是'庄王',谓前王何罪几至绝国。按'严'本出芈姓,其先即楚庄王支孙,以谥为庄姓者也。如前汉庄忌、忌子助,后汉庄光,皆避明帝讳改姓严。此以'庄'为'严',亦避讳追改也。"觉按:2.2 有"楚庄王",则本书并不避"庄"字。此诗用"严"字代"庄"字,可能只是该诗产生于汉明帝之时(公元 58—75 年)罢了。庄王:见 2.2 注③。绝:指断绝国统。

⑰恻怅(cè lì 测立):悲伤。

⑱怖:恐惧。歇:停息,完结。

⑲更:改变,更正。隐:《尚书·盘庚》"尚皆隐哉"传:"言当庶几相隐括共为善政。""隐"等于说"隐括",是矫正的意思。抚:安抚,抚慰。忠节:忠诚而有节操之士。

⑳为:犹"使",参见《古书虚字集释》。亵(xiè 泄):亵渎,轻慢。

【今译】

　　吴国的军队离去以后,楚昭王返回了国都。乐师扈子责怪楚王听信能说会道说人坏话的奸臣而杀害伍奢、白州犁以致使外国的侵扰在边境上不断发生,甚至于竟然掘开平王的坟墓、宰割平王的尸体、肆意奸淫昭王等的妻子来侮辱楚国的君臣,又伤心昭王困厄窘迫,差一点成为天下最鄙陋卑贱的人,就是这样,也已经够惭愧的了。于是便拿过琴来给楚王作了一首《穷劫之曲》,用它来悲歌国君的窘迫困厄,以便尽情地表达这一段往事。他的歌词是:

　　"王啊王啊多乖戾,不顾国家听谗孽。
　　任用无忌杀人多,残杀白家族近灭。
　　两人东逃到吴国,吴王哀痛助伤悲。
　　垂泪兴兵将西伐,伍胥白喜孙武谋。
　　三战破郢王逃走,驻军横行抢宫闱。
　　楚王尸骨被挖掘,鞭辱腐尸耻难退。
　　国家危险几乎灭,庄王何罪国近废。
　　官吏悲痛民忧伤,吴军虽走心尚畏。
　　愿王改正爱忠臣,别让谗佞能诋毁。"

昭王流下了眼泪,深切地知道这首琴曲所要表达的实情。扈子也就不再弹奏了。

【原文】

4.32　子胥等过溧阳濑水之上①,乃长太息曰:"吾尝饥于此,乞食于一女子。女子饲我,遂投水而亡。"将欲报以百金而不知其家②,乃投金水中而去。

有顷,一老妪行哭而来。人问曰:"何哭之悲?"妪曰:"吾有女子,守居三十不嫁。往年击绵于此,遇一穷途君子,而辄饭之。而恐事泄,自投于濑水。今闻伍君来,不得其偿。自伤虚死,是故悲耳。"人曰:"子胥欲报百金,不知其家,投金水中而去矣。"妪遂取金而归。

【注释】

①此节可参见3.9及注。
②金:见3.8注⑬。

【今译】

子胥等经过溧阳溧水的岸边,子胥便长长地叹息着说:"我曾经在这里饿了,向一个女子讨饭。那女子喂我吃,接着又跳河自杀了。"子胥想拿一百金黄金报答她,却又不知道她的家在哪里,于是把黄金投入溧水中便走了。

过了一会儿,一个老太边走边哭而来,有人问她说:"为什么哭得这样悲哀?"老太说:"我有个女儿,守节独居三十年不嫁。前些年她在这儿捣丝,碰上一个身陷困境的先生,就立即给他吃饭。而怕事情泄露,便自己跳进溧水自杀了。现在听说伍先生来,却不能得到他的酬报。我伤心她白死了,所以才很悲哀啊。"那人说:"子胥想用一百金黄金报答她,因为不知道她的家在哪里,所以把黄金投入溧水中就走了。"老太就取了这些黄金回家了。

【原文】

4.33　子胥归吴。吴主闻三帅将至①,治鱼为鲙②。将到之日,过时不至,鱼臭。须臾,子胥至。阖闾出鲙而食③,不知其臭。王复重为之,其味如故。吴人作鲙者,自阖闾之造也④。

注释

①帅:四部丛刊本作"师",据四库全书本改。三帅:指伍子胥、白喜、孙武。
②鲙(kuài 快):切细的鱼肉。
③食(sì 寺):给……吃。
④《广雅·释诂》:"造,始也。"

【今译】

子胥班师回吴。吴王听说三位将帅即将到来,便杀鱼做鱼末子。准备他们来到的那一天,却时间过了还没有到,所以鱼末子发臭了。一会儿,子胥到了。阖闾就端出鱼末子来给他吃,子胥却不觉得鱼末子臭。吴王又重新做了些鱼末子,它的味道不是像原来那样。吴国人做鱼末子,是从阖闾开始的。

【原文】

4.34 诸将既从还楚①,因更名阊门曰破楚门。复谋伐齐、齐子使女为质于吴②,吴王因为太子波聘齐女③。女少,思齐,日夜号泣④,因乃为病。阖闾乃起北门,名曰望齐门⑤,令女往游其上。女思不止,病日益甚,乃至殂落⑥。女曰:"令死者有知,必葬我于虞山之巅⑦,以望齐国。"阖闾伤之甚⑧,如其言,乃葬虞山之巅。

注释

①"从还楚"当作"从楚还"。
②齐子:当作"齐侯",指齐景公。齐景公,名杵(chǔ 楚)臼,公元前547—公元前490年在位。阖闾十年(公元前505年)相当于齐景公四十三年。《春秋·昭公二十九年》《春秋·定公七年》等均称齐景公为齐侯,可知齐当为侯爵,而非子爵。
③聘:送礼订婚。齐女:徐天祜说:"齐景公女,《孟子》所谓'涕出而女于吴',即此也。"觉按:见《孟子·离娄上》。
④号:大声哭。泣:小声哭。
⑤望齐门:今苏州称"齐门"。
⑥殂(cú 徂)落:死亡。

⑦徐天祜说:"《寰宇记》:'常熟虞山有齐女冢。'"觉按:虞山,见1.7注⑤。
⑧甚:四部丛刊本作"正",据《太平御览》卷五百五十六引文改。

【今译】
　　各位将领已经从楚国回来后,便把阊门改称为破楚门。接着又谋划攻打齐国,齐景公让女儿到吴国做人质,吴王便替太子波聘齐景公的女儿为妻。这女儿年纪还小,所以老是思念齐国,日日夜夜痛哭抽泣,因此就患了病。阖闾便筑起了北门,名叫望齐门,让她到这城门上面去游玩。但她思念个没完,以致毛病一天比一天加重,竟至于丧了命。她曾说:"如果死人有知觉的话,那就一定要把我埋葬在虞山的山顶上,让我眺望齐国。"阖闾为此伤心得很,就按照她的话,把她葬在虞山的山顶上。

【原文】
　　4.35　是时,太子亦病而死。阖闾谋择诸公子可立者①,未有定计。波太子夫差日夜告于伍胥曰②:"王欲立太子,非我而谁当立?此计在君耳。"伍子胥曰:"太子未有定,我入则决矣。"
　　阖闾有顷召子胥,谋立太子。子胥曰:"臣闻:'祀废于绝后,兴于有嗣。'今太子不禄③,早失侍御。今王欲立太子者,莫大乎波秦之子夫差④。"阖闾曰:"夫愚而不仁⑤,恐不能奉统于吴国⑥。"子胥曰:"夫差信以爱人,端于守节,敦于礼义。父死子代,经之明文。"阖闾曰:"寡人从子。"
　　立夫差为太子,使太子屯兵守楚,留止自治宫室。立射台于安平里⑦,华池在平昌,南城宫在长乐里⑧。阖闾出入游卧,秋冬治于城中,春夏治于城外姑苏之台⑨。旦食鲃山⑩,昼游苏台,射于鸥陂⑪,驰于游台⑫,兴乐石城⑬,走犬长洲⑭。斯止阖闾之霸时。

【注释】
　　①公子:除嫡长子外,凡正妻生的小儿子以及小妾生的儿子均称公子。
　　②波太子:徐天祜说:"详下文,则夫差为太子波之子,此'太子'下当又有'子'字。"俞樾说:"徐氏以夫差为太子波之子,则阖闾之孙也。而《左传》载夫差使人谓己曰:'夫差!而忘越王之杀而父乎?'《史记·世家》作阖庐之言曰:'尔而

忘勾践杀汝父乎?'两文不同,然皆足徵夫差是阖闾子,非孙也。徐注非是。此云'波太子夫差',下云'波泰之子夫差',盖衍'之'字,'波泰子'即'波太子'也。惟是时聘齐女之太子波已卒,而此复言'波太子',殊不可晓。疑'波'字乃'次'字之误。盖夫差是太子波之弟,故谓之次太子,实即次子耳。曰'次太子',乃吴俗尊之之称也。"觉按:前句明说"择诸公子可立者",则夫差应为阖闾之子。今从俞说。夫差:详下篇。

③不禄:死的委婉语。原意为不再享受俸禄,此指夭折。《礼记·曲礼下》:"寿考曰卒,短折曰不禄。"

④依俞樾之说(见注②),"波秦之子"当作"次泰子",即"次太子"。

⑤徐天祐说:"'夫'下当有'差'字。"觉按:徐说可通,但"夫"也可解为"彼"(参见《古书虚字集释》),即指夫差而言,原文恐不误。

⑥统:古代相继的系统,此指吴王世代相传的国统。

⑦四部丛刊本无"平"字,据《吴郡志》卷八引文补。射台:是举行射礼的地方。《吴地记》:"射台在吴县横山安平里。"可知它位于今苏州西南十公里处的横山附近。

⑧四部丛刊本无"里",据《吴郡志》卷八引文补。徐天祐说:"《越绝》曰:'射台二:一在华池昌里,一在安阳里。南宫在长乐里。'按:华池、南城宫,旧传皆在长洲县境。"觉按:长洲县,唐置,明清时为苏州府治,故城在今江苏吴县。《吴地记》:"华池在长洲县大云乡安昌里。南宫城在长洲县干将乡长乐里。"

⑨四部丛刊本"姑"字上有"治",据《吴郡志》卷八引文删。姑苏之台:《吴郡志》卷八:"姑苏台在姑苏山,……《史记正义》云:'在吴县西南三十里、横山西北麓姑苏山上。'……《吴地记》云:'阖闾十一年起台于姑苏山,因山为名,西南去国三十五里。夫差复高而饰之。越伐吴,焚之。'又云:'阖闾十年筑,经五年始成,高三百丈,望见三百里,造曲路以登临。吴王春夏游姑苏台,秋冬游馆娃宫。'……太史公云:'余登姑苏,望五湖。'案,五湖去此台尚二十余里。"《吴郡志》卷十五:"姑苏山,一名姑胥,一名姑馀,连横山之北,古台在其上。"可见姑苏台为吴王娱乐之台,在姑苏山上。姑苏山在今苏州市西南十公里处的横山(即七子山,又名距湖山、荐福山、五坞山)西北。又,《吴郡图经续记》卷中:"或曰:姑苏山一名胥山。"《越绝书·外传记吴地传》也说阖庐"徙治胥山",与此文相校,可知姑苏山亦名胥山(见5.26注④)。其名姑胥山,见10.12注②。

⑩鉏山:徐天祐说:"《越绝》作'组山'。"

⑪陂(bēi 卑):江河之岸叫陂。鸥陂:当为射鸥的堤岸,故取名鸥陂。

⑫游台:当为游玩的场所,故名游台。

⑬石城:徐天祐说:"在吴县东北,吴之离宫,越王献西子于此。"觉按:徐说误。石城当在今苏州市西南十五公里处之灵岩山。《吴郡志》卷八:"《吴地记》

云:'石城,吴王离宫,越王献西施于此城。'"又卷十五:"灵岩山,即古石鼓山,又名砚石山。董监《吴地记》:'案《郡国志》曰:吴王离宫在石鼓山,越王献西施于此山。……'《越绝书》云:'吴人于砚石山作馆娃宫。'刘逵注《吴都赋》引扬雄《方言》云:'吴有馆娃宫,吴人呼美女为娃。……'又云:'砚石山有石城,去姑苏山十里,阖闾养越美人于此。上有两湖,湖中有尊充贡。'按此即今灵岩山。"

⑭徐天祐说:"有走狗塘,田猎之地也。"觉按:走,使动用法,使……奔跑。长洲:此指长洲之苑。《吴郡志》卷八:"长洲,在姑苏南、太湖北岸,阖闾所游猎处也。……长洲苑,《旧经》云:'在县西南七十里。'"《吴郡图经续记》卷下:"走狗塘者,田猎之地也,皆吴王旧迹,并在郡界。"

【今译】

这时,太子也患病而死了。阖闾和大臣们商量,正在挑选众公子中可以立为太子的人,还没有决策。次子夫差日日夜夜对伍子胥说:"父王想立太子,除了我还有谁该立?此事的谋划就全在您了。"伍子胥说:"太子还没有确定,我一进宫就决定了。"

阖闾过了不久召见子胥,商量立太子的事,子胥说:"我听说:'祭祀因为断绝了后代而被废除,因为有了继承人而兴盛。'现在太子夭折,过早地离开了侍从。今天大王想立太子,没有谁能胜过次子夫差了。"阖闾说:"他这个人愚蠢而残暴,恐怕不能在吴国奉守国统啊。"子胥说:"夫差讲究信用而爱护民众,在坚守节操方面非常端正,在遵行礼义方面非常敦厚。而且,父亲死了由儿子替代,是经典上的明文规定。"阖闾说:"我听从您。"

于是阖闾立夫差为太子,派太子驻扎军队防御楚国,自己留下来治理宫殿房屋。在安平里建立了射台,华池在平昌,南城宫在长乐里。阖闾出外游览、进宫睡卧,秋冬两季在城中料理政事,春夏两季在城外姑苏台料理政事。早晨在鲲山吃早饭,白天在姑苏台游玩,在鸥陂射猎,在游台骑马驰骋,在石城寻欢作乐,在长洲之苑驱狗奔走。这也就是阖闾称霸时的情况。

【原文】

4.36　于是太子定,因伐楚。破师,拔番①。楚惧吴兵复至②,乃去郢,徙于芳③若。当此之时,吴以子胥、白喜、孙武之谋,西破强楚,北威齐、晋,南伐於越④。

【注释】

①番（pó 婆）：通"鄱"。《史记·楚世家》《正义》："《括地志》云：'饶州鄱阳县，春秋时为楚东境，秦为番县，属九江郡，今为鄱阳县也。'"即今江西波阳县。据《史记·吴太伯世家》等记载，此事发生在阖闾十一年，此文连书于"十年"之下，不当。本节"于是"二字宜改作"十一年"。徐天祜说："吴、楚世为仇敌，吴自伐巢以至取番，大小二十余战，楚子重、子反一岁七奔命，而昭王即位，无岁不有吴师，皆亡臣伍员、伯嚭为之也。其间鳌、虺、棘、栎、麻五邑之（觉按："之"原作"乏"，据徐乃昌本改）役，与庸浦、皋舟、鹊岸、房钟、州来、鸡父（觉按："父"原作"艾"，据四库全书本改）之战，此书皆略而不载云。"觉按：徐氏所举诸战并非都是楚昭王即位之后伍员、伯嚭所为，参见2.8 注①、⑧，2.9 注①，2.10 注②，3.12 注①。

②至：四部丛刊本作"往"，据四库全书本改。《史记·伍子胥列传》作"大来"。

③《左传·僖公二十七年》"子玉复治兵于蔿"杜注："蔿，楚邑。"若：通"鄀"。据古器铭文，鄀有上鄀、下鄀之分（参见郭沫若《两周金文辞大系考释》）。下鄀即《左传·僖公二十五年》"秦、晋伐鄀"之"鄀"，乃秦、楚边界上之小国，在今河南内乡县西南。鲁文公五年（公元前623年），秦人攻入下鄀，鄀君迁于今湖北宜城县东南，即上鄀，成为楚国的附庸。此文所说，即指上鄀而言，此时已为楚国所灭。《水经注》卷二十八："沔水又迳鄀县故城南。古鄀子之国也，秦、楚之间，自商密迁此为楚附庸，楚灭之以为邑县。"这上鄀大概在蔿附近，此文为了将它与下鄀区别，故称为"蔿若"。《左传·定公六年》《史记·吴太伯世家》等都作"鄀"，无"蔿"字，所以徐天祜认为"蔿若"与"鄀"字之误，可备一说。

④於越：即越国。"於"是助词，只凑一个音节，参见1.5 注①。徐天祜说："《左传·定公十四年》：吴伐越，勾践大败之，阖庐伤将指，还，卒于陉。《史·世家》、《年表》皆记之阖庐十九年，与《传》合。此书但云'南伐於越，而略其事，何也？'"觉按：本文略去阖闾战死之事，可能别有用心。观《吴王寿梦传》，《左传》《史记》所记吴国"不吊"、"不德"以及战败之事，本书也多略而不载；而其中馀祭被越俘所杀之事，该篇也略而不书。这些地方很可能是皇甫遵有意讳言吴国之祸而将原著删改所致。又，相传阖闾死后葬于今苏州城西北之海涌山，葬后三天，曾有白虎在山上出现，因将此山改名为虎丘。阖闾墓即在虎丘剑池下。他书所引《吴越春秋》之文尚有关于虎丘的记述（见本书附录一），也可证明此下已被皇甫遵删削了。

【今译】

在这个时候太子已经确定了，就派他去攻打楚国。夫差打败了楚军，攻克了番邑。楚王怕吴军再来，就离开了郢都，移居于蔿若。在这个时候，吴国用了伍子胥、白喜、孙武的谋略，西面攻破了强大的楚国，北面威胁到齐国、晋国，南面进攻越国。

吴越春秋夫差内传第五

【题解】

　　"内"字参见第四篇题解。夫差内传,就是吴王夫差的传记。它记载了夫差十一年(公元前485年)到二十三年(公元前476年)间的事迹,具体地描绘了夫差北伐齐国、诛杀子胥、与晋争强以致国力大伤从而被越国击败乃至国灭身死的历史过程,充分展现了吴、越相争史上一些可歌可泣的动人场景。

　　本篇的记述也不拘于正史所载。作者略去了许多正史上记载的事迹,而尽量抓住那些具体的动人场面及其事迹进行铺叙和渲染,成功地塑造了一系列鲜明的人物形象,充分地体现了浓厚的历史演义色彩。例如,作者通过伍子胥的几次进谏与仰头呼怨中,深刻地写出了他忠而不让、真而不佞的品性。而从大相径庭的占梦对比中,又鲜明地写出了太宰嚭的善谀与愚妄以及公孙圣的忠贞与正直。再如描写夫差败逃山中时"目视茫茫,行步猖狂"等等,也是形神俱出之笔。而写夫差自杀前的忍辱无耻、吞吞吐吐、悔恨莫及的神情,表面上似乎只用了"不自杀"、"仍未肯自杀"等平凡无声之词,实际上却是用越王的瞋目之怒、侮辱之言加以反衬,故使此情此景写得入木三分,颇具一唱三叹之妙。如果我们将它与《左传·哀公二十二年》《国语·吴语、越语上》《史记·吴太伯世家》的描写相比,其韵味简直有天壤之别。当然,本篇的取材有时也嫌繁杂。如子贡的出使,虽对存鲁、乱齐、破吴、霸越作用重大,但所占篇幅过大,读来不免有比例失调之感。

【原文】

5.1　十一年①,夫差北伐齐②。齐使大夫高氏谢吴师曰③:"齐孤立于国,仓库空虚,民人离散。齐以吴为强辅,今未往告急而吴见伐④。请伏国人于郊⑤,不敢陈战争之辞。惟吴哀齐之不滥也⑥。"吴师即还⑦。

注释

①据《春秋》《左传》《史记·吴太伯世家》等记载,鲁定公十四年(公元前496年)阖闾战死后至此,吴国的大事尚有:夫差元年(公元前495年),以大夫伯嚭为太宰。夫差二年(公元前494年),夫差败越于夫椒,遂入越,越王以甲盾五千保于会稽,并派大夫文种因太宰嚭以求和,夫差不听子胥之谏而许之。八月,吴侵陈。夫差三年(公元前493年),吴洩庸至蔡国纳聘,吴军入蔡。夫差七年(公元前489年),春,吴伐陈。夏,叔还会吴于柤。(《史记》还记载吴在此年代齐,败齐于艾陵;《春秋》《左传》则将艾陵之战记于鲁哀公十一年,即夫差十二年。《史记》恐误。)夫差八年(公元前488年),夏,鲁哀公会吴于鄫。夫差九年(公元前487年)三月,吴伐鲁,与鲁盟而还。吴王使太宰嚭讨邾,囚邾子。夫差十年(公元前486年)。春,齐悼公使公孟绰辞师于吴。秋,吴筑邗城,开挖运河邗沟以通长江、淮河(邗沟在今江苏省,自今扬州南长江北岸至今清江市淮河南岸,相当于今之里运河,即淮扬运河)。冬,吴王派人与鲁谋伐齐。

②徐天祜说:"《檀弓》注:'夫,音扶。差,初皆切。'"这是说,"夫差"当读成 fú chāi(扶钗),但现在一般读成 fū chāi。

③高氏:徐天祜说:"当是高无㔻,时将上军。"觉按:徐注"㔻",四部丛刊本作"平",据四库全书本改。㔻:同"丕"。高无㔻:见《左传·哀公十一年》,是齐国贵族高偃的孙子、高张的儿子。

④告急:见4.25注⑯。见:指代性副词,偏指自己。参见5.18注②。

⑤这是表示屈服求饶。

⑥滥:《逸周书·程典》"不滥其度"注:"滥,过也。"不滥:不过度,不放肆,指守规矩。

⑦徐天祜说:"《左传·哀公九年》:'吴子使来儆师伐齐。'十年:'吴子使来复儆师。'是为夫差十年、十一年也。此二年方谋伐齐,而此书于十一年云:'夫差北伐齐。'十二年云:'夫差复北伐齐。'是二年间吴再伐齐也,与《传》不合。岂十一年吴尝伐齐,齐谢吴师不敢战,至明年复伐,乃有艾陵之战耶?"觉按:徐说不当。《春秋·哀公十年》:"公会吴伐齐。"《左传·哀公十年》:"十年春,……公会吴子、邾子、郯子伐齐南鄙,师于鄎。齐人弑悼公,赴于师。吴子三日哭于军门之外,

徐承帅舟师将自海入齐,齐人败之,吴师乃还。……秋,吴子使来复儆师。"可见夫差十一年(即鲁哀公十年)并非"方谋伐齐",而是在去年冬季与鲁国谋伐齐的基础上,在此年春季联合了鲁国等正式攻打了齐国。只是由于齐悼公被杀,同时也因为吴大夫徐承率领的水军被齐军击败,所以才回师的。由于这次出兵未达到目的,所以秋季又与鲁国谋伐齐。于是有明年吴、齐艾陵之战。此文所记具体事迹与《左传》不同,但"伐齐"之事还是与《左传》相合的。

【今译】

　　十一年(公元前485年),夫差到北方讨伐齐国。齐国派大夫高无丕辞谢吴军说:"齐君在国内孤立无援,粮仓兵库空空荡荡,民众都离心离德。齐国把吴国当作自己的强大辅助力量,现在我们还没有前来告急求救而吴国却来攻打我们。请让我们使国都内的人都趴在城郊,我们不敢说有关交战的话。希望吴国可怜齐国的拘谨吧。"吴军便回去了。

【原文】

　　5.2　十二年,夫差复北伐齐①。越王闻之②,率众以朝于吴,而以重宝厚献太宰嚭③。嚭喜受越之赂④,爱信越殊甚,日夜为言于吴王。王信用嚭之计,伍胥大惧,曰:"是弃吾也⑤。"乃进谏曰:"越在心腹之病⑥,不前除其疾。今信浮辞伪诈而贪齐⑦。破齐,譬由磐石之田⑧,无立其苗也。愿王释齐而前越。不然,悔之无及。"吴王不听,使子胥使于齐,通期战之会。子胥谓其子曰:"我数谏王⑨,王不我用。今见吴之亡矣。汝与吾俱亡,亡无为也⑩。"乃属其子于齐鲍氏而还⑪。

　　太宰嚭既与子胥有隙,因谮之曰:"子胥为强暴力谏,愿王少厚焉⑫。"王曰:"寡之知之⑬。"

　　未兴师,会鲁使子贡聘于吴⑭。

注释

　　①徐天祜说:"《左传·哀公十一年》:'公会吴子伐齐。'是为夫差十二年,与此书合。《史·世家》乃书之夫差十一年,误也。"觉按:《春秋·哀公十一年》:"五月,公(鲁哀公)会吴伐齐。甲戌(二十七日),齐国书(国夏之子,时将中军)帅师及吴战于艾陵(在今山东莱芜县东),齐师败绩,获齐国书。"《左传》记吴、齐之战更详,可参见。本文在此略而不书,而将艾陵之战记于明年(见5.15),误。

②越王:指勾践,公元前496—公元前465年在位。其事迹详见本书《勾践入臣外传》以下各篇。1965年在湖北江陵县楚墓中曾发现越王鸠浅自作用剑,以青铜铸,鸟篆文。鸠浅即勾践。

③太宰:官名,辅佐君主治理国家。嚭:即上篇之白喜,见4.5注①。

④赂:财物。

⑤卢文弨说:"吾,疑'吴'。"觉按:《左传·哀公十一年》作"是豢吴也夫",《史记·吴太伯世家》作"是弃吴也",可证卢说为是。《韩非子·喻老》:"越王入宦于吴,而观之伐齐以弊吴。吴兵既胜齐人于艾陵,张之于江、济,强之于黄池,故可制于五湖。故曰:'将欲翕之,必固张之;将欲弱之,必固强之。'"即此"弃吴"之义。

⑥此句有误,"在"字下当有"我"或"吴";或当衍"在"字。《左传·哀公十一年》作:"越在我,心腹之疾也。"《国语·吴语》作:"越之在吴,犹人之有腹心之疾也。"《史记·伍子胥列传》作:"越,腹心之病。"心腹之病:指体内致命的疾病,用来喻指严重的隐患。

⑦浮:虚浮,不切实际。伪:虚假,不真实。

⑧由:通"犹",好像。

⑨数(shuò朔):屡次。

⑩"吾"当作"吴","亡"字当衍其一。《史记·伍子胥列传》作"汝与吴俱亡,无益也",是其证。无为:无用,没有意义。

⑪徐天祜说:"鲍氏,鲍牧也。属其子改姓为王孙氏,欲以避吴祸。"觉按:《史记·伍子胥列传》作:"乃属其子于齐鲍牧。"徐说盖本于此。但据《左传》,则鲍牧已在哀公八年(公元前487年)被悼公所杀,所以《左传·哀公十一年》记此事则作:"属其子于鲍氏,为王孙氏。"《史记》《左传》所记不同,未知孰是。《史记·田敬仲完世家》又说鲍牧弑悼公,更与《左传》相左。今姑从《史记》之说。《左传·哀公六年》杜注:"牧,鲍圉孙。"《史记·吴太伯世家》《集解》:"服虔曰:'鲍氏,齐大夫。'"

⑫《史记·伍子胥列传》作:"子胥为人,刚暴少恩猜贼。其怨望,恐为深祸也。前日王欲伐齐,子胥以为不可,王卒伐之而有大功。子胥耻其计谋不用,乃反怨望。而今王又复伐齐,子胥专愎强谏,沮毁用事,徒幸吴之败,以自胜其计谋耳。今王自行,悉国中武力以伐齐,而子胥谏不用,因辍谢佯病不行,王不可不备,此起祸不难。且嚭使人微伺之,其使于齐也,乃属其子于齐之鲍氏。夫为人臣,内不得意,外倚诸侯,自以为先王之谋臣,今不见用,常鞅鞅怨望,愿王早图之。"可见太宰嚭的谗言,原来既详尽又露骨。此文大加删改,显得简略而含蓄,只有"讽"的意味,与"谗"的意蕴反不相合了,殊为无当。

⑬《史记·伍子胥列传》作:"微子之言,吾亦疑之。"可见夫差早已对子胥有怨恨之心。又,《左传·哀公十一年》《史记·十二诸侯年表》《吴太伯世家》《伍

子胥列传》等都记载子胥在本年被诛,本书则记于下一年,未知孰是。参见5.6注㉓与5.19注④。

⑭子贡:孔子的学生。《史记·仲尼弟子列传》:"端木赐,卫人,字子贡,少孔子三十一岁。子贡利口巧辞,孔子常黜其辩。……故子贡一出,存鲁、乱齐、破吴、强晋而霸越。子贡一使,使势相破。十年之中,五国各有变。子贡好废举,与时转货赀。喜扬人之美,不能匿人之过。常相鲁、卫,家累千金,卒终于齐。"

【今译】

十二年(公元前484年),夫差又向北进攻齐国。越王勾践听说了这件事,率领了部属来朝见吴王,而拿贵重的珍宝大量地进献给太宰伯嚭。伯嚭高兴地接受了越国的财物,因而特别喜爱、信任越国,日夜替越王向吴王进说。吴王听信而采用了伯嚭的计策,伍子胥非常恐惧,说:"越国鼓励我们攻打齐国,这是在毁掉我们吴国啊。"就进宫劝谏吴王说:"越国对于我们吴国来说,实是个致命的病灶,但大王却不首先除去这个隐患。现在竟然听信他们那些不切实际的宽话与虚假的谎言而去图谋齐国。就是攻破了齐国,打个比方来说,也好像是得了块大石头的地,没有什么地方可以种植那禾苗啊。希望大王放弃齐国而先攻打越国。否则,就将后悔莫及。"吴王不听从子胥的话,派子胥出使到齐国去,通知约定交战的日期。子胥对自己的儿子说:"我屡次劝谏国王,国王不听我。现在我已预见到吴国的灭亡了。你和吴国一起灭亡,是毫无意义的。"于是就把自己的儿子托付给齐国的鲍牧,然后回到了吴国。

太宰嚭已经和子胥有了裂痕,就毁谤子胥说:"子胥就是干那种强硬粗暴竭力劝谏的事,希望大王对他稍微宽厚些。"吴王说:"我看穿他了。"

还没有起兵,正好碰上鲁国派子贡到吴国来访问。

【原文】

5.3 十三年,齐大夫陈成恒欲弑简公①,阴惮高、国、鲍、晏②,故前兴兵伐鲁。鲁君忧之③。孔子患之④,召门人而谓之曰:"诸侯有相伐者,丘常耻之。夫鲁,父母之国也⑤,丘墓在焉。今齐将伐之,子无意一出耶?"子路辞出⑥,孔子止之。子张、子石请行⑦,孔子弗许。子贡辞出,孔子遣之。

> **注释**

①陈成恒:即田常,又作田成恒、田成恒、田恒、田成子、陈恒、陈成子,"成"是他的谥号。春秋时齐国的大臣。他的祖先陈公子陈完因内乱而逃到齐国,从此将陈氏改姓田。田完的后代逐渐强盛。到齐悼公时,陈釐子田乞已控制了齐国大权。田乞死后,其子田常代立。齐简公四年(公元年481年),田常杀死简公,拥立齐平公,任相国。从此,齐国的政权完全由田氏控制。简公:姓吕,名壬,齐悼公的儿子。公元前485年,悼公被杀,他被立为齐国国君,在位四年,被田常所杀。

②阴:《战国策·西周策》"阴合于秦"注:"阴,私也。"《礼记·檀弓下》注"何佯若善之"疏:"内心为阴。"高:高氏,为齐桓公时的上卿高傒(见《春秋·庄公二十二年》)的后代,此当指高昭子高张的儿子高无丕,见5.1注③。国:国氏,为齐桓公时上卿国懿仲(见《左传·僖公十二年》杜注)的后代,此当指惠子国夏的儿子国书(见《左传·哀公十一年》)。鲍:徐天祜说:"鲍叔牙。"觉按:此时鲍叔牙早已去世。此文本自《史记·仲尼弟子列传》,当以《史记》为说,故此当指鲍牧,见5.2注⑪。晏:徐天祜说:"晏婴。"觉按:晏婴已于齐景公四十八年(公元前500年)卒(见《史记·齐太公世家》),此当指晏婴之子晏圉(见《左传·哀公六年》及杜注)。

③鲁君:指鲁哀公,名蒋,定公之子,公元前494—公元前467年在位。

④孔子:名丘,字仲尼,生于公元前551年,卒于公元前479年。鲁国陬(zōu邹)邑(今山东曲阜)人,是春秋末期著名的思想家和教育家,儒家学派的创始人。他在鲁国做过司寇(掌管刑狱的官),不很得志,后来周游列国,宣传自己的政治主张,也没有得到重用。晚年回到鲁国从事著述和讲学,广收弟子,从而形成了影响极大的儒家学派。

⑤父母之国:父母居住的国家,即自己出生的国家,等于现在说"祖国"。

⑥子路:孔子的学生。《史记·仲尼弟子列传》:"仲由,字子路,卞人也。少孔子九岁。子路性鄙,好勇力,志伉直。"

⑦子张、子石:都是孔子的学生。《史记·仲尼弟子列传》:"颛孙师,陈人,字子张,少孔子四十八岁。""公孙龙,字子石,少孔子五十三岁。"

【今译】

十三年(公元前483年),齐大夫陈成恒想要杀掉齐简公,但心里又害怕高氏、国氏、鲍氏、晏氏,所以先起兵攻打鲁国。鲁哀公为此忧心忡忡。孔子也为此担忧,就召见弟子而对他们说:"诸侯中有了互相攻战的,我孔丘常常把它看作为耻辱。鲁国,是我的祖国,我家的坟墓都在这里。现在齐国将来攻打鲁国,你们也不想出国一次尽点力吗?"子路立刻告辞了要出国去,孔子阻止了他。子张、子石请求成行,孔子没同意。子贡要求出国去,孔子就派遣了他。

【原文】

5.4 子贡北之齐,见成恒,因谓曰:"夫鲁者,难伐之国。而君伐,过矣。"

成恒曰:"鲁何难伐也?"

子贡曰:"其城薄以卑①,其池狭以浅,其君愚而不仁,大臣无用,士恶甲兵,不可与战。君不若伐吴。夫吴,城厚而崇,池广以深,甲坚、士选、器饱、弩劲②,又使明大夫守之。此易邦也③。"

成恒忿然作色,曰:"子之所难,人之所易;子之所易,人之所难。而以教恒,何也?"

子贡曰:"臣闻君三封而三不成者,大臣有所不听者也④。今君又欲破鲁以广齐,隳鲁以自尊⑤,而君功不与焉⑥。是君上骄主心⑦,下恣群臣,而求以成大事,难矣。且夫上骄则犯⑧,臣骄则争。此君上于王有遽⑨,而下与大臣交争。如此,则君立于齐危于累卵。故曰:'不如伐吴。'且吴王刚猛而毅,能行其令;百姓习于战守,明于法禁。齐遇为擒,必矣。今君悉四境之甲⑩,出大臣以環之⑪,人民外死,大臣内空。是君上无强敌之臣,下无黔首之士。孤主制齐者,君也。"

陈恒曰:"善!虽然,吾兵已在鲁之城下矣。吾去之吴,大臣将有疑我之心。为之奈何?"

子贡曰:"君按兵无伐,请为君南见吴王,请之救鲁而伐齐,君因以兵迎之。"

陈恒许诺。

【注释】

①以:犹"而"。

②孙诒让说:"'器'不可以言'饱','饱'当为'饫',形近而误。"觉按:四库全书本作"甲坚、器选、士饱、弩劲",也可供参考。但古代才能出众而受推荐的士人称为"选士"(《礼记·王制》:"命乡论秀士,升之司徒,曰选士。"),则原文自当作

"士选",而不当作"器选"。这句《史记·仲尼弟子列传》作:"甲坚以新,士选以饱,重器精兵,尽在其中。"盖即此文所本。"重器"即宝器,故此文之"饱"当为"宝"之音误。

③这句当作"此易伐之邦也"。《史记·仲尼弟子列传》作"此易伐也"。

④《史记·仲尼弟子列传》无"所"字。

⑤隳鲁以自尊:《史记·仲尼弟子列传》作"战胜以骄主,破国以尊臣",与下文"上骄"、"下恣"文意贯通。此文改为"隳鲁以自尊",实不当。

⑥与(yù 预):《吕氏春秋·察微》"羊斟不与焉"注:"与,及也。"

⑦四部丛刊本"骄"下无"主心",据《史记·仲尼弟子列传》补。

⑧徐天祜说:"《子贡传》'犯'作'恣'者是。"觉按:作"犯"也通,《越绝书·内传陈成恒》也作"犯"。《国语·周语》"其语犯"注:"犯,陵犯人也。"

⑨徐天祜说:"《越绝》及《子贡传》皆'王'作'主','遽'作'邻','邻'与'隙'同。"觉按:遽(jù 巨):《文选·羽猎赋》"虎豹之凌遽"注:"遽,窘也。"作"遽"可通,不烦改字。

⑩甲:四部丛刊本作"中",据四库全书本改。

⑪孙诒让说:"'环'当为'擐'之借字,成二年《左传》云:'擐甲执兵。'杜注云:'擐,贯也。'"觉按:擐(huàn 患):穿。

【今译】

　　子贡向北到了齐国,拜见了陈成恒,就对他说:"那鲁国,是很难攻打的国家。您要去攻打它,那就错了。"

　　成恒说:"鲁国为什么难以攻打呢?"

　　子贡说:"因为它的城墙又薄又低,它的护城河又狭又浅,它的国君愚昧而不仁慈,大臣不中用,士兵厌恶战争,所以您不可以和他们交战。您还不如去攻打吴国。那吴国,城墙又厚又高,护城河又宽又深,铠甲坚固、士兵精良、器物珍贵、弓弩强劲,又派了英明的大夫来守卫它。这是容易攻打的国家啊。"

　　成恒愤怒地变了脸色,说:"你认为困难的事,是人家认为容易的;你认为容易的事,是人家认为困难的。您用这些话来教导我,是什么意思呢?"

　　子贡说:"我听说您三次受封而三次没有成功,这是因为大臣有不听从您的。现在您又想攻下鲁国来扩展齐国的领土、消灭鲁国来使自己尊贵,实际上您的功劳却不在这里面。因为如果是这样,那么您对上就使君主的思想更为骄纵,对下就使群臣更为恣肆,再想去成就一番大事业,那就难了。再说,那君主骄纵了就会凌辱人,臣子骄纵了就会与人争夺。这样,您对上就在齐王那里有了窘迫的处境,而在下就会和大臣们互相争夺了。像这样,那么您在齐国立足就会比叠起来的蛋还危险。所以我说:'您不如去攻打吴国。'再说,吴王刚强勇猛而果断,能够使他的命令贯彻执行;他的民众熟悉攻战防守,明白法律禁令。齐军和他们一交战,就会被他们擒获,那是必定无疑的了。现在您如果全部拿出国内的铠甲,派出大臣去穿着它们,那么民众就在国外战死,大臣就会带兵出征而使朝廷空虚。这样,您上面没有强有力的与您作对的臣子,下面又没有身为平民的贤士和您抗争。孤立君主而控制齐国的,就只有您了。"

陈恒说:"好!但尽管这样,我的军队已在鲁国的城墙之下了。如果我离开鲁国而开往吴国,大臣就会对我起疑心。对此该怎么办呢?"

子贡说:"您只要按兵不动,请让我替您到南方去拜见吴王,请他援救鲁国而攻打齐国,您就趁机用齐军去迎击吴军。"

陈恒同意了。

【原文】

5.5 子贡南见吴王,谓吴王曰:"臣闻之:'王者不绝世①,而霸者无强敌。千钧之重,加铢而移②。'今万乘之齐而私千乘之鲁,而与吴争强。臣窃为君恐焉。且夫救鲁,显名也;伐齐,大利也。义存亡鲁③,害暴齐而威强晋,则王不疑也。"

吴王曰:"善。虽然,吾尝与越战,栖之会稽④,入臣于吴⑤,不即诛之,三年使归。夫越君贤主,苦身劳力,夜以接日,内饰其政⑥,外事诸侯,必将有报我之心。子待我伐越而听子。"

子贡曰:"不可。夫越之强不过于鲁,吴之强不过于齐。王以伐越而不听臣⑦,齐亦已私鲁矣。且畏小越而恶强齐⑧,不勇也;见小利而忘大害,不智也。臣闻:'仁人不因居⑨,以广其德;智者不弃时,以举其功;王者不绝世,以立其义。'且夫畏越如此,臣诚东见越王⑩,使出师以从下吏⑪。"

吴王大悦。

注释

①王（wàng 旺）：称王天下。世：《吕氏春秋·圜道》"皆欲世勿失矣"注："父死子继曰世。"

②钧：古代重量单位，三十斤为一钧。千钧：形容重量之大。铢（zhū 株）：古代重量单位，二十四铢为一两。所以"铢"常用来形容重量之小。千钧之重，加铢则移：喻指势均力敌的双方，虽然同样强大，但一方只要再稍稍加强，就会改变原有的平衡状态。这里与"霸者无强敌"一样，是用来劝说吴王不要让齐国吞并鲁国而增强实力，以与吴国抗衡。

③《史记·仲尼弟子列传》作"名存亡鲁"。

④栖：鸟类歇宿树上叫"栖"，此指被迫上山居住。《国语·越语上》"越王勾践栖于会稽之上"注："山处曰栖。"这里是使动用法。会稽（kuài jī 快机）：指会稽山，又名茅山、苗山、防山，在今浙江省绍兴县南。栖之会稽：事详5.1注①。会稽山甚大，越王所栖之处，相传在今浙江诸暨县城关镇南约十七公里处的勾嵊山（属会稽山），该山面积约十平方公里，主峰海拔六百六十米。相传勾践避居此山而脱险，遂封这一带高山为越山，并命其主峰为勾嵊山。

⑤臣：奴仆。这里用作动词。《书·费誓》"臣妾逋逃"传："役人贱者，男曰臣，女曰妾。"《礼记·礼运》："仕于公曰臣，仕于家曰仆。"入臣于吴：详见《勾践入臣外传》。

⑥卢文弨说："'饰'同'饬'。"

⑦王：四部丛刊本作"主"，蒋光煦说："宋本'王'。"今据改。

⑧《史记·仲尼弟子列传》"且王必恶越"《索隐》："恶，犹畏也。"

⑨徐天祜说："《越绝》'因居'作'困厄'。"觉按："因居"不误。"因"即因循、沿袭的意思。因居：指安土重迁，老住在一个地方。

⑩诚：当作"请"，音近而误。《史记·仲尼弟子列传》作"臣请东见越王"可证。

⑪下吏：原意是下属官吏，如《左传·哀公十五年》："吊君之下吏。"本书5.11："遣下吏太宰嚭、王孙骆。"这里用作对对方的尊称，等于说"左右"、"执事"、"下执事"（见《国语·吴语、越语》及5.24注⑩），可以解为"您"。它表示不敢直接指称尊贵的对方，含有敬畏之意。5.7："臣以下吏之言告于越王"，《史记·仲尼弟子列传》作"臣敬以大王之言告越王"，更可明此"下吏"之用法。

【今译】

子贡到南方去拜见吴王，对吴王说："我听说这样的话：'称王天下的人不会断绝继承人，而称霸天下的人没有强大的对手。就是上千钧的重量,只要再加上一铢,就会改变原有的格局。'现在拥有万辆兵车的齐国要把拥有千辆兵车的鲁国占为己有,以此来和吴国比个输赢。我私下里在替您担惊受怕哩。再说,援救鲁国,有美好显赫的名声;讨伐齐国,有极大的好处。名义上是保存了快要灭亡的鲁国,实际上是损害了强暴的齐国而威慑了强大的晋国,那么大王就不该再疑虑不决了。"

吴王说:"好。但尽管如此,我曾经和越国交战,使越王躲在会稽山上,并到吴国来当奴仆,我没有杀他,过了三年,我就让他回去了。那越王是个贤能的君主,他刻苦耐劳,夜以继日,在国内整治政务,在国外侍奉诸侯,他一定会有报复我的念头。你等我打下了越国后再照你的话去做吧。"

子贡说:"不行。那越国的强大不如鲁国,吴国的强大也不能超过齐国。大王按自己的想法去攻打越国而不听从我,那么到时候齐国也就早把鲁国占为己有了。况且害怕小小的越国而不敢和强大的齐国作战,是不勇敢的表现;看见了小小的好处而忘记了重大的危害,是不明智的表现。我听说:'仁慈的人不会老住在一个地方,以便扩大他的德行;明智的人不会放弃时机,以便建立他的功劳;称王天下的人不会断绝继承人,以便确立他的道德准则。'再说,如果您真是这样害怕越国的话,请让我到东边去见越王,让他派军队跟随您。"

吴王十分高兴。

【原文】

5.6 子贡东见越王,王闻之,除道郊迎,身御至舍,问曰:"此僻狭之国,蛮夷之民①,大夫何索?然若不辱②,乃至于此!"

子贡曰:"君处,故来。"

越王勾践再拜稽首曰③:"孤闻:'祸与福为邻。'今大夫之吊,孤之福矣。孤敢不问其说④?"

子贡曰:"臣今者见吴王,告以救鲁而伐齐,其心畏越。且夫无报人之志而使人疑之,拙也;有报人之意而使人知之,殆也;事未发而闻之者⑤,危也。三者,举事之大忌也。"

越王再拜,曰:"孤少失前人,内不自量,与吴人战,军败身辱遁逃,上栖会稽,下守海滨,唯鱼鳖见矣。今大夫辱吊而身见之,又发玉声以教孤⑥。孤赖天之赐也，敢不承教？"

子贡曰："臣闻：'明主任人，不失其能；直士举贤，不容于世。'故临财分利，则使仁；涉患犯难，则使勇；用智图国，则使贤；正天下，定诸侯，则使圣。兵强而不能行其威，势在上位而不能行其政令于下者，其君几乎难矣。臣窃自择可与成功而至王者，惟几乎⑦！今吴王有伐齐、晋之志，君无爱重器，以喜其心；无恶卑辞⑧，以尽其礼⑨。而伐齐，齐必战⑩。不胜，君之福也。彼战而胜，必以其兵临晋。骑士锐兵弊乎齐，重宝、车骑、羽毛尽乎晋⑪，则君制其馀矣。"

越王再拜，曰："昔者吴王分其民之众以残吾国，杀败吾民，鄙吾百姓⑫，夷吾宗庙，国为墟棘，身为鱼鳖⑬。孤之怨吴，深于骨髓⑭；而孤之事吴，如子之畏父、弟之敬兄。此孤之死言也。今大夫有赐，故孤敢以报情。孤身不安重席⑮，口不尝厚味，目不视美色，耳不听雅音，既已三年矣。焦唇干舌，苦身劳力，上事群臣，下养百姓，愿一与吴交战于天下平原之野，正身臂而奋吴、越之士，继踵连死、肝脑涂地者⑯，孤之愿也。思之三年，不可得也。今内量吾国，不足以伤吴；外事诸侯，而不能也。愿空国、弃群臣、变容貌、易姓名、执箕帚、养牛马以事之。孤虽知要领不属⑰，手足异处，四支布陈⑱，为乡邑笑，孤之意出焉。今大夫有赐存亡国、举死人⑲，孤赖天赐，敢不待令乎？"

子贡曰："夫吴王为人，贪功名而不知利害。"

越王愀然避位⑳。

子贡曰："臣观吴王，为数战伐，士卒不息㉑，大臣内引㉒，谗人益众。夫子胥为人，精诚中廉，外明而知时，不以身死隐君之过，正言以忠君，直行以为国，其身死而不听㉓。太宰嚭为人，智而愚㉔、强而弱㉕，巧言利辞以内其身，善为诡诈以事其君，知其前而不知其后，顺君之过以安其私，是残国伤君之佞臣也？"

越王大悦。子贡去，越王送之金百镒、宝剑一、良马二㉖，子贡不受。

注释

① 蛮夷：见1.4注⑨、⑪。
② 然若：等于说"如此"。
③ 据《周礼·春官·大祝》，古代有"九拜"的礼节：一为"稽（qǐ起）首"，即头

至地后再停留一会儿;"稽"即停留的意思。这是最隆重虔敬的礼节。二为"顿首",即头叩一下地。三为"空首",即头不着地,仅拜至手。四为"振动",即两手相击。五为"吉拜",即拜而后稽颡(前额着地)。六为"凶拜",即稽颡而后拜。七为"奇拜",即拜一次。八为"褒拜",即此文之"再拜",连拜两次。九为"肃拜",即作揖,低头拱手行礼。

④其:指代对方,是一种活用。

⑤《吕氏春秋·音律》"无发大事"注:"发,起也。"

⑥玉声:对别人言论的尊称,表示其言之贵重。

⑦徐天祜说:"'惟几乎',《越绝》作'其惟臣几乎'。"

⑧无:通"毋"。恶(wù 务):厌恶。

⑨尽其礼:《史记·仲尼弟子列传》作"尊其礼"。

⑩而:犹"其",参见《古书虚字集释》。而伐齐,齐必战:《史记·仲尼弟子列传》作"其伐齐必也",于义为优。

⑪羽毛:同"羽旄",用羽毛做成的旌旗,一般插于君王的游车之上,所以为人所重。《左传·襄公十四年》:"范宣子假羽毛于齐而弗归,齐人始贰。"杜注:"析羽为旌,王者游车之所建,齐私有之,因谓之羽毛。"

⑫百姓:百官。参见3.2注㉓。

⑬身为鱼鳖:自己成了鱼鳖,意为与鱼鳖为伍,即上文所说的"下守海滨,唯鱼鳖见矣"。《越绝书·内传陈成恒》作"身为鱼鳖饵",义稍不同。

⑭骨髓:是人身上最难深入的地方,所以常用来形容怨恨或疼痛的程度之深。

⑮重(chóng 虫)席:重叠的席子。古时坐席,以层数多少来区别尊卑。《礼记·礼器》:"天子之席五重,诸侯之席三重,大夫再重。""席"指坐席,《韩非子·外储说左下》说孟献伯"食不二味,坐不重席"可证。

⑯踵(zhǒng 肿):脚后跟。继踵:接踵,表示紧跟着。这几句《史记·仲尼弟子列传》作:"日夜焦唇干舌,徒欲与吴王接踵而死。"

⑰要(yāo 妖):"腰"之古字。属(zhǔ 嘱):连接。要领不属:指腰斩、斩首。

⑱支:通"肢"。

⑲举:与"起死回生"之"起"同义,《国语·晋语》注:"举,起也。"

⑳卢文弨说:"慥然,与'造然'同,当音蹙。"觉按:慥(zào 造)然、造然、蹙(cù 促)然、戚(cù 促)然,古代音近义通,都用来表示惊恐不安的样子。

㉑息:四部丛刊本作"恩",据顾光圻所录影宋钞本改。《史记·仲尼弟子列传》作"忍"。

㉒引:《礼记·玉藻》"则必引而去君之党"注:"引,却也。"即引退的意思。《史记·仲尼弟子列传》此句作"大臣内变"。

㉓从"夫子胥为人"至此,《史记·仲尼弟子列传》仅作"子胥以谏死"五字,

《索隐》曰:"王劭按:《家语》《越绝书》并无此五字,是时子胥未死。"如果依《左传》《史记》的记载,则此年子胥已死(见5.2注⑬),此文不误。但依本书记载,子胥此时未死,此句当衍。今译文姑从原文。

㉔智而愚:指处理小事很精明,处理大事很糊涂。

㉕强而弱:指外强中干。

㉖镒:见3.8注⑬。

【今译】

子贡到东边去见越王,越王听说此事,就清理好道路在城外迎接,并亲自陪同子贡到宾馆下榻,问子贡说:"我们这偏僻狭小的国家,都是些南蛮东夷族之类文化落后的人,大夫来此是求什么呢?如此不以为耻辱,竟到了这种地步!"

子贡说:"您住在这儿,所以我来了。"

越王勾践拜了两次后磕头伏地说:"我听说:'灾祸和幸福是相邻的。'现在大夫前来慰问,是我的福气了。我敢不请教一下您的高见吗?"

子贡说:"我这次去见吴王,劝他援救鲁国而攻打齐国,他心里很害怕越国。再说,如果没有报复别人的念头而使别人怀疑自己,是一种笨拙;有了报复别人的心思而让别人知道自己的心意,就不安全了;事情还没有干起来就被人听说了,也就危险了。这三种情况,是办事时最大的忌讳。"

越王又拜了两次,说:"我小时候就失去了父亲,心里也没有衡量一下自己的力量,就和吴国人作战了,结果军队战败,自己受辱逃跑,向上栖息在会稽山,在下守卫在大海边,只能与鱼鳖相见了。现在大夫屈辱了自己前来慰问而亲自会见我,又说出金玉良言来教导我。我真是依靠了上天的恩赐啊,敢不接受您的教导吗?"

子贡说:"我听说:'英明的君主任用人才,不会错失他们的才能;正直的人士推荐贤能,不会被社会容忍。'所以面对财物、分配利益,就使用仁慈的人;碰到祸患、遭受灾难,就使用勇敢的人;要用智慧来谋划国事,就使用贤能的人;匡正天下,平定诸侯,就使用圣明的人。军队强大却不能施展自己的威力,权势处在君主的地位上却不能使自己的政策法令在下面得到贯彻执行,那样的君主也就临近于灾难了。我私下里自己挑选了一下可以和您成就功业而达到称王天下境地的,那就只有我还差不多吧!现在吴王有攻打齐国、晋国的意向,请您不要吝惜贵重的宝器,而要把它们送给吴王来讨他的欢心;不要不愿说卑躬屈膝的话,而要用它来尽到对吴王的礼仪。他去攻打齐国,齐国一定会应战。如果他打不赢,就是您的福气。如果他作战获胜了,就一定会用他的军队进逼晋国。这样,他的骑兵和精锐部队将在齐国被搞得疲惫不堪,贵重的宝物、车辆马匹、羽毛之旗将会全部丧失在晋国,那么您就可以制服他的残余势力了。"

越王又拜了两次,说:"从前吴王分出了他所拥有的人口中的一部分人来残害我国,杀害摧残我的民众,鄙视侮辱我的群臣百官,铲平我祖宗的庙宇,我国都成了一片废墟荆棘,我自己也只能混迹于鱼鳖之中。我怨恨吴国,深入到了骨髓;而我侍奉吴国,就像儿子害怕父亲、弟弟尊敬兄长一样。这些都是我冒死说的话啊。现在大夫有所赐教,所以我敢告诉您真情。我身体不安坐在重叠的席子上,嘴巴不吃美味佳肴,眼睛不看美丽的女色,耳朵不听高雅的音乐,已经三年了。我使自己嘴唇枯焦、舌头干燥、身体辛苦、力量使尽,上面侍奉群臣百官,下面养育平民百姓,希望有朝一日和吴国在天下那广阔平坦的原野上交战,端正了身体进行指挥而使吴国、越国的战士奋起作战,我就是紧接在吴王之后一起死去、肝脑涂地,这也是我的心愿啊。但想此想了三年,也不能实现啊。现在我对内衡量了一下我的国力,还不够用来损伤吴国;对外侍奉诸侯,却又不能够。我愿意掏尽国内的一切、抛弃了群臣百官、毁坏自己的容貌、改变自己的姓名、手拿畚箕扫帚、饲养牛马来侍奉为我报仇的人。我虽然知道我这样做会使自己腰颈不连,手脚被肢解,四肢被抛散四处,被乡里的人所耻笑,但我的怨气出了。现在大夫恩赐了保存我这灭亡之国、救活我这将死之人的妙计,我真是靠了上天的恩赐啊,敢不俯首待命吗?"

子贡说:"吴王的为人,只贪图功业名声而不懂得利弊得失。"

越王惊恐不安地离开坐位。

子贡说:"我看那吴王,进行多次战争,士兵不得休息,大臣在国内引退,说人坏话的人越来越多。那伍子胥的为人,极端真诚而内心正直,对身外之事一目了然而又懂得时务,不因为自己要被杀死就掩盖君主的过错,用正直的言论来效忠君主,用正直的行动来为国效劳,但他死了以后他的忠言也没有被吴王听从。太宰伯嚭的为人,又聪明又愚蠢,又刚强又脆弱,用花言巧语来使他自己得到进用,用精心编造的欺诈之言来侍奉他的君主,只知道那先前的事情而不知道那以后的事情,附和君主的错误来保全自己的私利,这是个残害国家伤害君主的谄谀之臣。"

越王十分高兴。子贡离开越国,越王送给他黄金百镒、宝剑一把、好马两匹,子贡没有接受。

【原文】

5.7 至吴,谓吴王曰:"臣以下吏之言告于越王,越王大恐曰:'昔者孤身不幸,少失前人,内不自量,抵罪于吴,军败身辱,逋逃出走①,栖于会稽,国为墟莽,身为鱼鳖。赖大王之赐,使得奉俎豆、修祭祀②。大王赐死且不敢忘③,何谋之敢?'其志甚恐,将使使者来谢于王。"

子贡馆五日,越使果来,曰:"东海役臣勾践之使者臣种④,敢修下吏⑤,少闻于左右⑥。昔孤不幸,少失前人,内不自量,抵罪上国⑦,军败身辱,逋逃会稽。赖王赐,得奉祭祀。死且不忘。今窃闻大王兴大义⑧,诛强救弱,困暴齐而抚周室⑨。故使贱臣以奉前王所藏甲二十领、屈卢之矛、步光之剑⑩,以贺军吏。若将遂大义,弊邑虽小⑪,请悉四方之内士卒三千人以从下吏,请躬被坚执锐以前受矢石⑫,君臣死无所恨矣。"

吴王大悦,乃召子贡曰:"越使果来,请出士卒三千,其君从之,与寡人伐齐,可乎?"

子贡曰:"不可。夫空人之国,悉人之众,又从其君,不仁也。受币,许其师,辞其君,即可。"

吴王许诺。

注释

①逋(bū 晡):逃亡。走:跑。
②俎(zǔ 阻):祭祀时盛牛羊等祭品的礼器。豆:古代一种盛食物的器皿,形似高脚盘,后多用作祭祀时盛肉酱等祭品的礼器。修:《国语·晋语》注:"修,行也。"
③四部丛刊本无"大王赐"三字,据顾广圻所录影宋钞本补。

④臣:见5.5注⑤。役臣:供人役使的奴仆。这是一种谦称,即上文所谓"卑辞"。种:即文种,春秋末年越国大夫,姓文,名种,字少禽(一作子禽),楚国人,曾辅助勾践灭吴,后来被勾践赐剑自杀。详下文。

⑤修:《左氏春秋序》疏:"脩者,治旧之名。""脩"、"修"通。此文之"修",指继续贡物以进一步加强原有的友好关系。

⑥少:稍微。表示不敢多说,含有敬意。闻:使……听见,报告。左右:原意是指左右两旁的侍臣,故又与"下吏"、"执事"一样,用作为对对方的尊称,表示不敢直接指称对方,今有敬畏之意。

⑦上国:指吴国。越国靠海,地势低卑,以吴国为上流,所以称吴国为上国。参见4.3注⑱。

⑧大义:合于正义的大道理。此指春秋时人们公认的重要的道德准则。

⑨周室:周王之家,周朝王室。封建帝王以天下为自己一家所有,故朝廷乃至国家被称为王室。

⑩屈卢:原为古代造矛的良匠之名,《史记·商君列传》《索隐》:"屈卢、干将,并古良匠造戟者名。"此用作为良矛的代称。《史记·仲尼弟子列传》《索隐》:"屈卢,矛名。"步光:良剑名。

⑪弊邑:对本国的谦称。

⑫被(pī披):通"披"。前:先。矢石:箭与石块。古代作战,常发箭抛石来打击敌人。

【今译】

子贡回到吴国,对吴王说:"我把您的话告诉给了越王,越王非常恐惧地说:'过去我很不幸,小时候就失去了父亲,心里又没有掂量一下自己的力量,得罪了吴国,结果军队战败,自身受辱,逃亡在外奔走,栖宿在会稽山,国都成了一片废墟草丛,自己只能混迹于鱼鳖之中。靠了大王的恩赐,才使我能捧着礼器进行祭祀。这种恩德,大王就是赐给一死都不敢忘记,哪里还敢有什么图谋呢?'他的神情非常恐惧,将要派遣使者前来向大王道谢。"

子贡在宾馆住了五天,越国的使者果然来了,说:"东海边上的奴仆勾践的使者臣文种,冒昧地再来上贡以求和您加强原有的友好关系,稍微向您报告一下。从前勾践不幸,小时候就失去了父亲,又不自量力,得罪了贵国,以致于军队战败,自己受辱,逃亡到会稽山。靠了大王的恩赐,才能奉享祭祀。这种恩德,就是死了也不会忘记。现在勾践私下里听说大王将要弘扬大义,讨伐强暴,援救弱小,制服暴虐的齐国而安抚周朝王室。所以派下臣来奉献前代国王所珍藏的铠甲二十件、屈卢良矛、步光利剑,以此来祝贺将士们。如果将要成就大义,敝国虽小,请让我们全部调发四境之内的士兵三千人来跟随您,勾践愿意亲自穿上坚固的铠甲、手握锋利的兵器来为大王打先锋,君臣就是身死疆场也没有什么遗憾的了。"

　　吴王十分高兴,就召见子贡说:"越国的使者果然来了,请求派出士兵三千人,他们的君主也要跟随我,和我一起去攻打齐国,这样行么?"

　　子贡说:"不行。掏空了别人的国家,带光了别人的士兵,又使他们的国君跟随自己,这是不仁的。您还是接受他的礼物,答应收下他的军队,辞退他的国君,那就可以了。"

　　吴王就答应了。

【原文】

　　5.8　子贡去晋,见定公曰①:"臣闻:'虑不预定,不可以应卒②;兵不预办,不可以胜敌。'今吴、齐将战,战而不胜,越乱之必矣;与战而胜,必以其兵临晋。君为之奈何?"定公曰:"何以待之?"子贡曰:"修兵伏卒以待之③。"晋君许之。子贡返鲁。

注释

　　①定公:晋定公,名午,公元前511—公元前475年在位。
　　②卒(cù促):通"猝",突然,出乎意外。这里用作名词。
　　③伏:当作"休",形近而误。《史记·仲尼弟子列传》作"休"可证。岳飞《五岳祠盟记》:"故且养兵休卒,蓄锐待敌。"也可明此文之义。

【今译】

　　子贡又到了晋国,见了晋定公说:"我听说:'主意不预先打定,就不可以应付意外;军队不事先整治好,就不可能战胜敌人。'现在吴国和齐国将要开战,吴国如果打不赢,越国去扰乱它是必定的了;吴国和齐国打仗如果打赢了,一定会用它的军队进逼晋国。您对这种情况该怎么办呢?"定公说:"用什么办法来对付它呢?"子贡说:"您修理好兵器、休整好战士来对付它就行了。"晋君答应了他。子贡就返回了鲁国。

【原文】

5.9 吴王果兴九郡之兵,将与齐战。道出胥门①,因过姑胥之台②。忽昼假寐于姑胥之台而得梦③,及寤而起,其心怵然怅焉④。乃命太宰嚭,告曰:"寡人昼卧有梦,觉而怵然怅焉。请占之⑤,得无所忧哉?梦入章明宫,见两鬲蒸而不炊⑥,两黑犬嗥以南、嗥以北,两铧殖吾宫墙⑦,流水汤汤越吾宫堂⑧,后房鼓震筴筴有锻工⑨,前园横生梧桐。子为寡人占之。"

太宰嚭曰:"美哉!王之兴师伐齐也。臣闻:章者,德锵锵也⑩。明者,破敌声闻功朗明也⑪。两鬲蒸而不炊者,大王圣德气有馀也。两黑犬嗥以南、嗥以北者,四夷已服朝诸侯也⑫。两铧殖宫墙者,农夫就成田夫耕也⑬。汤汤越宫堂者,邻国贡献财有馀也。后房筴筴鼓震有锻工者,宫女悦乐琴瑟和也。前园横生梧桐者,乐府鼓声也⑭。"

吴王大悦,而其心不已⑮,复召王孙骆⑯,问曰:"寡人忽昼梦,为予陈之。"

王孙骆曰:"臣鄙浅于道,不能博大⑰。今王所梦,臣不能占。其有所知者,东掖门亭长长城公弟公孙圣⑱。圣为人,少而好游,长而好学,多见博观,知鬼神之情状。愿王问之。"

注释

①胥门:吴都城西门有二,靠北的为阊门,靠南的为胥门,参见4.2注⑨、⑯。相传胥门因伍子胥住宅近之而得名,参见《吴地记》《吴郡志》卷三。今苏州城西犹有胥门之称。

②姑胥台:即姑苏台,见4.35注⑨。

③假寐:《左传·宣公二年》"坐而假寐"注:"不解衣冠而睡。"

④怵(tián 田)然:安闲的样子。怅焉:即"怅然",失意的样子。

⑤占:此指占梦,即圆梦,就是根据梦中所见来附会预测人事的吉凶。

⑥鬲(lì立):同"鬲",古代烹饪器,样子像鼎,三足中空。

⑦铧:徐天祐说:"音吴,刀名。锟铧山出金作刀,可切玉。"卢文弨说:"观下太宰嚭、公孙圣两解,则铧非刀也,乃耜耳,可以起土者。《方言》:'殖,立也。'"觉按:今《辞源》取徐说,误。此当从卢说,读成 huá(铧),同"铧",两刃耜,即挖土的锹。《越绝书·外传记吴王占梦》作"铧",是其证。《后汉书·戴就传》"又烧铧斧"注:"何承天《纂文》曰:'铧,今之铧也。'"

⑧汤汤(shāng shāng 伤伤):水大的样子。

⑨震:当作"橐",形近而误。《淮南子·本经》:"鼓橐吹埵,以销铜铁。"本书4.3:"鼓橐装炭,金铁乃濡。"均为"鼓橐"连言之证。此文误为"鼓震",不但与"箧箧"不合,而且也与"锻工"脱节了。橐:见4.3注⑬。箧箧(qiè qiè 窃窃):象声词,形容鼓风的声音细小。

⑩章:《说文》:"乐竟为一章,从音从十。""章"与音乐有关,所以伯嚭如此解释。锵锵(qiāng qiāng 羌羌):象声词,形容音乐声。

⑪声闻:名声。

⑫四夷:东夷、西戎、南蛮、北狄旧时统称四夷,它是古人对华夏族以外各族的蔑称。朝:使动用法,使……来朝见。朝诸侯:指称霸诸侯。

⑬成:《左传·哀公元年》"有田一成"注:"方十里为成。"此文泛指农田。

⑭乐府:主管音乐的官署。1977 年在西安市骊山秦始皇陵墓附近出土的秦代编钟上有秦篆"乐府"二字,但秦代的乐府情况史籍无载,不得而知。据《汉书·礼乐志》,汉惠帝时已有乐府令,汉武帝时立乐府,规模始大。此文说"乐府",当是作者以汉制来杜撰古事,并不能证明春秋时已设乐府。汉代乐府歌曲中有横吹曲(军中之乐),所以此文以乐府鼓声来附会"横生梧桐"。

⑮已:止。

⑯四部丛刊本无"复",据顾广圻所录影宋抄本补。王孙骆:《国语·越语下》注:"雒,吴大夫;王孙,姓也。"

⑰《荀子·修身篇》:"多闻曰博,少闻曰浅。"

⑱掖门:边门。《汉书·高后纪》"入未央宫掖门"注:"非正门而在两旁,若人之臂掖也。"东掖门:当是吴国都城东面边门的名称。亭长:秦汉时城内和城厢的"都亭"以及城门的"门亭",都设置亭长,掌管治安、诉讼等事。长城公弟:当依《越绝书·外传记吴王占梦》作"越公弟子","长"字涉上"长"字而衍,"城"乃"越"之形讹,"弟"下又脱"子"字。"越"是姓,"公"是对人的尊称。公孙:复姓。

【今译】

吴王果然发动了九郡的军队,要和齐国作战。他从胥门出发,因而经过姑胥台。忽然白天在姑胥台打瞌睡的时候做了一个梦,等到醒了起床,他心里若无其事又若有所失。于是他叫来太宰伯嚭,告诉他说:"我白天睡觉有个梦,醒来感到若无其事又若有所失。请你预测一下这梦的吉凶,该不会有什么忧患吧?我梦见自己进入章明宫,看见两口锅中热气上升却不烧火,两条黑狗向南叫、向北叫,两把铁锹竖直插在我的宫墙上,流水浩浩荡荡越过我宫内的大堂,后房拉风箱拉得切切作响而有打铁的工匠,前面的园子里横长着梧桐树。你为我解说一下这梦的吉凶吧。"

太宰嚭说:"大王起兵攻打齐国太好啦!我听说:章,就是有德的音乐玱玱响。明,是攻破敌人的名声功绩响亮卓著。两口锅中热气上升却不烧火,是大王圣明的德行元气有余。两条黑狗向南叫、向北叫,是四方各族已被征服而各国诸侯都来朝见。两把铁锹竖直插在官墙上,是农民下地、种田人翻土。流水浩浩荡荡越过官内的大堂,是邻国贡献的财物多得放不下。后房切切地拉风箱而有打铁的工匠,是宫女喜欢音乐而琴瑟在合奏应和。前面的园子里横长着梧桐,是音乐官署中的鼓声啊。"

吴王听了十分高兴,但他心里却不能就此作罢,就又召见王孙骆,问道:"我忽然在白天做了个梦,请你给我把它解说一下。"

王孙骆说:"我对于方术孤陋寡闻,未能见多识广。现在大王所梦见的,我不能解说它的吉凶。我略有所知的,是东掖门亭长越公的学生公孙圣。公孙圣这个人,小时候喜欢旅行,长大了爱好学习,见多识广,知道鬼神的情况。请大王去问问他。"

【原文】

5.10　王乃遣王孙骆往请公孙圣,曰:"吴王昼卧姑胥之台,忽然感梦,觉而怅然,使子占之。急诣姑胥之台。"

公孙圣伏地而泣,有顷而起,其妻从旁谓圣曰:"子何性鄙!希睹人主,卒得急召①,涕泣如雨。"

公孙圣仰天叹曰:"悲哉!非子所知也。今日壬午②,时加南方③;命属上天,不得逃亡④。非但自哀,诚伤吴王。"

妻曰:"子以道自达于主。有道当行,上以谏王,下以约身。今闻急召,忧惑溃乱,非贤人所宜。"

公孙圣曰:"愚哉!女子之言也。圣受道十年,隐身避害,欲绍寿命。不意卒得急召,中世自弃,故悲。与子相离耳。"遂去,诣姑胥台。

注释

①卒(cù促):通"猝",突然。
②古代用干支纪日。这"壬午"表示壬午日。参见3.5注⑮。
③南方:古代阴阳家把十二地支与四面八方相配,南方配午,参见4.2注⑰。

时加南方:指当时为午时,相当于现在的中午十一时至一时。参见3.5注⑯。

④《淮南子·天文训》:"午为定,未为执,主陷。"(古代习惯上在午时处决犯人,可能也基于此)这天不但是壬午日,又当午时,则陷于死地已成定局,所以公孙圣断言说:"命属上天,不得逃亡。""命"兼指公孙圣与吴王而言。

【今译】

　　吴王就派王孙骆去请公孙圣,说:"吴王白天睡在姑胥台,忽然做了个梦,醒来后十分惆怅,让你给他圆梦。请你赶快到姑胥台去。"

　　公孙圣趴在地上泣不成声,过了一会儿才起来,他的妻子在旁边对他说:"你怎么性情这样鄙陋不开化！一直希望能看到君主,现在突然得到了紧急召见,你就哭得眼泪像下雨一样。"

　　公孙圣抬头望着苍天叹息说:"可悲啊！这不是你所了解的啊。今天是壬午日,时辰正当午时;我和吴王的性命已属于上天,逃也逃不了了。我不但为自己感到悲哀,实在也是为吴王伤心啊。"

　　妻子说:"你应该带着你的道术主动到吴王那里去。有了道术应当实施,对上用它来劝谏吴王,在下用它来约束自己。现在你听到紧急召见,就忧心忡忡、犹豫疑惑、精神崩溃、思绪混乱,这不是贤能的人所应有的表现啊。"

　　公孙圣说:"你这女人的话,太愚蠢啦！我学到了道术已十年,隐蔽自己、逃避祸害,只想延年益寿。想不到突然得到紧急的召见,活了半世自己就被毁了,所以很悲哀。只好与你永别了。"于是就离开了家,到了姑胥台。

【原文】

　　5.11　吴王曰:"寡人将北伐齐救鲁①,道出胥门,过姑胥之台,忽然昼梦。子为占之,其言吉凶②。"

　　公孙圣曰:"臣不言,身名全;言之,必死百段于王前。然忠臣不顾其躯。"乃仰天叹曰:"臣闻:'好船者必溺,好战者必亡。'臣好直言,不顾于命,愿王图之。臣闻:章者,战不胜败走偟偟也③。明者,去昭昭就冥冥也。入门见铍蒸而不炊者,大王不得火食也。两黑犬嗥以南、嗥以北者,黑者、阴也,北者、匿也④。两铍殖宫墙者,越军入吴国、伐宗庙、掘社稷也。流水汤汤越宫堂者,宫空虚也。后房鼓震簸簸者,坐太息也。前园横生梧桐者，梧桐心空，不为用器，但为盲僮与死人俱葬也⑤。愿大王按兵修德，无伐于齐，则可销也。遣下吏太宰嚭、王孙骆，解冠帻⑥，肉袒徒跣⑦，稽首谢于勾践，国可安存也，身可不死矣。"

吴王闻之，索然作怒，乃曰："吾天之所生，神之所使。"顾力士石番以铁锤击杀之⑧。圣乃仰头向天而言曰："吁嗟！天知吾之冤乎？忠而获罪，身死无辜。以葬我，以为直者不如相随？为柱，提我至深山，后世相属为声响⑨。"于是吴王乃使门人提之蒸丘⑩："豺狼食汝肉，野火烧汝骨，东风数至，飞扬汝骸，骨肉糜烂⑪，何能为声响哉？"太宰嚭趋进曰："贺大王喜，灾已灭矣。因举行觞⑫，兵可以行。"

注释

①四部丛刊本无"救"字，据四库全书本补。

②其：表示命令口气的语气词。卢文弨说："当作'具'，或'其言'字倒。"可备一说。

③傽偟（zhāng huáng 章皇）：又作"傽遑"、"章皇"，惊慌失措的样子。此句以"傽惶"解释"章"，下句以"冥冥"解释"明"，都是一种声训，即用语音相同或相近的词语来解释其含义。

④《白虎通·五行》："北方者，伏方也，万物伏藏也。"所以此文把"北"解为"匿"。"阴"、"匿"象征夫差死而"掩明"（见5.27）。

⑤但：仅，只。徐天祜说："《越绝》'盲'作'甬'、'僮'作'当'者，是。"觉按：《越绝书·外传记吴王占梦》"盲"作"俑"。此文"盲"字当为"甬"之形讹，"甬"通"俑"，即殉葬用的木偶。"僮"可通，不烦改字。

⑥帻（zé 责）：头巾。解冠帻：表示恭敬。

⑦肉袒：脱去上衣，裸露肢体。古人在谢罪或祭祀时，常脱衣露体，表示虔敬和惶惧。参见10.11注㉕。徒跣（xiǎn 显）：赤脚。其用意与"肉袒"同。《战国策·齐策六》："由单免冠、徒跣、肉袒而进，退而请死罪。"

⑧顾：通"雇"。《太平御览》卷四百八十三之引文"使顾"作"助使"，于文更为畅达；而此句下尚有"身绝为五"一句。

⑨属（zhǔ 嘱）：《孟子·梁惠王下》"乃属其耆老而告之"注："属，会也。"

⑩王：四部丛刊本作"三"，据汪士汉本改。蒸丘：徐天祜说："一名蒸山，又名阳山，在吴县西北三十里。"觉按：阳山，即今苏州市西北十五公里处之南阳山，俗名阳山，亦名万安山，又称"秦馀杭山"，《越绝书》说它"去县五十里"（见5.26注②）。《越绝书·外传记吴地传》又云："蒸山南面夏驾大冢者，越王不审名冢，去县三十五里。"距离不同，可见蒸山与阳山（秦馀杭山）非一山。5.26说"吾戮公孙

圣,投胥山之巅",胥山即姑胥山(见 5.26 注④),离吴县的距离与《越绝书》所说的蒸山去县三十五里相符(参见 4.35 注⑨),所以此"蒸丘"当即"胥山之巅",是姑胥山的一个山峰。《越绝书·外传记吴王占梦》作"使人提于秦馀杭之山",徐氏大概据此为说。但两书所言不同,似不能混为一谈。或者,这是作者误将蒸丘、胥山与秦馀杭山混同了(参见 5.26 注④),所以此文才将《越绝书》的"秦馀杭山"说成了"蒸丘"。

⑪糜:通"糜"。
⑫行觞:传杯行酒,依次敬酒。

【今译】

吴王说:"我将要到北方去攻打齐国援救鲁国,从胥门出发,经过姑胥台,忽然在白天做了个梦。你给我预测一下,说说吉凶。"

公孙圣说:"我如果不说,身体和名声都能保全;如果说了,一定会死在大王面前而碎尸百段。然而忠臣是不顾自己身躯的。"于是就抬头朝天叹息说:"我听说:'喜欢撑船的一定会溺死,喜欢打仗的一定会灭亡。'我喜欢直说,对自己的生命也就不顾了,希望大王好好考虑我的话吧。我听说:章,是打仗打不赢而仓皇地败退逃跑。明,是离开了明智而靠近昏庸愚昧。进门看见锅中热气蒸腾而不烧火,是大王不能吃到熟食。两条黑狗向南叫、向北叫,黑色,象征阴,北,表示隐藏。两把铁锹竖直插在宫墙上,是越国的军队打进吴国、铲除宗庙、掘掉土地神谷神。流水浩浩荡荡越过宫内的大堂,是王宫被掠夺得空空荡荡。后房拉风箱拉得切切作响,是坐着长长地叹息。前园横长着梧桐树,梧桐树树心空疏,不能做实用的器物,只能做殉葬用的小木偶和死人一起埋葬。希望大王按兵不动、推行德政,不要攻打齐国,那么这灾祸就可以消除了。再派遣您的下属官吏太宰嚭、王孙骆,脱掉帽子,解开头巾,袒胸露臂、光着脚板,向勾践磕头谢罪,那么国家就可以安全地存在下去,你自己也可以不死了。"

吴王听了这番话,很不是滋味,一下子发怒了,便说:"我是上天所生的,是神仙派来的。"就雇用大力士石番用铁锤打死他。公孙圣抬头朝天而说道:"唉呀!苍天知道我的冤枉吗?赤胆忠心却受到了惩处,没有罪过却被杀死。因此而埋葬我,难道认为正直地劝谏不如互相附和?给我立个木柱,把我带到深山,等到以后相会时我会发出声响的。"于是吴王就派守门人把他的尸体带到蒸丘,并说:"豺狼吃你的肉,野火烧你的骨,东风屡次刮来,吹散你的残骸,你的骨肉腐烂,怎么能发生声响呢?"太宰嚭小步奔走进宫说:"祝贺大王的喜事,灾祸已经消除了。请马上举行传杯敬酒的仪式,军队可以出发了。"

【原文】

5.12 吴王乃使太宰嚭为右校①,司马王孙骆为左校②,乃从勾践之师伐齐③。伍子胥闻之,谏曰:"臣闻兴十万之众奉师千里④,百姓之费,国家之出,日数千金⑤。不念士民之死,而争一日之胜,臣以为危国亡身之甚。且与贼居,不知其祸,外复求怨,徼幸他国,犹治救瘑疥而弃心腹之疾⑥,发当死矣。瘑疥,皮肤之疾,不足患也。今齐陵迟千里之外⑦,更历楚、赵之界⑧,齐为疾,其疥耳。越之为病,乃心腹也;不发则伤,动则有死。愿大王定越而后图齐,臣之言决矣。敢不尽忠?臣今年老,耳目不聪,以狂惑之心,无能益国。窃观《金匮》第八⑨,其可伤也。"吴王曰:"何谓也?"子胥曰:"今年七月辛亥平旦⑩,大王以首事⑪。辛,岁位也⑫;亥,阴前之辰也⑬。合壬子,岁前合也⑭。利以行武,武决胜矣。然德在合,斗击丑⑮。丑,辛之本也⑯,大吉,为白虎而临⑰。辛,功曹,为太常所临⑱。亥,大吉⑲,得辛为九醜⑳,又与白虎并重。有人若以此首事,前虽小胜㉑,后必大败。天地行殃,祸不久矣。"

注释

①右校:军官名。"校"本来表示军营,所以又用来指军队的一部,该部之长却称"校"。

②司马:见4.13注②。

③乃:四部丛刊本作"及",据汪士汉本改。从:使动用法,使……跟从,带领。

④奉:供给,供养。

⑤金:见3.8注⑬。

⑥瘑(guō 郭):徐天祜说:"疽疮也。"

⑦陵迟:衰落。当时吕氏之齐完全为田氏所控制(见5.3注①)。所以说"陵迟"。

⑧赵:当作"鲁"。当时晋国尚未分,赵国尚未立,不得言"赵"。鲁在齐、吴之间,故当言"鲁"。此盖作者之疏漏,与8.8言"六国"相似。

⑨《金匮》:《汉书·艺文志·五行家》著录"《堪舆金匮》十四卷",是根据五行的原理以及历法中的干支观天相地、推测吉凶的书;《隋书·经籍志·子部·

五行》著录《八会堪馀》一卷;今传《道藏》中有《黄帝金匮玉衡经》一卷,其中《金匮章》共载十条经。本文之《金匮》,就是与此同类的书;或者,就是指这种书的经文所规定的法式。以下所述占术,可能是汉代所流行的"八会"(见《周礼·占梦》"以日月星辰占六梦之吉凶"注)、"六壬"(也是一种用阴阳五行、干支时辰的搭配来占卜吉凶的方法)之类,作者依当时的习俗而将它附托于子胥等人,其实并不是春秋时期的占法。

⑩今年七月:依本书,即为夫差十三年(见5.3)七月;但说"首事",则与《左传》所记不合(见5.2注①)。依《左传》,此当为夫差十一年七月,即鲁哀公十年八月(参见下面钱塘之说)。辛亥:依钱塘之说,夫差十一年七月辛亥即鲁哀公十年八月初一;但据《对照表》,辛亥日为哀公十年七月二十九日(《对照表》所引汪曰桢《历代长术辑要》也以辛亥为八月初一)。两说差一天,今两存之以备参考。至于夫差十三年七月辛亥,则为七月十一日。平旦:早上太阳在地平线上的时刻。此指卯时,参见7.9注⑥。以下所述占术,难以详明,前人也多阙疑,钱塘《淮南天文训补注》倒有所涉及,虽不详备,也未必准确,但在别无他说的情况下,还是值得参考的。由于他的解说不便拆开以散入本书各有关章节的注释,故今全部录于此。其言云:

"《吴越春秋》子胥曰:'今年七月辛亥平旦,大王以首事。辛,岁位也;亥,阴前之辰也,合壬子,岁前合也。利以行武,武决胜矣。'此策吴王伐齐战艾陵事,在哀公十一年。又范蠡曰:'今年十二月戊寅之日,时加日出。戊,囚日也;寅,阴后之辰也,合庚辰,岁后会也。夫以戊寅日闻喜,不以其罪罚日也。'此策吴王欲释勾践不果事。又子胥曰:'今年三月甲戌,时加鸡鸣。甲戌,岁位之会将也,青龙在酉,德在土,刑在金,是日贼其德也。'此谏吴王释勾践事。俱在哀公六年。以《统历》推之,哀公十一年,太岁在甲寅,太阴在壬辰。八月辛亥朔,在其前年,则首事之日也。《左氏十年传》:'秋,吴子使来复请师。'注:'伐齐未得志故。'然则首事者,得请而为之备也。《历》八月,吴之七月矣,置闰不同故也。是年太阴在辛卯,故辛为岁位,亥为阴前,壬子为岁前合。勾践以哀公三年入臣于吴,至六年,夫差欲释之,以伍胥谏而止。其年正月戊寅朔,越以为年前十二月,亦置闰不同之故。(觉按:一般历书在鲁哀公五年置闰六月,越则于鲁哀公六年置闰三月,参见7.14注⑨)十二月水王,故戊囚。此时太阴在丙戌,故寅为阴后辰。庚辰,其月三日也,为岁后会。后三月,夫差终释勾践,伍胥谏不纳。三月甲戌者,哀公六年四月二十九日也,太阴在丁亥,故为岁后会将。云'位',或误。青龙,谓太岁,在己酉,故德土、刑金。甲乘己为日贼其德。甲戌,即三月合日,占之为宜。壬子,五月合日,而七月占之。庚辰,九月合日,而十二月占之。此则《郑志》所言'若有变异(觉按:"异",皮锡瑞《郑志疏证》卷四作"易")之时,十二月皆有建厌对配之义也'。《吴越春秋》所谓岁前者,太阴未至之辰;所谓岁后者,太阴已历之辰,其限则半旬周也。所以者过半周则前转为后、后转为前矣。此所云以岁前合为吉、岁后合为凶，《淮南》则反之，前后可以互称，义得通也。"

为了便于理解钱说及下文的解释，今再列六十甲子于下：

1. 甲子	2. 乙丑	3. 丙寅	4. 丁卯	5. 戊辰
6. 己巳	7. 庚午	8. 辛未	9. 壬申	10. 癸酉
11. 甲戌	12. 乙亥	13. 丙子	14. 丁丑	15. 戊寅
16. 己卯	17. 庚辰	18. 辛巳	19. 壬午	20. 癸未
21. 甲申	22. 乙酉	23. 丙戌	24. 丁亥	25. 戊子
26. 己丑	27. 庚寅	28. 辛卯	29. 壬辰	30. 癸巳
31. 甲午	32. 乙未	33. 丙申	34. 丁酉	35. 戊戌
36. 己亥	37. 庚子	38. 辛丑	39. 壬寅	40. 癸卯
41. 甲辰	42. 乙巳	43. 丙午	44. 丁未	45. 戊申
46. 己酉	47. 庚戌	48. 辛亥	49. 壬子	50. 癸丑
51. 甲寅	52. 乙卯	53. 丙辰	54. 丁巳	55. 戊午
56. 己未	57. 庚申	58. 辛酉	59. 壬戌	60. 癸亥

据《史记·十二诸侯年表》，哀公十一年为丁巳年（公元前484年），与钱塘据《三统历》所推算出来的太岁干支差3年，与其推定的太阴干支差25年。古代历法自有参差，今从钱塘之说。据钱说，则子胥既然说"今年"，那么这段占辞应记于夫差十一年而不应该载于此（参见5.1注⑦与5.2注①）。

⑪以：在。"以"下承上省去了宾语。

⑫据钱塘之说，该年是辛卯年，所以说辛为岁位。值得补充的是：《史记·吴太伯世家》及《伍子胥列传》将吴、齐艾陵之战记于夫差七年（公元前489年），依《史记》，该年为壬子年，那么其首事之前一年为夫差六年，即辛亥年。它虽与此文"亥，阴前之辰"不合，却与此文"辛，岁位也"的说法相合，则此事或许发生在夫差六年。

⑬阴：据钱塘之说，指太阴。太阴，是古代天文占星家设想出来的与岁星（木星）背道而行的虚假之星，以便用它来和十二辰相配而纪年。清代学者对太阴有两种说法：王引之认为太阴即太岁。钱大昕、钱塘则认为太阴与太岁是两种纪年法，太岁在太阴后两辰（实差22位）。如太阴在51.甲寅，则太岁在13.丙子；太阴在21.甲申，则太岁在43.丙午。所以钱塘说哀公十一年太阴在壬辰，太岁在甲寅。今人一般都取王引之之说。但本书所述，与王说不合而与钱说相合，所以现从钱说。辰：十二地支的统称。阴前之辰：据钱说，是指太阴尚未到达的地支。

辛亥在辛卯之后20位,所以这么说。

⑭合:合日。壬子:是五月合日。古代有所谓八合之说。《淮南子·天文训》:"数从甲子始,子(即"辰",指十二支)母(即"日",指十干)相求,所合之处为合。十日十二辰,周六十,凡八合。"钱塘《补注》:"八合者,阴建所对之日,合于阳建所对之辰也。堪舆之方二十四,日八而辰十二,故有四辰无合也。十一月阳建子,阴建亦在子,子对午,午近丙,故丙午为一合。二月阳建卯,阴建酉,酉对卯,卯对酉,卯近乙,故乙酉为二合。三月阳建辰,阴建申,辰对戌,申对寅,寅近甲,故甲戌为三合。四月阳建巳,阴建未,巳对亥,未对丑,丑近癸,故癸亥为四合。五月阳建午,阴建亦在午,午对子,子近壬,故壬子为五合。八月阳建酉,阴建卯,卯对酉,酉近辛,故辛卯为六合。九月阳建戌,阴建寅,戌对辰,寅对申,申近庚,故庚辰为七合。十月阳建亥,阴建丑,亥对巳,丑对未,未近丁,故丁巳为八合。"为了便于理解,钱塘所谓阴建、阳建可列表如下:

阳　　建	子	丑	寅	卯	辰	巳	午	未	申	酉	戌	亥
阴　　建	子	亥	戌	酉	申	未	午	巳	辰	卯	寅	丑
所配之月	11月	12月	1月	2月	3月	4月	5月	6月	7月	8月	9月	10月

其所谓相对、相近而为八合,钱氏绘有八合图,今附于下(图中"四月""四月"四字原无,据其说当有,今以我意补上):

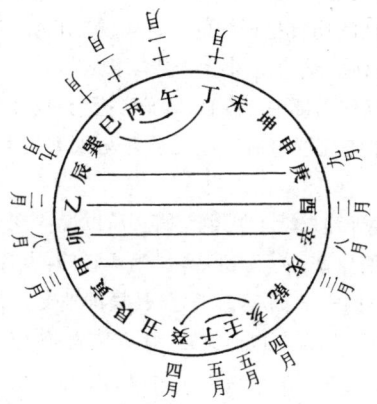

古代所谓"八会"的占术,大概就是用这八合相附,看它是岁前合还是岁后合来推断吉凶。

岁前:据钱说,是指太阴未至之辰。壬子在辛卯后21位,不到30位,所以说"岁前"。

⑮钱塘说:"艾陵之役,以太阴辛卯岁七月辛亥平旦首事,故子胥曰:'德在合,斗击丑。'辛为德,辛卯为合,是德在合。六壬法七月将太乙时加寅,则天罡在

丑,是斗击丑。越,南斗也,吴虽胜齐,其患在越,此其兆矣。《易林》亦云:'魁罡所当,初为败殃。'"觉按:德:五行之说称天干为"德"(参见7.13注⑲)。合:合日。辛卯是八月合日。斗:斗宿,即南斗六星。此象征越国(参见5.27注⑩)。天罡:星名,即北斗七星的斗柄。此文所谓"斗击丑"当借自六壬法而变通指南斗击丑,暗应越击吴。击:此指涉及、进入。丑:配星纪,此暗指吴。这也得稍作说明。古人将十二辰与十二次相配,而又将十二次与列国相配,其搭配关系如下:

十二辰	丑	子	亥	戌	酉	申	未	午	巳	辰	卯	寅
十二次	星纪	玄枵	诹訾	降娄	大梁	实沈	鹑首	鹑火	鹑尾	寿星	大火	析木
列国	吴越	齐	卫	鲁	赵	晋	秦	周	楚	郑	宋	燕

⑯《淮南子·天文训》:"甲、乙、寅、卯,木也。丙、丁、巳、午,火也。戊、己、四季(觉按:四季,即丑、辰、未、戌),土也。庚、辛、申、酉,金也。壬、癸、亥、子,水也。水生木,木生火,火生土,土生金,金生水。"丑,五行配"土";辛,五行配"金"。土生金,所以说:"丑,辛之本也。

⑰白虎:星宿名,占术中用作神名。它原是西方七宿的合称,即奎、娄、胃、昴、毕、觜、参。《淮南子·天文训》:"星部地名:……奎、娄,鲁;胃、昴、毕、觜,魏;觜、参,赵。"可见白虎七宿的分野是鲁国和晋国。《黄帝金匮玉衡经》:"白虎伤害,审其吉凶。"可见白虎之神的伤害是理智的。这句说"丑为白虎而临",象征吴国将受到鲁国、晋国的逼迫,暗应子贡之事及与晋争长之事。

⑱功曹:官名,是汉代州郡中的副官,掌管考查记录功劳。太常:汉代官名,为九卿之一,掌管礼乐郊庙社稷事宜。此文功曹与太常均为占术中之神名,参见《黄帝金匮玉衡经》。

⑲《淮南子·天文训》:"亥为收,主大德。"所以说:"亥,大吉。"

⑳九醜:《黄帝金匮玉衡经·金匮章》:"第八经曰:大吉杀。乙、戊、己、辛、壬之日(觉按:日即天干)以配子、午、卯、酉之辰(辰即地支),是谓天地之道,归殃九醜。九醜者,谓五干四辰合为九也。大吉,常天之大杀居其上,行其杀,故曰醜。谓四仲之日时加四仲,大吉。临日辰以举百事,大凶。大吉加日,害长;加辰,害少。"由此可知,醜是恶、不利的意思,主大杀。乙、戊、己、辛、壬与子、午、卯、酉相配则合天地之道,现在辛与亥相配,则不合天地之道,所以为九醜。

㉑《黄帝金匮玉衡经·金匮章》:"假令正月辛亥日,时日出卯,胜先加辛,小吉;加亥,此两上克下,小吉。与辛比,有辛未,无辛丑,小吉,当为用。"所说与此类似,可供参考。

【今译】

　　吴王就让太宰伯嚭当右校,司马王孙骆任左校,便带领了勾践的军队去攻打齐国。伍子胥听说了这件事,劝谏说:"我听说发动上十万民众去供奉军队于千里之外,百姓的费用,国家的支出,每天要几万两黄金。不顾念战士们的死亡,却去争夺一时的胜利,我以为这是一种使国家危险、使自己灭亡的极端做法。况且和强盗住在一起却不知道他会造成的祸患,又在外招致怨恨,到其他的国家去碰运气,这就好像治病时只救治疥疮而不顾心腹部的致命之病,等病情发作一定会死去。疥疮,是皮肤上的小毛病,不值得担忧。现在齐国衰落于千里之外,还要经过楚国、鲁国的边界才能到达我国,所以齐国如果成为我们的病患,那不过是疥疮罢了。越国如果成为我们的病患,才是心腹部的不治之症啊;它就是不发作,我们也会受到伤害,如果一发作,那是要死亡的啊。希望大王先平定越国,然后再谋取齐国,我的主张是坚定不移的了。我敢不竭尽忠诚么?我现在年纪已老,耳朵眼睛也不灵了,凭我这昏乱的脑子,也不能使国家再受益了。我私下里看了一下《金匮》第八章,你会受到伤害的。"吴王说:"怎么个说法呢?"子胥说:"今年七月辛亥日日出时分,大王在这时开始起事。辛,是今年年岁的位次;亥,是太阴尚未到达的地支。合日是壬子,这是一个太阴还没有到达的合日。这日子是有利于发动战争的,所以这次战争一定能打赢了。但是这日子的天干虽然在合日之中,斗宿却进入了丑。丑,是产生辛的本源,十分吉利,但又被白虎所紧逼。辛,是功曹,被太常所紧逼。亥,十分吉利,但再加上辛就成了九丑,又和白虎并重。有人如果在这个日子起事,那么开头虽然会取得一些小的胜利,最后一定会大败。天地降下灾难,祸殃就在眼前了。"

【原文】

　　5.13　吴王不听,遂九月使太宰嚭伐齐。军临北郊,吴王谓嚭曰:"行矣!无忘有功,无赦有罪。爱民养士,视如赤子。与智者谋,与仁者友。"太宰嚭受命,遂行。

【今译】

　　吴王不听伍子胥的劝告,于是就在九月派太嚭攻打齐国。吴军来到北郊,吴王对伯嚭说:"走吧!别忘记奖赏有功的人,别赦免有罪的人。要爱护民众、将养战士,要像爱护婴儿那样去对待他们。要和聪明的人谋划,和仁慈的人交朋友。"太宰嚭接受了命令,就走了。

【原文】

5.14　吴王召大夫被离,问曰:"汝常与子胥同心合志,并虑一谋。寡人兴师伐齐,子胥独何言焉?"被离曰:"子胥欲尽诚于前王,自谓老狂,耳目不聪,不知当世之所行,无益吴国。"

【今译】

吴王召见大夫被离,问道:"你常常和子胥同心同德,一起出谋划策。我起兵攻打齐国,子胥独自一个人时说些什么呢?"被离说:"子胥想对先王阖闾竭尽忠诚,自己说自己老得糊涂了,耳朵眼睛不灵了,不了解当代所实行的一切,所以对吴国也就没有什么裨益了。"

【原文】

5.15　王遂伐齐,齐与吴战于艾陵之上①,齐师败绩②。吴王既胜,乃使行人成好于齐③,曰:"吴王闻齐有没水之虑,帅军来观,而齐兴师蒲草,吴不知所安集,设阵为备,不意颇伤吴师。愿结和亲而去。"齐王曰④:"寡人处此北边,无出境之谋。今吴乃济江、淮,逾千里而来我壤土,戮我众庶。赖上帝哀存,国犹不至颠陨。王今让以和亲,敢不如命?"吴、齐遂盟而去。

注释

①艾陵:在今山东莱芜县东。《史记·伍子胥列传》"大败齐师于艾陵"《正义》:《括地志》云:"艾山,在兖州博城县南百六十里,本齐博邑。"吴、齐艾陵之战,据《春秋》《左传》《史记·十二诸侯年表》,发生在鲁哀公十一年五月,即夫差十二年。本书记于夫差十三年,误(参见5.2注①)。《史记·吴太伯世家》及《伍子胥列传》记于夫差七年,恐怕另有所本(参见5.12注⑫)。

②《书·汤誓》"夏师败绩"传:"大崩曰败绩。"

③行人:《左传·襄公四年》"韩献子使行人子员问之"注:"行人,通使之官。"即使者。据《国语·吴语》,行人是吴大夫奚斯。

④齐王:指齐简公,见5.3注①。

【今译】

　　吴王就去攻打齐国，齐国和吴国在艾陵附近交战，齐军大败。吴王已经获胜，就派使者奚斯到齐国讲和，说："吴王听说齐国有被水淹没的忧虑，所以率领了军队来看望，但齐国却在菖蒲草丛之中起兵，吴国不知所措，只好排了战阵作为防备，没想到使齐军受到了不小的损伤。我们希望和你们缔结了和睦友好的盟约后再离去。"齐王说："我住在这北边，又没有出境侵略的谋划。现在吴国才渡过了长江、淮河，走了上千里的路来到我的国土上，杀戮我的民众。靠了上帝的怜爱抚恤，国家还不至于灭亡。大王现在谦让地要和我们和睦友好，我们敢不从命？"吴国、齐国就订立了盟约，然后吴军就离开了。

【原文】

　　5.16　吴王还，乃让子胥曰："吾前王履德明，达于上帝，垂功用力，为子西结强雠于楚。今前王①，譬若农夫之艾杀四方蓬蒿②，以立名于荆蛮③，斯亦大夫之力。今大夫昏耄而不自安④，生变起诈，怨恶而出。出则罪吾士众，乱吾法度，欲以妖孽挫衄吾师⑤。赖天降衷⑥，齐师受服。寡人岂敢自归其功？乃前王之遗德、神灵之佑福也。若子于吴，则何力焉？"

　　伍子胥攘臂大怒，释剑而对曰："昔吾前王有不庭之臣⑦，以能遂疑计⑧，不陷于大难。今王播弃⑨，所患外不忧⑩，此孤僮之谋⑪，非霸王之事。天之所弃⑫，必趋其小喜⑬，而近其大忧。王若觉寤，吴国世世存焉；若不觉寤，吴国之命斯促矣。员不忍称疾辟易⑭，乃见王之为擒。员诚前死，挂吾目于门以观吴国之丧。"

　　吴王不听，坐于殿上，独见四人向庭相背而倚。王怪而视之，群臣问曰："王何所见？"王曰："吾见四人相背而倚，闻人言则四分走矣。"子胥曰："如王言，将失众矣。"吴王怒曰："子言不祥。"子胥曰："非惟不祥，王亦亡矣。"

　　后五日，吴王复坐殿上，望见两人相对，北向人杀南向人。王问群臣："见乎？"曰："无所见。"子胥曰："王何见？"王曰："前日所见四人。今日又见二人相对，北向人杀南向人。"子胥曰："臣闻四人走，叛也。北向杀南向，臣杀君也。"王不应。

注释

①今:犹"夫",提示之词,参见《古书虚字集释》。
②艾(yì 义):通"刈",割。《国语·吴语》作"刈"。
③荆蛮:见1.4注⑨。
④耄(mào 冒):原义表示老,引申为昏乱、糊涂。
⑤妖孽:怪异反常的事物。此指5.12所说的"辛亥"之类。衄(nù 女去声):失败,挫伤。
⑥衷:四部丛刊本作"哀",他本也多作"哀",今据四部备要本、《国语·吴语》改。"降衷"是古代常语。《书·汤诰》:"惟皇上帝,降衷于下民。"注:"衷,善也。"参见5.24注⑥、10.5注⑤。
⑦不庭:《国语·周语中》"以待不庭不虞之患"注:"庭,直也。不庭,犹不道也。"此文"不庭"当指在朝廷上持反对意见、极力谏诤。《韩非子·内储说上》载惠子之言说:"凡谋者,疑也。疑也者,诚疑,以为可者半,以为不可者半。今一国尽以为可,是王亡半也。劫主者固亡其半者也。"英明的君主一定有持反对意见的大臣。这样,君主才能根据臣子的争论来明辨是非,解决疑难,所以此文说:"有不庭之臣,以能遂疑计。"《国语·吴语》此句作"昔吾先王世有辅弼之臣",与此不同。
⑧《国语·吴语》作"以能遂疑计恶",韦注:"遂,决也。计,虑也。"此文"计"下也当有"恶"。
⑨"播弃"下承上省"不庭之臣"。《国语·吴语》这句作"今王播弃黎老",注:"播,放也。"
⑩《淮南子·俶真训》注:"外,弃也。"
⑪伍子胥年老,所以轻蔑地将伯嚭等人的计谋称为"孤僮之谋"。
⑫天之所弃:四部丛刊本作"天所未弃",据《国语·吴语》改。
⑬趋:使动用法,表示"使……马上来到"的意思。
⑭辟(bì 避)易:退避原处而改变地方,此文指退隐。

【今译】

吴王回国后,就责备子胥说:"我先父阖闾王行德明智,通于上天,传下了功业出了力,为了你在西面和楚国结了个强大的仇敌。先父阖闾王,打个比方来说,就像农民割掉四处的蓬蒿一样,因为打败楚国而在江南树立了名望,这倒是您大夫的力量啊。现在你老糊涂了却还不能安分守己,反而惹是生非,制造谣言,心怀怨恨地出来游说。出来了就怪罪我的战士民众,扰乱我的法令制度,想用怪异反常的事物来挫败我的军队。幸赖上天降下鸿福,齐军被制服了。我哪里敢把这战功归于自己?这是先王遗留下来和德行、神灵的保佑造成的啊。至于像你这种人,对于吴国,那又出了什么力呢?"

伍子胥挽袖捋臂十分愤怒,放下宝剑回答说:"从前我们的先王有谏诤的大臣,因而能够解决疑难考虑弊端,从而不陷入到大灾大难之中。现在大王却抛弃了谏诤大臣,对于值得担忧的灾难却置之度外而不加担忧,这只是孤儿小孩的计谋,决不能成就称霸称王的事业。上天所抛弃的人,一定使他马上碰到小小的喜事,而又使他靠近严重的祸患。大王如果能够觉悟,吴国就能世世代代存在下去;如果不觉悟,吴国的寿命就短促了。我伍员不忍心借口有病而退避隐居,却竟然要看到大王被人活捉。我如果先死的话,请把我的眼睛挂在城门上来观看吴国的灭亡。"

吴王不听子胥的话,坐在大殿上,独自看见有四个人面向庭院互相背对背地靠着。吴王奇怪地看着他们,大臣们问他说:"大王看见了什么?"吴王说:"我看见四个人背对背地靠着,听见人声就四散逃跑了。"子胥说:"照大王这么说,那就要失去民众了。"吴王愤怒地说:"你说话太不吉利了。"子胥说:"不只是不吉利,大王还要灭亡哩。"

过了五天,吴王又坐在大殿上,望见有两个人面对面,朝北的人杀了朝南的人。吴王问大臣们:"你们看见了吗?"大臣们说:"没看见什么。"子胥说:"大王看见了什么?"吴王说:"前几天看见的是四个人。今天又看见两个人面对面,朝北的人杀了朝南的人。"子胥说:"我听说那四个人逃跑,象征着背叛。朝北的人杀了朝南的人,象征着臣杀君啊。"吴王没有回应。

【原文】

5.17 吴王置酒文台之上,群臣悉在。太宰嚭执政,越王侍坐,子胥在焉。王曰:"寡人闻之:'君不贱有功之臣,父不憎有力之子。'今太宰嚭为寡人有功,吾将爵之上赏。越王慈仁忠信,以孝事于寡人,吾将复增其国,以还助伐之功。于众大夫如何?"

群臣贺曰:

"大王躬行至德,虚心养士。

群臣并进,见难争死。

名号显著,威震四海。
有功蒙赏,亡国复存。
霸功王事,咸被群臣。"
于是子胥据地垂涕曰①:
"於乎哀哉②!遭此默默。
忠臣掩口,谗夫在侧。
政败道坏,谄谀无极!
邪说伪辞,以曲为直。
舍逸攻忠,将灭吴国。
宗庙既夷,社稷不食。
城郭丘墟,殿生荆棘③。"
吴王大怒曰:"老臣多诈,为吴妖孽。乃欲专权擅威,独倾吾国。寡人以前王之故,未忍行法。今退自计,无沮吴谋。"
子胥曰:"今臣不忠不信④,不得为前王之臣。臣不敢爱身,恐吾国之亡矣。昔者桀杀关龙逢⑤,纣杀王子比干⑥。今大王诛臣,参于桀、纣⑦。大王勉之,臣请辞矣。"

注释

①据:通"踞",蹲或坐。
②於(wū 乌)乎:同"呜呼",叹词。
③子胥之言为韵文。韵脚是:默、侧、极、直、国、食、棘,均为职部字。
④今:犹"夫"。参见5.16注①。
⑤桀:见1.2注②。关龙逢(páng 庞):又作关龙逢。传说是夏朝的贤臣。夏桀无道,为酒池糟丘。关龙逢竭力劝谏,桀囚而杀之。见《韩诗外传》卷四。
⑥纣:见4.7注②。王子比干:商朝的贤臣。传说纣淫乱,比干强谏,纣怒,剖其心而死。参见《史记·殷本纪》。比干是纣王的叔父,商王文丁(太丁)的儿子,所以称"王子"。
⑦参(sān 三):同"叁",配合成三。

【今译】

吴王在文台的上面设置了酒宴,大臣们都在。太宰嚭支持政务,越王勾践在旁陪坐,子胥也在那里。吴王说:"我听说过这样的话:'君主不卑视有功的臣子,父亲不憎恨得力的儿子。'现在太宰嚭为我立了功,我将用上等的奖赏给他封爵。越王慈爱仁厚忠诚老实,用孝道来侍奉我,我将再增大他的封国,以此来报答他帮助我攻战的功劳。大夫们认为怎么样?"

群臣恭贺说:
"大王亲行最高德恩,虚心供养战士成群。
群臣百姓齐头并进,看见危难勇于牺牲。
大王名声无人不闻,威慑天下四海震惊。
有了功劳受赏有份,灭亡之国又能生存。
称王业绩称霸功勋,群臣都受其利万分。"
在这个时候子胥却坐在地上流着眼泪说:
"唉呀唉呀可悲可怜!碰到这种沉默无言。
忠贞之臣把口挡掩,谗毁之人在王身边。
政事败坏道德蜕变,阿谀奉承如此无限!
坏话连篇虚伪诈骗,竟把邪曲说成正廉。
放了谗佞攻击忠贤,将要灭掉吴国政权。
祖宗庙宇已被铲遍,土神谷神不再祭奠。
内城外城废墟一片,荆棘野草长满宫殿。"

吴王大怒说:"你这老臣多搞欺诈,成了吴国的妖怪。竟想专权独断擅自耀武扬威,一个人来颠覆我的国家。我因为先王的缘故,所以还不忍心对你施行刑法。现在你回家去自己好好考虑考虑吧,不要来阻扰吴国的谋略。"

子胥说:"我如果不忠贞不诚信,就不能做先王的臣子了。我不敢爱惜自己的身体,而是怕我们的国家要灭亡啊。从前夏桀杀死了关龙逄,商纣杀死了王子比干。现在大王杀死我,就和桀、纣合成了三个。大王努力去做它吧,我请求告辞了。"

【原文】

5.18　子胥归,谓被离曰:"吾贯弓接矢于郑、楚之界①,越渡江、淮,自致于斯。前王听从吾计,破楚——见凌之雠②。欲报前王之恩,而至于此。吾非自惜,祸将及汝。"被离曰:"未谏不听③,自杀何益?何如亡乎?"子胥曰:"亡,臣安往?"

【注释】

①贯:见 3.5 注㉗。

②见:指代性副词。"见凌"等于说:"凌我"。参见拙文《副词"相"、"见"的指代作用》,载《中文自修》1989 年第 5 期。

③《荀子·正论》"且徵其未也"注:"未谓将来。"《广雅·释诂》:"未,续也。"

【今译】

子胥回到家中,对被离说:"我曾在郑国、楚国的边界上拉弓接箭,横渡淮河、长江,自己来到这里。先王阖闾听从了我的计策,攻破了楚国——这个凌辱过我的仇敌。我想报答先王的恩德,却落到这种地步。我倒不是怜惜自己,而是这灾祸将波及到你。"被离说:"将来继续劝谏仍然不会被听从,但自杀又有什么益处呢?自杀怎么赶得上逃走呢?"子胥说:"如果逃走的话,我到哪里去呢?"

【原文】

5.19 吴王闻子胥之怨恨也,仍使人赐属镂之剑①。子胥受剑,徒跣褰裳,下堂中庭,仰天呼怨,曰:"吾始为汝父忠臣,立吴②,设谋破楚,南服劲越,威加诸侯,有霸王之功。今汝不用吾言,反赐我剑。吾今日死,吴宫为墟,庭生蔓草,越人掘汝社稷,安忘我乎?昔前王不欲立汝,我以死争之,卒得汝之愿,公子多怨于我。我徒有功于吴。今乃忘我定国之恩,反赐我死,岂不谬哉?"吴王闻之,大怒曰:"汝不忠信,为寡人使齐,托汝子于齐鲍氏,有我外之心③。"急令自裁:"孤不使汝得有所见。"子胥把剑,仰天叹曰:"自我死后,后世必以我为忠。上配夏、殷之世,亦得与龙逄、比干为友。"遂伏剑而死④。

吴王乃取子胥尸,盛以鸱夷之器⑤,投之于江中,言曰:"胥,汝一死之后,何能有知?"即断其头,置高楼上,谓之曰:"日月炙汝肉,飘风飘汝眼⑥,炎光烧汝骨⑦,鱼鳖食汝肉。汝骨变形灰,有何所见?"乃弃其躯,投之江中⑧。子胥因随流扬波,依潮来往,荡激崩岸。

于是吴王谓被离曰:"汝尝与子胥论寡人之短⑨。"乃髡被离而刑之⑩。

注释

①属(zhǔ嘱)镂:剑名。本书10.21作"属卢",《广雅·释器》作"属鹿",《古文苑》所载扬雄《太玄赋》作"属娄",《荀子·成相》作"独鹿",皆一声之转。本文所谓赐剑,是令其自杀。若要表示赠送宝剑,则一般说"献",见4.4与4.15。

②立吴:建立吴国,此当指子胥新建吴城,见4.2。

③我外:即"外我"、"弃我"。参见5.16注⑩。

④徐天祜说:"《左传·哀公十一年》:吴王赐子胥属镂以死。是为夫差十二年。此书载其事于十三年,或者子胥十二年使齐,十三年反役,左氏连书之耳。"觉按:参见5.2注⑬。

⑤《国语·吴语》注:"鸱(chī吃)夷,革囊。"

⑥《诗经·大雅·卷阿》传:"飘风,回风也。"即旋风。

⑦炎(yàn艳):通"焰",火光。

⑧"即断其头……投之江中"与上文"吴王乃取子胥尸……何能有知"文义不相属。后者或是前者的补充说明,或是前者的异闻而作者并收附之。江:指松江(见5.21注㉔)。子胥死后,吴人在江边给他立了庙,后来庙址又有所迁徙(参见《吴郡志》卷四十八)。今江苏吴县胥口镇西伍相国祠内有伍子胥墓,墓前碑书为"吴相国伍公之墓"。

⑨尝:通"常"。5.14说"汝常与子胥同心合志"可证。

⑩髡(kūn坤):剃去头发的刑罚。

【今译】

吴王听说子胥怨恨,就派人赐给他属镂剑叫他自杀。子胥接受了宝剑,赤着脚撩起下衣,走下厅堂来到院子中,抬头朝天喊怨,说:"我开始是你父亲的忠臣,建起了吴国都城,设计了谋略而攻破了楚国,向南制服了强劲的越国,威势压倒了诸侯各国,立有称霸称王的功劳。现在你不但不听我的话,反而还赐给我宝剑叫我自杀。我今天死了,吴国的王宫将成为废墟,庭院里将长满蔓生的杂草,越国人将掘掉你的土地神、谷神神像,到时候哪能忘记我呢?从前先王不想立你为太子,我拼命为你争取,终于实现了你的愿望,结果公子们多半怨恨我。我真是白白地有功于吴国。现在你竟然忘了我安国安邦的恩德,反而赐我一死,难道不荒谬吗?"吴王听说了这些话,十分愤怒地说:"你不忠诚老实,为我出使齐国时,把你的儿子托付给齐国的鲍牧,有抛弃我的心思。"吴王紧急传令叫他自杀,说:"我不让你能再看见什么。"子胥握剑，抬头朝天叹息说："从我死了以后，后代人一定会认为我是忠贞的。向上和夏朝、商朝的时代相比，我也能和关龙逢、比干成为朋友了。"于是就用剑自杀了。

吴王于是取来子胥的尸体，用皮袋子装了，把他抛到了江中，说道："子胥，你一死之后，怎么能有知觉呢？"即割下了他的头，放在高楼上，对他说："日月烤你的肉，旋风吹你的眼，火光烧你的骨，鱼鳖吃你的肉。你骨头变了，形体成了灰，还有什么能看得见呢？"于是就抛弃了他的躯体，把他扔进江中。子胥便随着流水兴起波浪，跟着潮汐来去往返，动荡冲击使江岸崩塌。

于是吴王又对被离说："你常常和子胥议论我的短处。"于是就剃去了被离的头发而判刑惩罚了他。

【原文】

5.20　王孙骆闻之，不朝。王召而问曰："子何非寡人而不朝乎①？"骆曰："臣恐耳。"曰："子以我杀子胥为重乎？"骆曰："大王气高，子胥位下，王诛之。臣命何异于子胥？臣以是恐也。"王曰："非听宰嚭以杀子胥，胥图寡人也。"骆曰："臣闻：'人君者必有敢谏之臣，在上位者必有敢言之交。'夫子胥，先王之老臣也。不忠不信，不得为前王臣。"吴王中心悢然②，悔杀子胥："岂非宰嚭之谗子胥③？"而欲杀之。骆曰："不可。王若杀嚭，此为二子胥也。"于是不诛④。

注释

①非：《说文》："非，违也。"即相背、避开的意思。

②悢（hè立）：悲伤。

③上文吴王说"非听宰嚭以杀子胥"，说明他本来就怨恨子胥（参见5.2注⑬），但子胥被杀，与伯嚭的谗毁也有关。《史记》的《越王勾践世家》与《伍子胥列传》均载有嚭之谗言，后者见5.2注⑫，前者所载伯嚭的谗言是："伍员貌忠，而实忍人。其父兄不顾，安能顾王？王前欲伐齐，员强谏，已而有功，用是反怨王。王不备伍员，员必为乱。"

④《春秋》《左传》以及《史记》的《十二诸侯年表》《吴太伯世家》《伍子胥列传》等都在本年记载了吴国和鲁哀公在橐皋（吴地，即今安徽巢县西北六十里的拓皋镇）会晤的事。《左传》还记载了太宰嚭在鄩（见4.22注⑦）包围卫出公的事。此书均略去了。

【今译】

　　王孙骆听说了这些事,就不上朝了。吴王召见他而问他说:"您为什么要避开我而不上朝呢?"王孙骆说:"我只是因为恐惧而已。"吴王说:"您认为我杀子胥是太严厉了么?"王孙骆说:"大王趾高气扬,子胥处在下位,所以大王杀了他。我的性命和子胥有什么不同呢?我因此而恐惧啊。"吴王说:"我并不是因为听信了太宰嚭的话才杀掉子胥的,而是因为子胥算计我啊。"王孙骆说:"我听说:'当君主的一定要有敢于谏诤的臣子,处在上位的一定要有敢于说话的知交。'那子胥,是先王阖闾的老臣。如果他不忠诚不老实,那就不可能成为先王的臣子。"吴王心里很悲伤,后悔杀了子胥,说:"难道不是因为太宰嚭诋毁了子胥么?"因而想要杀掉伯嚭。王孙骆说:"不行。大王如果杀了伯嚭,这就成了第二个子胥了。"于是吴王就不杀伯嚭了。

【原文】

　　5.21　十四年,夫差既杀子胥,连年不熟,民多怨恨。吴王复伐齐,阙为阑沟于商、鲁之间①,北属蕲②,西属济③,欲与鲁、晋合攻于黄池之上④。恐群臣复谏,乃令国中曰:"寡人伐齐,有敢谏者死。"太子友知子胥忠而不用,太宰嚭佞而专政,欲切言之⑤,恐罹尤也⑥。乃以讽谏激于王。清旦,怀丸持弹,从后园而来,衣裕履濡⑦,王怪而问之曰:"子何为裕衣濡履、体如斯也?"太子友曰:"适游后园⑧,闻秋蜩之声⑨,往而观之。夫秋蝉,登高树,饮清露,随风挧挠⑩,长吟悲鸣,自以为安,不知螳蜋超枝缘条,曳腰耸距⑪,欲援其形⑫。夫螳蜋,翕心而进⑬,志在有利,不知黄雀缘茂林⑭,徘徊枝阴⑮,瓯踨微进⑯,欲啄螳蜋。夫黄雀,但知伺螳蜋之有味,不知臣挟弹危挪⑰,蹭蹬飞丸而集其背⑱。今臣但虚心⑲,志在黄雀,不知空坎其旁,暗忽坎中,陷于深井⑳。臣故裕体濡履,几为大王取笑。"王曰:"天下之愚莫过于斯。但贪前利,不睹后患。"太子曰:"天下之愚,复有甚者。鲁承周公之末㉑,有孔子之教,守仁抱德,无欲于邻国,而齐举兵伐之,不爱民命,惟有所获。夫齐,徒举而伐鲁㉒,不知吴悉境内之士,尽府库之财,暴师千里而攻之㉓。夫吴,徒知逾境征伐非吾之国,不知越王将选死士出三江之口㉔,入五湖之中㉕,屠我吴国,灭我吴宫。天下之危,莫过于斯也。"吴王不听太子之谏,遂北伐齐。

注释

①阙(jué 掘):徐天祐说:"阙,义与'掘'同。"阙沟:古称运河为"沟",阙沟当是运河之名。它可能是邗沟(见5.1注①)向北方的延伸部分,类似于现在江苏清江市淮河北岸至山东济宁之间的运河。《国语·吴语》《初学记》卷六引此文均作"深沟",乃泛指之词,与此不同。商:即宋国。周灭商后,把商的旧都周围地区分封给商王纣的庶兄微子启以奉商祀,称宋国。宋国的君主是商王朝王族的后代,宋都商丘(在今河南商丘南)又是商的旧都(商时名亳),因而后世称宋为商。其国据有今河南东部和山东、江苏、安徽间地。鲁:周初分封之国,姬姓,在今山东西南部,国都曲阜(今山东曲阜)。

②属(zhǔ 嘱):连接。蕲(qí 齐):蕲水在今湖北蕲春县。此"蕲"字当为"沂"(yí 遗)之音讹,《国语·吴语》作"沂"可证。沂水源出山东曲阜县东南的尼丘,西流经曲阜、兖州合于泗水。

③济(jǐ 挤):济水,源出河南济源县王屋山,其故道本过黄河而南,东流至山东,与黄河并行入海,后下游为黄河所夺。

④黄池:宋国地名,位于今河南封丘县西南,济水故道南岸。

⑤切(qiè 窃)言:贴近问题直言劝说。

⑥罹(lí 离):遭。

⑦徐天祐说:"'洽'当作'洽',沾也。"觉按:此句"洽"、"濡"同义,当作"洽"。《太平御览》卷三百五引作"沾"、卷九百四十六引作"浃",义同。

⑧适:刚才。

⑨秋蜩(tiáo 条):秋蝉,又名鸣蜩,是蝉之一种,秋间鸣于日暮,其声相续甚长,无高低相间的节奏。

⑩扔(huī 挥):通"挥"。

⑪曳(yè 业):拖。距:鸡爪叫"距",此指螳螂前部呈镰刀状的前腿。耸距:《太平御览》卷三百五作"举刃",义同。

⑫欲援:四部丛刊本作"而稷",据《太平御览》卷三百五引文改。

⑬翕(xī 息):《方言》:"翕,聚也。"

⑭缘茂:四部丛刊本作"盈绿",据《太平御览》卷三百五引文改。黄雀:鸟名,也称芦花黄雀。雄者上体浅黄带绿,雌者上体微黄而有褐色条纹。

⑮阴:同"荫"。

⑯瓢蹴:同"踂跋"(niè yuè 聂越),是轻轻地提脚挪腿的意思。杨慎《俗言》卷一:"字书及《说文》无'瓢蹴'字,《玉篇》有'踂跋'字。踂,细行,两足不相过;跋,急行而轻也。于义亦合。当音聂越。"微:隐微,暗中。

⑰危:高。掷:投掷,扔,此指发射。

⑱蹭蹬(cèng dèng 层去声邓):《文选·海赋》"或乃蹭蹬穷波"注:"蹭蹬,失势

之貌。"此文指弹弓已拉足弹丸即将离开弹弓的样子。

⑲今:犹"夫"。虚:空。这里用作使动词,表示"使……空"。虚心:指排除心中一切其他的意念而专心致志。又见 9.3 注⑩。

⑳井:通"阱",陷阱。

㉑周公:见 1.6 注⑨。鲁国原封给周公旦,周公留佐周成王,其子伯禽便受封至鲁为鲁公,鲁国之君为周公的后代,所以说"鲁承周公之末"。

㉒徒:单,只。

㉓暴(pù 曝)师:使军队在外蒙受风霜雨露。

㉔三江之口:徐天祜说:"三江:一说松江、钱塘、浦阳江也。《吴郡赋》注:'松江下七十里分流,东北入海者为娄江,东南流者为东江,并松江为三江。'今其地亦名三江口,即范蠡乘舟所出之地。"觉按:三江,三条江,具体所指因文而异,古人亦多异说。徐引一说见《国语·越语上》韦昭注。此文云"三江之口",不应从韦说。《史记·夏本纪》"震泽致定"《正义》:"泽在苏州西四十五里。三江者,在苏州东南三十里,名三江口。一江西南上七十里至太湖,名曰松江,古笠泽江;一江东南上七十里,曰蚬湖,名曰上江,亦曰东江;一江东北下三百余里入海,名曰下江,亦曰娄江。于其分处,号曰三江口。顾夷《吴地记》云:'松江东北行七十里得三江口,东北入海为娄江,东南入海为东江,并松江为三江。'是也。"据此,则三江口在今苏州市东南三十里处,大约在今吴县胜浦新镇之南,西南与太湖相距(水道之长)七十里。而古代所谓"松江"(又名笠泽、吴江、松陵江),当为今吴淞江(源自太源,东北流经江苏吴江县、昆山县等入上海市,改名苏州河,会合黄浦江入长江)之上游七十里。有人认为古之松江即今流入黄浦江之吴淞江,恐不够准确。今吴淞江下游,今称苏州河,古称沪渎,恐怕不是古代"松江"的组成部分。《吴郡图经续记》卷中:"《图经》云:'松江东泻海曰沪渎,亦曰沪海。'"是其证。至于古之"东江",今已湮废,其故道大抵自今苏州东南三十里之古三江口,东南流经今澄湖、白蚬湖等,在今浙江海盐县南入海(参见胡渭《禹贡锥指·禹贡图·三江异派图第三十五》;《水经注》卷二十九、《吴郡图经续记》卷中名之为"谷水",考之甚详,也可参见)。至于"娄江",大抵与今浏河相当,即自古三江口东北流,经今江苏昆山县、太仓县而入长江再入海。今浏河在昆山县青阳港处西接昆山塘。昆山塘西起苏州娄门,东至昆山县青阳港,今也名娄江,但并非是古代的娄江。

㉕五湖:徐天祜说:"五湖:一说贡湖、游湖、胥湖、梅梁湖、金鼎湖也。韦昭曰:'胥湖、蠡湖、洮湖、滆湖,就太湖而五。'虞翻云:'太湖之水通五道,谓之五湖。'张勃《吴录》云:'五湖者,太湖之别名,以其周行五百里,故以五湖为名。'又杨泉《五湖赋》止为太湖而作。陆龟蒙云:'太湖上禀咸池五车之气,故一水五名。'今并存之。"觉按:古人对五湖异说很多,徐引各说似多未当。五湖,原来可能指太湖东

侧的五个小湖,后便用来指称太湖。《史记·夏本纪》"震泽致定"《正义》："五湖者,菱湖、游湖、莫湖、贡湖、胥湖,皆太湖东岸五湾,为五湖。盖古时应别,今并相连。菱湖在莫釐山东,周迴三十余里,西口阔二里,其口南则莫釐山,北则徐侯山,西与莫湖连。莫湖在莫釐山西及北,北与胥湖连。胥湖在胥山西南,与莫湖连,各周迴五六十里,西连太湖。游湖在北二十里,在长山东,湖西口阔二里,其口东南岸树里山,西北岸长山,湖周迴五六十里。贡湖在长山西,其口阔四五里,口东南长山,山南即山阳村,西北连常州无锡县老岸湖,周迴一百九十里已上,湖身向东北长七十余里,两湖西亦连太湖。"《国语·越语下》"战于五湖"韦注："五湖,今太湖。"

【今译】

　　十四年(公元前482年),夫差杀了子胥后,庄稼连年歉收,民众多半怨恨他。吴王又准备攻打齐国,在宋国、鲁国之间挖成运河阑沟,向北连接沂水,向西连接济水,想和鲁国、晋国在黄池附近会战。他怕大臣们再来劝阻,就命令国内说："我要去攻打齐国,有谁敢来劝阻,就处死。"太子友知道子胥忠心耿耿却不被重用,太宰嚭能说会道而专权独断,他原想直言劝阻这件事,怕遭罪,于是就用委婉含蓄的劝告去打动吴王。清晨,他带了弹丸、手握弹弓,从后花园而来,衣服沾湿了,鞋子弄潮了,吴王奇怪地问他说："你干了什么而把衣服鞋子搞得湿淋淋的、身上弄成了这个样子?"太子友说:刚才在后花园游玩,听见秋蝉的鸣叫声,就去观望它。那秋蝉,登上了高高的树梢,喝着清澈的露水,随着风儿舞动,拖长了声音啼鸣,凄切地叫着,自以为很安全,不知道螳螂越过树枝沿着枝条,拖着细腰、高举脚爪,要抓住它的身体。那螳螂,聚精会神地向前爬,心思只放在取得利益上,不知道黄雀凭借着茂密的树林,徘徊在树阴中,轻轻地提脚挪腿,暗暗地向前迈进,想啄螳螂。那黄雀,只知道窥视那美味的螳螂,不知道我手握弹弓要向高处发射,弹弓拉尽即将飞出弹丸而射中它的背脊。而我,只是排除心中一切杂念,把心思都放在黄雀身上,却不知道坑穴就在那旁边,在阴暗中忽然掉进了坑穴里,陷入了深深的陷阱中。所以我弄得身上都湿了、鞋子都潮了,差一点被大王取笑。"吴王说："天下的愚蠢没有比这更厉害的了。只贪图眼前的利益,看不到后面的祸患。"太子说："天下的愚蠢,还有比这更厉害的。鲁国,继承了周公旦的余绪,又有孔子的教化,牢守仁义,坚持德教,对邻国没有贪欲,但齐国却起兵攻打它,不爱惜民众的性命，只希望有所获得。那齐国，只顾起兵攻打鲁国，不知道吴国全数动用了国内的将士，用尽了府库中的资财，出师千里之外去攻打它。那吴国，只知道越过国境去攻打不属于自己的国家，不知道越王将挑选拼死作战的勇士从三江口出来，进入太湖之中，屠杀我们吴国的民众，灭掉我们吴国的王宫。天下的危亡，没有什么能超过这个了。"吴王不听从太子的劝告，就向北攻打齐国去了。

【原文】

5.22　越王闻吴王伐齐，使范蠡、洩庸率师屯海、通江①，以绝吴路。败太子友于始熊夷②，通江淮③，转袭吴，遂入吴国，烧姑胥台，徙其大舟④。

注释

①范蠡：春秋末楚国人，后为越国大夫，字少伯，越为吴所败时曾赴吴为仆三年，回越后帮助勾践灭掉吴国。后游齐国，改称陶朱公，以经商致富。参见《国语·越语下》《史记·货殖列传》及本书以下各篇。洩庸：越国大夫，姓洩，名庸，又作"曳庸"（见7.3），《国语·吴语》《左传·哀公二十六年》作"舌庸"。

②徐天祜说："'始'当作'姑'，《国语》：'败王子友于姑熊夷。'韦昭解：'姑熊夷，吴郊也。'"觉按：此战《左传·哀公十三年》记之甚详，可参见。据《左传》，则姑熊夷当在今苏州市西南横山附近。

③通江淮："淮"字当衍，或为连类而及之辞（参见4.31注⑩）。《国语·吴语》作"越王勾践乃率中军泝江"，韦昭注："江，吴江。或有'淮'字者，误。"吴江，见5.21注㉔。

④大舟：徐天祜说："即馀皇舟也。"觉按：参见3.1注②。

【今译】

越王勾践听说吴王去攻打齐国，就派范蠡、洩庸率领了军队驻扎在东海边，打通长江沿线，以此来截断吴军的退路。越王把吴国太子友打败在姑熊夷，打通了松江，转而袭击吴国，于是就进入了吴国国都，焚烧了姑胥台，取走了吴国的大船。

【原文】

5.23　吴败齐师于艾陵之上，还师临晋，与定公争长①，未合②，边候乃至,以越乱告③。吴王夫差大惧,合诸臣谋曰④:"吾道辽远,无会、前进⑤,孰利?"王孙骆曰:"不如前进,则执诸侯之柄以求其志。请王属士,以明其令,劝之以高位,辱之以不从,令各尽其死。"

夫差昏秣马食士⑥,服兵被甲⑦,勒马衔枚⑧,出火于灶⑨,暗行而进。吴师皆文犀长盾、扁诸之剑⑩,方阵而行。中校之军皆白裳、白髦、素甲、素羽之矰⑪,望之若荼⑫。王亲秉钺,戴旗以阵而立⑬。左军皆赤裳、赤髦、丹甲、朱羽之矰,望之若火。右军皆玄裳、玄舆、黑甲、乌羽之矰,望之如墨。带甲三万六千,鸡鸣而定阵,去晋军一里。天尚未明,王乃亲鸣金鼓⑭,三军哗吟以振其旅,其声动天徙地。

晋大惊,不出,反距坚垒⑮,乃令童褐请军⑯,曰:"两军偃兵接好⑰,日中为期⑱。今大国越次而造弊邑之军垒⑲,敢请乱故⑳。"吴王亲对曰:"天子有命,周室卑弱,约诸侯贡献,莫入王府,上帝鬼神而不可以告㉑。无姬姓之所振㉒,惧,遣使来告,冠盖不绝于道㉓。始周依负于晋,故忽于夷狄㉔。会晋今反叛如斯,吾是以蒲服就君㉕。不肯长弟㉖,徒以争强。孤进,不敢;去,君不命长,为诸侯笑㉗。孤之事君,决在今日;不得事君,命在今日矣㉘。敢烦使者往来,孤躬亲听命于藩篱之外㉙。"童褐将还,吴王蹴左足,与褐决矣㉚。

及报,与诸侯、大夫列坐于晋定公前。既以通命㉛,乃告赵鞅曰㉜:"臣观吴王之色,类有大忧㉝。小则嬖妾、嫡子死,否则吴国有难;大则越人入,不得还也。其意有愁毒之忧㉞,进退轻难,不可与战。主君宜许之以前期㉟,无以争行而危国也㊱。然不可徒许,必明其信。"赵鞅许诺,入谒定公曰㊲:"姬姓于周,吴为先老㊳,可长,以尽国礼。"定公许诺,命童褐复命㊴。

于是吴王愧晋之义,乃退幕而会。二国君臣并在,吴王称公㊵,前歃㊶,晋侯次之,群臣毕盟。

注释

①《国语·吴语》注:"长,先也。"《左传·哀公十三年》作:"秋七月辛丑盟,吴、晋争先。"杜注:"争歃血先后。"争长,即争先,争第一,指争抢先歃(shà 煞,饮也)血。在会盟时,盟主先歃血。所以争长即指争当盟主,争取高人一等的地位。

②合:《国语·鲁语》"诗所以合意"注:"合,成也。"《国语·吴语》作"吴、晋争长未成",注"成,定也。"

③四部丛刊本无"乃至以越乱告"六字,据《国语·吴语》补。边候:在边界关卡负责侦察敌情的官吏。

④臣:四部丛刊本作"侯",据四库全书本改。

⑤前:先(参见4.5注⑨)。进:当为"晋"之音讹,《国语·吴语》作:"无会而归,与会而先晋,孰利?"是其证。

⑥《国语·吴语》"秣"上有"令",义长。食(sì饲):给……吃。

⑦服:《国语·吴语》注:"服,执也。"被(pī披):通"披"。

⑧勒:有嚼口的马络头。这里用作动词。枚:古代行军时让士兵衔在口中以防喧哗的木片,状如筷子。

⑨造:当为"灶"之音讹。《国语·吴语》作"出火灶",是其证。

⑩《国语·吴语》注:"文犀,犀之有文理者。"徐天祜说:"阖庐既铸成干将、莫耶二剑,余铸得三千,并号扁诸之剑。"

⑪校:《汉书·卫青传》注:"校者,营垒之称,故谓军之一部为一校。"中校之军:中央营垒中的军队,即"中军"。古代行军作战分左、右、中(或上、下、中)三军,由主将所处的中军发号施令。旄:通"旄",竿顶用旄牛尾做装饰的一种旗帜。缯(zēng增):徐天祜说:"短矢。"

⑫荼(tú途):菅茅的花,白色。

⑬戴:《国语·吴语》作"载"。《释名·释姿容》:"戴,载也,载之于头也。"此指吴王站在旗帜下,旗帜在他头顶上飘动。以:犹"于",参见《古书虚字集释》。

⑭金鼓:等于说"钲鼓",锣与鼓。《诗经·小雅·采芑》"钲人伐鼓"传:"钲以静之,鼓以动之。"成语有"一鼓作气"、"鸣锣开道",可见击鼓是使人前进的信号,敲锣是使人后退的信号。

⑮距:通"拒",抵御。反距:反抗。坚:使动用法,使……坚固。垒:防护军营的墙壁或建筑物。

⑯童褐:《国语·吴语》作"董褐",韦注:"董褐,晋大夫司马演。"《左传·哀公十三年》作"司马寅",司马是官名。

⑰偃:四部丛刊本作"边",据《国语·吴语》改。《国语》韦昭注:"偃,匿也。接,合也。"偃兵:藏起兵器,即休战。

⑱为:四部丛刊本作"无",据《国语·吴语》改。期:《广雅·释诂》:"期,会也。"

⑲次:顺序。这里指时间而言。造:到。弊邑:对本国的谦称。

⑳敢:谦词。大胆,冒昧。乱:四部丛刊本作"辞",据《国语·吴语》改。韦昭注:"敢问先期乱次之故。"

㉑上帝鬼神而不可以告:《国语·吴语》注:"无以告祭于天神人鬼。"指财物紧缺,以致于没有东西来祭祀鬼神。

夫差内传第五 159

㉒姬姓:指周王朝。周王朝姬姓,参见1.4注④。振:同"赈",救济。

㉓冠盖:礼帽和车盖,这里指代使者及其车子。冠盖不绝于道:指使者连续不断,形容情况的紧急。

㉔夷狄:见1.4注⑪、1.1注㉒。此文泛指中原以外的异族。

㉕徐天祐说:"《史记·范雎传》:'膝行蒲服。'《诗》:'匍匐救之。'《檀弓》作'扶服'。其义皆同。言尽力也。"觉按:《国语·吴语》作"匍匐就君"。徐氏解为"尽力"虽可通,但这里用作为谦词,谦称自己无能,只能匍匐而来,所以宜解为伏地而行。

㉖长(zhǎng掌):抚养。不肯长弟:《国语·吴语》作:"将不长弟,以力征一二兄弟之国。"韦注:"弟,犹幼也。言晋不帅长幼之节,而征伐同姓兄弟之国,谓鲁、卫之属。"

㉗这几句《国语·吴语》作:"孤欲守吾先君之班爵(韦注:"爵次当为盟主。"),进则不敢(韦注:"不敢过先君。"),退则不可(韦注:"亦不可不及也。")。今会日薄矣(书注:"薄,迫也。"),恐事之不集(韦注:"集,成也。"),以为诸侯笑。"文意较此文为显豁。

㉘命:汉代人多迷信,故作者用"命"字来表达取胜之意,它与5.16所谓"神灵之佑福"之类相似。这几句《国语·吴语》作:"孤之事君在今日,不得事君亦在今日。"韦注:"言欲战以决之也。不胜,则服事君;若胜之,则为盟主。"

㉙藩篱:篱笆,此指军营的围墙。

㉚决:同"诀",辞别。

㉛通:《汉书·夏侯胜传》"先生通言"注:"通谓陈道之也。"即陈述的意思。通命:《国语·吴语》作"致命",与3.15注⑱的"复命"意思相同,指奉命出使回来后向君主汇报执行使命的情况。

㉜赵鞅:即赵简子,晋顷公、晋定公时为晋国正卿。据《左传》,他死于公元前475年,但《史记·赵世家》则说他死于晋出公十七年(公元前458年)。

㉝《国语·吴语》注:"类,似也。"

㉞《国语·吴语》注:"毒,犹暴也。言若猛兽被毒悖暴。"

㉟主君:指赵鞅。当时家臣常称卿大夫为主,因而赵简子又称为赵主,故此文称之为"主君"。

㊱行(háng航):《诗经·周南·卷耳》"寘彼周行"《释文》:"行,列位也。"此"行"字即指在行列中的位置。争行:争位,指争夺盟主之位。

㊲"人"字当衍,上文说"列坐于晋定公前",故不必再"人"。

㊳吴国的始祖太伯是古公亶父的长子、季历的长兄、文王的大伯父,所以说:"姬姓于周,吴为先老。"

㊴童褐复命之辞详见《国语·吴语》。

㊵据《国语·吴语》，童褐复命时曾说："夫命圭有命，固曰吴伯，不曰吴王。诸侯是以敢辞。夫诸侯无二君，而周无二王，君若卑天子以干其不祥，而曰吴公，孤敢不顺从君命长弟？"认为吴国始封时为伯爵（此乃外交辞令，无关史实，参见 1.1 注①），不能僭称"吴王"，至多只能称"吴公"（"公"是公、侯、伯、子、男五等爵中最高的一等）。夫差愧晋之义，同意了晋国的要求，所以称"公"。

㊶四部丛刊本无"歃"，据《国语·吴语》补。歃（shà 煞）：饮，指饮血。古代举行盟会时，杀牲饮血，以表示信誓。参见 10.24 注①。又，《史记·晋世家》《赵世家》都作"长吴"，与此文同。《左传·哀公十三年》则作"先晋人"，《史记·吴太伯世家》也作"长晋定公"，说法不同。

【今译】

吴王在艾陵附近打败了齐军以后，把军队调过来进逼晋国，和晋定公争当盟主，还没有成功，边界上侦察敌情的官吏就来了，把越国扰乱吴国的事情作了汇报。吴王夫差非常恐惧，就召集了各位大臣商量说："我们离国内路途遥远，不参加会盟而赶回去与争当盟主而在晋国之前先饮血，两者哪一个有利？"王孙骆说："不如在晋国之前先饮血而当个盟主，当了盟主就可以掌握诸侯的权柄而争取实现自己的愿望。请大王集合将士，向他们申明自己的法令，用高官厚禄来激励他们，对不服从的就使他们受到刑辱，从而使每个人都能拼命。"

于是夫差在黄昏时命令将士们喂好马，让将士吃饱饭，带上兵器，披好铠甲，套好马络头，让士兵口衔行枚，把火种从灶里倒出来灭掉，在黑暗中行军挺进。吴国的战士都手持带有花纹的犀牛皮做成的长形盾牌和扁诸剑，排成了方形的队列前进。中央营垒中的将士都穿着白色的衣裳、手拿白色的旗帜、身披白色的铠甲、使用白色羽毛做箭尾的短箭，望上去好像是茅草的花。吴王亲自手执大斧，头顶着战旗，在队列中站着。左翼部队都穿着红色的衣裳、手拿红色的旗帜、身披红色的铠甲、使用大红色羽毛做箭尾的短箭，望上去好像是火。右翼部队都穿着黑色的衣裳、驾着黑色的战车、身披黑色的铠甲、使用黑色羽毛做箭尾的短箭，望上去好像是墨。身披铠甲的将士有三万六千人，在鸡鸣的时候已经排定阵势，距离晋军只有一里路。天还没有亮，吴王便亲自敲响锣鼓，左、中、右三军都大声呼喊来振作自己的部队，那声音震天动地。

晋国人大为惊骇，不敢出来，只能防御抵抗而加固营垒，于是就叫童褐拜见吴军,说:"双方的军队休战和好,约好中午进行会晤。现在贵国提前来到敝国的军营,我大胆地来请问这扰乱时间顺序的缘故。"吴王亲自回答说:"天子早已有了命令,但由于周朝王室卑微衰弱,所以虽然约定诸侯各国进贡奉献,却没有谁把贡品交纳到周天子的府库中去,因而就是对上帝鬼神也不能再用什么东西去向他们报告了。周天子因为没有救济姬姓王族的东西了,所以十分恐惧,派使者来告急,使者及其车子在路上连续不断。开始时周王朝依赖晋国,所以忽视中原之外的异族。碰上晋国现在竟像这样背叛了周王朝,我因此才爬着来到你们国君跟前。你们国君不肯抚养幼小,只是凭自己的力量和别国竞争强弱。我不敢逾越先君的爵位等级;但如果就这样离去,你们国君不称我为盟主,那我就要被诸侯耻笑了。我侍奉你们国君,得取决于今天这一仗;我不能侍奉你们国君,那命运也在于今天这一仗了。我大胆地劳驾使者你来回奔波传达,我将亲自在你们军营的围墙之外听从你们国君的命令。"童褐将要回去的时候,吴王踩了一下童褐的左脚,就和童褐告别了。

等到童褐回报的时候,与诸侯、大夫依次坐在晋定公的前面。童褐已经向定公汇报了执行使命的情况后,便告诉赵鞅说:"我观察吴王的脸色,好像有很伤心的事。小一点的话,就是他宠爱的姬妾或者王后生的儿子死了,要不就是吴国有了内乱;大一点的话,就是越国人打进了吴国,他不能再回去了。他心头有了愁苦强烈的忧虑,进退就不考虑祸患了,所以不能和他交战。您应该答应他在会盟的时候先饮血,不要因为争夺盟主的位子而使国家陷于危险的境地。但也不可以白白地答应他,而一定要表明自己的信用。"赵鞅答应了,告诉定公说:"姓姬的在当初的周国来说,吴太伯是在先的老大,可以让吴王先饮血,以此来尽到国家的礼仪。"定公答应了,命令童褐向吴王回报。

于是吴王因为晋国的礼仪而感到惭愧,就退让地到帐篷中去与晋国会盟。两国君臣都在场,吴王改称为吴公,先饮血,晋定公在他之后饮血,群臣也都立誓而缔结了盟约。

【原文】

5.24 吴既长晋而还,未逾于黄池。

越闻吴王久留未归,乃悉士众将逾章山①,济三江,而欲伐之。

吴又恐齐、宋之为害，乃命王孙骆告劳于周②，曰："昔楚不承供贡，辟远兄弟之国③。吾前君阖闾不忍其恶，带剑挺铍④，与楚昭王相逐于中原⑤。天舍其忠⑥，楚师败绩。今齐不贤于楚，又不恭王命，以远辟兄弟之国。夫差不忍其恶，被甲带剑⑦，经至艾陵。天福于吴，齐师还锋而退。夫差岂敢自多其功？是文、武之德的佑助⑧。时归吴，不熟于岁⑨，遂缘江溯淮，开沟深水，出于商、鲁之间而归。告于天子执事⑩。"

周王答曰⑪："伯父令子来乎⑫？盟国，一人则依矣⑬。余实嘉之⑭。伯父若能辅余一人，则兼受永福⑮，周室何忧焉？"乃赐弓弩、王胙⑯，以增号谥。

吴王还归自池⑰，息民散兵⑱。

注释

①徐天祐说："章山，即《禹贡》所谓'内方'，在江夏郡竟陵县东北，今荆门长林县。"觉按：《汉书·地理志·江夏郡·竟陵》："章山在东北，古文以为内方山。"《尚书·禹贡》传："内方、大别，二山名，在荆州，汉所经。"则章山在今湖北钟祥县西南汉水边上，时为楚地，越王不可能逾此章山而济三江。此"章山"恐为"长山"之音误，长山是太湖东岸的山名(参见5.21注㉕张守节《正义》)，在三江附近，所以说"逾章山，济三江"。5.21说"出三江之口，入五湖之中"，地理位置与此相类，也可为证。

②《国语·吴语》注："劳，功也。"

③辟：同"僻"。兄弟之国：指姬姓各国。《国语·吴语》注："兄弟，诸姬。"

④《国语·吴语》注："挺，拔也。"铍(pī披)：兵器，剑属，较长，形如刀而两边有刃。

⑤《国语·吴语》注："中原，原中也。"

⑥忠：通"衷"。《国语·吴语》作"衷"，韦注："衷，善也。言天舍善于吴。"参见5.16注⑥。

⑦被(pī披)：通"披"。

⑧文、武：文王、武王，见1.4注④，1.6注⑧。

⑨《国语·吴语》注："言伐齐之明年，不至于谷熟而复出师。"参见5.21。

⑩执事：原义为从事劳役的人，这里用作为对对方的尊称，表示不敢直指尊敬的对方，而只敢指称对方所役使的人。参见5.5注⑪。

⑪周王：指周敬王，名丐。公元前519—公元前476年在位(此依《左传》。《史记·周本纪》记其卒年比《左传》早二年)。

⑫周天子称同姓诸侯为伯父或叔父。《礼记·觐礼》："同姓大国则曰伯父，其异姓则曰伯舅。"此说并不尽然，如晋国，从唐叔以至文公、景公皆称叔父，于平公、定公反称伯父。吴为荆蛮之国，并非大国。大概它当时甚强，而周室则衰微，所以周敬王尊称吴王为伯父。

⑬一人：天子自称。《书·吕刑》"一人有庆"传："一人，天子也。"

⑭实：句中语气词，用以加强语气。

⑮既可依靠吴国所结盟的国家，又可依靠吴国，所以说"兼"。

⑯胙（zuò 作）：当作"胙"（zuò 作），宗庙祭祀用的肉。生的叫脤，熟的叫膰。赐王胙：即赐给祭祀先王的肉。考之《春秋》《左传》，周天子祭祀祖先后，常赐同姓诸侯以胙，以密切关系，故《周礼·春官·大宗伯》说："以脤膰之礼，亲兄弟之国。"而对有功者，也常常赐胙以表示尊重（参见 10.13 注②）。此文误为"阼"，文义全失。

⑰徐天祜说："'池'字上当有'黄'字。"觉按：《国语·吴语》作"吴王夫差还自黄池"。

⑱散兵：《国语·吴语》作"不戒"，含义相似。据《左传·哀公十三年》《史记·吴太伯世家》记载，此年冬，吴与越讲和。本书对此略而不书，则上文越"济三江而欲伐之"便无着落了。

【今译】

吴王胜过了晋定公而当上盟主之后，就班师回国，没有再越过黄池。

越王听说吴王长久呆在外地而没有回国，就调发全部的将士将越过长山，渡过三江，想攻打吴国。

吴王又怕齐国、宋国给自己造成危害，于是就叫王孙骆去向周敬王报功，说："从前楚国不承担供给贡品的职责，疏远我们同姓的兄弟之邦。我们的先君阖闾不能容忍他们的罪恶，佩带着宝剑、拔出长铍，与楚昭王在原野中互相追击。上天降给我们先君鸿福，楚军大败。现在齐国还不如楚国，又不恭敬她听从大王的命令，疏远我们同姓的兄弟之邦。夫差不能容忍他们的罪恶，身披铠甲、带着宝剑，直到艾陵。上天保佑吴国，齐军掉转矛头败退了。夫差哪敢自夸自己的功劳？这是文王、武王的德行所保佑辅助的结果啊。当时打败齐国后回到吴国，年成不丰收，于是就沿着长江顺流而下，又由淮河逆流而上，开掘运河、挖深河道，从宋国和鲁国之间出兵后准备回国了。现谨向天子报告。"

周敬王回答说:"是伯父叫您来的吗?你们和别的诸侯国缔结了盟约,我就可以依靠他们了。我非常赞赏这种行为。伯父如果能辅助我,那么我就能同时受到长久的福佑了,周朝王室还忧虑什么呢?"于是就赐给了弓弩以及祭祀先王用的肉,并且赠给了名称谥号。

吴王从黄池班师回国,让民众休养生息,放下了兵器而不再戒备。

【原文】

5.25 二十年①,越王兴师伐吴,吴与越战于檇李②。吴师大败,军散,死者不可胜计③。越追,破吴。吴王困急,使王孙骆稽首请成,如越之来也。越王对曰:"昔天以越赐吴,吴不受也。今天以吴赐越,其可逆乎④?吾请献勾甬东之地⑤,吾与君为二君乎!"吴王曰:"吾之在周,礼前王一饭⑥。如越王不忘周室之义,而使为附邑,亦寡人之愿也。行人请成列国之义⑦,惟君王有意焉。"大夫种曰:"吴为无道,今幸擒之⑧。愿王制其命⑨。"越王曰:"吾将残汝社稷,夷汝宗庙⑩。"吴王默然。请成七反⑪,越王不听。

注释

①据《左传》记载,此年前吴国的大事尚有:夫差十六年(公元前480年)夏,楚伐吴。夫差十七年(公元前479年),吴伐慎。夫差十八年(公元前478年)三月,越伐吴,战于笠泽,吴败。可参见。又,本节越王、吴王的对话,《国语·越语上》记于"郊败之"(韦昭以为是鲁哀公二十年即夫差二十一年十一月越围吴之战)之后,此文记于二十年,恐误。

②檇李:见4.17注①。

③胜(shēng生):尽。

④其:同"岂"。

⑤徐天祐说:"勾,句章。甬,甬江。东,东境也。杜预曰:'甬东,会稽句章县东海中洲也。'今鄞县境。句,音勾,又九具切。"觉按:这是说"句章"的"句"读gōu(勾)或jù(具)。句章县,在今浙江余姚县东南。甬江:即今甬江,上流出四明山,经浙江鄞县、镇海县入海。勾甬东之地:句章甬江之东的地方,指今浙江舟山岛。《国语·吴语》《越语上》作"甬句东",本书8.6作"勾甬",可证"东"为方位词。有人将"甬东"视为地名,误。

⑥礼前王一饭:《国语·越语上》作"寡人礼先壹饭矣",注:"言己年长于越

王,觉差一饭之间,欲以少长求免也。"韦注可备一说,但恐未当。此恐怕非指年龄长幼,而指在周王朝的盟会上自己的位次在越王之前,与5.23所记吴王先歃、晋侯次之的情况类似。《左传·襄公七年》杜注:"礼:登阶,臣后君一等(比君主后登一级)。"也与此类似。夫差未必年长于勾践,但他为太伯后裔,与周同姓(周,姬姓);勾践则为夏禹之后,与周异姓(禹,姒姓)。所以在周王朝的朝廷上,他比勾践要高贵些。

⑦行人:见5.15注③。列国:古称诸侯国为列国。

⑧前文仅说"困急",则此时尚未擒获,此"擒之"乃夸饰之词,意思实是说吴王已成掌中之物,无可逃脱了。

⑨制:《礼记·月令》注"制肺及心肝为俎"疏:"制谓截割。"制其命:等于说"斩其首"。

⑩"社稷"、"宗庙"都是国家政权的象征。所以越王的话等于说:"我将灭汝国。"

⑪反:通"返"。

【今译】

二十年(公元前476年),越王起兵攻打吴国,吴国与越国在檇李交战。吴军大败,军队溃散,死亡的人不计其数。越军继续追击,攻破了吴国。吴王困窘危急,派王孙骆去磕头求和,就像当初越国来求和那样。越王回答说:"过去上天把越国赐给吴国,吴国不接受。现在上天把吴国赐给越国,我难道可以违背天意吗?请让我献上句章甬江东面的地方,我和你还算是两个君主吧!"吴王说:"我在周王朝朝廷上,按照礼仪要比你先吃一口饭。如果越王能不忘记周朝王室的礼义,而使吴国成为越国的附属国,也是我的心愿啊。使者前来请求您成全我们保持诸侯国的名义,希望大王对此有所考虑啊。"大夫文种说:"吴王暴虐无道,现在幸运地逮住了他。希望大王置之死地。"越王传话对吴王说:"我将摧毁你的土地神谷神神像,铲平你的祖宗庙宇。"吴王沉默了。使者去求和往返了七次,越王还是没同意。

【原文】

5.26 二十三年十月①,越王复伐吴。吴国困,不战士卒分散,城门不守,遂屠吴。

吴王率群臣遁去,昼驰夜走,三日三夕,达于秦馀杭山②。胸中愁忧,目视茫茫,行步猖狂,腹馁口饥,顾得生稻而食之③,伏地而饮水,顾左右曰:"此何名也?"对曰:"是生稻也。"吴王曰:"是公孙圣所言'不得火食''走僮偟'也。"王孙骆曰:"饱食而去。前有胥山④,西坂中可以匿止⑤。"

王行有顷,因得自生之瓜⑥,已熟,吴王掇而食之,谓左右曰:"何冬而生瓜?近道而人不食⑦,何也?"左右曰:"谓粪种之物,人不食也。"吴王曰:"何谓粪种?"左右曰:"盛夏之时,人食生瓜,起居道傍⑧,子复生,秋霜恶之⑨,故不食。"吴王叹曰:"子胥所谓旦食者也。"

谓太宰嚭曰:"吾戮公孙圣,投胥山之巅⑩。吾以畏责天下之惭,吾足不能进,心不能往。"太宰嚭曰:"死与生,败与成,故有避乎⑪?"王曰:"然。曾无所知乎⑫?子试前呼之,圣在,当即有应。"吴王止秦馀杭山。呼曰:"公孙圣!"三反呼⑬。圣从山中应曰:"公孙圣。"三呼三应。吴王仰天呼曰:"寡人岂可返乎?寡人世世得圣也⑭。"

注释

①据《左传·哀公二十年》记载,夫差二十一年,公子庆忌谏吴王而最终被杀;十一月越围吴。本书于前者取异闻而记于前篇,于后者则略而不书。

②《吴郡志》卷八:"秦馀杭山,即今阳山。"阳山,也称"万安山",见5.11注⑩。《越绝书·外传记吴地传》:"秦馀杭山者,越王栖吴夫差山也。去县五十里,山有湖水,近太湖。"《吴郡志》卷三十九:"吴王夫差墓在阳山。……《史记正义》:'夫差栖于姑苏山,转战西北,败于干遂。在苏州西北四十里万安山有遂山。'"《史记·春申君列传》《正义》:"干隧,吴地名也,出万安山,西南一里太湖,即吴王夫差自到处,在苏州西北四十里。"

③《荀子·礼论》"饭以生稻"注:"生稻,米也。"

④胥山:徐天祐说:"在吴县西四十里。《子胥传》云:'吴王取子胥尸,浮之江中,吴人怜之,为立(觉按:"立"原误为"世",据冯念祖本改)祠于江上,因命曰胥山。'《寰宇记》亦同。"觉按:徐氏所云,即今苏州市西南太湖东岸胥口镇东南的胥山。《吴郡志》卷四十八亦云:"胥山在太湖口,上有伍子胥庙,舟行自此入太湖,故名胥口。今自吴故城至胥山四十里。"但此文之胥山,并非指此,而是指姑胥山(见10.12注②);而据《越绝书》所载,阖闾时此山已名胥山(见4.35注⑨),则其得名不干伍子胥之事。又,吴王当先到姑胥山,后至秦馀杭山(见注②),此文所述之事的次序当倒。将此文与10.12"栖吴王于姑胥之山……遂伏剑自杀"相对照,则作者似乎将秦馀杭山与姑胥山混同了,所以此文才将胥山与秦馀杭山混在

一起。

⑤坂(bǎn 板)：山坡。

⑥自生之瓜：四部丛刊本作"生瓜"，据《太平御览》卷九百七十八引文改。

⑦四部丛刊本"人"上无"而"，据《太平御览》卷九百七十八引文补。

⑧起居：拉屎。傍(páng 旁)：同"旁"。

⑨恶(wù 务)：《荀子·富国》"或美或恶"注："恶谓刑戮。"此文指摧残损害。

⑩参见 5.11 注⑩。

⑪故：通"固"。有：犹"能"，参见《古书虚字集释》。

⑫曾(zēng 增)：何也。参见《古书虚字集释》。

⑬反：通"返"。

⑭"得"当作"侍"，形近而误。

【今译】

二十三年(公元前473年)十月，越王又攻打吴国。吴国人困倦了，不应战，士兵四下逃跑，城门无人把守，于是越军就进入吴国国都进行屠杀。

吴王率领大臣们逃跑，日夜奔驰，三天三夜，到达了秦馀杭山。吴王心中愁苦忧虑，眼睛看东西迷迷糊糊，走起路来到处乱闯，肚子饿、嘴里馋，看见那未煮熟的米就把它拿来吃了，又趴在地上喝水，接着回过头来望着身旁的侍从说："这东西叫什么？"侍从回答说："这叫生米。"吴王说："这就是公孙圣所说的'不能吃到熟食'而'仓皇地逃跑'啊。"王孙骆说："饱饱地吃一顿就走吧。前面有胥山，那西山坡的中间可以藏起来歇歇脚。"

吴王走了一会儿，便发现那自己长出来的瓜，已经熟了，吴王就拾起来把它吃了，并对身边的侍从说："为什么冬天还生出瓜来？靠近路边而人们没吃掉，为什么呢？"侍从说："这叫做用大粪种下的东西，所以人们不吃啊。"吴王说："什么叫做用大粪种下？"侍从说："夏天最热的时候，人们吃了生瓜后，在路边大便，瓜子就又长出来了，秋霜摧残了它，所以人们不吃。"吴王叹息着说："这就是子胥所说的早餐吧。"

吴王又对太宰嚭说："我杀了公孙圣，把他扔在胥山的山顶上。我因为心怀害怕被天下人责备的那种惭愧，所以我的脚不能向前挪动，心里不情愿到胥山去。"太宰嚭说："死亡和生存，失败和成功，本来就能回避的吗？"吴王说："是的。我怎么这样无知呢？你试着先去喊喊他,公孙圣如果在的话,该马上会有回应的。"吴王便留在秦馀杭山。太宰嚭前去喊道:"公孙圣!"一共来回了三次去喊他。公孙圣从山中回答说:"公孙圣。"喊了三次他回答了三次。吴王抬头朝天喊道:"我是否还能回去呢?如果还能回到国都,我就世世代代侍奉公孙圣。"

【原文】

5.27　须臾,越兵至,围吴三重。大夫文种相拜①,范蠡在中行②,左手提鼓,右手操枹而鼓之③。

吴王书其矢而射种、蠡之军,辞曰:"吾闻:'狡兔以死④,良犬就烹;敌国如灭,谋臣必亡。'今吴病矣,大夫何虑乎?"

大夫种、相国蠡急而攻。大夫种书矢射之,曰:"上天苍苍,若存若亡⑤。越君勾践下臣种敢言之:昔天以越赐吴,吴不肯受,是天所反。勾践敬天而功⑥,既得返国。今上天报越之功,敬而受之,不敢忘也。且吴有大过六,以至于亡,王知之乎? 有忠臣伍子胥忠谏而身死,大过一也。公孙圣直说而无功,大过二也。太宰嚭愚而佞言,轻而谗谀,妄语恣口,听而用之,大过三也。夫齐、晋无返逆行⑦,无僭侈之过⑧,而吴伐二国,辱君臣,毁社稷,大过四也。且吴与越同音共律⑨,上合星宿⑩,下共一理⑪,而吴侵伐,大过五也。昔越亲戕吴之前王⑫,罪莫大焉,而幸伐之,不从天命而弃其仇⑬,后为大患,大过六也⑭。越王谨上刻青天⑮,敢不如命?"

大夫种谓越君曰⑯:"中冬气定⑰,天将杀戮。不行天杀,反受其殃。"越王敬拜,曰:"诺。今图吴王,将为何如?"大夫种曰:"君被五胜之衣⑱,带步光之剑,仗屈卢之矛⑲,瞋目大言以执之⑳。"越王曰:"诺。"乃如大夫种辞吴王曰:"诚以今日闻命㉑。"言有顷,吴王不自杀。越王复使谓曰:"何王之忍辱厚耻也? 世无万岁之君,死生一也。今子尚有遗荣,何必使吾师众加刃于王?"吴王仍未肯自杀。勾践谓种、蠡曰:"二子何不诛之?"种、蠡曰:"臣,人臣之位,不敢加诛于人主。愿主急而命之:'天诛当行,不可久留。'"越王复瞋目怒曰:"死者,人之所恶。恶者,无罪于天,不负于人。今君抱六过之罪,不知愧辱而欲求生,岂不鄙哉?"吴王乃太息,四顾而望,言曰:"诺。"乃引剑而伏之死。越王谓太宰嚭曰:"子为臣,不忠无信,亡国灭君。"乃诛嚭并妻子㉒。

吴王临欲伏剑,顾谓左右曰:"吾生既惭,死亦愧矣。使死者有知,吾羞前君地下，不忍睹忠臣伍子胥及公孙圣；使其无知，吾负于生。死必连繋组以罩吾目㉓。恐其不蔽，愿复重罗绣三幅以为掩明。生不昭我，死勿见我形。吾何可哉？"

越王乃葬吴王以礼于秦馀杭山卑犹㉔。越王使军士集于我戎之功人一隰土以葬之㉕。宰嚭亦葬卑犹之旁㉖。

注释

①围吴三重大夫文种相拜：四部丛刊本作"三围吴"，据《太平御览》卷四百八十六引文改。

②中行(háng 杭)：即"行中"，队列中。

③袍：四部丛刊本作"袍"，据冯念祖本改。

④以：通"已"。

⑤若：犹"或"，参见《古书虚字集释》。

⑥功：《说文》："功，以劳定国也。"

⑦返：通"反"。"行"上宜有"之"字。

⑧僭(jiàn 见)：超越本分，过分。佟：放纵。

⑨音律：五音六律。《后汉书·桓谭传》"因好音律"注："宫、商、角、徵、羽，谓之五声。声成文谓之音。律谓六律：黄钟、太族、姑洗、蕤宾、无射、夷则。"宫、商、角、徵、羽，相当于现在音乐简谱上的1、2、3、5、6。黄钟、太族(或作"簇")、姑洗(xiǎn 显)、蕤(ruí 锐阳平)宾、夷则、无射(yì 义)相当于现在西乐中的C、D、E、#F、#G、#A。此文"音律"似偏指"音"而言。古代阴阳五行字把五音与方位相配，如：宫—中，商—西，角—东，徵—南，羽—北。吴与越同处东南地带，对应的音相同，所以说"同音共律"。

⑩星宿：五星二十八宿。《淮南子·天文训》："五星、八风、二十八宿"注："五星：岁星(觉按：即木星)、荧惑(即火星)、镇星(又作填星，即土星)、太白(即金星)、辰星(即水星)也。二十八宿：东方角、亢、氐、房、心、尾、箕，北方斗、牛、女、虚、危、室、壁，西方奎、娄、胃、昴、毕、觜、参，南方井、鬼、柳、星、张、翼、轸也。"又参见9.7注⑭。此文"星宿"似偏指"宿"而言。古人将天上的二十八宿分别与地上的列国相配。《淮南子·天文训》："星部地名：角、亢，郑；氐、房、心，宋；尾、箕，燕；斗、牵牛，越；须女，吴；……"王引之说："诸书无言斗但主越、须女但主吴者。'斗、牵牛，越；须女，吴'当作'斗、牵牛、须女，吴、越'。"《晋书·天文志》引费直说《周易》，蔡邕《月令章句》曰：'起斗至须女，吴、越之分野。'又引陈卓、范蠡、鬼谷先生、张良、诸葛亮、谯周、京房、张衡，并曰'斗、牵牛、须女，吴、越'，足证今本之谬。"依我看，古代自有二说。统言之，则吴、越同配斗、牛、女三宿而不加分别，所

以此文说"上合星宿";析言之,则越国为斗、牛二宿的分野,吴国为女宿的分野,所以《淮南子》分列之,本书 5.12 以"斗"象征越国也可为证,参见 5.12 注⑮。

⑪理:地。《易·系辞上》"俯以察于地理"疏:"地有山川、原隰,各有条理,故称理也。"此文指分野而言。吴、越与天上的斗、牛、女三宿相配,属同一分野,所以说"下共一理"。

⑫《左传·定公十四年》载公元前 496 年,"吴伐越,越子勾践御之,陈于檇李。……越子因而伐之,大败之。灵姑浮(越大夫)以戈击阖庐,阖庐伤将指(足大指),取其一屦。还,卒于陉,去檇李七里。"

⑬此指吴王夫差在公元前 494 年(吴夫差二年、越勾践三年)打败越国,越王勾践困守于会稽山,派大夫文种向吴求和而成(参见《左传·哀公元年》)。接着勾践于公元前 492 年(夫差四年、勾践五年)到吴国给夫差当奴仆,结果又被夫差放回(参见下面第七、第八篇)。

⑭徐天祜说:"夫差惑于宰嚭之言,忘父之雠,释越不诛,为不孝。然在越,则幸矣。越欲责吴,若曰:'囚辱吾君与君夫人,使茔刍养马、给水除粪。'犹为有辞。今而曰越之罪莫大焉,而以吴赦越为大过。种也无乃失辞乎!"

⑮刻:严格。上刻青天:指对上严格尊奉天意。

⑯夫:四部丛刊本作"天",据冯念祖本改。

⑰中(zhòng 仲):通"仲"。中冬:冬季的第二个月,即农历十一月。定:《尔雅·释诂》:"定,止也。"

⑱被(pī 披):通"披"。五胜:五行相胜。水胜火,火胜金,金胜木,木胜土,土胜水,称为五胜。五胜之衣:缀有五行相胜图的衣服。

⑲步光、屈卢:见 5.7 注⑩。仗:执。

⑳瞋(chēn 琛):发怒时睁大眼睛。

㉑以:在。

㉒徐天祜说:"《吴世家》曰:'越王灭吴,诛太宰嚭。'《越世家》亦曰:'越王乃葬吴王而诛太宰嚭。'此书又云并诛其妻子。则吴王之自杀也,嚭亦同时就诛矣。愚按:越灭吴之后二年,是为哀公二十四年,'公如越,将妻公而多与之地。季孙惧,使因太宰嚭而纳赂焉,乃止。'然则吴之亡也,嚭遂臣越,夫固无恙也。《史记·世家》及此书所载,何其与左氏相戾也?且嚭贪而佞,至于亡国丧君,死有余戮,越人既生之,又从而信任之,岂以其实尝私越而不以其不忠为罪耶?"觉按:《左传·哀公二十四年》记及太宰嚭,可备一说。

㉓縏(pī 劈)组:丝带。

㉔徐天祜说:"《越绝》曰:'夫差冢在犹亭西卑犹位,近太湖,去县十七里。'《索隐》曰:'犹亭,亭名。卑犹位,三字共为地名。《吴地记》曰:"徐(觉按:汪士汉本作"馀")杭山,一名卑犹山。"是也。'"

㉕集:成就。《尚书·泰誓上》"大勋未集"孔传:"功业未成。"此文的"集功"与《尚书》的"集勋",语义结构相似。隰(xí袭):低湿地叫隰。此文指取低湿地上的土埋葬吴王,以表示鄙夷之意。

㉖徐天祐说:"宰嚭得保首领以没,盖幸而免,前既备论之矣。此书谓'亦葬卑犹之旁',岂其后嚭死于越而返葬于吴耶?然吴时诸冢墓如巫臣、要离、干将之类,皆具载图志,独不及宰嚭冢,何也?"

【今译】

　　一会儿,越军赶到,把吴王围了三层。大夫文种行礼相拜,范蠡则在队伍中,左手提着战鼓,右手握着鼓槌而敲鼓令士兵进击。

　　吴王把信绑在他的箭上射给文种、范蠡的部队,信上的文辞是:"我听说:'狡猾的兔子已经死光,优良的猎狗投锅煮汤;敌对的国家如果灭亡,谋议的大臣一定遭殃。'现在吴国精疲力尽了,大夫还图个什么呢?"

　　大夫文种、相国范蠡仍加紧进攻。大夫文种也把信绑在箭上射给吴王,说:"上天苍苍,或存或亡。越王勾践的贱臣文种大胆地说这样的话:从前上天把越国赐给吴国,吴国不肯接受,这是违背天意的行为。勾践尊重上天而尽心竭力,当时才能返回祖国。现在上天报答越王的功德,就该恭敬地接受吴国,不敢有所疏忽啊。况且吴国有了六个重大的过错,因此才落到灭亡的地步,大王知道吗?有忠臣伍子胥忠诚地劝谏却被杀死,这是第一个重大的过错。公孙圣正直地解说却没有功劳,这是第二个重大的过错。太宰伯嚭愚昧而能说会道,轻浮而说人坏话、讨好君主,胡言乱语在口中放肆地说出来,你却听信而任用他,这是第三个重大的过错。那齐国、晋国没有反叛的行为,没有超越本分、恣肆放纵的过错,而吴国却攻打这两个国家,侮辱他们的君臣,毁坏他们的土地神谷神,这是第四个重大的过错。再说吴国和越国对应相同的音律,在天上配合同样的星宿,在地上同属一个分野,但吴国却侵略越国,这是第五个重大的过错。从前越国亲手杀害了吴国的先王阖闾,罪过没有比这个更大的了,而侥幸的是吴国攻打了越国、却不顺从天命而放了自己的仇人,使他在后来成为自己的大祸患,这是第六个重大的过错。越王对上谨慎严格地尊奉天意,敢不服从天命么?"

大夫文种对越王说:"仲冬生气止息,上天将行杀戮。如果不奉行上天的意志去杀戮,那就会反过来遭到它的祸害。"越王恭敬地向文种行了礼,说:"是的。现在图谋吴王,该采取什么办法呢?"大夫文种说:"请你穿上缀有五行相胜图的衣服,佩带步光宝剑,手执屈卢矛,瞪着眼睛大声叱呵去拘捕他。"越王说:"好。"于是就按照大夫文种所说的那样派人去告诉吴王说:"实在想在今天听到你裁决的消息。"说罢过了一会儿,吴王没自杀。越王又派了使者去对吴王说:"为什么大王这样容忍羞辱、厚颜无耻呢?世界上没有万年在世的君主,死和生是一样的啊。现在您还有一点残留的体面,为什么一定要让我军的士兵把刀砍到大王的脖子上呢?"吴王仍然不肯自杀。勾践对文种、范蠡说:"二位为什么不杀了他?"文种、范蠡说:"我们处在臣子的位子上,不敢对君主施加杀戮。请大王急切地命令他说:'上天的惩罚应该施行,不能再长久地拖下去了。'"越王又瞪着眼睛愤怒地说:"死亡,是人所厌恶的。厌恶死亡,就该不得罪上天,不亏欠别人。现在你拥有了六条罪过,却还不知道惭愧羞辱而想求得一命,难道不鄙陋么?"吴王于是长长地叹息,向四方回头眺望,说道:"行。"于是就拿过剑来用它自杀了。越王对太宰嚭说:"你当臣子,不忠诚、不老实,以致于使国家灭亡、使君主覆没。"于是就杀了伯嚭及其妻子儿女。

吴王将要用剑自杀时,回头对身边的人说:"我活着也惭愧,死了也惭愧啊。假如死人有知觉的话,我没有脸在地下见先父,没有能耐去见忠臣伍子胥及公孙圣;假如死人没有知觉的话,我也对不起这一生啊。我死了,你们一定要连结丝带来罩住我的眼睛。我怕那丝带不能完全蒙住我的眼睛,请你们再重叠三幅轻软的丝织刺绣品来遮盖我的视线。使活着的人不显现在我的眼前,死了的人也见不到我的形状。我还能怎么样呢?"

越王就按照礼节把吴王埋葬在秦馀杭山的卑犹。越王让那些在自己这次战争中立功的将士每人挖一块低湿地上的土来埋葬吴王。太宰嚭也葬在卑犹的旁边。

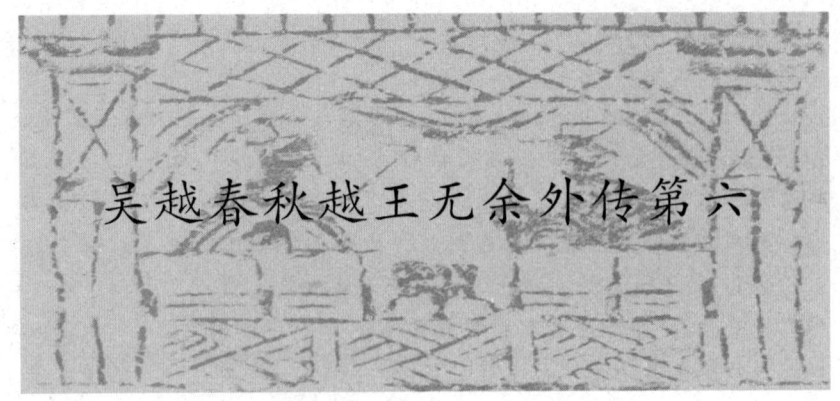

吴越春秋越王无余外传第六

【题解】

"外"字参见第四篇题解。越王无余外传，顾名思义，就是越王无余的传记。但篇中的文字，大部分是在记述他的祖先夏禹的事迹，记述无余的不足百字。所以从篇幅来说，题为"夏禹传"似更与内容切合。但是，作者叙事的重心则放在越国，夏禹只不过是越国始祖的祖先，所以才得以介绍，文章的主旨还是在记述越国的始祖无余，所以才题以"越王无余外传"。虽然篇中记述无余的事迹极少，以致显得比例失调，但这也是为史料所限而无可奈何的事。

本篇以极大的篇幅叙写了禹的事迹，与《史记·夏本纪》一比较就可以体会到本书的特点。《史记》写禹，大量袭用《尚书》之文，如《禹贡》《皋陶谟》等等，所以显得较为平实而古板。本文写禹，则广采异闻传说，对某些对话及细节作了详尽传神的描绘，而对《禹贡》的内容则作了高度的概括，仅以寥寥数语述之，所以本篇读上去全无《史记·夏本纪》那种古板感，而具有很强的故事性与浓厚的传奇色彩。它的记述，虽然不可能完全合乎史实，但对于那遥远的传说时代来说，无疑极大地丰富了关于夏禹的传说故事。至于无余以下的越史，本篇虽语焉不详，但也足以弥补正史记载的不足。

【原文】

6.1 越之前君无余者①，夏禹之末封也②。禹父鲧者，帝颛顼之后③。鲧娶于有莘氏之女④，名曰女嬉，年壮未孳⑤，嬉于砥山⑥，得薏苡而吞之⑦,意若为人所感⑧,因而妊孕,剖胁而产高密⑨。家于西羌⑩,地曰石纽⑪。石纽在蜀西川也⑫。

注释

①徐天祐说:"无余,禹之六世孙少康之庶子也,初受封于越。《越旧经》作'无馀'。"

②夏禹:传说中夏后氏部落的首领。姒姓,亦称大禹、戎禹,一说名文命。鲧之子。传说他奉舜的命令治理洪水,采取了疏通河道的办法,开掘了济水、漯(tà 沓)水、汝水、汉水、淮河、泗水等,导入江、海,获得成功。因此被舜选为继承人。舜死后他当了领袖,建立了夏王朝,都阳翟(今河南禹县)。后东巡死于会稽。一说他夺了帝位,把舜流放到苍梧。从他开始,实际上结束了帝位禅让制,实行了传子不传贤的世袭制。

③徐天祐说:"《帝王世纪》曰:'鲧,帝颛顼之子,字熙。'《连山易》曰:'鲧封于崇。故《国语》谓之'崇伯鲧'。《史记》曰:'鲧之父,帝颛顼。'《世本》亦以鲧为颛顼子。《汉书·律历志》则曰:'颛顼五世而生鲧。'《通鉴外纪》从之。《古史》曰:'太史公以鲧为颛顼之子,其世太迫。班固(四部丛刊本"固"误作"同",据汪士汉本改)以为五世孙,近得之。'此书以为颛顼之后,曰'后'者,可以通子孙言之也。"觉按:鲧(gǔn 滚)的事迹详下文。颛顼(zhuān xū 专须):名高阳,黄帝之孙,昌意之子,居帝丘(今河南濮阳西南),《史记·五帝本纪》《礼记·月令》《帝王世纪》都将他列为五帝之一。

④有莘:古国名,也作有辛、有侁、有姺。姒姓。故址在今陕西合阳县东南。参阅《太平寰宇记·同州·夏阳县》。

⑤壮:古人三十岁以上为壮年。孳(zì 字):卢文弨说:"'孳'与'字'同。"觉按:字:生育,生子。

⑥砥山:或即有莘附近的砥柱山,亦名三门山,原在今河南三门峡市东北黄河中。今因修了三门峡水库,山已炸毁不见。

⑦薏苡:原为植物名(参阅《本草纲目·谷·薏苡仁》),此为神珠名。《史记·夏本纪》《正义》:"《帝王纪》云:'父鲧,妻脩己,见流星贯昴,梦接意感,又吞神珠薏苡,胸坼而生禹,名文命,字密,身九尺二寸长,本西夷人也。'"

⑧参见1.1注⑤。

⑨徐天祐说:"《世本》曰:'鲧娶有辛氏女,谓之女志,是生高密。'宋忠曰:'高密,禹所封国。'《世纪》曰:'鲧妻脩己,见流星贯昴,梦接意感,又吞神珠薏苡而生禹,名文命,字密。'《史记》以文命为禹之名,孔安国谓禹为名,张晏谓禹为字,今并存之。"胁:胸部的两侧。剖胁:即《帝王世纪》所说的"胸坼"。高密:高密作为地名,在今山东省。但据此文,高密当为禹的名字,而非地名。宋忠之说不足取。

《世纪》以"密"为禹之字,则"高"或为"禹"字之形讹。

⑩羌:我国古代西部的一个民族。

⑪石纽:徐天祐说:"在茂州石泉县,其地有禹庙,郡人相传禹以六月六日生。《元和郡县志》:'禹,汶山广柔人,生于石纽村。'《水经注》:'县有石纽乡,禹所生也。'广柔即今石泉军。"觉按:徐注"汶山"当作"汶山",汉武帝时置汶川郡,汉宣帝时并入蜀郡,三国蜀、西晋复置汶山郡,唐改为茂州。在今四川北川、汶川、茂汶羌族自治县一带。徐注"石泉县",唐置,即今四川北川县。徐氏谓广柔即石泉,误。《史记·夏本纪》《正义》:"按广柔,隋改曰汶川。"又引《括地志》:"茂州汶川县石纽山,在县西七十三里。"则石纽在唐宋时应属茂州汶川县,即今四川汶川县,非属石泉军。

⑫蜀、西川:为作者所处之东汉时的郡县名。蜀:蜀郡,属益州,其辖境包有今四川成都市及温江地区大部分县境。西川:即后代之汶川县。

【今译】

越国的先君无余,是被分封的夏禹的后代。禹的父亲鲧,是帝王颛顼的后代。鲧娶了有莘部落的女儿,名叫女嬉,到了壮年还没生育,当她在砥山游玩的时候,发现一颗薏苡珠而把它吞了,心神好像被人触动了一样,因此而怀了孕,结果剖开胸膛而生了高密。鲧落户在西羌,地名叫石纽。石纽在今蜀郡西川县。

【原文】

6.2　帝尧之时①,遭洪水滔滔,天下沉渍②,九州阏塞③,四渎壅闭④。帝乃忧中国之不康,悼黎元之罹咎⑤,乃命四岳⑥,乃举贤良,将任治水。自中国至于条方⑦,莫荐人,帝靡所任⑧,四岳乃举鲧而荐之于尧。帝曰:"鲧,负命毁族,不可⑨。"四岳曰:"等之群臣⑩,未有如鲧者。"尧用治水,受命九载,功不成。帝怒曰:"朕知不能也。"乃更求之,得舜⑪,使摄行天子之政⑫,巡狩⑬,观鲧之治水无有形状,乃殛鲧于羽山⑭。鲧投于水,化为黄能⑮,因为羽渊之神⑯。

注释

①尧:见1.1注⑰。

②渍(zì字):浸,泡。

③九州:中国古代设置的九个州,夏禹划分的九州是:冀州、兖州、青州、徐州、

扬州、荆州、豫州、梁州、雍州,参见《尚书·禹贡》。阏(è 厄):阻隔,堵塞。

④四渎:《尔雅·释水》:"江、淮、河、济为四渎。四渎者,发源注海者也。"

⑤黎元:即"黔首",或作"黎民",民众,百姓。罹(lí 离):遭遇。咎:灾祸。

⑥四岳:《尚书·尧典》"咨四岳"孔安国传:"四岳即上羲、和之四子,分掌四岳之诸侯,故称焉。"皇甫谧《帝王世纪》:"(尧)命羲、和四子羲仲、羲叔、和仲、和叔分掌四时方岳之职,故名曰四岳也。"羲仲、羲叔、和仲、和叔分掌春、夏、秋、冬四时,同时又主管巡狩四方之岳(岳:高大之山。古以泰山为东岳,华山为西岳,衡山为南岳,恒山为北岳),所以称为"四岳"。《书·周官》云:"王乃时巡,考制度于四岳,诸侯各朝于方岳,大明黜陟。"可见古代天子巡狩至某一方岳,则某方诸侯即朝会于此,天子根据诸侯的功绩任免他们。而这工作由四岳掌管,所以此文尧命四岳推荐人才。又,宋孔平仲、明杨慎都以四岳为一人(见《升菴经说》卷三《四岳为一人》),可备一说。

⑦中国:指京师。条:《礼记·乐记》"感条畅之气"疏:"条,远也。"条方:指四方边远地区。

⑧靡(mǐ 米):无。

⑨徐天祜说:"《尚书·尧典》作'方命圮族'。《史记·尧本纪》作'负命毁族'。《正义》曰:'负,音佩,违也。鲧性狠戾,违负教命,毁败善类,不可用也。'"

⑩等:比较。

⑪舜:传说中的贤君,是原始时代有虞氏部落的首领,姚姓,名重华,史称舜或虞舜。传说他受尧的禅让继位,在位四十八年。其在位时代约在公元前 22 世纪。传说他曾命禹治水,并把帝位禅让给禹,后来南巡而死于苍梧之野,葬于九疑。一说他被禹放逐,死于苍梧。

⑫摄:见 2.6 注⑩。

⑬巡狩:同"巡守"。《孟子·梁惠王下》:"天子适诸侯曰巡狩。巡狩者,巡所守也。"即天子巡视四方诸侯的职守。

⑭殛(jí 及):《书·舜典》"流共工于幽洲……殛鲧于羽山"传:"殛、窜、放、流,皆诛也。"疏:"流者移其居处,……放者使之自活,窜者投弃之名,殛者诛责之称,俱是流徙。……四者之次,盖以罪重者先,……《祭法》以鲧障洪水故列诸祀典,功虽不就,为罪最轻,故后言之。"羽山:徐天祜说:"《地志》:'在东海郡祝其县南。'今海州朐山县。"觉按:汉代祝其县在今江苏赣榆县境。唐、宋之朐山县在今江苏连云港市,羽山当在今赣榆县西南、连云港市西北。

⑮黄能:《左传·昭公七年》作"黄熊",《释文》:"黄熊,音雄,兽名。亦作能,如字,一音奴来反,三足鳖也。解者云:兽非入水之物,故是鳖也。一曰:既为神,何妨是兽?案《说文》及《字林》,皆云:'能,熊属,足似鹿。'然则'能'既熊属,入为鳖类。……东海人祭禹庙不用熊白及鳖为膳,斯岂鲧化为二物乎?"能只是传

说中的一种怪物,难以考实,但恐非二物。《史记·夏本纪》《正义》:"鲧之羽山,化为黄熊,入于羽渊。熊,音乃来反,下三点,为三足也。束晳《发蒙记》云:'鳖三足曰熊。'据此,"能"当读 nái(乃$_{阳平}$),为三足鳖,字或作"熊",作"熊"者实误,以为熊属之兽也是误说。

⑯羽渊:池潭名。旧海州朐山县境有羽潭(参阅《太平寰宇记·海州·朐山县》),当即羽山之流水汇合而成,故名。

【今译】

帝尧统治的时候,遇上大水弥漫,天下都沉没浸泡在水中,九州之间阻塞隔绝,长江、淮河、黄河、济水四条大河淤塞不通。于是帝尧便担忧中国不得安乐,哀怜百姓遭受祸殃,就命令四方诸侯之长,让他们推荐贤能的人,将任用他来治理洪水。从首都直到四方边远地区,没有谁推荐人才,帝尧没有可任用的人,四方诸侯之长就把鲧引荐给了尧。帝尧说:"鲧这个人,违抗命令,残害善类,不可任用。"四方诸侯之长说:"把他和大臣们相比,还没有谁及得上鲧。"尧便任用鲧治理洪水,鲧接受任命后九年,治水的工作仍然没有成效。帝尧愤怒地说:"我早就知道他没有能力治水啊。"于是就另外访求人才,得到了舜,就让他代理操办天子的政务。舜到各地视察臣属的工作,看到鲧的治水没有成效,就谴责鲧而把他流放到羽山。鲧跳到水中自杀,变成了黄色的三脚鳖,因而成为羽渊的神。

【原文】

6.3 舜与四岳举鲧之子高密。四岳谓禹曰:"舜以治水无功①,举尔嗣考之勋②。"禹曰:"俞③!小子敢悉考绩以统天意④?惟委而已⑤。"

禹伤父功不成,循江溯河,尽济甄淮⑥,乃劳身焦思以行⑦,七年⑧,闻乐不听,过门不入,冠挂不顾⑨,履遗不蹑⑩,功未及成。愁然沉思,乃案《黄帝中经历》⑪——盖圣人所记⑫,曰:"在于九疑山东南天柱⑬,号曰宛委⑭,赤帝在阙⑮。其岩之巅,承以文玉,覆以磐石,其书金简⑯,青玉为字,编以白银⑰,皆瑑其文⑱。"

禹乃东巡,登衡山⑲,血白马以祭,不幸所求⑳。禹乃登山,仰天而啸,忽然而卧㉑,因梦见赤绣衣男子,自称:"玄夷苍水使者㉒,闻帝使文命于斯㉓,故来候之。非厌岁月,将告以期。无为戏吟,故倚歌覆釜之山㉔。"东顾谓禹曰:"欲得我山神书者,斋于黄帝岩岳之下㉕,三月庚子,登山发石,金简之书存矣。"禹退又斋,三月庚子,登宛委山,发金简之书,案金简玉字,得通水之理㉖。

复返归岳㉗,乘四载以行川㉘,始于霍山㉙,徊集五岳㉚。《诗》云㉛:"信彼南山㉜,惟禹甸之㉝。"

遂巡行四渎,与益、夔共谋㉞。行到名山大泽㉟,召其神而问之山川脉理、金玉所有、鸟兽昆虫之类及八方之民俗、殊国异域土地里数,使益疏而记之,故名之曰《山海经》㊱。

> [!注释]

①"以"下当有"鲧"字。
②考:死去的父亲。
③俞:叹词,表示同意或赞许。
④小子:自称的谦词。悉:《谷梁传·宣公十五年》"以公之与民为已悉矣"注:"悉谓尽其力。"统:总领,制约。
⑤委:《左传·文公六午》"委之常秩"注:"委,任也。"这里用作被动词,表示被委任。
⑥济:见5.21注③。甄(zhēn 贞):鉴别。此指考察查明。
⑦劳身:使身体劳苦。焦思:使心情焦急忧虑。
⑧七年:《孟子·滕文公上》说"禹八年于外",《史记·夏本纪》作"居外十三年"。传说各异,所以所记不同。
⑨挂:同"絓",阻碍,绊住。此指帽子被树枝荆棘等挂住了。
⑩蹑:踩。不蹑:指不踩履,即不穿鞋。
⑪案:通"按",考察,查考。
⑫"盖圣人所记"五字为自注之辞,《初学记》卷五、《北堂书钞》卷一百六十引文在"盖"字下有"见"字,《艺文类聚》卷十一、《太平御览》卷五十一、《事类赋注》卷七引文"盖"作"见",似为臆增臆改。
⑬四部丛刊本无"疑",据《初学记》卷五引文补。九疑山:也作"九嶷",在今湖南宁远县南。天柱:古代名为天柱的山有几处,此指浙江省的天柱山,即宛委山,见注⑭。宛委在九疑东北,此说"东南",盖作者误测之词。
⑭宛委:《史记·太史公自序》"探禹穴"《正义》:"《括地志》云:'石箐山,一名玉笥山,又名宛委山,即会稽山一峰也。在会稽县东南十八里。'"会稽山,见5.5注④。会稽县,在今浙江绍兴县。

⑮赤帝:五天帝之一,南方之神。《史记·天官书》"赤帝行德"《正义》:"赤帝,南方赤熛怒之帝也。"

⑯简:古代没有纸,把竹子削成狭长的薄片用作书写材料,叫做简。此文之简不用竹制,而用金制,极言其珍贵。

⑰古代将竹简编联成书的绳子叫"编",将竹简用绳子编联起来也叫"编"。

⑱瑑(zhuàn 撰):在玉器上雕饰凸纹。此文指青玉之字都粘贴在金简上而呈凸出之状。《太平寰宇记》卷九十六引文作"篆",若解为"用大篆的书体写字",也通。

⑲衡山:四部丛刊本作"衡岳",据《太平御览》卷三十九引文改。衡山:即会稽山,《史记·封禅书》"禹封泰山、禅会稽"《正义》:"《括地志》云:'会稽山,一名衡山,在越州会稽县东南一十二里也。'"参见5.5注④。但本文作者则将衡山误解成了南岳衡山,见下注㉗。

⑳幸:《华严经音义上》引《公羊》刘兆注:"幸,遇也。"

㉑四部丛刊本无"忽然而卧",据《初学记》卷五引文补。

㉒玄夷苍水:山神之名。

㉓文命:禹之名。

㉔故:通"固"。徐天祐说:"《舆地志》:'会稽山有石,状如覆鬴,谓之覆鬴山,一名釜山。''鬴'亦作'釜'。《史记·黄帝本纪》曰:'合符釜山。'《索隐》以为'合诸侯符契圭璋而朝之于釜山','在妫州怀戎县北三里',非此之釜山也。"

㉕斋:斋戒,整洁身心。黄帝:传说中中原各族的共同祖先。姓公孙,居轩辕之丘,故号轩辕氏。又居姬水,因改姓姬。国于有熊,故亦称有熊氏。传说他曾打败姜姓部落首领炎帝以及九黎族首领蚩尤,从而被各部落推为部落联盟首领。因有土德之瑞,故号黄帝。他在位时代约在公元前26世纪。岩岳:高峻的大山。黄帝岩岳:不知在何处,或为会稽山中一峰。

㉖徐天祐说:"禹未尝两至越,其至越,在会计之时,非治水时也。《禹贡》记南方山川多与今不合,禹治水时未尝亲至南方故也。《孟子》曰:'禹八年于外。'而《禹贡》云:'作十有三载,乃同。'或者以为此禹治水之年通鲧九载言之也。马融曰:'禹治水三年而八州平。'是十二年而八州平,十三年而兖州平。兖州平在舜受终之年,然则禹之成功不过三四年间耳。此书谓劳身焦思七年,功未及成,乃东巡登宛委发金简之书,得通水之理。使禹之治水七年而后得神书,始知通水之理,不已晚乎?诸若此类,盖传疑尚矣。"觉按:古史事迹凭口耳相传,所以每多异说,尽可并存其说。

㉗作者将传说中禹所登的衡山误解为南岳衡山,所以上文作"衡岳"(见注⑲),此又说"复返归岳",下文又说"始于霍山"。诚然,禹"东巡"所登衡山既然在"东",又是求取金简之书的地方,所以应该是会稽山。此文也不当说"岳"。现

译文姑依原文。

㉘乘四载:《史记·夏本纪》:"陆行乘车,水行乘船,泥行乘橇,山行乘檋。"檋(jú局),有锥之屐。行:巡视。

㉙徐天祐说:"南岳衡山,又名霍山。泰与岱,衡与霍,皆一山二名。"觉按:古代名霍山的有多处,此则指南岳。此文作者既将禹所登衡山误解为南岳,所以此文说"始于霍山"。

㉚徊:通"回",旋转,打圈,此指周行。集:停留。五岳:即嵩山(中岳)、泰山(东岳)、华山(西岳)、衡山(南岳)、恒山(北岳)。先秦古籍只称四岳,无中岳,至《周礼·春官》才有五岳之名。禹时不应有中岳,此文实为作者误笔。

㉛《诗》:《诗经》。以下所引诗句见《诗经·小雅·信南山》。

㉜信(shēn伸):通"伸",舒展延伸的样子。南山:古代终南山(在今陕西西安市南)称南山,但此诗之"南山"泛指住地南面之山。

㉝《诗经·小雅·信南山》传:"甸,治也。"

㉞益:一作翳,即伯益,古代嬴姓各族的祖先。相传他助禹治水有功,被选为继承人。禹去世后,禹的儿子启即继王位,他与启争夺,被启所杀。一说由于他的推让,启被拥戴继位。夔(kuí魁):尧、舜时的乐官。

㉟《淮南子·地形训》注:"名山,太山也。"

㊱《山海经》:《汉书·艺文志》列入《数术略·形法类》,十三篇。最初见于《史记·大宛传论》,但未言谁作。今本十八篇,卷首有汉刘秀(即刘歆)校上奏,称夏禹、伯益所作,实不可信从。此文盖误从刘说。该书约成于战国,又经秦、汉,有所增删。书中记述各地山川、道里、部族、物产、祭祀、医巫、风俗,往往搀杂怪异,较多地保存了远古的神话传说和史地材料。

【今译】

舜和四方诸侯之长推举鲧的儿子高密来治水。四方诸侯之长对禹说:"舜因为鲧治水没有成绩,所以提拔你继承先父的事业。"禹说:"是!小子敢尽力于先父的事业来统领天意么?我只是受到委任罢了。"

禹伤心父亲的使命没有完成,于是沿着长江顺流而下,又在黄河中逆流而上,走遍济水,考察淮河,像这样竭尽全力、呕心沥血地在外奔波,七年之间,听见音乐也不去欣赏,经过家门也不进去,帽子被树枝等挂住了也不回头看一下,鞋子掉了也不穿上,但治水的工作还是未见成效。他忧愁地深深思索着,于是就查考《黄帝中经历》——这大概是圣人所记录的,那书上说:"在九嶷山东南的天柱山,号称宛委山,赤帝就居住在这山上的宫殿里。在那山崖的顶上有一本书，用有花纹的宝玉托着，用厚厚的大石头盖着，这本书用的是黄金制的简札，简上是青色的宝玉连缀成的文字，用白银制成的绳子编联起来，那书上的文字都凸出在简片上。"

　　禹于是就到东方巡视，登上了衡山，杀了白马用它的血来祭祀山神，仍没有见到他所寻觅的神书。禹于是登上山峰，仰天长啸，恍惚之间睡着了，因而梦见一个身穿红色绣花衣的男子，自称："我是玄夷苍水的使者，听说皇帝派文命到这里，所以来等候你。现在还不是那看神书的时候，我将告诉你这日期。不要认为我是在开玩笑地吟唱，我本来就老在覆釜山依着曲子来歌唱。"这男子向东掉过头对禹说："想要得到我山神的书，必须在黄帝峰下斋戒，三月庚子日，再登上山顶揭开石头，那黄金简札的书就在那里了。"禹退下山去，又整洁身心，在三月庚子日，登上宛委山，拿出了黄金简札的书，查阅了黄金简札上的玉字，了解了疏通河道的原理。

　　于是禹又回到了衡山，凭借四种交通工具去巡视河流，从霍山出发，轮流到五岳停留。《诗经》云：

　　"逶迤而去那南山，大禹曾经治其间。"

　　于是禹巡视了长江、黄河、济水、淮河四条入海的河流，与益、夔一起谋划。他巡视到大山大湖，就召见那里的神仙而向他们询问山河的脉络条理、金银宝玉所蕴藏的地方、该处鸟兽昆虫的种类以及四面八方的民间习俗，不同国家不同地区所拥有的土地里数，让益分别记录下来，所以把这些记载取名叫《山海经》。

【原文】

　　6.4　禹三十未娶，行到涂山①，恐时之暮，失其度制，乃辞云："吾娶也，必有应矣②。"乃有白狐九尾造于禹。禹曰："白者，吾之服也；其九尾者，王之证也。涂山之歌曰：

　　　　'绥绥白狐③，九尾厐厐④。
　　　　我家嘉夷⑤，来宾为王。
　　　　成家成室⑥，我造彼昌。
　　　　天人之际，于兹则行。'

明矣哉！"禹因娶涂山女⑦，谓之女娇。取辛、壬、癸、甲⑧，禹行。十月，女娇生子启。启生不见父,昼夕呱呱啼泣⑨。

注释

①徐天祐说:"《会稽志》:'涂山在山阴县西北四十五里。'苏鹗《演义》:'涂山有四:一、会稽,二、渝州巴南旧江州,三、濠州,四、当涂县。'按《左氏昭公四年传》:'穆有涂山之会。'《哀公七年传》:'禹合诸侯于涂山。'杜预解并云:'在寿春东北。'说者曰:'今濠州也。'柳宗元《涂山铭序》曰:'周穆遐追遗法,复会于是山。'然则禹与穆王皆尝会诸侯于涂山矣,然非必皆寿春也。若禹之所娶,则未详何地。《水经注》:'江州县水北岸有涂山,南有夏禹庙、涂君祠。庙铭存焉。'常璩、庾仲雍并言禹娶于此。《越绝》等书乃云禹娶于(觉按:"云禹娶于",四部丛刊本作"公禹娶一",据四库全书本改)会稽涂山。应劭曰:'在永兴北。'永兴,今萧山县也,又与郡志所载不同。盖会稽实吴会侯计功之地,非所娶之国,下文兼载白狐九尾之异,尤为可疑。"觉按:禹所娶之涂山古有二说,一为会稽之涂山,在今浙江绍兴县西北,《越绝书·外传记地传》:'涂山者,禹所娶妻之山也,去县三十五里。"二为江州之涂山,在今四川重庆市巴县,常璩《华阳国志》:"禹娶于涂山……今江州涂山是也。"禹生于石纽,卒于会稽,此二说恐怕即由其卒地与生地附会而来。据《竹书纪年》,禹巡狩于涂山以及下文遇黄龙负舟事在禹即天子之位后五年,与此文所记时代不同。

②应:《素问》"有怫之应"注:"应为先兆。"

③绥绥(suí suí 随随):独行求偶之貌。参见《诗·卫风·有狐》"有狐绥绥"朱熹《诗集传》之说。此句起兴,象征禹前来求婚。

④厖厖:四部丛刊本作"痝痝",据四库全书本改。厖厖(máng máng 芒芒):大而蓬松的样子。

⑤嘉:吉庆,幸福。夷:愉快。《诗·郑风·风雨》"云胡不夷"笺:"夷,说(悦)也。"

⑥家、室:都表示家庭。

⑦四部丛刊本"山"下无"女",据《初学记》卷二十九引文补。

⑧取:同"娶"。徐天祐说:"《吕氏春秋》(觉按:"秋",四部丛刊本作"利",据四库全书本改)曰:'禹娶涂山氏女,不以私害公,自辛至甲四日,复往治水。'"觉按:古代用干支纪日,辛、壬、癸、甲是相连的四个天干,所以表示连续的四天。

⑨呱呱(gū gū 孤孤):形容小孩哭声。

【今译】

禹三十岁了还没有娶妻,巡视到涂山,怕娶妻的时间太晚而违背了婚姻制度,于是就托辞说:"我娶妻,一定得有先兆。"于是有一只九条尾巴的白色狐狸来到禹的跟前。禹说:"白色,就是我衣服的颜色;那九条尾巴,是称王九州的证验。涂山的歌谣唱道:

　　'独行求偶白狐狸,九条尾巴大又长。
　　我家幸福又欢乐,所来客人是帝王。
　　组成家庭结成双,我去以后他兴旺。
　　上天与人彼此间,遵循此言就通畅。'

这兆征已经很明白的了!"禹于是娶了涂山的女子,把她叫做女娇。娶女娇只过了辛、壬、癸、甲四天,禹又外出巡视了。十个月后,女娇生了儿子启。启生下来不见父亲,日日夜夜哇哇哇地啼哭。

【原文】

　　6.5　禹行,使大章步东西、竖亥度南北①,畅八极之广②,旋天地之数③。

　　禹济江南省水理,黄龙负舟,舟中人怖骇,禹乃哑然而笑④曰:"我受命于天,竭力以劳万民。生,性也;死,命也。尔何为者?"颜色不变,谓舟人曰:"此天所以为我用。"龙曳尾舍舟而去。

　　南到计于苍梧⑤,而见缚人,禹拊其背而哭⑥。益曰:"斯人犯法,自合如此。哭之何也?"禹曰:"天下有道,民不罹辜;天下无道,罪及善人。吾闻:'一男不耕,有受其饥;一女不桑,有受其寒。'吾为帝统治水土,调民安居,使得其所。今乃罹法如斯!此吾德薄不能化民证也⑦。故哭之悲耳。"

　　于是,周行寓内⑧,东造绝迹,西延积石⑨,南逾赤岸⑩,北过寒谷⑪,徊崑峇⑫,察六扈⑬,脉地理⑭,名金石⑮。写流沙于西隅⑯,决弱水于北汉⑰;青泉、赤渊分入洞穴,通江东流至于碣石⑱,疏九河于潜渊⑲,开五水于东北⑳,凿龙门㉑,辟伊阙㉒;平易相土㉓,观地分州;殊方各进,有所纳贡㉔;民去崎岖,归于中国。

　　尧曰:"俞!以固冀于此㉕!"乃号禹曰伯禹㉖,官曰司空㉗,赐姓姒氏,领统州伯㉘,以巡十二部㉙。

【注释】

　　①徐天祐说:"《淮南子》:'禹使太章步自东极至于西垂,竖亥步自南极尽于

北垂。'许慎曰:'太章、竖亥,善行人,皆禹臣。'"觉按:大(tài 太):同"太"。步:用作名词时是丈量土地的长度单位(见1.5注⑧);此文用作动词,表示测量土地的长度。据《淮南子·地形训》,太章测得东极到西极的距离以及竖亥测得北极至南极的距离均为"二亿三万三千五百里七十五步"。

②八极:八方极远的地方。《淮南子·地形训》:"九州之大,纯方千里。九州之外,乃有八殥,亦方千里……八殥之外,而有八纮,亦方千里……八纮之外,乃有八极。"

③旋:旋转,引申指普遍。

④哑(è 厄):形容笑声。

⑤计:考核官吏。苍梧:山名,即九疑山,见6.3注⑬。

⑥拊(fǔ 俯):抚摩。

⑦德:四部丛刊本作"得",据冯念祖本改。

⑧寓(yǔ 宇):同"宇"。《淮南子·齐俗训》:"往古来今谓之宙,四方上下谓之宇。"《左传·昭公四年》"失其守宇"注:"于国则四垂为宇。"即指四周边境。

⑨积石:山名。徐天祜说:"《地志》:'在金城郡河关县西南。'"觉按:即在今甘肃临夏西北。此为小积石山,黄河流经该处,今有积石峡。另有大积石山,在今青海省南部,位于黄河更上游,土名阿尼玛卿山(或:阿木柰玛勒占木逊山)。《史记·夏本纪》既说"浮于积石,至于龙门西河",又说"道河积石,至于龙门",都指小积石而言。今有辞书以为禹导河处为大积石,恐误。

⑩徐天祜说:"《水经》:'新安县南白石山名广阳山,水曰赤岸水。'"觉按:徐氏引文见《水经注·涧水》。新安县即今河南省新安县。赤岸水,又名石子涧,即涧水,是洛河的支流。但此文"积石"、"寒谷"、"崑苍"皆为山名,此"赤岸"不当指水,而应为山名;而且,若指涧水而言,也不很"南"。《水经注·河水》:"大河又东迳赤岸北,即河夹岸也。"虽名"赤岸",但在黄河上游,与积石相近,所以也非此文所指。《文选》卷三七曹子建《求自试表》:"臣昔从先武皇帝,南极赤岸,东临沧海,西望玉门,北出玄塞。"注:"《徐州记》曰:'京江,《禹贡》北江,有大涛,涛至乘北,激赤岸,尤更迅猛。'"《文选》卷十二郭景纯《江赋》:"鼓洪涛于赤岸。"注:"或曰:赤岸,在广陵舆县。"《舆地纪胜》:"其山岩与江岸数里,土色皆赤。"此文之"赤岸",或指此赤岸山,在今江苏六合县东南四十里。

⑪徐天祜说:"刘向《别录》:'燕有黍谷,地美而寒,不生五谷,邹子居之,吹律而温气至。'"觉按:寒谷为山名,又名燕谷山、黍谷山,在今北京市密云县西南。

⑫崑苍:山名,在今新疆、西藏之间,东延入青海省,为黄河发源地。

⑬孙诒让说:"'六'疑当作'玄',《山海经·中山经》云:'阳虚之山,临于玄扈之水。'郭注引《河图》云:'苍颉为帝,南巡狩,登杨虚之山,临于玄扈洛汭,灵龟负书,丹甲青文以授之。''玄'俗书或作'⿱亠六',挩其半遂成'六'字耳。"觉按:"六"

当为"玄"之坏误。玄扈水,在今陕西洛南县西,源出玄扈山,径至阳虚山下。但此文之玄扈,或指玄扈山,山在今洛南县西,与阳虚山相对。传说黄帝在此山拜受凤鸟啣来之图。见《初学记》卷三十引《春秋合诚图》。

⑭脉:摸清,调查清楚。查清地理状况,好像医生切脉,所以说"脉"。

⑮名:通"铭",铭刻文字。金石:金指钟鼎之类,石指山崖碑碣之类。古人记功,多铭刻文字于金石。此文当偏指刻石。相传夏禹治水时刻有"岣嵝碑",也称"禹碑",凡77字,似缪篆,又似符箓。碑原在湖南衡山县云密峰,早佚。成都、绍兴等处皆有摹刻。此碑实出后人伪造,因为钟鼎始于三代,石刻则创于秦。

⑯写:《管子·白心》"卧名利者写生危"注:"写,犹除也。"即除去的意思,俗作"泻"(参见《说文通训定声》《广雅疏证》)。流沙:徐天祜说:"《地理志》:'流沙在居延西北。'杜佑曰:'在沙州西八十里,其沙随风流行,故曰流沙。'"觉按:《汉书》所谓居延,在今内蒙额济纳旗西北。杜佑所谓沙州,辖今甘肃安西县西至新疆吐鲁番县一带地区。流沙,实指我国西北一带的沙漠,故所指有所不同。隅:靠边的地方。

⑰决:排除阻塞物。弱水:徐天祜说:"《地理志》:'弱水在张掖郡删丹县。'柳宗元曰:'水散涣无力,不能负芥,投之则委靡垫没,及底而止,故曰弱。'"觉按:汉之删丹县,即今甘肃山丹县。此弱水即今甘肃的张掖河,俗称黑河,发源于祁连山下,经张掖县西北流,一直流入内蒙苏克诺尔和嘎顺诺尔二湖(即古代的居延海)。漠:各本皆作"漢",实当作"漠",形近而误。《楚辞》王逸《九思·疾世》:"逾陇堆兮渡漠,过桂车兮合黎。"注:"漠,沙漠也。一云漢,漢水也。"王逸所说的合黎山即在弱水边,所渡之"漠",即此文之"北漠"。但一本也误为"漢"。这些都可证明此文当作"漠"。漠,沙漠,指弱水附近的沙漠。《尚书·禹贡》:"导弱水,至于合黎,馀波入于流沙。"即此文所谓"决弱水于北漠"。

⑱江:泛指我国北部的江河。《尚书·禹贡》:"大(太)行、恒山,至于碣石,入于海。"传:"此二山连延东北,接碣石而入沧海,百川经此众山,禹皆治之,不可胜名,故以山言之。"此文以"江"言之,与《禹贡》所指同。碣石:山名,在今河北昌黎西北。

⑲九河:《书·禹贡》:"导河积石,至于龙门……又东至于孟津,东过洛汭,至于大伾;北过降水,至于大陆;又北播为九河,同为逆河,入于海。"传:"北分为九河以杀其溢,在兖州界。"《尚书·禹贡》:"济、河惟兖州。九河既导。"传:"河水分为九道,在此州界,平原以北是。"《释文》:"九河:徒骇一,太史二,马颊三,覆釜四,胡苏五,简六,絜七,钩盘八,鬲津九。出《尔雅》。"古代黄河从大陆泽(在今河北任县东北,今已湮没)向北分为九道,称九河,然后再合为一大河入海。九河古道,也早已湮没,不能尽考,其地约在今山东平原县以北、天津市以南一带。浑(hùn 混):混浊的水。渊:打漩的水。

⑳五水:指长江北岸的支流巴水、蕲水、希水(今作浠水)、西归水(今倒水)、赤亭水(今举水),在今武汉市以东。参见《水经注·蕲水》《南史·夷貊传下》。

㉑龙门:山名,在今陕西韩城县与山西河津县间。今龙门处有禹门口,盖因禹凿龙门而得名。

㉒伊阙:徐天祜说:"在洛阳西南五十里,禹疏以通水,两山相对,望之若阙,伊水历其间北流,故曰伊阙。"觉按:徐说见《水经注·伊水》。

㉓平易:指地势平坦,这里用作使动词。相土:考察土质。九州土质的不同,可参见《尚书·禹贡》。

㉔九州贡品的不同,《尚书·禹贡》有较详的记述,可参见。

㉕以:犹"乃",参见《古书虚字集释》。冀:《淮南子·地形训》:"正中冀州,曰中土。"《孔子家语·正论》"在此冀方"注:"中国为冀。"冀州位于中国的中心,所以用来指代中国。

㉖《周礼·春官·大祝》"辨六号"注:"号,谓尊其名,更为美称焉。"就是说,"号"是一种美化姓名的称号,它用作动词时,表示赐给尊贵的名号。据此文,"伯"字是尧加给禹的尊号。一说禹的父亲鲧为崇伯,故称伯禹。

㉗司空:主管水土及营建工程的官。禹任司空之事见《尚书·舜典》。

㉘伯:长。

㉙十二部:相传禹治水后,分中国为九州(见6.2注③),舜又从冀州分出幽州、并州,从青州分出营州(参见《尚书·舜典》"肇十有二州"孔传与《释文》)。此十二部即指十二州。

【今译】

　　禹出外巡视,派太章测量东西的长度、竖亥测量南北的长度,充分地测量了八方尽头的广度,普遍地掌握了有关天文地理的各种数据。

　　禹渡过长江到江南视察河道的时候,有条黄龙用背驮起他的船,船里的人非常恐惧,禹却嘿嘿地笑起来,说:"我从上天那里接受了命令,竭尽全力来为亿万民众操劳。活着,是一种天性;死去,是一种命运。你们为什么要这样害怕呢?"他脸色一点儿也没变,对船上的人说:"这条龙是上天拿来给我使用的工具啊。"那条龙就拖着尾巴、丢下了船只游走了。

　　禹向南来到苍梧山考核官吏,却见到被捆绑的人,禹抚摩着他的背哭了。益说:"这人犯了法,本来就该这样。你为他哭泣,为什么呢?"禹说:"社会政治清明,民众就不会犯罪;社会政治黑暗,惩处罪过就会涉及良民。我听说:'有一个男子不耕种,就有人因此而挨饿;有一个女子不采桑养蚕,就有人因此而受冻。'我为皇帝治理水土,调理民众安顿生活,以使他们各得其所。现在他们却像这样犯了法!这是我德行不厚因而不能感化民众的证验啊。所以我才为他哭得很悲伤。"

打这以后,禹便跑遍了国界内的所有地方,向东到了无人涉足的地方,向西延伸到积石山,向南越过了赤岸,向北翻过了寒谷山,来回于昆仑山脉,考察了玄扈山水,摸清了地形地势,在山石上刻下了各种文字。他在西部边远地区排除流沙,在北边沙漠地带疏通弱水;青色的地下水、红色的深水潭分别引入洞穴,疏通江河使它们向东流到碣石山入海;在混浊的漩涡中疏通黄河下游的九条分水道,向东北开通了五条河;凿通了龙门山,打开了伊阙山;平整土地又审察土质,视察地形来划分州域;不同的地方根据各自的不同物产分别进献,都有一定的上交给朝廷的贡品;所以民众离开了崎岖艰险的山区,投奔到中国来。

尧说:"行啊!竟把中国巩固得像这样!"于是就赐封名号,称禹为伯禹,委任的官职是司空,赐给他的姓氏是姒氏,让他领导州长,并负责巡视全国十二州。

【原文】

6.6 尧崩①,禹服三年之丧②,如丧考妣③,昼哭夜泣,气不属声④。尧禅位于舜,舜荐大禹,改官司徒⑤,内辅虞位⑥,外行九伯。

舜崩,禅位命禹。禹服丧三年⑦,形体枯槁,面目黎黑⑧,让位商均⑨,退处阳山之南⑩,阴阿之北⑪。万民不附商均,追就禹之所,状若惊鸟扬天、骇鱼入渊;昼歌夜吟,登高号呼,曰:"禹弃我,如何所戴?"禹三年服毕,哀民不得已⑫,即天子之位。

三载考功⑬,五年政定。周行天下,归还大越,登茅山⑭,以朝四方群臣⑮,观示中州诸侯⑯。防风后至⑰,斩以示众,示天下悉属禹也。乃大会计治国之道⑱,内美釜山州慎之功⑲,外演圣德以应天心,遂更名茅山曰会稽之山。因传国政,休养万民,国号曰夏后。封有功,爵有德;恶无细而不诛,功无微而不赏。天下喁喁⑳,若儿思母、子归父而留越。恐群臣不从,言曰:"我闻:'食其实者,不伤其枝;饮其水者㉑,不浊其流。'吾获覆釜之书,得以除天下之灾,令民归于里闾,其德彰彰若斯,岂可忘乎?"乃纳言听谏,安民治室居,靡山伐木不邑㉒,画作印,横木为门。调权衡㉓,平斗斛㉔,造井示民㉕,以为法度。凤凰栖于树㉖,鸾鸟巢于侧㉗,麒麟步于庭㉘,百鸟佃于泽㉙。

遂已耆艾将老㉚,叹曰:"吾晏岁年暮㉛,寿将尽矣,止绝斯矣㉜。"命群臣曰:"吾百世之后㉝,葬我会稽之山;苇椁桐棺㉞;穿圹七尺,下无及泉;坟高三尺,土阶三等;葬之后,田无改亩㉟,以为居之者乐,为之者苦。"

禹崩之后㊱,众瑞并去㊲。天美禹德而劳其功,使百鸟还为民田㊳,大小有差,进退有行,一盛一衰,往来有常。

注释

①天子死叫"崩",参见2.7注②。

②服丧:守丧,即遵照礼俗,在一定的时期内带孝,哀悼死者。古代守丧三年是最重的丧礼,一般用于子女对父母。此"丧"字读阴平声,下句"丧"字读去声。

③考妣:父母。

④气:气息。属(zhǔ 嘱):连。气不属声:呼出来的气息不能使声音连续发出,形容哭得死去活来,噎气欲绝,以致使哭声断断续续。

⑤司徒:主管教化的官。

⑥虞:即有虞氏,传说中的远古部落名。居于蒲坂(今山西永济西蒲州镇)。此指舜,因为舜是有虞氏的部落首领。参见6.2注⑪。

⑦四部丛刊本无"丧",据《太平御览》卷八十二引文补。

⑧黎:通"黧",黑色。面目黎黑:脸色黑,形容其因悲哀少食、在野外守丧以致黑瘦,犹今言"面黄肌瘦"。

⑨商:四部丛刊本作"商",据四库全书本改。下同。商均:《国语·楚语上》注:"均,舜子,封于商。"《史记·五帝本纪》:"舜子商均亦不肖,舜乃豫荐禹于天。"

⑩阳山之南:《史记·夏本纪》作"阳城",《集解》:"刘熙曰:'今颍川阳城是也。'"阳山,当指阳城山,又名车岭山、马岭山,为洧水所出,在今河南登封县北三十八里。阳山之南,当指阳城,故城在今登封县东南三十五里,今为告成镇。

⑪阿:大的丘陵。阴阿:阴丘,当在阳城之南。

⑫已:止。

⑬《尚书·舜典》"三载考绩"传:"三年有成,故以考功。"

⑭茅山:徐天祜说:"《十道志》:'会稽山,本名茅山,一名苗山。'"参见5.5注④。

⑮朝:使动用法,使……来朝见。

⑯观示:给……看,使动用法,表示"使……给人看",与上句"朝"字义近。中州:《汉书·司马相如传·大人赋》"在乎中州"注:"中州,中国也。"

⑰防风:《国语·鲁语下》:"客曰:'防风何守也?'仲尼曰:'汪芒氏之君也,守封、嵎之山者也,为漆姓。在虞、夏、商为汪芒氏,于周为长狄,今为大人。'"韦注:"防风,汪芒氏之君名也。汪芒,长狄之国名也。封,封山;嵎,嵎山;今在吴郡永安县也。周世其国北迁,为长狄也。"由此可知,防风是古代汪芒部落的酋长之名,漆姓,夏代汪芒部落的所在地为三国时吴国的永安县,即今浙江德清县西武康一带。

⑱会计:《史记·夏本纪》:"或言禹会诸侯江南,计功而崩,因葬焉,命曰会稽。会稽者,会计也。"据此,则"会"为会合之意,"计"为考核之意。但本文的"会计"似为一词,是合计、汇综考核的意思。

⑲釜山:见6.3注㉔,此指代釜山之神。慎:徐天祜说:"'慎',当作'镇'。"镇:安定。

⑳喁喁(yóng yóng 颙颙):河水混浊后鱼口向上露出水面叫"喁"。"喁喁"比喻众人景仰归向,就像群鱼之口向上一样。

㉑水:四部丛刊本作"水",据冯念祖本改。

㉒靡:《汉书·楚元王传》集注引晋灼曰:"靡,随也。"

㉓权:秤锤。衡:秤杆。权衡:秤。

㉔平:正。斛(hú 胡):古代量器,大十斗。

㉕井:《说文》:"井,八家一井。……古者伯益初作井。"

㉖凤凰:传说中的鸟名,雄的叫凤,雌的叫凰。凤凰来栖,是吉祥的征兆。此下四句旨在说明禹统治下的社会是一派吉祥和乐的景象。

㉗鸾鸟:即鸾,一种神鸟。《说文》:"鸾,亦神灵之精也。赤色,五采,鸡形。鸣中五音。"

㉘麒麟:传说中的仁兽名。《史记·司马相如列传·上林赋》:"兽则麒麟角䚧。"《索隐》引张揖:"雄曰麒,雌曰麟。其状麇身,牛尾,狼蹄,一角。"

㉙佃(tián 田):耕作。参见注㊳。

㉚耆(qí 齐)艾:年老。六十岁叫耆,五十岁叫艾。

㉛晏:晚。暮:日落的时候叫"暮",此比喻身体老朽之时。"年暮"与"晏岁"同义。

㉜止绝:停止、断绝,指死。

㉝百世:百代,是"死"的委婉说法。今吴语中仍有用"千年"、"老千年"等来婉称死的。

㉞桐:见4.14注⑧。徐天祜说:"《墨子》曰:'禹葬会稽,衣裘三领,桐棺三寸。'"觉按:这是一种极其节俭的薄葬,梧桐木质地疏松,容易腐烂,不能用以盖房与制造木器,用来做棺材,则可以节约有用之材。墨子主张节葬,即以夏禹为

榜样。

㉟田:四部丛刊本作"曰",据顾广圻所录影宋钞本改。亩:田埂。

㊱《竹书纪年》:"八年春,会诸侯于会稽,杀防风氏。夏六月,雨金于夏邑。秋八月,帝陟(死)于会稽。禹立四十五年。"传说禹崩之后葬于会稽山。今浙江绍兴市东南六公里有禹陵,相传即夏禹的陵墓。陵背负会稽山,面对亭山,前临禹池。今甬道尽头有1979年重建的大禹陵碑亭一座,内立明人南大吉书"大禹陵"三字巨碑一块。亭南有禹穴辨碑和禹穴碑,系前人考辨夏禹墓穴所在而立。禹陵右侧建有禹庙,以祀夏禹。

㊲瑞:吉祥之兆。众瑞:指上文"凤凰栖于树,鸾鸟巢于侧,麒麟步于庭,百鸟佃于泽"。

㊳田:耕种。《水经注·浙江水》:"昔大禹即位,十年,东巡狩,崩于会稽,因而葬之,有鸟来为之耘,春拔草根,秋啄其秽。"

【今译】

尧死了,禹守了三年的丧,就像死了父母,日夜痛哭,泣不成声。

在尧把帝位让给舜以后,舜推荐大禹,使他改任司徒的官,在朝廷上辅助舜的统治,在外巡视考查九州的州长。

舜死了,禅让帝位的时候命令禹继承他。禹守丧三年,身体憔悴,脸色黑瘦,把帝位让给商均,退避而住在阳山的南面,阴丘的北面。百姓不依附商均,投奔禹的住处,即情况就像受惊的鸟飞上天空、被吓的鱼潜入深渊;他们白天歌唱夜晚吟诵,登上高处喊叫,说:"禹抛弃我们,对我们所爱戴的人该怎么办呢?"禹三年服丧完毕,哀怜民众拥戴自己不肯罢休,就登上了天子的位子。

三年考核功绩,五年政局就安定了。禹走遍了天下,又回到大越,登上了茅山,使四面八方的大臣们前来朝见,让中国的诸侯前来会晤。防风迟到了,禹就杀了他来示众,表示天下已全部属于禹管辖了。于是就大规模地汇综考核治国的办法,对内赞美釜山之神给自己神书从而使天下各州被安定的功绩,对外弘扬圣明的道德来报答天帝的心意,于是就把茅山改名为会稽山。接着又颁布了国家的政令,使民众休养生息。国号叫夏后。对有功劳的人封给土地,对有德行的人授予爵位;邪恶没有因为轻微而不受到处罚的,功劳最小也受到奖赏。天下的人都景仰向慕,像小孩想念母亲、儿子归顺父亲那样留在越地。

禹怕群臣不归顺,就宣传说:"我听说:'吃那树上果子的,不会去损伤它的树枝；喝那河中流水的，不会去搞混它的源流。'我获得了覆釜山的神书，才能够除掉天下的灾难，使民众回到乡里，那恩德明显得像这样，难道可以忘了么？"于是就采纳大臣的建议，听从大臣的劝说，安顿民众，营造房屋，随山砍伐树木修成城邑，在木料上画上记号作为进出城邑的印信，设置拦路的横木当作城门。又调整了衡器，校正了斗、斛等量器，挖井给民众看，拿这些作为民众遵循的法度。于是凤凰来到树上栖息，鸾鸟在旁边做窝，麒麟在庭院中走动，群鸟在洼地耕耘。

转眼之间，禹终于已经五六十岁老得快死了，他叹息说："我已到了晚年，寿命将要完结了，将要死在这儿了。"他命令群臣说："等我千年之后，把我葬在会稽山；使用芦苇做的外棺和桐木做的内棺；挖墓穴挖七尺深，下面不要挖到地下水；坟的高度为三尺，泥土的台阶搞三级；埋葬以后，田地不要更改田埂，不要为了使住在这里的死者安乐，而使耕种此田的生者劳苦。"

禹死了以后，各种吉祥的征兆都消失了。天帝赞美禹的德行而慰劳他的功绩，就让群鸟回来给民众耕耘，这些鸟的大小有一定的差别，进退有一定的行列，一会儿兴盛一会儿萧条，来去也有一定的常规。

【原文】

6.7　禹崩，传位与益。益服三年，思禹未尝不言。丧毕，益避禹之子启于箕山之阳①。诸侯去益而朝启②，曰："吾君，帝禹子也。"启遂即天子之位，治国于夏。遵《禹贡》之美③，悉九州之土以种五谷④，累岁不绝。启使使以岁时春秋而祭禹于越⑤，立宗庙于南山之上⑥。

注释

①箕山：古有多处，此文之箕山，在今河南登封县东南。箕山之阳：《孟子·万章上》作"箕山之阴"。《史记·夏本纪》"而辟居箕山之阳"《正义》："按'阳'即阳城也。《括地志》云：'阳城县在箕山北十三里。'"张守节的说法与《孟子》合，可备一说。今译文仍依原文。

②去：离开。诸侯去益而朝启：这种说法与《孟子·万章上》《史记·夏本纪》相同。《韩非子·外储说右下》则载潘寿之言曰："古者禹死，将传天下于益，启之人因相与攻益而立启。今王信爱子之，将传国子之，太子之人尽怀印，为子之之人无一人在朝廷者。王不幸弃群臣，则子之亦益也。"可见益并非是德行不厚，而是在朝大臣全是启的党羽，因而启得以立为帝。

③《禹贡》:《尚书》中的一篇。大约成书于周、秦之际,本书作者大概以为是大禹亲手所著,所以说启"遵《禹贡》之美"。《禹贡》把上古的中国划分为九州(见6.2注③),它较为详尽地记述了禹治水的经过以及各区域的山川分布、土质状况、物产与贡赋情况、运输路线等等。美:疑当作"筞",形近而误。"筞"同"策",策略。

④五谷:见1.1注⑬。

⑤岁时:一年中的季节,指每一年中祭祀的节日,如仲春二月祭祀土地神(称为"社")、季冬十二月祭祀百神(称为"腊")等节日。《周礼·春官·肆师》"岁时之祭祀亦如之"注:"《月令》:'仲春命民社。'此其一隅。"岁时祭祖是为了加强宗族观念,《礼记·哀公问》:"岁时以敬祭祀,以序宗族。"春秋:指代四季。

⑥今浙江绍兴市东南六公里禹陵右侧有禹庙,但非启时所建。今存之庙始建于南朝梁大同十一年(公元545年),历代屡建屡毁。现存大殿建筑系1934年重建,其他部分大都为清代重建。中轴线上有午门、祭厅、正殿三进。正殿高二十四米,内有大禹立像。午门前有岣嵝亭,内有明代翻刻的衡山岣嵝碑。

【今译】

禹死了,把帝位传给益。益守丧三年,思念禹的话从没有间断过。守丧完毕,益到箕山之南退避禹的儿子启。诸侯不去益那里而去朝拜启,说:"我们的君主,是帝禹的儿子啊。"启就登上了天子的位子,在夏王朝治理国政。他遵循《禹贡》所制定的计划,全部开垦了九州的土地来种植五谷,连年不断。启派遣了使者按照每年的祭礼节日一年四季都到越地去祭祀禹,在南面的会稽山上建造了祭祀祖宗的庙宇。

【原文】

6.8 禹以下六世而得帝少康①。少康恐禹祭之绝祀,乃封其庶子于越,号曰无余。余始受封,人民山居,虽有鸟田之利②,租贡才给宗庙祭祀之费③。乃复随陵陆而耕种,或逐禽鹿而给食。无余质朴,不设宫室之饰,从民所居,春秋祠禹墓于会稽④。

注释

①六世:据《史记·夏本纪》,则为六帝,而不满"六世"(古以父子相继为一世)。即:禹,启(禹之子),太康(启之子),中康(太康之弟),相(中康之子),少康

（相之子）。本书作者盖以一主为一世，所以说"六世"。

②徐天祜说："《地理志》：'山上有禹井、禹祠，相传下有群鸟耘田也。'《水经注》：'鸟为之耘，春拔草根，秋啄其秽。'"

③夏代的租赋制度称"贡"。《孟子·滕文公上》："夏后氏五十而贡，殷人七十而助，周人百亩而彻，其实皆什一也。……贡者，挍数岁之中以为常。"即每户耕地五十亩，税率是十分抽一，并比较若干年的收成取一个平均数作为税收的标准。此文的"贡"，指赋税。

④祠（cí 词）：祭祀。徐天祜说："《皇览》曰：'禹冢在会稽山上。'"觉按：见6.6 注㊱。

【今译】

禹以下六代便是少康帝。少康怕对禹的祭祀断了香火，就把自己的庶出儿子封夺越国，号称无余。无余最初被分封在这里的时候，民众都在山上居住，虽然有群鸟耕耘的有利条件，但国家的税收只够供给宗庙祭祀的费用。于是他就又让民众利用土山陆地来耕种，或者追击禽兽野鹿来满足食用。无余质朴，不搞官殿房屋的装饰，而是依从民俗，住与老百姓同样的房子，一年四季都按时在会稽山上祭祀禹的坟墓。

【原文】

6.9 无余传世十余，末君微劣，不能自立，转从众庶为编户之民，禹祀断绝。十有余岁①，有人生而言语，其语曰②："鸟禽呼嚧喋嚧喋。"指天向禹墓曰："我是无余君之苗末。我方修前君祭祀，复我禹墓之祀，为民请福于天，以通鬼神之道。"众民悦喜，皆助奉禹祭，四时致贡，因共封立以承越君之后。复夏王之祭，安集鸟田之瑞③，以为百姓请命。自后稍有君臣之义④，号曰无壬。

【注释】

①有（yòu 又）：用在十位数与个位数之间，通"又"。

②曰："四部丛刊本作"白"，据冯念祖本改。

③安集：同"安辑"，安定。

④稍：逐渐。

【今译】

　　无余传了十多代,那最后的君主能力微弱,不能依靠自己的力量有所建树,反而跟随百姓当了个编入户口簿的平民,禹的祭祀因此就断绝了。过了十多年,有个人一生下来就会说话,他的话说:"鸟在喊嚖喋嚖喋。"又手指上天向着禹的坟墓说:"我是无余国君的后代。我将要重整先君的祭祀,恢复我们对禹墓的祭祀,为民众向上天求福,以畅通通向鬼神的道路。"广大的民众很高兴,都帮助他供奉对禹的祭祀,一年四季都交纳贡品,又一起拥立他来接续越君的后代。他恢复对夏王禹的祭祀,安定群鸟来耕耘的吉祥征兆,并为老百姓祈求上天保全生命。从此以后,越国才渐渐有了君臣之间的道义,他号称无壬。

【原文】

　　6.10　壬生无瞫,瞫专心守国,不失上天之命①。无瞫卒,或为夫谭。夫谭生元常②。常立,当吴王寿梦、诸樊、阖闾之时,越之兴霸自元常矣③。

注释

　　①不失上天之命:指享尽天年、寿终正寝。
　　②徐天祐说:"'元'当作'允'。"觉按:参见4.15 注⑥。《史记·越王勾践世家》《正义》:"《舆地志》云:'越侯传国三十余叶,历殷至周敬王时,有越侯夫谭,子曰允常,拓土始大,称王。《春秋》贬为子,号为於越。'"
　　③徐天祐说:"《越世家》:'二十余世至于允常。'高氏《越史》曰:'夏自少康至桀凡十二世。'按:少康元年壬午至周敬王元年壬午,凡一千五百六十一年。吴之伐越,见《春秋·昭公三十二年》,敬王十年也,至是一千五百七十年矣。越之传国至于允常,何止二十余世耶?"觉按:史载允常之事甚少。据《左传》,仅昭公三十二年(吴阖闾五年,公元前510年)夏,吴伐越(见本书4.17);定公五年(吴阖闾十年,公元前505年)夏,越入吴(见本书4.26)。

【今译】

　　无壬生了无瞫,无瞫一心一意保住自己的国家,没有错失上天赋予的寿命。无瞫死,大概是夫谭。夫谭生了元常。元常立为越君,相当于吴王寿梦、诸樊、阖闾在位的时期,越国的兴起与称霸就从元常开始了。

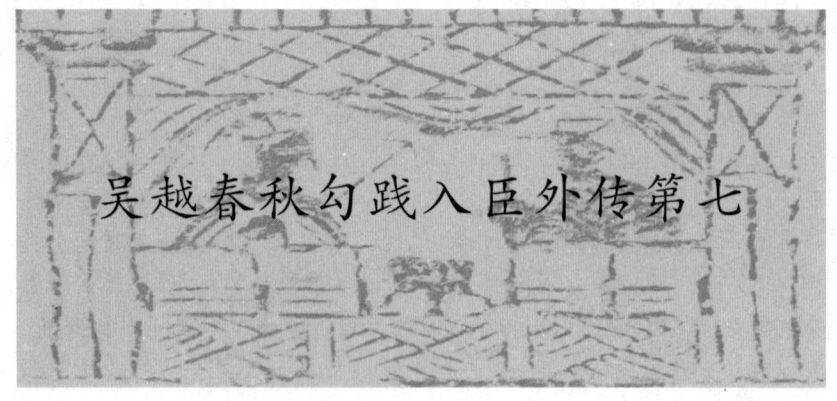

吴越春秋勾践入臣外传第七

【题解】

"勾践入臣外传",顾广圻、蒋光煦所见影宋本以及徐天祐所据原本均作"越王勾践入臣",是徐天祐根据下面几篇的篇题将它改成了"勾践入臣外传"。所谓"外",可参见第四篇题解。

勾践入臣外传,就是勾践到吴国做奴仆的传记。它记述了勾践战败后背井离乡、告别臣民,从而到吴国服劳役以及最后返回祖国的事迹。本篇所载事迹,今本《左传》不载,《国语》所记甚略,而《史记》所记又不同,所以它在保存吴、越史料方面,具有非常重要的价值。

文章从越国群臣为勾践饯行写起,那君臣之间的一番对答,既反映了越国君臣间的亲密情谊,又鲜明地刻画出了越国群臣的忠诚与擅长。接着写越王赴吴途中,其夫人一曲悲歌,给文章增添了无限韵味。然后文章才写越王在吴为臣之事,但作者写越王服役养马之事极略,而把主要的笔墨化在是杀越王还是不杀越王、是放越王还是不放越王的斗争上。范蠡想方设法,越王忍辱负重,力求获释;而伍子胥则从其政治经验出发,主张杀而不放;太宰嚭由于过去曾受越王贿赂,所以时时为越王说情;吴王夫差则迟疑不决,通过一番思想斗争,终于赦免了越王。正是由于作者抓住了这一富于戏剧冲突的核心内容来写,因而使文章颇具波澜,而且也因此将这几个主要人物的性格特征具体生动地展示在读者的面前:范蠡忠信守节而深于谋算,勾践老成持重而善于屈伸,伍子胥赤胆忠心而精于政治,太宰嚭善谀巧佞而暗于时务,夫差优柔寡断而惑于仁义。

【原文】

7.1 越王勾践五年五月①,将与大夫种、范蠡入臣于吴②。群臣皆送至浙江之上③,临水祖道④,军阵固陵⑤。大夫文种前为祝,其词曰:

"皇天佑助⑥,前沉后扬⑦。
祸为德根⑧,忧为福堂。
威人者灭,服从者昌。
王虽牵致⑨,其后无殃。
君臣生离,感动上皇。
众夫哀悲,莫不感伤。
臣请荐脯,行酒二觞⑩。"

越王仰天太息,举杯垂涕,默无所言。种复前祝曰:

"大王德寿,无疆无极。
乾坤受灵⑪,神祇辅翼⑫。
我王厚之⑬,祉佑车侧⑭。
德销百殃,利受其福。
去彼吴庭⑮,来归越国。
觞酒既升,请称万岁。"

注释

①勾践:见 5.2 注②。据《左传》及《史记·越王勾践世家》,此年前本文所略去的勾践之事有:勾践元年(公元前 496 年),吴王阖闾闻允常死,乃兴师伐越,越王勾践败吴于欈李,阖闾伤足而死。勾践三年(公元前 494 年)春伐吴,吴王夫差败越于夫椒,吴军入越,越王勾践以余兵五千保栖于会稽山,使大夫文种通过太宰嚭向吴王求和,表示勾践夫妻愿为吴王奴婢。三月,吴与越和。此文即承其后,写勾践离越入吴为臣仆之事。

②四部丛刊本无"将"字,据《太平御览》卷七百三十六引文补。大夫种:见 5.7 注④。《国语·越语下》说勾践"令大夫种守于国,与范蠡入宦于吴",与此不同,当以《国语》为是。参见 7.3 皋如、曳庸之言。范蠡:见 5.22 注①。臣:奴仆。这里用作动词。参见 5.5 注⑤。入臣于吴:此盖本于《国语》。《史记·越王勾践世家》则说勾践自会稽返国耕作,将国政委托于大夫种,使范蠡与柘稽为质于吴;并无越王入臣于吴之事。

③浙江:古渐水,又名之江,以其多曲折,故称浙江。上游为新安江与兰溪二

水,东北合流而渐次称为桐江、富春江、钱塘江。

④祖道:古人于出行前祭祀路神称祖道,后因称饯行为祖道。

⑤固陵:徐天祐说:"范蠡教兵城也。《水经注》:'浙江又迳固陵城北,昔范蠡筑城于浙江之滨,言可以固守,谓之固陵。今之西陵也。'即今西兴。"觉按:春秋时称固陵,六朝时为西陵戍,五代吴越改名西兴,在今浙江萧山县西。

⑥皇天:许慎《五经异义》引《尚书说》:"天有五号:尊而君之,则曰皇天;元气广大,则称昊天;仁覆闵下,则称旻天;自上监下,则称上天;据远视之苍苍然,则称苍天。"

⑦前沉:指兵败夫椒,栖于会稽。后扬:是祝愿日后兴旺强盛。

⑧《礼记·哀公问》:"百姓之德也"注:"德,犹福也。"

⑨牵:牵制,受制约。致:被招引,到。

⑩行酒:巡行酌酒劝饮。觞:杯。

⑪乾坤:天地。受:同"授"。灵:福。又,这句也可理解为"从天地那里禀受了灵气"。

⑫神:天神。祇(qí其):地神。翼:辅佐,扶助。

⑬厚之:等于说"厚德"。"之"指下文之"德"。《国语·晋语六》:"唯厚德者能受多福。"所以此文说:"我王厚之,祉佑在侧。"

⑭祉(zhǐ止):福。佑:福佑,指神明的佑助。

⑮庭:通"廷"。

【今译】

越王勾践五年(公元前492年)五月,将和大夫文种、范蠡到吴国去做奴仆。大臣们都送到浙江的边上,面对江水设宴饯行,军队排列在固陵。大夫文种走上前为越王祝愿,那祝词说:

"玉皇天帝保佑帮忙,从前下沉以后上扬。

灾祸就是福气之根,忧患便是幸福之堂。

强暴待人的将灭亡,顺服依从的必兴旺。

大王虽然被迫前往,从那以后必无祸殃。

君臣之间活活拆散,深深感动上天玉皇。

广大民众哀愁悲痛,无不感到凄恻忧伤。

请让臣下献上干肉,巡行酌酒劝饮两趟。"

越王抬头朝天长长地叹息,举起酒杯流下了眼泪,默默地没有一句话。文种又走上前祝愿说:

"大王所享福气寿命,没有边际没有极限。

上天大地赐给洪福,天神地祇辅佐支援。
我的大王德行深厚,福祚神助常在身边。
道德消除各种祸殃,利于受到它的恩惠。
前往那个吴国官廷,必将回到越国家内。
一杯祝酒已经举起,请让我们高呼万岁。"

【原文】

7.2 越王曰:"孤承前王馀德,守国于边。幸蒙诸大夫之谋,遂保前王丘墓。今遭辱耻,为天下笑,将孤之罪耶①?诸大夫之责也?吾不知其咎,愿二三子论其意。"

大夫扶同曰②:"何言之鄙也?昔汤系于夏台③,伊尹不离其侧④;文王囚于石室⑤,太公不弃其国⑥。兴衰在天,存亡系于人。汤改仪而媚于桀⑦,文王服从而幸于纣⑧。夏、殷恃力而虐二圣⑨,两君屈己以得天道。故汤王不以穷自伤,周文不以困为病⑩。"

越王曰:"昔尧任舜、禹而天下治⑪,虽有洪水之害,不为人灾。变异不及于民⑫,岂况于人君乎?"

大夫苦成曰:"不如君王之言。天有历数⑬,德有薄厚。黄帝不让⑭,尧传天子;三王臣弑其君⑮,五霸子弑其父⑯。德有广狭,气有高下。今之世犹人之市,置货以设诈,抱谋以待敌。不幸陷厄,求伸而已⑰。大王不览于斯,而怀喜怒。"

越王曰:"任人者不辱身⑱,自用者危其国。大夫皆前图未然之端、倾敌破雠、坐招泰山之福⑲。今寡人守穷若斯,而云汤、文困厄后必霸,何言之违礼仪?夫君子争寸阴而弃珠玉⑳。今寡人冀得免于军旅之忧,而复反系获敌人之手,身为佣隶,妻为仆妾,往而不返,客死敌国。若魂魄有㉑,愧于前君;其无知,体骨弃捐。何大夫之言不合于寡人之意?"

于是大夫种、范蠡曰:"闻古人曰:'居不幽,志不广;形不愁,思不远。'圣王贤主皆遇困厄之难,蒙不赦之耻;身拘而名尊,躯辱而声荣;处卑而不以为恶,居危而不以为薄。五帝德厚㉒,而穷厄之恨㉓,然尚有泛滥之忧㉔。三守暴困之辱㉕,不离三狱之囚㉖;泣涕而受冤,行哭而为隶;演《易》作卦㉗,天道佑之㉘;时过于期,否终则泰㉙;诸侯并救,王命见符㉚;朱鬣玄狐㉛,辅臣结发㉜,拆狱破械,反国修德㉝,遂讨其雠;擢假海内㉞,若覆手背;天下宗之,功垂万世。大王屈厄,臣诚尽谋。夫截骨之剑,无削劂之利㉟;臽铁之矛㊱,无分发之便;建策之士,无暴兴之说㊲。今臣遂天文㊳,案墜籍㊴,二气共萌,存亡异处。彼兴,则我辱;我霸,则彼亡。二国争道㊵,未知所就㊶。大王之危㊷,天道之数㊸,何必自伤哉?夫吉者,凶之门㊹;福者,祸之根㊺。今大王虽在危困之际,孰知其非畅达之兆哉㊻?"

大夫计硕曰㊼:"今君王国于会稽,穷于入吴,言悲辞苦,群臣泣之。虽则恨悢之心㊽,莫不感动。而君王何为谩辞哗说用而相欺㊾?臣诚不取。"

注释

①将:选择连词,表示对下面两个并列的疑问句要进行选择。这种"将"字一般用于下一分句之前。此文是一种较为罕见的用法。

②扶同:徐天祐说:"《史记》作'逢同'。"

③汤:姓子,名履,又称武汤、天乙、成汤,原为商族领袖,后来任用伊尹为相,灭掉夏桀,建立了商朝。夏台:徐天祐说:"《史记·夏纪》:'桀曰:吾悔不遂杀汤于夏台。'《索隐》:'夏台,狱名。夏曰均台。皇甫谧云:地在阳翟。'"觉按:阳翟,见6.1注②。《竹书纪年》:帝癸(桀)"二十二年,商侯履(汤)来朝,命囚履于夏台。二十三年,释商侯履。"

④伊尹:一名伊挚,商汤的相。据《史记·殷本纪》和《墨子·尚贤》记载,伊尹想求得汤的任用而没有什么途径。汤娶有莘氏的女儿,他就作为有莘氏女儿的陪嫁之臣,当厨师来接近汤。汤发现他有才能,就任用他为相。后来他帮助汤攻灭了夏桀。

⑤文王:见1.4注④。石室:徐天祐说:"《地理志》:'河内汤阴有羑里城,西伯所拘处。'此云石室,疑即所囚之室也。"觉按:羑(yǒu友)里:在今河南汤阴县北。《竹书纪年》:帝辛(纣)"二十三年,囚西伯于羑里。二十九年,释西伯。诸侯逆(迎)西伯归于程。"

⑥太公:即吕尚,姜姓,吕氏,名尚,字子牙,号太公望,俗称姜太公。相传他七十岁时在渭水边钓鱼,周文王按占卜的预示出猎访得了他,于是尊他为师。后来他曾辅佐周武王灭商而使周王朝一统天下,因有功而封于齐。参见《史记·齐太公世家》。不弃其国:见注㉛。

⑦改仪:改变仪表,指装出笑脸阿谀奉承。媚:谄媚,讨好。桀:见1.2注②。

⑧纣:见4.7注②。文王幸于纣:《韩非子·外储说左下》:"费仲说纣曰:'西伯昌贤,百姓悦之,诸侯附焉,不可不诛;不诛,必为殷祸。'纣曰:'子言,义主,何

可诛?……夫仁义者,上所以劝下也。今昌好仁义,诛之不可。'三说不用,故亡。"由此足可见到纣对文王的宠幸程度。

⑨殷:即"商"(见1.5注⑥),此指商纣王。

⑩病:《仪礼·士冠礼》注:"病,犹辱也。"《韩非子·喻老》:"越王之霸也不病宦,武王之王也不病晋。"与此文之义同。

⑪尧:见1.1注⑰。舜:见6.2注⑪。禹:见6.1注②。

⑫变异:精变怪异之事,即自然界的各种反常现象,如彗星、地震、妖魔鬼怪之类。

⑬历数:天数,天道,支配人类命运的天神意志。

⑭黄帝:见6.3注㉕。

⑮三王:三代开国之王,即夏代禹、商代汤、周代文王、武王。三王臣弑其君:相传禹流放舜(见6.2注⑪);商汤流放夏桀(见1.2注②);周武王打败商纣王,割下首级而悬之白旗(见《史记·殷本纪》)。

⑯五霸:古代说法不一,此当指齐桓公(公元前685—公元前643年在位)、晋文公(公元前636—公元前628年在位)、秦穆公(公元前659—公元前621年在位)、宋襄公(公元前650—公元前637年在位)、楚庄王(公元前613—公元前591年在位)。参见《孟子·告子下》赵注。五霸子弑其父:未闻。此当为夸饰之词,无关史实。

⑰伸:伸直,舒展。

⑱任用别人办事,有了过失则归咎于办事者,所以不会使自己受辱。

⑲这句"未然之端"、"倾敌破雠"、"坐招泰山之福"是"图"的并列宾语。然:《广雅·释诂》:"然,成也。"泰山:在今山东省中部,山势挺拔高峻,为五岳之首,古代帝王常在泰山举行封禅大典。泰山之福:指登上泰山封禅之福,等于说"称帝称王之福";或指大如泰山之福。

⑳寸阴:一寸光阴,即极短暂的时间。古代立"表"(标杆)测"阴"(日影)以计时,所以用长度单位"寸"来计量。争寸阴而弃珠玉:人的寿命有限,故"争";珠玉是身外之物,故"弃"。

㉑徐天祐说:"此下当有'知'字。"魂魄:精神。能离开形体而存在的精神叫"魂",依附形体而存在的精神叫"魄"。

㉒五帝:古代说法不一,最为流行的说法是指黄帝、颛顼、帝喾、尧、舜(见《史记·五帝本纪》)。此文"五帝"乃泛指之词,其实只是指尧、舜而言,所以下面说"有泛滥之忧"(参见6.2、6.3)。

㉓徐天祐说:"'而'当作'无'。"

㉔徐天祐说:"此下疑有阙文。"觉按:徐说误。"忧"当为"惪"、"文"二字之误,古书直行书写,所以误合为"忧"。"惪"即表示忧愁义的本字(见《说文》心

㉕"三"当为"王"之误,"王"上当有"文"字(见注㉔)。盖"文"字误合于上"慁"字,抄书或刻书的人见原文难通,而下句又云"不离三狱之囚",遂将"王"字臆改为"三"。下面说"演易作卦",可证此文必作"文王"。暴:欺凌,损害。

㉖三:是约数而非确数。三狱:等于说多处牢狱。

㉗《文选·报任少卿书》"文王拘而演《周易》"注:"《史记·本纪》曰:'崇侯潛西伯于殷纣曰:"西伯积善累德,诸侯皆向之,将有不利于帝。"纣乃囚西伯于羑里。西伯演《易》之八卦为六十四。'《苍颉篇》曰:'演,引之也。'"演:推演,发挥。《易》:古代的占卜书,有《连山》《归藏》《周易》三种(见《周礼·春官·大卜》)。今仅存《周易》,也称《易经》,是儒家的重要经典。"易"是变易的意思。其内容主要是通过象征天、地、风、雷、水、火、山、泽八种自然现象的八卦来推测自然和人事的变化,它以阴阳二气的交感作用为产生万物的本源。卦:是《易》书中具有象征意义的符号,相传伏羲作八卦(见《说文解字·弟十五上》),即☰乾(天)、☳震(雷)、☱兑(泽)、☲离(火)、☴巽(风)、☵坎(水)、☶艮(山)、☷坤(地)。这些符号最初是人们用来记事的,后来才用于卜筮。相传周文王因于羑里时,以两卦相叠而将八卦演为六十四卦,以象征自然现象和社会现象的发展变化,遂成《周易》。

㉘天道:见注⑬。

㉙否(pǐ匹):闭塞,不通达,穷厄。泰:通达。否终则泰:即平常所说的物极必反、否极泰来。参见10.15注③。

㉚见(xiàn现):同"现"。符:《史记·孝武本纪》"以风符应合于天地"《集解》:"晋灼曰:'符,瑞也。'"《史记·苏秦列传》"焚秦符曰"《正义》:"符,征兆也。"即吉祥的征兆。

㉛鬣(liè列):某些兽类如马、狮子等颈上的长毛。徐天祜说:"《太公六韬》曰:'商王拘周伯昌于羑里,太公与散宜生以金十镒求天下珍物,以免君之罪。于是得犬戎氏文马,豪毛朱鬣,目如黄金,名鸡斯之乘。'又《淮南子》曰:'散宜生以千金得骊虞之乘,玄至百斁,大贝(觉按:"贝",四部丛刊本作"具",据四库全书本改)百朋,玄豹、黄熊、青犴、白虎文皮千合,献纣以免西伯羑里之囚。'此云玄狐,当作玄豹。"觉按:古代传说各异,作"狐"也通,不烦改字。

㉜结发:原指夫妻成婚之夕男左女右共髻束发,因而又指称妻子。辅臣结发:等于说"辅臣似妻子",指太公、散宜生等侍奉文王就像妻子侍奉丈夫一样。

㉝反:通"返"。

㉞擢(zhuó浊):《淮南子·俶真训》"擢德搴性"注:"擢,取也。"假:凭借,引申指陵驾、统治。《淮南子·齐俗训》"其不能乘云升假"注:"假,上也。"

㉟剟(duō多):削。利:便利。

㊱臽(xiàn 陷):小陷阱,引申指陷入、刺进。同"陷"。
㊲暴:突然,一下子,快速。
㊳遂:《汉书·艺文志》集注:"遂,犹究也。"天文:古人不但指日月星辰等在宇宙间分布与运行的现象,而且包括风、云、雨、露、霜、雪等地文现象。《周易·贲》:"观乎天文,以察时变。"此文"遂天文"的用意也如此。
㊴墬:四部丛刊本作"墜",据徐乃昌本改。墬:古"地"字。
㊵道:指天道。下言"天道之数"可证。争道:指争夺天神意志的支持。
㊶就:靠近,趋向。所就:指天道所就,天神意志所靠近的对象。
㊷大:四部丛刊本作"君",据四库全书本改。
㊸数:定数,必然的趋势。
㊹门:《荀子·赋》"莫知其门"注:"门,谓所出者也。"即出口,发源地。与下文"根"字同义。
㊺《老子·五十八章》:"祸,福之所倚;福,祸之所伏。"即此文所本。据下句,此句宜作:"祸者,福之根。"
㊻这句等于说:它可能是畅达之兆。
㊼计砚:《史记·货殖列传》"乃用范蠡、计然"《集解》:"徐广曰:'计然者,范蠡之师也,名研,故谚曰:研、桑心算。'骃案:范子曰:'计然者,葵丘濮上人,姓辛氏,字文子,其先晋国亡公子也,尝南游于越,范蠡师事之。'"《索隐》:"韦昭云:'计然,范蠡师也。'蔡谟云:'蠡所著书名计然。'盖非也。《吴越春秋》谓之'计倪',《汉书·古今人表》计然列在第四,则'倪'之与'研'是一人,声相近而相乱耳。"
㊽恨悷:通"狠戾",狠毒残暴。
㊾谩:通"漫",浮夸,不切实,不着边际。四库全书本作"漫"。哗:虚夸,浮夸。"哗说"与"谩辞"义同。

【今译】

越王说:"我禀承了先王遗留下来的功德,在边疆守卫国家。幸运地得到各位大夫的出谋划策,才保住了先王的坟墓。今天遭受耻辱,被天下人取笑,这是我的罪过呢?还是各位大夫的责任?我不知道该责怪谁,希望诸位评论一下我的意见。"

大夫扶同说:"您为什么说得这样鄙俗呢?从前商汤囚禁在夏台,伊尹不离开他的身边;周文王关押在石室,太公不抛弃他的国家。是兴盛还是衰微在于上天,是生存还是灭亡却和人相关。商汤改变了自己的仪表去向夏桀献殷勤,文王俯首从命而受到了商纣王的宠爱。夏桀、商纣王依靠暴力而虐待商汤、周文王这两位圣人，商汤、周文王这两位国君却委屈了自己从而得到了天道。所以商汤并不因为困厄而自我忧伤，周文王也不把窘迫看作为耻辱。大王何必以此为耻辱呢？"

越王说："从前尧任用了舜、禹而天下得到了治理，即使有了洪水的危害，也没有给人们造成灾难。精变怪异连平民百姓都不碰一下，更何况是君主呢？"

大夫苦成说："事实并不像大王所说的那样。上天有天道，德行有厚薄。黄帝不禅让，而尧把天子的位子传给了舜；三代之王干的是臣子杀掉自己君主的事，五霸干的是儿子杀掉自己父亲的事。道德有宽厚狭窄之分，气质有高尚卑下之别。现在的社会就好像人们的集市一样，摆出了货物来搞欺诈，胸怀各种计谋来对付敌人。不幸陷入困境，那么寻求解脱就是了。大王看不到这一点，却心怀喜怒之情。"

越王说："任用别人的人不会使自己受到耻辱，刚愎自用的人就会使自己的国家危在旦夕。大夫们都是在事先谋划那还没有形成的事业的开头，幻想颠覆敌人、打败寇仇而不费气力地坐着招来在泰山上封禅那样大的福气。现在我身处困境像这个样子，而你们却还说什么商汤、周文王身陷困厄以后一定会称霸，怎么把话说得这样违背礼义法度呢？君子分秒必争而不顾珍珠宝玉。现在我只盼能逃避战争的祸患，反而又被敌人所俘获，自己沦为奴仆，妻子成为婢女，去而不归，旅居他乡而死在敌国。如果人的魂魄有知觉的话，那就愧对先君；即使魂魄没有知觉，那么身体尸骨也被抛弃在外。为什么大夫的话不合乎我的心意呢？"

在这个时候，大夫文种、范蠡说："听说古代的人讲过：'处境如果不困厄，那么志向就不会远大；形体如果不忧愁，那么考虑就不会深远。'圣明的帝王、贤能的君主都遭遇到困厄的灾难，蒙受到不能免除的耻辱；身体被拘禁而名望却很崇高，躯体受屈辱而声誉却很荣耀；处在卑下的地位而不把它看作为环境恶劣，处在危险的时刻而不把它看作为情况紧迫。五帝德行深厚，因此没有困厄的遗憾，但还是有洪水泛滥的忧患。周文王身受欺凌困厄的屈辱，不能逃避多处监狱的囚禁；痛哭流涕而受到委屈，边走边哭而当了奴隶；推演古代《易》书而制作了六十四卦，天神的意志保佑了他；时间经过了一定的期限，困厄到了极点就转向了通达；诸侯都来援救文王，文王的命运显现出吉祥的征兆；长有大红色鬣毛的马匹和黑色的狐狸皮被搞来了，文王的辅佐大臣就像结发的贤妻一样，拆除监狱打破枷锁，使文王返回封国而施行德政，终于起兵去讨伐自己的仇人；夺取而统治天下，就像把手背翻过来一样容易；天下的人都尊奉他，他的功德将流传千秋万代。大王现在遭到委屈与困厄，我们做臣子的的确都在出谋划策。那斩断骨头的宝剑，却不利于刮削；能刺穿铁甲的长矛，却不利于剖开头发；立议策划的谋士，没有一下子就兴盛的建议。现在我们推究天文气象，考查地理典籍，看到天地两种元气一起萌生，所以存在和灭亡处在不同的地方。他们兴盛，那么我们就受屈辱；我们称霸，那么他们就灭亡。吴、越二国争夺天道，现在还不知道那天神的意志支持哪一方。大王的危难，也是天神意志的定数，何必自我忧伤呢？那吉利的事情，是不幸的源头；幸福的事情，是灾祸的根子。现在大王虽然处在危难困厄之中，但谁能知道它就一定不是通达得志的征兆呢？"

大夫计砚说："现在大王在会稽山建立了国家，走投无路而到吴国去。说出的言辞悲哀痛苦，群臣都为此而哭泣。即使是生有凶狠暴虐的心肠，也没有不感动的。大王为什么尽说一些不切实际的空话用它来自欺欺人呢？我实在不敢苟同。"

【原文】

7.3　越王曰："寡人将去入吴，以国累诸大夫①。愿各自述，吾将属焉②。"

大夫皋如曰："臣闻大夫种忠而善虑，民亲其知③，士乐为用。今委国一人，其道必守。何顺心佛命群臣④？"

大夫曳庸曰⑤："大夫文种者，国之梁栋，君之爪牙。夫骥不可与匹驰⑥，日月不可并照。君王委国于种，则万纲千纪无不举者⑦。"

越王曰："夫国者，前王之国。孤力弱势劣⑧，不能遵守社稷、奉承宗庙。吾闻：'父死子代，君亡臣亲。'今事弃诸大夫，客官于吴⑨，委国归民以付二三子⑩，吾之由也⑪，亦子之忧也。君臣同道⑫，父子共气，天性自然。岂得以在者尽忠、亡者为不信乎？何诸大夫论事一合一离令孤怀心不定也？夫推国任贤、度功绩成者⑬，君之命也⑭；奉教顺理、不失分者⑮，臣之职也。吾顾诸大夫以其所能而云'委质'而已⑯。於乎⑰！悲哉！"

计砚曰:"君王所陈者,固其理也。昔汤入夏,付国于文祀[18];西伯之殷,委国于二老[19]。今怀夏将滞[20],志在于还。夫适市之妻,教嗣粪除[21];出亡之君,璅臣守御[22]。子问以事,臣谋以能。今君王欲士之所志,各陈其情,举其能者,议其宜也。"

越王曰:"大夫之论是也。吾将逝矣,愿诸君之风[23]。"

注释

①四部丛刊本"诸"下有"侯",据四库全书本删。累:拖累,烦劳,是表示托付的礼貌用语。以国累诸大夫:等于说"把国家托付给诸大夫"。

②属(zhǔ嘱):委托。

③知:通"智"。

④徐天祜说:"佛,符勿切,大也。《诗》:'佛时仔肩。'音弼,注亦作'大'。言一人足矣,何必从心所欲、大命群臣也。"觉按:佛(fú弗),通"奔"(fú弗),所以表示大。《说文》:"奔,大也。"段注:"此谓矫拂之大。《周颂》'佛时仔肩',传曰:'佛,大也。'此谓'佛'即'奔'之假借也。""佛"又通"咈",表示违逆之意,所以段氏认为"奔"是指"矫拂之大"。

⑤曳庸:见5.22注①。

⑥匹:配对,并比,双。

⑦纲、纪:《墨子·尚同上》:"譬若丝缕之有纪,罔罟之有纲。"提网的总绳叫"纲",丝缕的头绪叫"纪",引申而指法度准则。

⑧"势劣"与"力弱"义同。

⑨官:当作"宦",形近而误。《国语·越语下》:"(越王)与范蠡入宦于吴。"是其证。韦昭注:"宦,为臣隶也。"

⑩委国:把国事委托(给二三子)。归民:使民众归向(二三子)。付:交给。

⑪由:《广雅·释诂》:"由,行也。"

⑫同道:共同的原则,指把国家治理好。

⑬度(duó夺):衡量。绩:通"积"。绩成:等于说"积功"。《真诰》:"积功满千,虽有过得仙。"

⑭《诗经·周颂·维天之命》"维天之命"笺:"命,犹道也。"

⑮分(fèn奋):职分。

⑯委质:《史记·仲尼弟子列传》"子路后儒服委质"《索隐》:"服虔注《左氏》云:'古者始事,必先书其名于策,委死之质于君,然后为臣,示必死节于其君也。'"即把自己的生命作为抵押品交给君主,表示愿为君主卖命。

⑰於(wū乌)乎:同"呜呼"。

⑱祀:四部丛刊本作"祀",据冯念祖本改。文祀:汤之大臣。
⑲二老:恐指散宜生、闳夭(参见《史记·周本纪》《齐太公世家》),或指太公、散宜生(见7.2注⑥、㉛)。
⑳卢文弨说:"夏,疑'憂'。"滞:蒋光煦说:"宋本'邌'。"孙诒让说:"案宋本是也。《说文》辵部云:'邌,去也。'《大戴礼·夏小正》传云:'邌,往也。''懷夏'疑当作'逻夏','懷'古作'裹',与'逻'同从罖,因而致误。《说文》辵部云:'逻,迨也。'《方言》云:'迨,逻,及也。东齐曰迨,关之东西曰逻,或曰及。'《尔雅·释言》云:'逮,逻也。'逻、逮字通。上文云越王勾践五年与大夫种、范蠡入臣于吴,此云逻夏将邌,谓勾践许吴以入臣,至夏将往也。故云'志在于还'。卢氏不知'懷'字之误而转改'夏'为'憂'以就之,偶矣。"觉按:卢、孙之说均通,今从孙说。
㉑嗣:后代。此"嗣"字即指下文"子问以事"之"子"。粪除:扫除。古代妇女在家主管打扫卫生,所以离家前嘱咐后代粪除。
㉒勑(chì 敕):同"敕",告诫,帝王命令。
㉓徐天祐说:"'愿'下当有'闻'字。"觉按:徐说可通,但原文未必就脱"闻"字。此"愿"字的用法与"今君王欲士之所志"之"欲"相同。这种能愿动词之下不用动词而直接跟名词的做法,可能是作者的一种特殊用法(又参见8.12注⑬),故不必补"闻"字。

【今译】

越王说:"我将离开祖国到吴国去,拿国家来烦劳各位大夫。请各位自己陈说一下自己的情况吧,我将根据情况把国事委托给你们。"

大夫皋如说:"我听说大夫文种忠诚而善于谋划,民众信任他的智慧,贤士乐于被他使用。现在把国家委托给他一人,从那道理上来说,国家是一定能保住的。大王为什么还要随心所欲违背情理大动干戈来任命群臣呢?"

大夫曳庸说:"大夫文种,是国家的栋梁,是君主的得力助手。那骏马,是不可以和它并驾齐驱的;太阳月亮,是不可以同时照耀天下的。大王把国家托付给文种,那么各种各样的法度准则就没有不实行的了。"

越王说:"这国家,是先王的国家,我力量弱小,不能继续保住象征国家政权的土地神谷神、供奉祭祀祖宗的庙宇。我听说:'父亲死了,儿子就起来顶替;君主出外了,臣子就亲近团结。'现在的事情是我抛弃了各位大夫,外出到吴国当奴仆,把国家、民众都托付给诸位,这是我要遵行的,也是你们所忧虑的。君主和臣子有着共同的原则,父亲和儿子有着相同的气质,这是一种天生的本性,是自然而然的。哪能因为君主在国内就竭尽忠诚、君主一出外就干不老实的事呢?为什么各位大夫议论事情时一会儿意见相同一会儿意见分歧以致使我心神不定呢?推让国政、任用贤人、衡量功劳而积累成果,是君主的使命;奉行教令、服从原则而不失职,是臣子的职事。我看各位大夫还是根据自己的能力而说声'献身于君'就算啦。唉呀!真可悲啊!"

计砚说:"国君所说的,当然是合乎情理的。从前商汤到夏王朝去,把国家托付给文祀;西伯昌到商王朝去,把国家托付给二老。现在已到夏天,国君将要前往吴国,但心愿仍在于返回祖国。那到市场上赶集的妻子,总会教后代打扫卫生;出外亡命的国君,总会命令臣子守卫好国家。子女应该询问需要做的家务,臣子应该根据自己的能力出谋划策。现在大王想要了解各人的志向,让各人陈说一下自己的情况,表白一下自己的才能,大家议论一下那也是合适的啊。"

越王说:"计砚大夫的说法很对。我将要走了,希望能了解一下各位的风范。"

【原文】

7.4 大夫种曰:"夫内修封疆之役,外修耕战之备;荒无遗土,百姓亲附;臣之事也。"

大夫范蠡曰:"辅危主,存亡国;不耻屈厄之难,安守被辱之地;往而必反①,与君复雠者;臣之事也。"

大夫苦成曰:"发君之令,明君之德;穷与俱厄,进与俱霸;统烦理乱,使民知分;臣之事也。"

大夫曳庸曰:"奉令受使,结和诸侯;通命达旨,赂往遗来②;解忧释患,使无所疑;出不忘命,入不被尤,臣之事也。"

大夫皓进曰③:"一心齐志,上与等之;下不违令,动从君命;修德履义,守信温故;临非决疑,君误臣谏,直心不挠④,举过列平⑤;不阿亲戚,不私于外;推身致君,终始一分⑥;臣之事也。"

大夫诸稽郢曰⑦:"望敌设阵,飞矢扬兵;履腹涉尸,血流滂滂⑧;贪进不退,二师相当;破敌攻众,威凌百邦;臣之事也。"

大夫皋如曰:"修德行惠,抚慰百姓;身临忧劳,动辄躬亲;吊死存疾,救活民命;蓄陈储新,食不二味;国富民实,为君养器⑨;臣之事也。"

大夫计硯曰:"候天察地,纪历阴阳⑩;观变参灾⑪;分别妖祥⑫;日月含色,五精错行⑬,福见知吉⑭,妖出知凶;臣之事也。"

越王曰:"孤虽入于北国,为吴穷虏,有诸大夫怀德抱术,各守一分以保社稷,孤何忧焉?"遂别于浙江之上,群臣垂泣,莫不感哀⑮。越王仰天叹曰:"死者,人之所畏。若孤之闻死,其于心胸中曾无怵惕⑯。"遂登船径去,终不返顾。

注释

①反:通"返"。
②遗(wèi 卫):赠送。赂:赠送财物。
③大夫皓:8.8作"大夫浩"。
④挠:通"桡",屈从。《荀子·荣辱》:"重死、持义而不桡,是士君子之勇也。"
⑤《广雅·释诂》:"列,治也。"
⑥分(fèn 奋):《文选·曹子建赠白马王彪诗》"在远分日亲"注:"分,犹志也。"《文选·卢子谅赠刘琨诗》"分随昵加"注:"分,犹节也。"一分:等于说专心致志、忠贞守节。
⑦诸稽郢:姓诸稽,名郢,越国大夫,越国兵败夫椒时他曾到吴国求和,见《国语·吴语》。《史记·越王勾践世家》作"柘稽"。
⑧滂滂:大水涌流,此形容流血之多。
⑨食不二味:表示节俭。参见8.6注④。器:才能。
⑩纪:法度准则,此指天文历数方面的法度准则。《书·洪范》:"五纪:一曰岁,二曰日,三曰月,四曰星辰,五曰历数。"纪历:等于说"历法"。阴阳:见4.3注⑥。
⑪参:《淮南子·说山训》:"越人学远射参天"注:"参,犹望也。"参灾:指观望天上预示灾祸的征兆。参见3.2注⑰。
⑫凶兆为"妖",吉兆为"祥"。
⑬五精:金、木、水、火、土五星。
⑭见(xiàn 现):同"现"。
⑮感:四部丛刊本作"咸",据四库全书本改。
⑯惕:四部丛刊本作"惕",据四库全书本改。

【今译】

大夫文种说:"在内整治守卫边疆的兵役,对外搞好耕战的准备;

使荒地上不再有被遗弃的土地,使百姓爱戴归附国君;这是我力所能及的事。"

大夫范蠡说:"辅佐身处危难的君主,保存危亡的国家;不把屈辱困厄的灾难看作为羞耻,安心地处于被侮辱的境地;到了吴国一定能设法回国,和国君一起报仇;这是我力所能及的事。"

大夫苦成说:"发布国君的命令,彰明国君的德行;国君走投无路时我和国君一同身处困厄,国君进取时我和国君一起成就霸业;总管烦杂的政务、处理纷乱的事情,使民众知道自己的职分;这是我力所能及的事。"

大夫曳庸说:"接受了命令被委派出使,与诸侯各国结交而建立和睦友好关系;通知国君的命令、传达国君的旨意,来来往往赠送财物;解除忧患,使国君不再有什么疑虑;出国不忘记国君的命令,回到国内不犯罪;这是我力所能及的事。"

大夫皓走上前说:"同心同德,在上和国君保持一致;在下不违背法令,行动都依从君主的命令;修养德行、履行道义,坚守信用、温习旧业;面对错误决断疑虑,国君失误我为臣劝谏,心地正直不屈不挠,检举过错治理公正;不偏袒亲戚,不偏私外人;把自身拿出来交给国君,自始至终专心一致;这是我力所能及的事。"

大夫诸稽郢说:"瞭望敌情布置阵势,飞射利箭挥动刀枪;踩着胸腹跨过尸体,杀得敌人血流成江;贪图进取决不后退,两支军队互相对抗;打破敌国进攻敌军,威势压垮各国邻邦;这是我力所能及的事。"

大夫皋如说:"修养德行给人恩惠,体恤安慰平民百姓;亲身来到忧苦之处,做事总是身体力行;悼念死者看望病人,尽力救活民众生命;囤积陈米储藏新谷,吃饭不吃两种食物;国家富裕民众充实,为我国君培养人才;这是我力所能及的事。"

大夫计砚说:"瞭望天文观察地理,推演历法掐算阴阳;观察变异瞭望灾气,分清辨别凶险吉祥;日月是否带有异色,五星是否运行失常;福气出现知道吉利,怪异出现知道凶丧;这是我力所能及的事。"

越王说:"我虽然到了北方的吴国,成为吴王手中走投无路的奴隶,但有各位大夫胸怀道德,又掌握了各种各样的手段,各人都管好自己的一份工作来保住国家,我还担忧什么呢?"于是就在浙江边上和群臣分别,群臣都痛哭流涕,无不感到悲哀;越王抬头朝天叹息说:"死,是人所害怕的。而我听说要死，在心里竟然没有一点儿害怕。"于是就上船径直走了，始终没有回头看一下。

【原文】

7.5　越王夫人乃据船而哭①，顾见乌鹊啄江渚之虾②，飞去复来，因哭而歌之，曰：

"仰飞鸟兮乌鸢③，凌玄虚号翩翩④。
集洲渚兮优恣⑤，啄虾矫翩兮云间⑥。
任厥兮往还⑦。
妾无罪兮负地⑧，有何辜兮谴天⑨？
驷驷独兮西往⑩，孰知返兮何年？
心惙惙兮若割⑪，泪泫泫兮双悬⑫。"

又哀吟曰⑬：

"彼飞鸟兮鸢乌⑭，已回翔兮翕苏⑮。
心在专兮素虾，何居食兮江湖？
徊复翔兮游飏⑯，去复返兮於乎⑰！
始事君兮去家，终我命兮君都。
终来遇兮何幸⑱，离我国兮入吴⑲。
妻衣褐兮为婢，夫去冕兮为奴。
岁遥遥兮难极，冤悲痛兮心恻⑳。
肠千结兮服膺㉑，於乎哀兮忘食。
愿我身兮如鸟，身翱翔兮矫翼。
去我国兮心摇，情愤惋兮谁识？"

越王闻夫人怨歌，心中内恸㉒，乃曰："孤何忧？吾之六翮备矣㉓。"

【注释】

①四部丛刊本"哭"上无"而"，据《太平御览》卷五百七十一引文补。

②四部丛刊本"顾"下无"见"，据《北堂书钞》卷一百六引文补。乌鹊：指乌鸦，是一种贪食凶猛的鸟。虾：下文又作"素虾"，即白虾。今长江口内仍可捕捞到，虾体很小，色白，煮后仍呈白色。

③鸢（yuān 渊）：俗称老鹰，形状像鹰，唯嘴较短，尾较长，常开。耳羽黑褐色，故又名黑耳鸢。乌鸢：乌鸦与老鹰，均贪食而凶猛。

勾践入臣外传第七　211

④徐天祐说:"'号'当作'兮'。"玄:天青色。玄虚:天空。凌玄虚:等于说"凌空"。翩翩:轻快地飞舞的样子。

⑤优:悠闲自得。恣:放纵,无拘束。

⑥矫:举起,抬起来。翮(hé河):羽毛中间的硬管,泛指鸟的翅膀。

⑦"厥"下当脱七字。

⑧"无"直贯"负地"。

⑨谴:贬谪。这里用作被动词。

⑩驭驭:徐天祐说:"凡、梵两音,马疾步。"这是说,"驭"或读 fán(凡),或读 fàn(梵),是马快跑的意思。

⑪惙惙(chuò chuò 绰绰):忧愁的样子。

⑫泫泫(xuàn xuàn 眩眩):流貌。

⑬吟:四部丛刊本作"今",据汪士汉本改。

⑭鸢乌:即上文"乌鸢",为求押韵而倒置。

⑮翕(xī息):收敛,此指收翼停飞。枚乘《七发》:"飞鸟闻之,翕翼而不能去。"苏:歇息,困顿后获得休息。

⑯飑:飞扬,翻腾。

⑰於乎:见7.3注⑰。这里是触景生情,联想到自己返越无期而感叹乌鸢的来去自如。

⑱遇:遇合,投合,指受到君主的恩宠。《太平御览》卷五百七十一引此句作"中年过兮何辜",也通。

⑲入:四部丛刊本作"去",据《太平御览》卷五百七十一引文改。

⑳冤(yuàn怨):通"怨"。

㉑肠千结:肠子有上千个结,形容忧愁郁结的心肠无法解脱。服(bì必):通"腷",结。膺:胸。服膺:等于说"服臆"、"腷臆",指胸中郁结,形容悲痛的样子。

㉒恸(tòng痛):极度悲哀。

㉓翮:见注⑥。六翮:指众多健壮的翅羽。此喻指众多得力的辅佐大臣。

【今译】

越王夫人却靠着船旁哭了,她回头看见乌鸦在啄食江中小洲上的虾,一会儿飞走了,一会儿又来了,因而哭着吟唱这种情景,她唱道:

"抬头看见飞鸟啊是那乌鸢,

高高地在空中啊轻快地回旋。

停留在小洲上啊恣肆悠闲,

啄食小虾展翅啊直冲云间。
任凭它……啊来去往返。
贱妾没有罪过啊没有辜负大地，
又有什么罪过啊被上天所贬？
又迅速又孤独啊驶向西边，
有谁知道回国啊要在哪年？
心中凄凄惨惨啊像用刀割，
眼泪汪汪直淌啊挂在双眼。"

接着她又悲哀地吟诵说：
"那飞翔的鸟儿啊是些鸢鸟，
回旋飞翔以后啊收翅停住。
心思专门放在啊白虾一物，
为什么住的吃的啊都在江湖？
回旋往来翱翔啊遨游飞舞，
去后再次返回啊唉呀呜呼！
当初侍奉君主啊离开娘家，
过完我的一生啊君之国都。
终于过来得宠啊多么幸运，
突然离开我国啊前往勾吴。
妻子穿着粗布衣啊成为婢女，
夫君摘去皇冠啊当了奴仆。
岁月悠悠无尽啊难以了结，
怨恨悲哀痛苦啊心里凄切。
愁肠千缠万绕啊胸中郁结，
唉呀呜呼啊忘了饮食。
希望我的身体啊像那鸟儿，
身体凌空翱翔啊奋展双翼。
离开我的祖国啊心神不安，
心情愤懑惋惜啊又有谁知？"

越王听了夫人这怨恨的歌吟，心中十分内疚悲痛，于是自我排解说："我担忧什么呢？我那健壮的翅膀已经具备了。"

【原文】

7.6　于是入吴,见夫差,稽首再拜称臣①,曰:"东海贱臣勾践,上愧皇天②,下负后土③;不裁功力④,污辱王之军士,抵罪边境⑤。大王赦其深辜,裁加役臣,使执箕帚。诚蒙厚恩,得保须臾之命,不胜仰感俯愧⑥。臣勾践叩头顿首。"吴王夫差曰:"寡人于子亦过矣⑦。子不念先君之雠乎?"越王曰:"臣死则死矣。惟大王原之。"伍胥在旁,目若熛火⑧,声如雷霆,乃进曰:"夫飞鸟在青云之上,尚欲缴微矢以射之⑨,岂况近卧于华池、集于庭庑乎⑩?今越王放于南山之中,游于不可存之地⑪,幸来涉我壤土,入吾椑梱⑫。此乃厨宰之成事食也,岂可失之乎?"吴王曰:"吾闻:'诛降杀服,祸及三世。'吾非爱越而不杀也,畏皇天之咎,教而赦之。"太宰嚭谏曰:"子胥明于一时之计,不通安国之道。愿大王遂其所执⑬,无拘群小之口⑭。"夫差遂不诛越王,令驾车养马,秘于石室之中⑮。

注释

①稽首再拜:见5.6注③。

②皇天:见7.1注⑥。

③后:帝王。后土:土神,地神。

④裁:裁断,度量。不裁功力:即5.6、5.7所说的"内不自量"。

⑤抵罪:得罪,犯罪。《广雅·释言》:"抵,触也。"

⑥胜(shēng 生):尽。

⑦据《史记·吴太伯世家》,阖闾败于越而战死时曾对夫差说:"尔而忘勾践杀汝父乎?"现在夫差不杀勾践,实忘了父仇,所以实是犯了错误。

⑧熛(biān 标):《说文》:"熛,火飞也。《一切经音义》十四引《三苍》:"熛,进火也。"即进出的火星。

⑨缴(zhuó 灼):拴在箭上的生丝线。依靠它可把射中的鸟收回。

⑩华池:见4.35。

⑪存:《尔雅·释诂》:"存,察也。"南山之中、不可存之地:指会稽山南部的勾嵊山一带,参见5.5注④。

⑫椑梱(bì kǔn 蔽阃):也作"椑柘",是用木条交叉制成的栅栏,置于官署前以拦截人马。又叫行马。

⑬遂:《礼记·月令》"百事乃遂"注:"遂,犹成也。"即办成,成功。

⑭群小:《诗经·邶风·柏舟》"愠于群小"笺:"群小,众小人在君侧者。"

⑮石:四部丛刊本作"宫",据四库全书本改。下文说"越王、范蠡趋入石室"可证不当作"宫室"。石室:《吴郡图经续记》卷中:"研石山……下有石室,今存,俗传吴王囚范蠡之地。"则此石室当在今灵岩山(见4.35注⑬)。

【今译】

于是越王到了吴国,拜见夫差,磕头拜了两次而自称臣下,说:"东海边上的卑贱之臣勾践,向上愧对天帝,在下对不起地神;不自量力,污辱了大王的战士,在边境上犯了罪。大王赦免了我的严重罪行,判决加给我劳役,让我拿着畚箕扫帚来做家务。我实在是蒙受到大王优厚的恩惠,才得以保住短暂的生命,抬头说不尽对您的感激,低头道不尽自己的惭愧。臣下勾践谨向大王叩头叩头。"吴王夫差说:"我对你的处理也错了。你就没想到我先君的仇恨吗?"越王说:"我如果该死那也就只好死了。只希望大王能原谅我。"伍子胥在旁边,眼睛就像迸出的火星,声音就像雷霆,立即走上前说:"那飞翔的鸟在青云之上,尚且想要用拴有生丝线的小箭去射它,更何况是极近地栖息在华池、停留在堂前空地与堂下走廊的呢?越王被放纵在南面的山野之中,活动于不能发现的地方,现在幸好来到我们的国土上,进了我们的木栅栏。这正是厨师办成事情而大吃一顿的时候,怎么能丢了他呢?"吴王说:"我听说:'诛杀投降归服的人,灾祸将延及三代。'我并不是爱越王才不杀他的,而是怕天帝的责怪,所以对他采取教育的方法而把他赦免了。"太宰嚭劝谏说:"子胥只明白暂时的权宜之计,而不精通安国定邦的策略。希望大王实施您所拿定的主意,不要囿于小人们的胡言乱语。"夫差也就没杀越王,叫他驾车养马,秘密地住在石洞之中。

【原文】

7.7　三月,吴王召越王入见。越王伏于前,范蠡立于后。吴王谓范蠡曰:"寡人闻:'贞妇不嫁破亡之家,仁贤不官绝灭之国。'今越王无道,国已将亡,社稷坏崩,身死世绝,为天下笑。而子及主俱为奴仆,来归于吴,岂不鄙乎?吾欲赦子之罪,子能改过自新、弃越归吴乎?"范蠡对曰:"臣闻:'亡国之臣不敢语政,败军之将不敢语勇。'臣在越,不忠不信,今越王不奉大王命号①,用兵与大王相持,至今获罪②,君臣俱降。蒙大王鸿恩,得君臣相保。愿得入备扫除、出给趋走③,臣之愿也。"此时越王伏地流涕,自谓遂失范蠡矣。吴王知范蠡不可得为臣,谓曰:"子既不移其志,吾复置子于石室之中。"范蠡曰:"臣请如命。"吴王起,入宫中。越王、范蠡趋入石室。

注释

①今:当作"令",形近而误。

②卢文弨说:"今,疑'令'。"

③备:备用。这是一种谦词。给:供。趋走:奔跑。给趋走:供驱使而奔跑效劳,指当奴仆。

【今译】

　　过了三个月,吴王叫越王进宫拜见。越王趴在吴王跟前,范蠡站在越王后边。吴王对范蠡说:"我听说:'有操守的女子不嫁给破落的家庭,仁人贤士不在灭亡的国家做官。'现在越王暴虐无道,国家已将灭亡,土地神谷神毁坏崩塌,他自己死后世系就断绝了,被天下人所讥笑。而你和主子都做了奴仆,前来归顺吴国,难道不卑下吗?我想赦免对你的处罚,你能改变思想、悔过自新、抛弃越国而投奔吴国吗?"范蠡回答说:"我听说:'亡国的臣子不敢侈谈政治,败退的将军不敢侈谈勇敢。'我在越国的时候,不忠贞不诚信。使越王不接受大王的命令,用兵和大王相对抗,以致使我们得到了惩处,君臣都投降了。承蒙大王的大恩,我们君臣才得以保全。我希望能在您回家时用我来打扫卫生、在您外出时供您驱使而为您奔走,这才是我的愿望啊。"这时越王趴在地上流泪,自以为就要失去范蠡了。吴王知道范蠡不可能做自己的臣子,就对他说:"你既然不改变自己的志向,我就再把你安置在石洞之中。"范蠡说:"臣请求服从命令。"吴王起身,到宫内去了。越王、范蠡有礼貌地小步快走进入石洞中。

【原文】

　　7.8　越王服犊鼻①,着樵头②。夫人衣无缘之裳③,施左关之襦④。夫斫剉养马⑤,妻给水、除粪、洒扫。三年⑥,不愠怒,面无恨色。吴王登远台,望见越王及夫人、范蠡坐于马粪之旁,君臣之礼存,夫妇之仪具。王顾谓太宰嚭曰:"彼越王者,一节之人;范蠡,一介之士⑦。虽在穷厄之地,不失君臣之礼。寡人伤之。"太宰嚭曰:"愿大王以圣人之心,哀穷孤之士。"吴王曰:"为子赦之。"

注释

①犊鼻:《史记·司马相如列传》又作"犊鼻裈","裈"是裤子,所以有人把它解为"短裤",实误。因为劳作者穿短裤,甚不合情理。《方言》卷四:"无裥裤谓之襣。"郭璞注:"裤无踦者,即今犊鼻裈也。"可见,它是一种没有裤裥(裤脚管)的"裤子",王先谦《汉书补注》解为"围裙",近之,但恐怕还不很准确。《史记集解》引韦昭说:"今三尺布作,形如犊鼻矣。"则所谓"犊鼻",当是类似于今江南农村干活时穿在衣裤外的"作裙"与"系身"之类的下衣,其形制如下图:

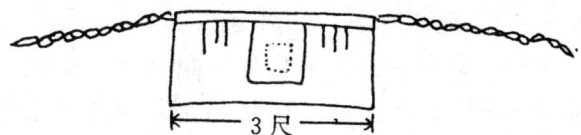

即以三尺左右长的一幅布(今之"系身"仅挡住身体前面,故长度仅尺余,"作裙"则围住腰身四周),在布之一边做上褶子、缝上腰与带子,中间另加一块盖布(今之"系身"均有此盖布),既用来遮挡里面的口袋(虚线所示),更是为了有利于劳作时对劳动者的保护。穿时由前向后,两带子在身后交错后回到身前扎住。穿好后中间的盖布形如犊鼻(小牛之鼻),恐即因此而得名。

②着(zhuó 酌):穿戴。樵头:孙诒让说:"案樵头即帩头也。《释名·释首饰》云'绡头,绡,纱(觉按:当作"钞")也,钞发使上从也。'《方言》云:'络头,自河以北赵、魏之间曰帩头'。《仪礼·士丧礼》《丧服》郑注并云:'著幓头。'樵、帩、绡、幓,皆一声之转。"觉按:樵(qiāo 乔),古属从母宵部;帩(qiào 敲),古属清母宵部;绡(xiāo 宵),古属心母宵部;幓(shēn 深),古属生母侵部。所以"幓"与"樵"、"帩"、"绡"非一声之转。"樵头"当为"帩头"的假借字,古又写作"峭(qiào 峭)头",《宋书·乐志·古词·艳歌罗敷行》:"少年见罗敷,脱帽著峭头。"它是一种头巾,用来包发,以便戴帽。

③衣(yì 义):穿。缘:古时衣服的边饰,一般采用与衣服不同的质料做成。裳:下衣,类似今之"作裙"(参见注①)。

④施:《礼记·祭统》"勤大命施于烝彝鼎"注:"施,犹著也。"左关:等于说"左衽",指衣襟向左开阖。这是古代少数民族的服装式样。古代中原地带的服装是胸襟向右开阖,只有死者的葬服才做成左衽(见《礼记·丧大记》)。

⑤斫:斩,指铡断草料。剉(cuò 挫):通"莝",《说文》:"莝,斩刍。"即斩细的草料。这里用作动词,表示铡断草料。

⑥三年:《国语·越语下》:"(越王)与范蠡入宦于吴,三年,而吴人遣之。"韦注:"在吴三年而吴人遣之,此则鲁哀五年也。"鲁哀公五年,即勾践七年(公元前490年)。本书7.1载勾践五年入吴,若依韦说,则本文所谓"三年",只是指第三个年头。

⑦介:《孟子·尽心上》"不以三公易其介"刘注:"介,操也。"《楚辞·悲回风》"介眇志之所惑兮"注:"介,节也。"即高洁有节操的意思。

【今译】

越王束着犊鼻,扎着头巾。夫人下穿没有镶边的作裙,上着衣襟向左开阖的短袄。丈夫铡草养马,妻子供给饮水、清除马粪、洒水扫地。像这样三年了,他们也毫不怨怒,脸上没有一点儿不满的气色。吴王登上了远处的高台,望见越王及夫人、范蠡坐在马粪的旁边,那君臣之间的礼节仍保持着,夫妇之间的礼仪仍很完备。吴王回头对太宰嚭说:"那越王啊,是一个有节气的人;范蠡,是一个有操守的贤士。他们虽然处在困厄的境地,仍不丢掉君臣之间的礼节。我真为他们感到悲伤。"太宰嚭说:"希望大王以圣人的心肠,怜悯这几个困厄孤苦的人。"吴王说:"我就为你赦免他们吧。"

【原文】

7.9 后三月,乃择吉日而欲赦之。召太宰嚭谋曰:"越之与吴,同土连域;勾践愚黠①,亲欲为贼。寡人承天之神灵、前王之遗德,诛讨越寇,囚之石室。寡人心不忍见,而欲赦之,于子奈何?"太宰嚭曰:"臣闻:'无德不复。'大王垂仁恩加越,越岂敢不报哉?愿大王卒意②。"

越王闻之,召范蠡告之曰:"孤闻于外,心独喜之,又恐其不卒也。"范蠡曰:"大王安心,事将有意③,在《玉门》第一④。今年十二月戊寅之日⑤,时加日出⑥。戊,囚日也⑦;寅,阴后之辰也⑧。合庚辰,岁后会也⑨。夫以戊寅日闻喜,不以其罪罚日也⑩。时加卯而贼戊⑪,功曹为腾蛇而临戊⑫,谋利事在青龙⑬。青龙在胜先而临酉,死气也⑭,而克寅⑮。是时克其日⑯,用又助之⑰,所求之事,上下有忧⑱。此岂非天网四张、万物尽伤者乎?王何喜焉?"

果子胥谏吴王曰:"昔桀囚汤而不诛,纣囚文王而不杀,天道还反,祸转成福。故夏为汤所诛,殷为周所灭。今大王既囚越君而不行诛,臣谓大王惑之深也。得无夏、殷之患乎？"

吴王遂召越王，久之不见。范蠡、文种忧而占之，曰："吴王见擒也⑲。"有顷，太宰嚭出，见大夫种、范蠡，而言越王复拘于石室。

伍子胥复谏吴王曰："臣闻王者攻敌国，克之则加以诛，故后无报复之忧，遂免子孙之患。今越王已入石室，宜早图之，后必为吴之患。"太宰嚭曰："昔者，齐桓割燕所至之地以贶燕公⑳，而齐君获其美名；宋襄济河而战㉑，《春秋》以多其义㉒。功立而名称，军败而德存。今大王诚赦越王，则功冠于五霸，名越于前古。"吴王曰："待吾疾愈，方为太宰赦之㉓。"

注释

①黠：聪慧，狡猾，此指耍小聪明。愚黠：与5.6所说的"智而愚"义同，参见5.6注㉔。冯念祖本作"愚黯"，则当通"愚暗"，表示愚昧无知，也通。

②卒意：徐天祐说："终其意也。"

③意：《汉书·文三王传》"于是天子意梁"颜师古注："意，疑也。"

④《玉门》：当是一种书或一种占吉凶的法式，与《金匮》（见5.12注⑨）类似。据孙诒让的推测："玉门"与"金匮"语法结构相同，字义相对，当是一种六壬式书名。钱大昕则说："八会之占，验于吴、楚；玉门之策，习于种、蠡。虽小道，有可观，而夫子焉不学，讵如后之学者未窥六甲，便衍先天；不辨五行，乃汩《洪范》；握算昧正负之目，出门迷钩绳之方也哉？"（见《淮南天文训补注序》）依钱说，它便是一种与八会（见5.12注⑨、⑭）类似的占术。《黄帝金匮玉衡经》有"金匮玉房"一语，又有《玉衡章》载有十条"经"，《玉门》恐怕也是此类之书。

⑤今年：指越王入吴后第三个年头，即勾践七年（鲁哀公五年，公元前490年），参见7.8注⑥。十二月：钱塘认为，勾践入吴在鲁哀公三年，吴王释放勾践在鲁哀公六年，而鲁哀公六年的戊寅日在正月初一（《对照表》同），越国置闰不同，所以在前一年的十二月（见5.12注⑩）。此说可从。戊寅：是越王听到好消息的日子（见下文），所以作为推测吉凶的根据。

⑥日出：太阳出来，指卯时，即早晨五点到七点。

⑦钱塘认为："十二月水王，故囚。"（见5.12注⑩）用其所处的月份来解释，恐不当。因为此文言"日"而并非言"月"。《说文》："戊，中宫也，象六甲五龙相拘绞也。戊承丁，象人胁。"《说文》解释干支，每多阴阳之论。此文说戊是囚日，或为此义。

⑧阴、辰：见5.12注⑬。阴后之辰：据钱塘之说（见5.12注⑩），是指太阴已经过的地支。据钱说，此时太阴在丙戌。戊寅在丙戌前八位，所以说寅是阴后

之辰。

⑨合、会：指合日。参见5.12注⑭。庚辰：即此月初三，见5.12注⑩钱塘说。岁后：据钱说，是指太阴已历之辰。庚辰在丙戌前六位，所以说"岁后"。"岁后会"是一种凶兆，参见5.12注⑩。

⑩其罪：戊是囚日，所以有罪。日：天干。古代"十干"又称"十日"（见5.12注⑭）。

⑪时加卯：即上文"时加日出"。卯贼戊：据《淮南子》（见5.12注⑯），卯在五行配"木"，戊在五行配"土"。而根据五行相胜之道（见5.27注⑱），木胜土，所以说卯贼戊。

⑫功曹：见5.12注⑱。腾蛇：也作"螣蛇"，本指一种能飞行的神蛇，占术中用为神名，主杀伐。《黄帝金匮玉衡经》："螣蛇诛斩，金钺锵锵。"俞樾说："'戊'字误，当作'巳'。功曹者，寅也。范蠡占此为十二月戊寅日卯时，以日辰起贵神，则寅为螣蛇而临地盘巳位。

```
寅    卯    辰    巳
螣    朱    六    句
丑                午
贵                青
子                未
后                空
亥    戌    酉    申
阴    元    常    白"
```

觉按：俞说备考，今译文仍依原文。

⑬青龙：指太岁，见5.12注⑩。

⑭孙诒让说："《五行大义》第二十《论诸神篇》云：'午胜先者，阳气大威，阴气时动，惟阳在先为胜也。'《黄帝龙首经》亦云：'午为胜先。'"觉按：据《黄帝金匮玉衡经》，"胜先"为一占卜术语。据孙说，则此文"青龙在胜先"等于说"太岁在午"。据钱塘之说，此时太阴在丙戌（见5.12注⑩），则太岁当在戊申（参见5.12注⑬），已过"午"而临"酉"。此文说"在胜先"，似为约略之辞，实指"过胜先"。太岁与十二辰运行顺序一致，所以从"午"前行，将经过"未"、"申"而临近"酉"。《淮南子·天文训》："午为定，未为执，主陷；申为破，主衡；酉为危，主杓。"可见太岁在午而前行，直至酉，均不吉利，所以此文说"青龙在胜先而临酉"是死气。

⑮此时太岁在申而临酉，申、酉在五行配"金"，寅在五行配"木"（参见5.12注⑯），根据五行相胜之道（见5.27注⑱），金胜木，所以此文说"克寅"。

⑯时克其日：指上文"时加卯而贼戊"。时辰克日是一种小克大的逆克，是不吉利的。

⑰用：《方言》卷六："用，行也。"此指上文"青龙在胜先而临酉"等等。

⑱上下：此指天干地支。因为戊被贼而寅被克，所以这戊寅日所闻之事尚有

意外。

⑲见:指代性副词,偏指我。参见 5.18 注②。

⑳齐桓公:齐国的君主,名小白,公元前 685—公元前 643 年在位。他曾任管仲为相,实行政治改革,国力大增,九合诸侯,一匡关下,成为春秋时期第一个霸主。贶(kuàng 况):赐。燕公:指燕庄公,燕国君主,公元前 690—公元前 658 年在位。据《史记·齐太公世家》,齐桓公二十三年(公元前 663 年),"出戎伐燕,燕告急于齐。齐桓公救燕,遂伐山戎,至于孤竹而还。燕庄公遂送桓公入齐境。桓公曰:'非天子,诸侯相送不出境,吾不可以无礼于燕。'于是分沟,割燕君所至与燕,命燕君复修召公之政,纳贡于周,如成、康之时。诸侯闻之,皆从齐。"

㉑宋襄:宋襄公,宋国君主,宋桓公子,名兹父,公元前 650—公元前 637 年在位,春秋五霸之一。河:指泓水,故道在今河南柘城县北。宋襄公十三年(公元前 638 年),"冬十一月己巳朔,宋公及楚人战于泓。宋人既成列,楚人未既济。司马曰:'彼众我寡,及其未既济也,请击之。'公曰:'不可。'既济而未成列,又以告。公曰:'未可。'既陈而后击之,宋师败绩。公伤股。"(见《左传·僖公二十二年》)

㉒《春秋》:我国现存最早的一部编年体史书。古代解释它的主要有左氏、公羊、谷梁三家。战国秦汉时人们引三家之说,也往往统称为《春秋》。如《荀子·大略》说"《春秋》善胥命",《韩非子·奸劫弑臣》说"《春秋》记之曰",《盐铁论·晁错》说"《春秋》之法",均其例。多其义:指《公羊传·僖公二十二年》所说的:"君子大其不鼓不成列,临大事而不忘大礼,有君而无臣,以为虽文王之战,亦不过此也。"此当为本书作者的创作之辞。

㉓太:四部丛刊本作"大",据冯念祖本改。

【今译】

　　三个月以后,吴王就选择吉日想赦免他们。他叫来太宰嚭商量说:"越国和吴国,在同一块土地上而疆域相连;勾践愚昧而狡猾,还想亲自来伤害我。我禀受了上天的神明以及先王遗留下来的恩德,谴责讨伐越寇,终于把他囚禁在岩洞之中。我不忍心看到他像这样困窘,因而想赦免他,你看怎样?"太宰嚭说:"我听说:'没有什么德行不受到报答。'大王赐下仁爱恩惠而施加给越王,越王难道敢不报答吗?希望大王兑现您的想法。"

　　越王听说了这件事,叫来范蠡告诉他说:"我在外面听说了这件事,心里暗自高兴,但又怕他不兑现啊。"范蠡说:"大王别激动,这事情还有点可疑,因为它对应《玉门》第一类。大王听到这消息,是在今年十二月戊寅日,时辰是太阳出来之际的卯时。戊,是个被囚禁的日子;

寅,是太阴经过以后的地支。合日是庚辰,这是一个太阴已经经过的合日。大王在戊寅日听到喜讯,可见上天并不因为戊的罪过而处罚天干。但时辰正当卯时就伤害了戊,而功曹又是腾蛇并且逼近戊,这样,谋取有利的事就取决于太岁了。而现在太岁已经过午并且临近酉,这是一股死气,而且五行上它又克过寅。这样看来,不但时辰胜过了这戊寅的天干,而且太岁的运行又辅助了它,所以大王渴求的事情,从天干与地支来看都有值得担忧的事。这难道不是上天的罗网四下张开、一切事物都要被伤害的时刻吗?大王高兴什么呢?"

伍子胥果然劝谏吴王说:"从前夏桀囚禁了商汤而不杀掉,商纣王囚禁了周文王而不杀掉,天神的意志再反过来,结果灾祸就转变成了福气,所以夏桀被商汤所惩处,商朝被周国所消灭。现在大王已经囚禁了越君却不加以杀戮,我以为大王迷惑得也太深了。能没有夏桀、商纣那样的祸患吗?"

吴王于是就召见越王,但过了很久也不出来接见。范蠡、文种十分担忧而为此占了个卜,那占卜的结果说:"吴王捉住了我们。"过了一会儿,太宰嚭出来,见了大夫文种、范蠡,通知越王再要被关押在石洞中。

伍子胥又劝告吴王说:"我听说称王天下的人攻打敌国,如果战胜了他们,就加以杀戮,所以到后来也就没有被报复的忧虑,也最终免除了子孙的祸患。现在越王已经到了石洞中,应该及早设法搞掉他;如果不趁早把他杀了,他以后一定会成为吴国的祸水。"太宰嚭说:"从前,齐桓公割让了燕庄公送他时所走到的地方把它赐给了燕庄公,而齐桓公便获得了那美好的名声;宋襄公等楚军过了河再和他们交战,《春秋》因而赞扬他的道义。齐桓公功业已建立而名声被称颂,宋襄公作战虽失败而德行被传扬。现在大王如果真是赦免了越王,那么功德就在五霸之上,名声就超过了以前的一切人。"吴王说:"等我的毛病痊愈,将为太宰赦免他。"

【原文】

7.10 后一月,越王出石室①,召范蠡,曰:"吴王疾,三月不愈。吾闻人臣之道,主疾臣忧。且吴王遇孤,恩甚厚矣。恐疾之无瘳②,惟公卜焉。"范蠡曰:"今日日辰阴阳③,上下和亲,无相入者。法曰:'天一救,且何忧?'吴王不死明矣。到己巳日④,当瘳。惟大王留意。"越王曰:"孤所以穷而不死者,赖公之策耳。中复犹豫⑤,岂孤之志哉?可与不可,惟公图之。"范蠡曰:"臣窃见吴王真非人也⑥。数言成汤之义而不行之⑦。愿大王请求问疾,得见,因求其粪而尝之,观其颜色,当拜贺焉。言其不死,以瘳起日期之⑧。既言信后,则大王何忧?"

注释

①徐天祜说:"'出'当作'坐'。"觉按:此指越王走出自己所居的石室而召范蠡,若作"坐",反成赘辞,故不必改字。

②四部丛刊本无"恐",据《太平御览》卷七百三十八引文补。瘳(chōu 抽):疾病好转。

③四部丛刊本无"今日日辰阴阳……且何忧"22字,据《太平御览》卷七百三十八引文补。日辰:干支(参见5.12注⑭)。日辰阴阳:是阴阳五行家用来推断吉凶的依据。《黄帝金匮玉衡经·金匮章》:"何谓日辰?假令今日甲子,甲为日,子为辰。阴阳者,日,上神,为阳神;辰,下神,为阴神。"

④己巳日:即鲁哀公六年(公元前489年)四月廿三日,越国置闰不同,此当在三月(参见7.9注⑤、7.11注③)。

⑤犹豫:迟疑不决,指范蠡说的话迟疑不定,没有个决策,只是让越王留意。

⑥见:看,引申而表示"持有……看法"、"认为"。

⑦数(shuò 朔):屡次。成汤:即汤,见7.2注③。成汤之义:当指商汤的慈善之心。据《史记·殷本纪》载,汤有一次到野外,见人围猎,张网四面而祷告说:"天下四方,都入我网。"汤说:"这样不是要一网打尽了。"就要他撤去三面,祷告说:"想向左的就向左跑,想向右的就向右跑。不听我命令的就钻进我的罗网。"诸侯听到了这件事,说:"汤的德行高极了,连禽兽也照顾到了。"

⑧瘳:四部丛刊本作"廖",据冯念祖本改。期:约定日期。

【今译】

一个月以后,越王走出石洞,召见范蠡,说:"吴王生了病,已经三个月了还没有痊愈。我听说做臣子的原则是,君主生病臣子担忧。况且吴王对待我,恩情已非常深厚了。我怕他毛病一直不好,希望您为他占个卜。"范蠡说:"今天的干支阴阳,上下和顺相亲,没有互相侵犯的。占卜的法书上说:'上天一救,还有何忧?'吴王不会死是很明显的了。到己巳日,病情将会好转。希望大王注意。"越王说:"我之所以陷入困境而仍然没死,只是靠了您的计策罢了。您现在说话说了一半又迟疑不定没有个决策,这难道是我所希望的吗?事情无论是可行还是不可行,希望您想想办法。"范蠡说:"我个人认为吴王真不是个人。他屡次称说商汤的道义却不能付诸实施。希望大王前去请求问候他的疾病,如果能见到他,就求取他的粪便而尝尝它,再看他的脸色,该向他行礼祝贺。说他不会死,并拿病情好转而起床的日子和他约好。等到您的话已经被证实以后,那么大王还担忧什么呢?"

【原文】

7.11　越王明日谓太宰嚭曰:"囚臣欲一见问疾。"太宰嚭即入言于吴王。王召而见之,适遇吴王之便,太宰嚭奉溲、恶以出①,逢户中②。越王因拜:"请尝大王之溲以决吉凶。"即以手取其便与恶而尝之,因入曰:"下囚臣勾践贺于大王。王之疾至己巳日有瘳,至三月壬申病愈③。"吴王曰:"何以知之?"越王曰:"下臣尝事师闻粪者④,顺谷味、逆时气者⑤,死;顺时气者,生。今者臣窃尝大王之粪,其恶味苦且楚酸⑥。是味也,应春、夏之气。臣以是知之。"吴王大悦,曰:"仁人也。"乃赦越王,得离其石室,去就其宫室,执牧养之事如故。越王从尝粪恶之后,遂病口臭。范蠡乃令左右皆食岑草以乱其气⑦。

【注释】

①溲(sōu 搜):大小便。又特指小便。恶(è 厄):大便。今吴语读为 wú(毋)。
②户:单扇的门(参见4.2注⑮),此当指卧室之门。
③三月壬申:即鲁哀公六年(公元前489年)四月廿六,越国置闰不同,所以在三月。参见7.9注⑤、7.10注④。
④事:侍奉,古代从师学艺称"事"或"服役"。师:用作动词,以……为老师。事师:指从师学习。
⑤顺谷味:因循谷物的味道,指所吃的饭食没消化。
⑥楚:《释名·释州国》:"楚,辛也。"楚酸:等于说"辛酸",辣味与酸味。
⑦岑草:徐天祜说:"《会稽赋》注:'岑草,蕺也,菜名,撷之小有臭气。凶年民厨其根食之。'《会稽志》:'蕺山在府西北六里,越王尝采蕺于此。'"觉按:蕺山在今绍兴市东北隅,周围约两公里,高五十二米。晋王羲之宅在山麓,故又名王家山。

【今译】

　　第二天越王对太宰嚭说:"囚犯我想看一下吴王,问候他的疾病。"太宰嚭就进去报告了吴王。吴王叫他进去准备接见他,正好碰上吴王大小便,太宰嚭捧着吴王的尿粪出来,在门口遇上了。越王便作揖行礼,说:"请让我尝一下大王的粪便来判断一下大王的病情是吉是凶。"便用手抓了一些吴王的小便和大便尝了一下,接着就进去说:"在下的囚犯奴仆勾践向大王祝贺。大王的疾病到已巳日会有好转,至三月壬申日疾病就痊愈了。"吴王说:"凭什么知道我的病到三月壬申日会痊愈?"越王说:"下臣曾经向闻粪的人学习过,那粪便因循谷物的味道而违背时令元气的人,就会死;那粪便顺应了时令元气的人,就能活。现在我私下尝了一下大王的粪便,那大便的味道又苦又辣又酸。这种味道,对应了春、夏之间的元气。我因此知道大王的病在三月壬申日会痊愈。"吴王十分高兴,说:"真是个仁慈的人。"于是就赦免越王,使他能离开那个石洞,来到自己的王宫,还是像原来那样掌管养马的事。越王自从尝了粪便之后,就患了口臭病。范蠡就命令身边的侍从都吃岑草来扰乱他的臭气。

【原文】

　　7.12　其后,吴王如越王期日疾愈,心念其忠,临政之后,大纵酒于文台。吴王出令曰:"今日为越王陈北面之坐①,群臣以客礼事之。"伍子胥趋出,到舍上,不御坐。酒酣,太宰嚭曰:"异乎!今日坐者,各有其词。不仁者逃,其仁者留。臣闻:'同声相和,同心相求。'今国相②,刚勇之人,意者内惭至仁之存也③,而不御坐,其亦是乎?"吴王曰:"然。"于是范蠡与越王俱起,为吴王寿,其辞曰:"下臣勾践、从小臣范蠡,奉觞上千岁之寿。"辞曰:

　　"皇在上令④,昭下四时;
　　并心察慈⑤,仁者大王。
　　躬亲鸿恩,立义行仁。
　　九德四塞⑥,威服群臣。
　　於乎休哉⑦!传德无极。
　　上感太阳,降瑞翼翼⑧。
　　大王延寿万岁,长保吴国。

四海咸承,诸侯宾服⑨。

觞酒既升,永受万福。"

于是吴王大悦。

注释

①北面之坐:面向北的坐位,指臣位。古代君主朝南而坐,群臣朝北而拜。

②今:犹"夫",参见《古书虚字集释》。卢文弨说:"'国相'当作'相国'。"觉按:作"国相"也可,3.5说"反遇奢为国相",是其证。

③至仁:具有最高的仁德的人,指勾践。

④令:指"今日为越王陈北面之坐,群臣以客礼事之"之令。

⑤并:《礼记·檀弓下》"行并植于晋国"注:"并,犹专也。"察慈:明察仁慈。指7.11吴王说越王是"仁人"。

⑥九德:九种品德。《书·皋陶谟》所载九德是:"宽而栗,柔而立,愿而恭,乱而敬,扰而毅,直而温,简而廉,刚而塞,强而义。"《逸周书·常训》:"九德:忠、信、敬、刚、柔、和、固、贞、顺。"《逸周书·文政、宝典》《左传·昭公二十八年》《国语·周语下》等都有关于九德的记载,内容不尽相同。此文之"九德",泛指吴王品德之博大。四塞:布满,充塞。

⑦於(wū 乌)乎:同"呜呼"。休:美善,喜庆。

⑧翼翼:《诗经·小雅·楚茨》"我稷翼翼"传"翼翼,蕃庶貌。"即众多的样子。

⑨宾服:臣服,归顺。

【今译】

之后,吴王到了越王所预定的日期而疾病痊愈了,心里惦念他的忠诚,所以到朝听政以后,就在文台大肆狂饮。吴王发布命令说:"今天给越王安排一个朝北的坐位,群臣用对待贵宾的礼节来侍奉他。"伍子胥小步快跑出门,回到家里,不陪坐。酒喝得畅快的时候,太宰嚭说:"多么奇怪啊!今天在坐的,各人都有自己要说的话。没有仁德的人才逃跑,有仁德的人都会留下。我听说:'声音相同就会互相应和,思想一致就会互相追求。'那相国,是个刚毅勇猛的人,料想他内心因为极为仁慈的人在场而感到惭愧,因而不陪坐,这难道也对吗?"吴王说:"说得对。"于是范蠡和越王一同站起来,为吴王祝寿,他们说道:"下臣勾践、随从小臣范蠡,捧起酒杯敬祝大王有千岁的寿数。"又吟诵祝词道:

"皇帝在上发布命令,光明下照四季如春;
一心明察慈爱之情,仁德之人就是大王。
大王亲自布赐大恩,树立道义实行仁政。
道德无量充满四境,威势慑服诸位大臣。
哎呀美啊值得喜庆!传下道德无边无垠。
在上感动太阳之神,降下吉祥繁多丰盛。
延年益寿大王万岁,永远保住吴国江山。
四海之内都来奉承,诸侯各国臣服归顺。
一杯寿酒已经举起,永远享受无限福运。"

在这个时候,吴王十分高兴。

【原文】

7.13　明日,伍子胥入谏曰:"昨日大王何见乎?臣闻:'内怀虎狼之心,外执美词之说,但为外情以存其身。豺①,不可谓廉;狼,不可亲。'今大王好听须臾之说,不虑万岁之患;放弃忠直之言,听用谗夫之语。不灭沥血之仇②,不绝怀毒之怨③,犹纵毛炉炭之上幸其焦④、投卵千钧之下望必全⑤,岂不殆哉?臣闻:'桀登高自知危,然不知所以自安也;前据白刃自知死⑥,而不知所以自存也。惑者知返,迷道不远。'愿大王察之。"

吴王曰:"寡人有疾三月,曾不闻相国一言,是相国之不慈也;又不进口之所嗜,心不相思⑦,是相国之不仁也。夫为人臣不仁不慈,焉能知其忠信者乎?越王迷惑,弃守边之事,亲将其臣民来归寡人,是其义也;躬亲为虏,妻亲为妾,不愠寡人,寡人不疾,亲尝寡人之溲,是其慈也;虚其府库,尽其宝币,不念旧故,是其忠信也。三者既立,以养寡人。寡人曾听相国而诛之⑧,是寡人之不智也,而为相国快私意耶⑨。岂不负皇天乎?"

子胥曰:"何大王之言反也?夫虎之卑势,将以有击也;狸之卑身,将求所取也。雉以眩移拘于网⑩,鱼以有悦死于饵。且大王初临政,负《玉门》之第九⑪,诚事之败⑫,无咎矣⑬。今年三月甲戌⑭,时加鸡鸣⑮。甲戌,岁位之会⑯,将也⑰。青龙在酉⑱,德在土,刑在金⑲,是日贼其德也⑳。知父将有不顺之子,君有逆节之臣。大王以越王归吴为义,以饮溲食恶为慈,以虚府库为仁。是故为无爱于人㉑,其不可亲㉒;面听貌观以存其身㉓。今越王入臣于吴㉔,是其谋深也;虚其府库不见恨色㉕,是欺我王也;下饮王之溲者,是上食王之心也;下尝王之恶者,是上食王之肝也。大哉!越王之崇吴。吴将为所擒也。惟大王留意察之。臣不敢逃死以负前王。一旦社稷丘墟,宗庙荆棘,其悔可追乎?"

吴王曰:"相国置之,勿复言矣。寡人不忍复闻。"

注释

①豺:俗名豺狗,形似犬而残猛如狼。谓:以为。
②沥血:滴血,指滴血为誓,表示誓不两立。
③毒:《广雅·释言》:"毒,憎也。"怨:怨恨。这里用作名词。
④徐天祐说:"'其'当作'不'。"
⑤钧:古代重量单位,三十斤为一钧。千钧:形容极大的重量。
⑥据:《文选·东京赋》"据其府库"薛注:"据,就也。"即靠近的意思。
⑦相:指代性副词,此文偏指"我"。
⑧曾:用作"诚",如果。
⑨快:使动用法。快私意:使个人的心意痛快。耶:犹"也",参见《经传释词》。
⑩眵:当作"眵",形近而误。眵(chī 吃):眼昏发花而多眼屎。
⑪《玉门》:见 7.9 注④。
⑫诚:四部丛刊本作"诚",据汪士汉本改。
⑬无:通"毋"。
⑭今年:指勾践八年(鲁哀公六年,公元前 489 年),参见 7.9 注⑤与 8.1 注①。三月甲戌:即鲁哀公六年四月廿八(此据《对照表》,钱塘说为四月廿九,见 5.12 注⑩),越国置闰不同,所以在三月,参见 7.9 注⑤。吴王于己巳(三月廿三)病情好转,于壬申(三月廿六)病愈(见 7.11 注③),甲戌日当是他这次"初临政"之日,所以作为推测吉凶的根据。
⑮鸡鸣:鸡啼之时,当指寅时(清晨三点到五点)。
⑯位:当作"后"。"岁后",指太阴已历之辰。该年太阴在丁亥,在甲戌之后 13 位,所以说"岁后"。见 5.12 注⑩钱塘说。会:合,指合日。甲戌是三月的合日。参见 5.12 注⑭。岁后之会:这是一种凶兆,见 5.12 注⑩。
⑰将:率领,引申指牵制。钱塘把"岁后会将"连读(见 5.12 注⑩),恐不当。
⑱青龙:见 7.9 注⑬。该年太阴在丁亥,所以太岁在己酉。参见 5.12 注⑩、⑬。
⑲德、刑:五行之说称天干为"德",称地支为"刑"。《淮南子·天文训》:"太

阴所居,日德,辰为刑。"此年太岁在己酉,所以"德"为"己"、"刑"为"酉"。己,在五行配"土";酉,在五行配"金"(参见5.12注⑯)。所以说"德在土,刑在金"。

⑳日:指甲戌日。"甲"在五行配"木"(参见5.12注⑯)。根据五行相胜之道,"木"胜"土"(见5.27注⑱),这也就是"甲"胜"己",所以说"日贼其德"。这甲戌的干支胜过了太岁的干支,是日胜年,这是一种逆胜,象征着下胜上,所以下文说:"知父将有不顺之子,君有逆节之臣。"

㉑此句指吴王对子胥的看法。人:实指吴王。无爱于人:指吴王所说的相国对他"不慈"、"不仁"。

㉒其:指"无爱于人"者。亲:用作被动词。译文变换了句式。

㉓此句指吴王对越王的态度。

㉔今:犹"夫",提示之词。参见《古书虚字集释》。

㉕见(xiàn现):同"现"。

【今译】

　　第二天,伍子胥进宫劝谏说:"昨天大王看见什么啦?我听说:'胸内包藏着虎狼般的狠心,在外使用好话连篇的说辞,这不过是伪装外表的感情来保存他的生命罢了。对于豺,决不可认为它廉洁;对于狼,决不可亲近。'现在大王喜欢听那快活一时的说辞,却不考虑到有关千秋万代大业的祸患;抛弃了忠诚正直的建议,而采用谗毁之人的花言巧语。不消灭誓不两立的仇敌,不根除心怀仇恨的冤家,这就好像是把毛发放在炉子里的炭火之上而指望它不烧焦、把禽蛋扔到上千钧的重物之下而指望它完好无损,难道不危险吗?我听说:'夏桀登上高处而知道自己很危险,却不知道使自己安全的办法;向前靠近雪白的刀口而知道自己会死,却不知道保存自己的办法。迷惑的人如果知道走回头路,那么迷失的路途不会太远。'希望大王明察。"

　　吴王说:"我患病三个月,竟听不到相国一句话,这是相国不慈善啊;又不进献我嘴里所爱吃的东西,心里又不惦念我,这是相国不仁爱啊。做臣子的不仁爱不慈善,怎么能知道他是忠贞诚信的呢?越王迷惑昏乱,抛弃了守卫边疆的大事,亲自率领了他的臣民来归顺我,这是他有道义啊;他本人亲自当奴仆,妻子亲自当婢女,心中也不怨恨我,我有了疾病,他亲口尝我的粪便,这是他的慈善啊;掏空了他的金库,拿出他所有的珍宝礼物,不计较过去的恩怨,这是他忠贞诚信啊。这三种品德已经有了,并且用它们来奉养我。我如果听从相国而把他杀

勾践入臣外传第七　◆　229

了,这就是我的不明智了,而只是给相国逞个人的痛快了。这难道不是辜负了天帝么?"

子胥说:"为什么大王的话说反了?那老虎压低了姿势,是将要有所攻击;那野猫压低了身子,是将要求得它要猎取的东西。野鸡因为双眼发花、被眼屎挡住了视线而被罩在罗网中,鱼因为有了一时的痛快而死在诱饵上。再说大王这次开始到朝听政的时候,正背着《玉门》第九类,这实在是事情本身注定要失败,所以也不要再怪罪了。大王这次到朝听政,是在今年三月甲戌日,时辰是鸡啼时的寅时。甲戌,是一个太阴已经经过的不吉利的合日,但它却牵制了大王。今年太岁又在己酉,则天干配土,地支配金,这样看来,那么这甲戌日就伤害了太岁的天干。所以我知道父亲将会有不孝顺的儿子,君主会有背叛节义的臣子。大王认为越王归顺吴国是出于道义,认为他喝尿吃粪是出于慈善,认为他掏空金库是出于仁爱。所以认为不爱别人的人,就不能和他亲近;而听了表面的话、看了他的外貌就据此保全了越王的生命。那越王到吴国来做奴仆,这是他谋划深远啊;掏空了他的金库而不暴露出怨恨的脸色,这是在欺骗我的大王啊;在下喝大王的小便,这是在向上吃大王的心啊;在下尝大王的大便,这是在向上吃大王的肝啊。越王这样来尊重大王,那意义多么重大啊!大王一定会被他擒获了。希望大王注意审察他。我不敢因为逃避死亡而辜负了先王。一旦国家成了荒山废墟,宗庙长满了荆棘,那后悔还来得及吗?"

吴王说:"相国把这些事放在一边吧,别再说了。我没有耐心再听这样的话了。"

【原文】

7.14 于是遂赦越王归国,送于蛇门之外①,群臣祖道②。吴王曰:"寡人赦君,使其返国,必会终始,王其勉之③。"越王稽首曰:"今大王哀臣孤穷,使得生全还国。与种、蠡之徒,愿死于毂下④。上天苍苍,臣不敢负。"吴王曰:"於乎!吾闻:'君子一言不再⑤。'今已行矣,王勉之。"越王再拜跪伏,吴王乃引越王登车,范蠡执御,遂去。至三津之上⑥,仰天而叹,泪下沾襟⑦,曰:"嗟乎!孤之屯厄⑧,谁念复生渡此津也!"谓范蠡曰:"今三月甲辰⑨,时加日昳⑩。孤蒙上天之命⑪,还归故乡。得无后患乎!"范蠡曰:"大王勿疑!直膍道行⑫。越将有福,吴当有忧。"至浙江之上,望见大越,山川重秀,天地再清。王与夫人叹曰:"吾已绝望,永辞万民。岂料再还,重复乡国。"言竟掩面,涕泣阑干⑬。此时万姓咸欢,群臣毕贺。

注释

①蛇门:吴国国都的南面靠东侧的城门。见4.2。

②祖道:见7.1注④。

③其:表示劝告、命令的语气副词。之:泛指代词。它既可指报恩,又可指报仇。吴王以此来表达一种不可直言的意思,即"你可不要报仇啊"。但说成"王勿复仇",就大煞风景了。现说成"王其勉之",表面上可理解为劝越王好好治国,报答吴王之恩。但内中又含有一层讽喻之意,即:你将努力来报仇吗?越王听出了这一层意思,所以有下面的回答。

④穀(gǔ 谷)下:尊称,与"阁下"、"麾下"之类相似。

⑤再:第二次。不再:指不说第二次,不再反悔。

⑥三津:即三江口的渡口,参见5.21注㉔。

⑦仰天而叹泪下沾襟:四部丛刊本作"仰天叹",据《太平御览》卷七十一增补。

⑧屯(zhūn 谆):艰难。

⑨三月:当为闰三月。7.11说"三月壬申",7.13说"三月甲戌",甲辰在甲戌后30天,在壬申后32天,所以这三个日子不可能都在同一个"三月"。据《对照表》,"甲辰"为鲁哀公六年(公元前489年)五月廿九,该年无闰月,鲁哀公五年则置闰六月。此文云"三月"而指闰三月,是因为越国置闰不同的缘故。参见5.12注⑩钱塘之说。《淮南子·天文训》:"辰为满,巳为平,主生。"可见"甲辰"是个吉利的日子,所以下文范蠡说"越将有福"。

⑩昳(dié 迭):徐天祜说:"日昃也,梁元帝《纂要》:'日在未曰昳。'"觉按:日昃,即午后日偏斜。未时,即今下午一时至三时。

⑪之命:等于说"天道",参见7.2注㉘。

⑫眂(shì 视):古"视"字。直眂:目光注视前方,此指不要瞻前顾后而徘徊不前。

⑬徐天祜说:"《文选》注:'阑干,多貌。'"

【今译】

于是,吴王就释放越王回国,在蛇门之外送别,群臣设宴饯行。吴王说:"我赦免您,让您返回祖国,您一定要想想前因后果,您就努力吧。"越王磕头伏地说:"今天大王哀怜我孤苦困厄,使我能保全了生命返回祖国。我与文种、范蠡之辈,愿意为您效死。苍天在上,我不敢忘恩负义。"吴王说:"嘻!我听说:'君子一言为定。'现在已经要走啦,您努力吧。"越王又拜了两次跪下趴在地上,吴王就拉着越王上车,范蠡手握马鞭驾车,就走了。来到三江口的渡口边上,越王抬头朝天叹了口气,眼泪直往下淌,沾湿了衣襟,说道:"哎呀!我时运艰难困厄,谁想到又活着渡过这个渡口啊!"又对范蠡说:"今天是闰三月甲辰日,时辰是太阳偏西的未时。我禀承天神的意志,返回故乡。该不会有后患吧!"范蠡说:"大王不要疑惑!盯着前方沿着道路一直往前走就是了。越国将有福气,吴国会有忧患。"来到浙江边上,远远望见越国,山河重新呈现出秀丽的景色,天地再次显得清爽明净。越王和夫人叹息说:"我们早已经绝望了,所以上次和民众诀别。哪里想到还能回来,重新回到了故乡祖国。"说完便遮住脸,泪流满面。这时老百姓都欢天喜地,大臣们都来庆贺。

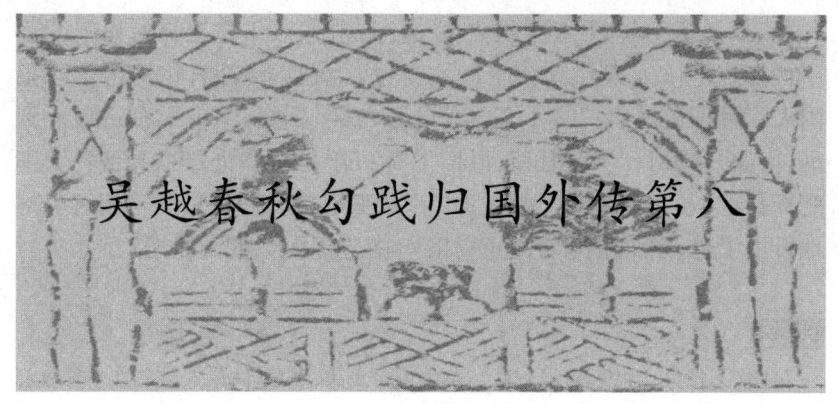

吴越春秋勾践归国外传第八

【题解】

"外"字参见第四篇题解。勾践归国外传，就是勾践刚从吴国回到越国时的传记。它记述了勾践回到越国之后二三年间的事迹。这些事迹，今本《左传》《国语》《史记》等均略，所以它具有较为重要的史料价值。

文章从百姓欢迎越王归国入笔，生动地写出了民众与越王之间的深情厚谊。民众说越王归国是霸王大业的开始，这就一下子将文章纳入了越国称霸的主旋律之中；而且，这民众的拥护与支持，也正是越王后来战胜吴国、称霸诸侯的决定性因素。所以这开头寥寥数语，不但提纲挈领地亮出了此后各篇文章的主线，而且也是后两篇的重要伏笔。接着，文章交待了吴国封给越国的百里之地，以及范蠡筑城立郭的事迹，这些笔墨，也明显地是围绕着破吴称霸的主线来记述的。当然，越国的破吴称霸，除了百姓的拥护与范蠡的策划之外，还得力于越王及其他大臣的努力与谋划。所以文章接着又记述了越王在内尝胆苦身、修德行道，在外尽力讨好吴王以及众大夫出谋划策的经过。所有这一切，都不外乎是为了灭吴称霸。正因为全文紧紧围绕着这一中心，所以文章显得十分紧凑；而其中的某些谋敌克吴的策略，也足为后世政治家与军事家所借鉴。

【原文】

8.1 越王勾践臣吴，至归越勾践七年也①。百姓拜之于道，曰：

"君王独无苦矣②。今王受天之福,复于越国,霸王之迹自斯而起。"王曰:"寡人不慎天教③,无德于民。今劳万姓拥于岐路,将何德化以报国人?"顾谓范蠡曰:"今十有二月己巳之日④,时加禺中⑤,孤欲以此到国,何如?"蠡曰:"大王且留,以臣卜日。"于是范蠡进曰:"异哉!大王之择日也⑥。王当疾趋车驰人走⑦。"越王策马飞舆⑧,遂复宫阙。吴封地百里于越,东至炭渎⑨,西止周宗⑩,南造于山⑪,北薄于海⑫。

注释

①徐天祜说:"《国语》:'勾践与范蠡入宦于吴,三年,而吴人遣之。'当鲁哀公五年,是为勾践七年,正与此合。此书于勾践五年书入吴事,至是归国,首尾三年也。"觉按:此文恐误,"七年"似当作"八年"。7.1 说勾践五年入臣于吴,7.8 说"三年",即使是首尾三年(三个年头),则至少已经是勾践七年了。7.9 说该年十二月戊寅日闻喜,则 7.10 所记"后一月"越王与范蠡相谋事,当已是勾践八年了。7.11 说吴王"三月壬申"病愈,7.13 说吴王"三月甲戌"临政,7.14 说越王"三月甲辰"回故乡,都应是勾践八年之事。钱塘说越王在鲁哀公三年(勾践五年)入臣于吴,至六年(勾践八年)获释(见 5.12 注⑩),似可从。今译文姑从原文。

②独:犹"乃",参见《古书虚字集释》。

③天:四部丛刊本作"夭",据冯念祖本改。

④有:通"又"。今十有二月己巳:即鲁哀公六年(勾践八年,公元前489年,见注①)十二月廿七日。参见8.4 注①。

⑤徐天祜说:"禺,音隅。禺中,时加巳也。《淮南子》曰:'臻于衡阳,是谓禺中。对于昆吾,是谓正中。'"觉按:巳时,等于现在上午九时至十一时。

⑥《淮南子·天文训》:"辰为满,巳为平,主生。"所以范蠡称赞越王所选择的己巳日巳时。

⑦疾:快。趋(cù)促:通"促",催促。

⑧策:鞭打。飞:使动用法,使……飞。

⑨徐天祜说:"《越旧经》:'炭渎在会稽县东六十里。'《越绝》曰:'勾践称炭聚载,从炭渎至炼塘。'《会稽志》作'炭浦'。"觉按:炭渎在今浙江绍兴市东。

⑩周宗:又作"朱室"。《水经注·浙江水》:"许慎、晋灼并言:'江水至山阴为浙江,江之西岸有朱室坞,勾践百里之封西至朱室谓此也。'浙江又东北迳重山西,大夫文种之所葬也。"由此可知,"周宗"、"朱室"即在今绍兴市西边古代浙江的西岸。

⑪造:到。山:当即今浙江省诸暨县越山乡境内之勾嵊山。《国语·越语上》:"南至于句无。"即指此山。

⑫薄:迫。海:指东海(7.6 勾践自称"东海贱臣"可证),其实当即今之杭州湾、王盘洋。

【今译】
　　越王勾践在吴国当奴仆,到他返回越国时已是勾践七年(公元前490年)了。百姓在路上向他跪拜,说:"大王这才没有痛苦了。现在大王蒙受上天的福佑,回到越国,称霸称王的业迹就从此开始了。"越王说:"我不能谨慎地对待上天的教令,对于民众也没有什么恩德。今天劳累了广大民众困在岔道上,我将用什么德行来报答国内的广大民众呢?"越王又回过头对范蠡说:"今年十二月己巳日,时辰是巳时,我想在这个时刻回到国都,您看怎么样?"范蠡说:"大王暂且留步,由我来预测一下这个日子是吉还是凶。"在这日子测好以后,范蠡便走上前去说:"大王选择这日子,多么奇特啊! 大王应当赶快催促车马快速奔驰、随行人员快速奔跑。"越王便快马加鞭使车子飞速前进,于是就回到了宫中。吴国划了方圆上百里的土地封给越国,东面到炭渎,西面到周宗为止,南面到勾嵊山,北面靠近东海。

【原文】
　　8.2　越王谓范蠡曰:"孤获辱连年,势足以死,得相国之策,再返南乡。今欲定国立城,人民不足,其功不可以兴,为之奈何?"范蠡对曰:"唐、虞卜地①,夏、殷封国②,古公营城周、雒③,威折万里,德致八极④,岂直欲破强敌、收邻国乎⑤?"越王曰:"先君无馀,国在南山之阳,社稷宗庙在湖之南⑥。孤不能承前君之制、修德自守,亡众破军⑦,栖于会稽之山⑧,请命乞恩,受辱被耻⑨,囚结吴宫。幸来归国⑩,追以百里之封。将遵前君之意,复于会稽之上,而宜释吴之地。"范蠡曰:"昔公刘去邰而德彰于夏⑪,亶父让地而名发于岐⑫。今大王欲国树都⑬、并敌国之境⑭。不处平易之都、据四达之地,将焉立霸王之业?"越王曰:"寡人之计未有决定。欲筑城立郭,分设里闾。欲委属于相国。"

【注释】
　　①唐:即陶唐氏,传说中的远古部落名。此指唐尧,因为尧是陶唐氏的部落首领,见1.1注⑰。虞:6.6注⑥。

②夏:即夏后氏,朝代名。此指夏禹,见6.1注②。殷:见1.5注⑥,此当指商汤,见7.2注③。封:《周礼·大司马》"制畿封国"注:"封谓立封于疆为界也。"即在边疆上堆起土作为界限。

③古公:即古公亶父,其事迹详1.3。营城:《史记·周本纪》:"于是古公乃贬戎狄之俗,而营筑城郭室屋,而邑别居之。"周:见1.3注⑩。雒:洛阳。汉光武帝建都洛阳,自以汉为火德忌水,所以改洛阳为雒阳。据史载,古公亶父仅仅筑城于周而未筑城于雒(见1.3)。雒邑相传为周公所筑,《史记·周本纪》"营周居于雒邑而后去"《正义》:"《括地志》云:'故王城,一名河南城,本郏鄏,周公新筑。在洛州河南县北九里。"此文说"古公营城周、雒"、"雒"只是连类而及之辞,这是一种常见的古文辞例,参见4.31注⑩。

④八极:见6.5注②。

⑤直:只。

⑥四部丛刊本无"先君无馀"至此18字,据《水经注·浙江水》引文补。《水经注·浙江水》云:"浙江又东北得长湖口……湖南有覆卧山……又有秦望山……(秦望)山南有嶕岘,岘里有大城,越王无馀之旧都也。……又有会稽之山。"此文所谓"南山"即指秦望山。又,今浙江海盐县武原镇南约九公里处有秦望山,不是《水经注》所说的秦望山。此秦望山当为今会稽山的一个山峰。《史记·越王勾践世家》《正义》:"《越绝记》云:'无馀都,会稽山南故越城是也。'"

⑦四部丛刊本无"破军"二字,据顾广圻所录影宋钞本补。

⑧栖、会稽山:见5.5注④。

⑨被:受。

⑩来归:回归。《周易·杂》"萃聚而升不来也"注:"来,还也。"

⑪公刘:古代周部族的祖先,不窋的孙子(见1.1),《诗经·大雅》有《公刘》篇,可参见。邰:见1.1注③。公刘去邰:《诗经·大雅·公刘》"笃公刘"毛传:"公刘居于邰而遭夏人乱,迫逐公刘,公刘乃辟中国之难,遂平西戎而迁其民、邑于豳焉。"参见本书1.2。

⑫事详本书1.3。

⑬徐天祜说:"'欲'字下当有'立'字。"觉按:徐说可通。但"欲"字下不用动词而紧跟名词,可能是作者的一种习惯用法(参见7.3注㉓),未必脱"立"字。而且,上文说"欲定国立城",则此"欲"字下所隐含的或是"定"字,而非"立"字。

⑭并:通"屏"、"摒",排除。并敌国之境:即上文"释吴之地"。

【今译】

越王对范蠡说:"我一连几年受到屈辱,那情势也足够使我死了,幸亏得到了相国的计策,才又返回到南方的故乡。现在我想确定国都筑起城墙,但人手不够,用功业就不能建立起来,对此该怎么办呢?"范蠡回答说:"唐尧、虞舜用占卜的方法来选择建都之地,夏禹、商汤在国都的边上垒土为界,古公亶父在周原营造城郭,他们的威势折服了万里以外的人,他们的德化传布到了八方极远之地,难道只是想攻破强大的敌人、夺取邻国吗?"越王说:"先君无余,把国都建立在秦望山之南,把土地神谷神神像及祖宗的庙宇建在长湖的南面。我不能继承先君的制度,不能修养德行而保全自己,反而使民众逃亡,使军队被攻破,自己躲在会稽山上,祈求别人保全生命,乞讨别人开恩帮助,蒙受奇耻大辱,被囚禁在吴国的房舍之中。现在侥幸地回到了祖国,吴王还补给我上百里见方的封地。我将遵循先君的意志,再回到会稽山上,所以应该放弃吴国的土地。"范蠡说:"从前公刘离开了邰国而他的品德在夏朝更加显扬,古公亶父让掉了土地而名声从岐山脚下扩散开来。现在大王想要确定与建立国都而抛弃敌国的区域。但不住在平坦开阔进出方便的都市中、占据四通八达的地方,将怎么来建立称霸称王的事业呢?"越王说:"我的计划还没有确定。我只是想筑起内城、建起外城,分别设置里巷。我想把这件事委托给相国。"

【原文】

8.3 于是范蠡乃观天文,拟法于紫宫①,筑作小城。周千一百二十二步②,一圆三方。西北立飞翼之楼③,以象天门;为两螭绕栋,以象龙角④。东南伏漏石窦⑤,以象地户⑥。陵门四达,以象八风⑦。外郭筑城而缺西北⑧,示服事吴也,不敢壅塞;内以取吴⑨,故缺西北,而吴不知也。北向称臣,委命吴国,左右易处,不得其位,明臣属也。城既成,而怪山自至⑩。怪山者⑪,琅琊东武海中山也⑫,一夕自来,百姓怪之⑬,故名怪山⑭,形似龟体,故谓龟山⑮。范蠡曰:"臣之筑城也,其应天矣。崑崙之象存焉。"越王曰:"寡人闻崑崙之山乃天地之镇柱也⑯。上承皇天⑰,气吐宇内⑱;下处后土⑲,禀受无外⑳。滋圣生神,呕养帝会㉑。故五帝处其阳陆㉒,三王居其正地㉓。吾之国也,扁天地之壤㉔,乘东南之维㉕,斗去极北㉖,非粪土之城?何能与王者比隆盛哉?"范蠡曰:"君徒见外,未见于内。臣乃承天门制城,合气于后土,岳象已设,崑崙故出,越之霸也。"越王曰:"苟如相国之言,孤之命也。"范蠡曰:"天地卒号以著其实。"名东武㉗,起游台其上,东南为司马门㉘,立增楼冠其山巅以为灵台㉙。起离宫于淮阳㉚,中宿台在于高平㉛,驾台在于成丘㉜,立苑于乐野㉝,燕台在于石室㉞,斋台在于襟山㉟。勾践之出游也,休息石台㊱,食于冰厨㊲。

注释

①紫宫:即"紫微",星座名。古代天文家把天体恒星分为三垣、二十八宿等等,中垣紫微有十五星。见《史记·天官书》。《后汉书·霍谞传》"呼嗟紫宫之门"注:"天有紫微宫,是上帝之所居也。王者立宫,象而为之。"范蠡"拟法于紫宫",也是这个道理。

②步:见1.5注⑧。又,《越绝书·外传记地传》:"勾践小城,山阴城也。周二里二百二十三步。"与本文不同。疑该文当作"三里二百二十二步","三"、"二"误倒,可据本文订正。

③四部丛刊本"飞"上有"龙"字,盖形近而误衍,今据《艺文类聚》卷六十三引文删。飞翼:指两端水戗(参见《营造法原》)翘起,如飞鸟之双翼。范蠡所建飞翼之楼,唐以后改名为望海亭,在今绍兴市区府山(见10.21注④)山顶。今府山已辟为公园,东南山麓有越王殿、越王台等古迹。

④四部丛刊本无"为两蠊绕栋以象龙角",据《太平御览》卷一百七十六引文补。蠊:见4.2注⑲。

⑤《水经注·渑水》:"始筑两宫,开四门,穿北城,累石为窦,通池流于城中。"此文所谓"伏漏石窦",当与此相似。伏:埋伏,指砌于城下。漏:泄漏,排泄。

⑥地户:参见4.2注⑮。

⑦孙诒让说:"案《越绝书·外传记越地传》云:'陆门四,水门一。'则'陵'当为'陆'之误。"徐乃昌说:"按'陵'即训'陆',《左传》'陵师'与'舟师'对举,是其证。"觉按:两说均通。八风:见4.2注⑨。

⑧《越绝书·外传记地传》:"山阴大城者,范蠡所筑治也。今传谓之蠡城,陆门三,水门三,决西北,亦有事。到始建国时,蠡城尽。"

⑨《礼记·礼器》:"无节于内者"疏:"内,犹心也。"

⑩至:四部丛刊本作"生",据《艺文类聚》卷八引文改。怪山:在今浙江绍兴市南。《搜神记》卷六:"故会稽山阴琅邪中有怪山,世传本琅邪东武海中山也。时天夜,风雨晦冥,旦而见武山在焉。百姓怪之,因名曰怪山。时东武县山,亦一夕自亡去。识其形者,乃知其移来。今怪山下见有东武里,盖记山所自来,以为名也。"

⑪四部丛刊本"者"上无"怪山"二字,据《太平御览》卷四十七引文补。

⑫琅邪:郡名,秦置。地在今山东胶南县、诸城县一带。东武:汉代县名,隋开

皇十八年改为诸城县,并将汉代的诸县、姑幕县等并入。地在今山东诸城县。海:即今黄海。

⑬四部丛刊本无"百姓怪之"四字,据《艺文类聚》卷八引文改。

⑭怪山:徐天祐说:"即龟山也,在府东南二里,一名飞来,一名宝林,一名怪山。《越绝》曰:'龟山,勾践所起游台也。'《寰宇记》:'龟山即琅琊东武山,一夕移于此。'"觉按:今又名塔山,在绍兴市区南,海拔三十二米。此山远望似龟,故又名龟山。山顶有宝林寺(始建于晋末,重修于宋代),寺旁有塔,故又称宝林山、塔山。范蠡曾于此筑三层游台以观天象,见注㉗。

⑮四部丛刊本无"形似龟体故谓龟山"八字,据《太平御览》卷四十七引文补。

⑯天地之镇柱也:四部丛刊本作"地之柱",据《文选》卷二十二颜延年《应诏观北湖田收》注引文改。镇:一方的主山称镇。《书·舜典》"封十有二山"孔安国传:"每川之名山殊大者,以为其州之镇。"

⑰皇天:见7.1注⑥。

⑱宇:空间。宇内:即天下。

⑲后土:见7.6注③。

⑳无外:指范围极大,没有什么东西在其范围之外。

㉑呕(xū 虚):通"煦",抚育。

㉒四部丛刊本无"五",据《文选》卷二十二《应诏观北湖田收》注引文补。五帝:见7.2注㉒。

㉓三王:见7.2注⑮。

㉔徐天祐说:"'扁'疑当作'偏'。"

㉕维:《素问·气交变大论》"土不及四维"注:"维,隅也。"即角落、靠边的地方。

㉖斗:北斗七星。去:离开。极:北极星,古又称为北辰。古人认为北斗、北极居于天之中央而统率着众星,如《论语·为政》:"为政以德,譬如北辰,居其所而众星共(拱)之。"《史记·天官书》:"北斗七星,所谓旋、玑、玉衡,以齐七政(指日月五星)。"此文则用它们来喻指中央的统治地位。"斗去极北"的言外之意是:自己的地理位置远离政治中心而不具有统治地位。

㉗东武:《太平御览》卷一百七十七引作"东武山",则"东武"为山名。《越绝书·外传记地传》:"今东武里,一曰怪山。"《搜神记》卷六:"今怪山下见有东武里,盖记山所自来,以为名也。"则"东武"为里名。两说均通,似以后者为是。又,此下《初学记》卷二十四引作:"范蠡起游台于怪山,以为灵台,仰观天文,候日月之变怪。"

㉘司马门:王宫的外门。《史记·项羽本纪》"留司马门三日"《集解》:"凡言司马门者,宫垣之内,兵卫所在,四面皆有司马主武事。总言之,外门为司马

门也。"

㉙徐天祐说:"增,与'層'同。《水经注》:'怪山者,越起灵台于山上,又作三层楼以望云物。'"觉按:"層"(层)是重叠的意思,"层楼"等于现在说"楼房"。灵台:西周时建有灵台,是一种高台,用以象征文王的精明(见《诗经·大雅·灵台》)。此文之灵台,是观测天象灵气的地方(见注㉗),与汉代长安西北的灵台(见《三辅黄图·台榭》)作用相同,它或许是汉代人的杜撰。又,此所谓"灵台",是一种建在山顶上的"增楼",可见此文所谓"台",兼指建于高地上的房屋。下文"中宿台"、"驾台"、"燕台"、"斋台"之"台",都兼指建于高地上的房屋,而不是只指一种土筑的高台。

㉚徐天祐说:"《越绝》曰:'离台,周五百六十步,在淮阳里丘。'《越旧经》:'淮阳宫在会稽县东南二里。'"觉按:离宫,是古代帝王在正式的宫殿之外建造于别处以便随时游居的宫室。因为它与正式的宫殿分离,所以称为离宫。

㉛徐天祐说:"《越绝》'宿'作'指',云:'中指台,马丘,周六百步,在高平里。'《越旧经》:'中宿在会稽县东七里。'"觉按:中宿台,当是中途歇宿的地方,故名。《越绝书》"宿"作"指",乃形近而讹。

㉜驾台:当为越王停放车驾的地方。《越绝书·外传记地传》:"驾台周六百步,今安城里。"

㉝徐天祐说:"《越绝》曰:'越王弋猎之处大乐,故谓乐野。其山上石室,越王(觉按:"王",四部丛刊本作"三",据四库全书本改)所休谋也。'《十道志》:'乐野,勾践以此野为苑,今有乐渎村。'"觉按:苑,是养禽兽植树木以供帝王游乐打猎的场所。《越绝书·外传记地传》:"乐野者……去县七里。"

㉞徐天祐说:"《越旧经》:'宴台,在州东南十里。'"觉按:燕,通"宴"。燕台,当是越王宴饮的地方。

㉟徐天祐说:"按越境无襟山。《越绝》曰:'稷山者,勾践斋戒台也。'既曰斋台,则'襟'当作'稷'。稷山,在会稽县东五十三里。"觉按:斋台,是越王斋戒的地方。

㊱四部丛刊本无"石台",据《太平御览》卷一百七十七引文补。石台:石室之燕台。

㊲四部丛刊本"食"下有"室",据《太平御览》卷一百七十七引文删。冰厨:徐天祐说:"一曰'冰室',所以备膳馐也。"觉按:冰厨当为燕台内部较为深邃的山洞,故又名"冰室";因其中温度很低,故以"冰"名之。由于低温便于储藏食物,所以勾践常在此饮食。《越绝书·外传记地传》:"东郭外南小城者,勾践冰室,去县三里。"

【今译】

　　于是范蠡就观察天文,摹拟仿效紫微星座,筑成小城。周长一千一百二十二步，一个城角呈圆形，三个城角呈方形。在城的西北角建起了一座两端木戗翘起如鸟儿展翅的城楼，用它来象征天上的门；并做了两条小龙盘绕在屋脊两端，用它们来象征龙角。在城的东南角下面砌了一个排水的石洞，用它来象征大地的门。陆地上的城门四面畅通，用它们来象征八个方向来的风。外城筑起了城墙而空下了西北角，表示臣服侍奉吴国，而不敢堵住通道；实际上是想凭借它来攻取吴国，所以才空下了这西北角，但吴国并不知道这个用意。越王朝北称臣，把自己的生命都交给吴国来支配，所以城内的布局都改变了通常的安排，将左边的改置于右边，将右边的改置于左边，使它们不能得到那正常的位置，以此来表明自己是臣属。城郭已经筑城后，那怪山便自己来了。怪山，原是琅玡郡东武县领海中的山，有一个晚上它自己飞来了，百姓都觉得它很奇怪，所以称之为怪山；它的形状像乌龟的身体，所以又叫做龟山。范蠡说："我建造城郭，大概是顺应天意了。所以昆仑山的景象也在这里了。"越王说："我听说昆仑山是天地之间的主柱。它向上承应天帝，把云气吐向天下；下面居住着土地神，所禀受的东西无所不包。它培植圣人、产生神仙，是培育抚养帝王的都会。所以五帝居住在它南面的陆地上，三王居住在它正面的大地上。而我的国都，偏僻地占有天地之间的一块土地，只凭借着东南方这个边远的角落，北斗星、北极星远离在北方，这不是个卑贱的都城吗？又怎么能和帝王居住的都会比试昌盛呢？"范蠡说："您只是看到了外表，还没有看到那内在的实质。我是顺应了天门来建造城郭，又迎合了土地神的元气，崇山峻岭的景象已经设置好了，所以昆仑山的景象才会出现，看来越国要称霸了。"越王说："如果正是像相国所说的这样，也是我的命了。"范蠡说："天地之间的东西终究要给个称号来表明它的实际内容。"于是就把怪山命名为东武，在它的上面垒起了游观的高台，在它的东南造了司马门，又建起了楼房加在它的山顶上作为观测天象的灵台。在淮阳里造起了离宫，在高平里造了中宿台，在成丘造了驾台，在乐野建立了射猎游乐场，在岩洞中建立了燕台，在稷山建造了斋台。勾践出去游玩的时候，在岩洞中的燕台休息，在冰凉的山洞中吃东西。

【原文】

8.4 越王乃召相国范蠡、大夫种、大夫郢①，问曰："孤欲以今日上明堂②，临国政，布恩致令③，以抚百姓。何日可矣？惟三圣纪纲维持④。"范蠡曰："今日，丙午日也。丙，阳将也⑤。是日吉矣，又因良时，臣愚以为可。无始有终⑥，得天下之中⑦。"大夫种曰："前车已覆，后车必戒。愿王深察。"范蠡曰："夫子故不一二见也⑧。吾王今以丙午复初临政⑨，解救其本⑩，是一宜；夫金制始而火救其终⑪，是二宜；蓄金之忧，转而及水⑫，是三宜；君臣有差，不失其理，是四宜；王相俱起，天下立矣，是五宜。臣愿急升明堂临政。"越王是日立政⑬，翼翼小心，出不敢奢，入不敢侈。

注释

①大夫种：见5.7注③。大夫郢：见7.4注⑦。又，上文说"十有二月己巳之日"，已是勾践八年的十二月廿七日（见8.1注①、④），此文范蠡说"今日丙午"，即在己巳日后37天，则当为勾践九年的二月初五日。此文一概记于勾践七年，恐误。而8.8又说"九年正月"，其时序也当与此颠倒。当然，仅以本篇而论，则尚能自圆其说。因为8.1所说的勾践七年十二月己巳为廿一日，此文丙午日也就在勾践八年正月廿九，8.8再说勾践九年正月的事也就顺理成章了。今俱考于此，供读者择用。

②明堂：古代帝王宣明政教的地方。此文则指君主听政之处。

③布：四部丛刊本作"专"，据《太平御览》卷五百三十三引文改。

④三圣：徐天祜说："谓圣臣也，指上三人而言。子胥曰：'越有圣臣范蠡。'"

⑤"丙"与"丁"在五行配"火"（见5.12注⑯），丙为阳火，丁为阴火，所以"丙"是"阳将"。《广雅·释言》："将，帅也。"

⑥始：始日，指地支首位子日。终：终日，指地支末位亥日。"午"为地支第七位，已过子日、未过亥日，所以说"无始有终"。

⑦"午"在十二地支中处于第七，即位于地支中部，所以说"得天下之中"。

⑧故：本来。不一二见：即"不见一二"。

⑨丙为阳将，《淮南子·天文训》："午为定。"而"丙午"又在五行配"火"（见5.12注⑯），《汉书·五行志》："火，南方，扬光辉为明者也。其于王者，南面乡（向）明而治。"所以丙午日复临政为宜。

⑩本：《素问·六微旨大论》"所谓本也"注："本，谓元气也。"

⑪"始"指子日，在丙午之前的子日是庚子，"庚"在五行配"金"（见5.12注⑯），所以说"金制始"。"终"指亥日，在丙午之后的亥日是辛亥，"辛"在五行也配"金"，金主刑杀（《汉书·五行志》："金，西方，万物既成，杀气之始也。"），不吉利。而"丙午"在五行配"火"，火能克金（见5.27注⑱），所以说"火救其终"。

⑫"始"与"终"均配"金","金"主刑杀,故有"蓄金之忧"。但终日"辛亥"之下是"壬子",壬子在五行配水(见5.12注⑯),所以说"转而及水"。水主收获(《汉书·五行志》:"水,北方,终臧(藏)万物者也。"),所以"转而及水"为宜。

⑬立:通"莅"。《史记·范雎蔡泽列传》"臣闻明主立政"《索隐》:"《战国策》'立'作'涖'。"是"立"、"莅"通假之证。立政:即莅政、临政。

【今译】

越王于是召见相国范蠡、大夫文种、大夫诸稽郢,问道:"我想在今天登上明堂,治理国家政事,布施恩惠、颁发命令,以此来安抚百姓。到底什么日子适宜呢?还望三位圣人统管把握。"范蠡说:"今天,是丙午日。丙,是阳气的主帅。这个日子很吉利,又加上美好的时辰,愚以为这日子是适宜的。它没有开始之日而有终了之日,得到了天下的正中位置。"大夫文种说:"前面的车子已经翻了,后面的车子一定要戒备。希望大王深入地加以审察!"范蠡说:"文先生本来就没有看到一点头绪。我们的大王今天在丙午日重新开始治理政事,来解救他的元气,这是第一个适宜的地方;那金德造成了它的开始之日庚子而现在用这火德的丙午来挽救它的终了之日辛亥,这是第二个适宜的地方;积累了金德的忧虑,又转变到水德,这是第三个适宜的地方;君臣之间有一定的等级差别,现在不丧失这一原则,这是第四个适宜的地方;君主和相国一同振作起来,天下的统治秩序就能建立了,这是第五个适宜的地方。我希望大王赶快登上明堂治理政事。"越王就在这一天登堂治理政事,小心翼翼,出去不敢奢侈,入内不敢放纵。

【原文】

8.5 越王念复吴雠非一旦也。苦身劳心①,夜以接日。目卧,则攻之以蓼②;足寒,则渍之以水。冬常抱冰,夏还握火③。愁心苦志,悬胆于户,出入尝之不绝于口。中夜潜泣,泣而复啸。于是群臣咸曰:"君王何愁心之甚?夫复雠谋敌,非君王之忧,自臣下急务也④。"

【注释】

①苦:使……苦。劳:使……劳累。

②蓼(liǎo 了):《说文》:"蓼,辛菜,蔷虞也。"即一种带有辣味的菜。

③这二句《说郛》引作："冬寒则抱冰,夏热则握火。"冬抱冰、夏握火,与下文尝胆一样,是为了使自己不沉溺于安乐之中而忘了复仇。

④四部丛刊本无"于是群臣咸曰……自臣下急务也"29字,据《太平御览》卷三百五引文补。

【今译】

　　越王想报吴国之仇已不是一朝一夕的事了。他常常熬苦了自己、操碎了心,夜以继日地工作。眼睛打瞌睡了,就用辣蓼来刺激它;脚冷了,就用水来泡它。冬天常常抱着冰,夏天反而握着火。整天使自己心里发愁,刻苦磨炼着自己的意志,还把苦胆挂在房门上,进出房门时就不断地用嘴去舔它。半夜里常常暗中哭泣,哭罢又仰天长啸。于是大臣们都说:"大王为什么要忧心忡忡到这种地步?那报仇雪恨、设法对付敌国,并不是国君应该担忧的事,这本是臣下的当务之急啊。"

【原文】

　　8.6　越王曰:"吴王好服之离体①,吾欲采葛②,使女工织细布献之,以求吴王之心,于子何如?"群臣曰:"善!"乃使国中男女入山采葛③,以作黄丝之布,欲献之。

　　未及遣使,吴王闻越王尽心自守,食不重味④,衣不重彩⑤,虽有五台之游,未尝一日登玩。"吾欲因而赐之以书,增之以封。东至于勾甬⑥,西至于樵李⑦,南至于姑末⑧,北至于平原⑨,纵横八百余里⑩。"

　　越王乃使大夫种赍葛布十万⑪、甘蜜九欓⑫、文笋七枚、狐皮五双、晋竹十廋⑬,以复封礼⑭。

　　吴王得之,曰:"以越僻狄之国无珍⑮,今举其贡货而以复礼。此越小心念功、不忘吴之效也。夫越,本兴国千里,吾虽封之,未尽其国。"子胥闻之,退卧于舍,谓侍者曰:"吾君失其石室之囚,纵于南林之中。今但因虎、豹之野而与荒外之草⑯,于吾之心,其无损也⑰。"

　　吴王得葛布之献,乃复增越之封,赐羽毛之饰、机杖、诸侯之服⑱。越国大悦。

　　采葛之妇伤越王用心之苦,乃作《苦之诗》⑲,曰:

　　　　"葛不连蔓菜台台⑳,我君心苦命更之。

　　　　尝胆不苦甘如饴㉑,令我采葛以作丝。

饥不遑食四体疲㉒,女工织兮不敢迟。
弱于罗兮轻霏霏㉓,号绨素兮将献之㉔。
越王悦兮忘罪除㉕,吴王欢兮飞尺书。
增封益地赐羽奇,机杖茵褥诸侯仪㉖。
君臣拜舞天颜舒,我王何忧能不移。"

注释

①之:犹"其"。离(chī吃):通"螭",传说中一种没有角的龙,此喻指吴王。

②葛:一种多年生的草本植物。茎蔓生,茎皮可制葛布。花紫红色。通称葛麻。

③徐天祐说:"会稽县东十里有葛山。《越绝》曰:'勾践种葛,使越女治葛布献吴王。'"觉按:《越绝书·外传记地传》:"葛山者……去县七里。"

④重(chóng虫)味:两种以上的食物。食不重味:即只吃一种食物,表示其节俭刻苦。

⑤重彩:两种以上的彩色丝织品。《后汉书·安帝纪》:"食不兼味,衣无二彩。"义与此同。

⑥勾甬:见5.25注⑤。

⑦檇李:见4.17注①。

⑧姑末:徐天祐说:"即春秋越姑蔑之地。姑蔑,地名,有二:鲁国下县南有姑蔑城;越之姑蔑,至秦属会稽,为太末县,今衢州。"觉按:姑末故城在今浙江衢州市东北龙游镇北。

⑨平原:徐天祐说:"《越绝》作'武原',今海盐县。"觉按:武原即今浙江海盐县县城。《国语·越语上》:"勾践之地,南至于句无(韦注:"今诸暨有句无亭是也。"在今浙江诸暨县东南),北至于御儿(韦注:"今嘉兴御儿乡是也。"在今浙江桐乡县西南),东至于鄞(韦注:"今鄞县是也。"即今浙江奉化县东北白社),西至于姑蔑(韦注:"姑蔑,今太湖是也。"韦说恐非,见上注),广运百里。"与此文所述不尽相同,似当以此文为准。

⑩纵横:南北方向叫"纵",东西方向叫"横"。

⑪赉:四部丛刊本作"索",据《太平御览》卷九百六十三引文改。

⑫梡:四部丛刊本作"党",据《太平御览》卷七百五十九引文改。梡:木桶。

⑬晋:通"箭"。《仪礼·太射》"缀诸箭盖"郑注:"古文'箭'为'晋'。"《周礼·夏官·职方氏》:"东南曰扬州,其山镇曰会稽,其泽薮曰具区,其川三江,其浸五湖,其利金锡竹箭。"郑注:"镇,名山安地德者也。会稽在山阴。故书'箭'为'晋'。杜子春曰:'晋当为箭。'"皆其证。晋竹:即"箭竹",是竹的一个品种,晋

戴凯之《竹谱》:"箭竹,高者不过一丈,节间三尺,坚劲中矢,江南诸山皆有之,会稽所生最精好。故《尔雅》云:'东南之美者,有会稽之竹箭焉。'"廋:徐天祐说:"'廋'当作'捜'。《汉·沟洫志》:'漕船五百捜。'今文作'艘',音骚,船总名也。或作'艘'。"觉按:捜读 sōu(骚),艘今读为 sōu(捜)。

⑭《太平御览》卷一百九十八引作"以报增封之礼",义更显豁。

⑮徐天祐说:"'狄'当作'狭'。"卢文弨说:"'狄'当与'逖'同。"觉按:两说均通,今从卢说。逖(tì 涕):远。

⑯今:犹"若",参见《古书虚字集释》。但:单,只。荒:边远,远方。荒外:指极其荒远的地区。

⑰这句的言外之意是:越王如果不是只"因虎、豹之野而与荒外之草",我还是认为他是个祸根。

⑱羽毛:指羽旗。是一种帝王游车上的装饰品(参见 5.6 注⑪)。机:通"几",几案,小桌子。机杖:几案与手杖,这是供老年人在家靠身和出外走路时用的,所以古代以赐几杖为敬老之礼。《礼记·曲礼上》:"大夫七十而致事,若不得谢,则必赐之几杖。"

⑲徐天祐说:"《事类赋》引《吴越春秋》曰:'乃作若何之歌。'《会稽赋》注亦引此书曰:'乃作何苦之诗。'"

⑳不(fū 肤):"柎"的古字,花萼。不,古文形如花蒂₸。花萼与其茎蔓相连,所以说"葛不连蔓"。莱:通"纷",茂盛的样子。《太平御览》卷九百九十五引文作"葉",也可从。台台(yí yí 怡怡):通"翼翼"。《诗经·小雅·楚茨》:"我黍与与,我稷翼翼。"传:"翼翼,蕃庶貌。"即茂盛众多的样子。

㉑徐天祐说:"《事类赋》及《越旧经》所引皆作'味若饴'。"觉按:作"甘"也通。

㉒四部丛刊本无"饥不遑食四体疲"一句。徐天祐说:"《文选》注引采葛妇诗,有'饥不遑食四体疲'一句。此书无之,阙文也。"顾观光说:"今按:此句见《文选·应诏诗》注,云出《吴越纪》,不云《吴越春秋》,未知在此歌中否。"觉按:据《隋书》《唐书》等著录,古有《吴越记》一书,但遍考《文选》注引文,他处均未引过《吴越记》;而且,此句与本诗密合,故当引自《吴越春秋》。《文选》卷二十曹子建《应诏诗》"饥不遑食"注当读为:"《吴越》记采葛妇人诗曰:'饥不遑食四体疲。'"所谓《吴越》,当即指《吴越春秋》。今据《文选》注引文补此七字。遑(huáng 皇):闲暇,空闲。

㉓弱:指软。罗:稀疏而轻软的丝织品。霏霏(fēi fēi 非非):飘飘,原指云、雪纷飞的样子,此形容葛布轻得可飘扬起来。

㉔绨(chī 吃):精细的葛布。《诗经·周南·葛覃》"为绨为绤"传:"精曰绨,粗曰绤。"素:白色生绢,此指如白色生绢似的葛布。

㉕罪：指罪恶之人吴王。罪除：即"除罪"。作者为了使这句与下句押韵，所以才把"除罪"倒置了。

㉖茵：车上的垫子。仪：仪表，此指穿在身上的服装。即上文所说的"诸侯之服"。此文为了押韵，所以用"仪"字。

【今译】

越王说："吴王喜欢穿戴他的龙体，我想采收葛麻，让女工织成精细的布献给他，以此来求得吴王的欢心，你们看怎样？"大臣们说："好！"于是就让国内的男男女女到山中采收葛麻，用它织成黄色纤维的布，想把它们献给吴王。

还没有来得及派遣使者，吴王就听说越王全心全意地安分守己，吃东西不吃两种以上的食物，穿衣服不穿两种以上的织物，虽然有了灵台、中宿台、驾台、燕台、斋台这五台可以游览，也从没有登上去玩过一天。因而就派人送来书札，说："我想因此而送给你这封信，给你增加封地，东边到勾章甬江，西边到檇李，南边到姑末，北边到平原，南北、东西八百多里。"

越王就派大夫文种送去葛布十万匹、甜美的蜂蜜九桶、有花纹的方形竹器七个、狐狸皮五双、箭竹十船，以此作为报答吴王增加封地的礼物。

吴王得到了这些礼物，说："一直以为越国是地处边远的国家而没有什么珍宝，现在拿出他们的进贡物品而将它们作为报答的礼物。这是越王小心谨慎地思念我的功德、不忘记吴国的应验啊。那越国，本来建国的时候有上千里见方，我虽然又封给了他一些土地，但还没有完全恢复他的国家。"子胥听说了这些话，便退出朝廷躺在家里，对服侍的人说："我们的国君宽赦了那石洞中的囚犯，把他放到了南面的山林之中。如果他只是凭借着那虎、豹横行的山野以及边远地区的野草，在我的心目中，他倒也不会有什么损害了。"

吴王得到了葛布的进献后，就又增加了越国的封地，还赐给了越王羽毛旗这种帝王游车上的装饰品、几案与手杖、诸侯的服装。越国人十分高兴。

采收葛麻的妇女伤心越王用心良苦，就作了一首《苦心之诗》，诗云：

"葛麻花萼与蔓连,枝叶纷披又芊绵;
我们国君用心苦,命运把他来改变。
口尝苦胆不觉苦,竟像饴糖甘又甜;
命令我们采葛麻,用它纺成丝和线。
饿了无暇去吃饭,四肢乏力受熬煎;
纺织女工织啊织,不敢怠慢不拖延。
织成葛布比绸软,轻飘飘啊如云烟;
把它称作絺和素,将向吴王去进献。
越王心里乐呵呵,忘了除掉活罗阎;
吴王心里喜洋洋,一封书信飞速传。
增加封地一大片,赐赠羽旗真奇艳;
几案手杖加座垫,诸侯服装都送全。
群臣朝拜舞翩跹,越王展眉露笑脸;
我王还有哪种愁,能不因此而改变?"

【原文】

8.7 于是越王内修其德,外布其道。君不名教①,臣不名谋,民不名使,官不名事。国中荡荡,无有政令。越王内实府库,垦其田畴,民富国强,众安道泰②。越王遂师八臣与其四友③,时问政焉。大夫种曰:"爱民而已。"越王曰:"奈何?"种曰:"利之无害,成之无败,生之无杀,与之无夺。"越王曰:"愿闻。"种曰:"无夺民所好,则利也;民不失其时,则成之;省刑去罚,则生之;薄其赋敛,则与之;无多台游,则乐之;静而无苛,则喜之。民失所好,则害之;农失其时,则败之;有罪不赦,则杀之;重赋厚敛,则苦之;多作台游以罢民④,则苦之;劳扰民力,则怒之⑤。臣闻善为国者,遇民如父母之爱其子、如兄之爱其弟,闻其饥寒为之哀⑥,见其劳苦为之悲。"越王乃缓刑薄罚,省其赋敛。于是人民殷富,皆有带甲之勇。

注释

①《说文》:"名,自命也。"
②道:《荀子·正名》:"道也者,治之经理也。"泰:《广雅·释诂》:"泰,通也。"《汉书·刘向传》:"泰者,通而治也。"

③八臣:参见7.2—7.4及10.6。友:四部丛刊本作"犮",据四库全书本改。
④罢(pí 皮):通"疲"。
⑤徐天祐说:"详文意,上文'与之无夺'以下,当有'乐之无苦,喜之无怒'二句。"
⑥其:四部丛刊本作"有",蒋光煦说:"宋本'其'。"今据改。

【今译】
　　从此越王在朝廷内修养自己的德行,在朝廷外施行自己的教化。君主不把自己的工作说成是推行政教,臣子不把自己的工作说成是出谋划策,民众不把自己的工作说成是被役使,官吏不把自己的工作说成是侍奉君主。国内空空荡荡,没有政策法令。越王在国内充实金库兵库,开垦国内的田地,百姓富足,国家强盛,民众安乐,正确的政治原则得到了贯彻。越王于是就把八位大臣和他们的朋友当作老师,时常向他们请教治国的措施。大夫文种说:"治国的措施不过是爱护民众罢了。"越王说:"爱护民众该怎样?"文种说:"使他们得利而不要损害他们,使他们成功而不要败坏他们,使他们生存而不要杀死他们,给予他们而不要掠夺他们。"越王说:"我愿意听一下。"文种说:"不夺取民众喜欢的东西,那就是使他们得利;不让民众错过农时,那就是使他们成功;减少刑法免去惩罚,那就是使他们生存;减轻对他们的税收,那就是给予他们;不要多造高台别墅去游玩,那就是使他们快乐;安静无为而不苛刻,那就是使他们喜悦。使民众丧失他们喜欢的东西,那就是损害他们;使农夫错过了农时,那就是败坏他们;有了罪刑又不赦免,那就是杀死他们;加重赋税从重征收,那就是掠夺他们;大量建造高台别墅去游玩以致使民众疲劳不堪,那就是使他们痛苦;劳累侵掠民间的人力物力,那就是使他们发怒。我听说善于治国的人,对待民众就像父母爱护自己的子女、就像兄长爱护自己的弟弟,听说他们饥寒交迫就为他们感到哀痛,看到他们疲劳困苦就为他们感到悲伤。"越王于是就放宽了刑法、减轻了处罚,减少了对民众的税收。于是人民十分富足,都有了身穿铠甲上阵杀敌的勇气。

【原文】
　　8.8　九年正月,越王召五大夫而告之曰:"昔者越国遁弃宗庙,身为穷虏,耻闻天下,辱流诸侯。今寡人念吴,犹躃者不忘走①、盲者不忘视。孤未知策谋,惟大夫诲之。"

扶同曰:"昔者亡国流民,天下莫不闻知。今欲有计,不宜前露其辞。臣闻:'击鸟之动,故前俯伏②。猛兽将击,必饵毛帖伏③。鸷鸟将博,必卑飞戢翼④。圣人将动,必顺辞和众。'圣人之谋,不可见其象,不可知其情。临事而伐,故前无剽过之兵⑤,后无伏袭之患。今大王临敌破吴,宜损少辞,无令泄也。臣闻吴王兵强于齐、晋⑥,而怨结于楚。大王宜亲于齐,深结于晋,阴固于楚,而厚事于吴。夫吴之志,猛骄而自矜,必轻诸侯而凌邻国。三国决权,还为敌国,必角势交争⑦。越承其弊⑧,因而伐之,可克也。虽五帝之兵,无以过此。"

范蠡曰:"臣闻:'谋国破敌,动观其符⑨。'孟津之会⑩,诸侯曰可,武王辞之⑪。方今吴、楚结雠,构怨不解;齐虽不亲,外为其救;晋虽不附,犹效其义。夫内臣谋而决雠其策⑫,邻国通而不绝其援,斯正吴之兴霸、诸侯之上尊。臣闻:'峻高者陨⑬,叶茂者摧。日中则移,月满则亏。四时不并盛,五行不俱驰。阴阳更唱⑭,气有盛衰⑮。故溢堤之水⑯,不掩其量⑰;燋干之火⑱,不复其炽。水静则无沤瀷之怒⑲,火消则无熏毛之热⑳。'今吴乘诸侯之威,以号令于天下,不知德薄而恩浅,道狭而怨广,权悬而智衰,力竭而威折,兵挫而军退,士散而众解。臣请按师整兵,待其坏败,随而袭之。兵不血刃,士不旋踵,吴之君臣为虏矣。臣愿大王匿声,无见其动㉑,以观其静㉒。"

大夫苦成曰:"夫水能浮草木,亦能沉之;地能生万物,亦能杀之;江海能下谿谷,亦能朝之㉓;圣人能从众,亦能使之。今吴承阖闾之军制、子胥之典教,政平未亏,战胜未败。大夫嚭者,狂佞之人,达于策虑,轻于朝事。子胥力于战伐,死于谏议。二人权,必有坏败。愿王虚心自匿㉔,无示谋计,则吴可灭矣。"

大夫浩曰㉕:"今吴,君骄臣奢,民饱军勇,外有侵境之敌,内有争臣之震㉖,其可攻也。"

大夫句如曰㉗:"天有四时,人有五胜㉘。昔汤、武乘四时之利而制夏、殷㉙,桓、缪据五胜之便而列六国㉚。此乘其时而胜者也。"

王曰:"未有四时之利、五胜之便,愿各就职也。"

注释

①躃(bì 避):跛,两腿瘸,足不能行。

②徐天祐说:"此上八字文衍。"觉按:"擎"或当作"挚",形近而讹。"挚"通"鸷",凶猛。今译文仍依原文。

③伏:四部丛刊本作"伏",据徐乃昌本改。徐天祐说:"'饵'当作'弭'。"觉按:弭,收敛。帖(tiē 贴):服帖,驯顺的样子。

④戢(jí 辑):收敛。

⑤剽:《一切经音义》卷十引《苍颉篇》:"剽,截也。"《史记·酷吏列传》"俱攻剽为群盗"《索隐》:"剽,劫也。"即截劫、拦腰袭击的意思。

⑥吴王夫差出兵和齐、晋争强是鲁哀公十年(夫差十一年,勾践十二年,公元前485年)以后的事(参见5.1注⑦及5.8、5.23),现在作者把这话记于勾践九年正月,盖误据《史记·越王勾践世家》所致。

⑦势:《淮南子·修务训》"名有其自然之势"注:"势,力也。"此文指武力。

⑧承:通"乘",趁着,凭借。

⑨符:吉祥的征兆。

⑩孟津:渡口名。在今河南省孟县西南。相传周武王伐纣时与八百诸侯会盟于此,故又名盟津。

⑪武王:见1.6注⑧。《史记·周本纪》:武王九年,"东观兵,至于盟津……既渡,有火自上复于下,至于王屋,流为乌,其色赤,其声魄云。是时诸侯不期而会盟津者,八百诸侯。诸侯皆曰:'纣可伐矣。'武王曰:'女未知天命,未可也。'乃还师归。"此文引用此事,是要说明"动观其符"。

⑫雠:《诗经·大雅·抑》"无言不雠,无德不报"疏:"相对谓之雠。"即对答、回报的意思。

⑬隤(tuí 颓):坠落,倒塌。

⑭阴阳:古代思想家认为万事万物的构成,必有一对正反矛盾的基本因素,这就是所谓的阴阳。凡天地、日月、昼夜、男女等等皆分属阴阳。他们认为,阴阳双方是相待而变的,阴盛则阳衰,阳盛则阴衰,如此盈虚消长而循环不已。所以此文说"阴阳更唱"。唱:通"倡",带头,指占据主导地位。

⑮气:是古代思想家的一个哲学概念,它是指构成宇宙万物的一种基因,而阴阳便是"气"中的一对基本因素。

⑯故:犹"夫",参见《古书虚字集释》。

⑰掩:四部丛刊本作"淹",据四库全书本改。《方言》卷十三:"掩,止也。"即遏止、不放纵的意思。

⑱熻(xī 吸):《广雅·释诂》:"熻,爇也。"即烧的意思。干:枯竭。

⑲沤:浸泡。灐(yǐng 颖):柳宗元《柳州东亭记》"嶕阔灐湾"注:"灐,音婴,水

绝远兒。"

⑳熹:同"熺",《广雅·释诂》:"熺,炽也。"即烧的意思。

㉑见(xiàn 现):同"现"。

㉒观:《尔雅·释言》:"观,示也。"即"使人观"、"给人看"的意思。

㉓朝:原义为朝见,引申指流入。《尚书·禹贡》"江、汉朝宗于海"传:"二水经此州而入海,有似于朝。"此文"朝"用作使动词。

㉔虚心:使内心虚无空荡,即不要老是把复仇的事挂在心头。因为"不虚心"而老想着复仇,就很难做到"自匿"。

㉕大夫浩:见7.4注③。

㉖震:《国语·晋语》"车有震武也"注:"震,威也。"

㉗句如:徐天祜说:"《左传》《国语》皆作'皋如'。"觉按:7.4 也作"皋如",古代"句"、"皋"音近。

㉘五胜:徐天祜说:"五德迭相胜也。《史记·历书》:'秦灭六国,颇推五胜,而自以为获水德之瑞。'《前汉·律历志》同。"觉按:五胜,见5.27注⑱。秦、汉时代的方士常以金、木、水、火、土五行相胜的道理来附会王朝的兴衰存亡,即所谓"五德迭相胜"。如秦始皇以为周得火德,秦得水德,而汉得火德,故胜周(见《史记·秦始皇本纪》)。但也有逆反之说,如汉以秦得水德,故汉胜秦。可见此实为虚妄之说。

㉙汤:见7.2注③。武:1.6注⑧。夏:朝代名,此文指夏桀,见1.2注②。殷:见1.5注⑥,此文指商纣,见4.7注②。

㉚桓:指齐桓公,见7.9注⑳。缪(mù 穆):通"穆",指秦穆公,春秋五霸之一,名任好,秦国君主,公元前659—公元前621年在位。列:《荀子·王霸》"相者论列百官之长"注:"列,置于列位也。"即安排位次。齐桓公、秦穆公称霸诸侯,使各国诸侯会盟而排列各国诸侯的位次,所以说"列"。六国:古代称"六国",往往是指战国时的齐、楚、燕、韩、魏、赵,加秦而称为七国。汉代人常称及"六国"、"七国",但此文作者则误用了"六国"一词,他可能以为齐、秦各除掉自己不算,其余便是"六国"。其实,在齐桓公、秦穆公之时,较有地位的诸侯国有晋、齐、鲁、燕、卫、蔡、郑、曹、陈、宋、秦、楚等等,并未形成七国争雄的政治局面。这种疏忽,与5.12说齐国"历楚、赵之界"相似。

【今译】

九年(公元前488年)正月,越王召见了五位大夫而告诉他们说:"从前越国败逃而丢弃了祖宗的庙宇,我自己沦为囚犯,我的羞耻天下人都听说,我的屈辱传遍了诸侯各国。今天我念念不忘报复吴国,就像瘸子念念不忘要奔跑、瞎子念念不忘要看东西一样。但我现在还不清楚对付吴国的计策谋略,希望大夫们教教我。"

扶同说:"从前越国国家灭亡、民众漂泊,天下没有谁不知道。现在想要有所算计,不宜事先泄露这方面的言论。我听说:'搏击的鸟儿要行动,所以先低头趴着。凶猛的野兽将出击,一定先收起毛驯服地趴在地上。凶猛的禽鸟将要搏击,一定先飞得很低而收起翅膀。圣人将采取行动,一定先说话和顺而与众人关系融洽。'圣人的谋划,别人不能见到它的迹象,不能知道它的内情。等到战事发生了才按照预先的谋划去攻战,所以事先没有阻击他们前进的敌军,以后也没有被伏击的祸患。现在大王面临仇敌而要攻破吴国,应该减少言论,不要让这种话泄露出去。我听说吴王的兵力在和齐国、晋国争强,而他又早和楚国结下了怨仇。大王最好亲近齐国,深交晋国,偷偷地和楚国加强关系,而优厚地侍奉吴国。那吴王的性情,凶猛骄横而自高自大,他一定会轻视诸侯各国而欺负邻国。齐、晋、楚三国判断衡量一下,反而都成了吴国的敌国,他们就一定会和吴国较量武力而互相竞争强弱。越国趁吴国疲惫不堪的时候去攻打它,就可以攻克了。即使是五帝用兵,也无法超过这种谋略了。"

范蠡说:"我听说:'图谋他国攻破仇敌,行动时得观察那吉祥的征兆。'所以,孟津会盟的时候,诸侯都说可以了,武王却拒绝了他们。当今吴国和楚国结下了仇怨不能和解;然而,齐国虽然不亲近吴国,在表面上却还是给吴国提供救援;晋国虽然不依附吴国,但还是履行他们的道义。那吴国国内的大臣进行谋划而决定回报自己的计策,邻国和吴国来往而不断绝他们的援助,这正是吴国在建立霸业、诸侯各国在推崇吴王啊。我听说:'峻峭高耸的山会崩塌,枝叶茂盛的树会折断。太阳到了中午就会下移,月亮圆满了就会减损。春夏秋冬这四季不可能同时旺盛,金木水火土这五大行星不可能一起运行。阴阳双方轮流处于主导地位,自然界的元气有时旺盛有时衰微。漫过堤防的水,不遏止它的流量;烧尽的火炭,不能恢复它的炽烈。水波安静了就不会有淹没远方的怒涛,火势消灭了就不会有烧掉毛发的热量。'现在吴王凭借着诸侯的威势,因而在天下发号施令,却不知道自己功德不深而恩情浅薄、可以走的路狭窄而怨恨他的人面广量大、权势虽然高高在握而智能却已衰退、力量已经用尽而威势已经减损、军队受到挫折而败退、士兵已经四散奔逃而瓦解。请让我去巡视一下我们的军队而整顿好士兵，等到吴国衰败，就趁机去袭击它。这样的话，那么兵器还没有让鲜血染红刀口，士兵还没有转过脚跟，而吴国的君臣就已经被俘获了。我希望大王不要声张，不要暴露自己的动作，而只让别人看见自己的安静无为。"

大夫苦成说："水能够使草木浮在水面上，但也能够使它们沉下去；大地能够使万物生长，但也能够杀死它们；江海能够处在山谷之下，却也能使山谷中的水流向自己；圣人能够顺从民众，却也能够使用他们。现在吴国继承了阖闾的军队制度与伍子胥的法则教化；政治稳定，还没有衰微；作战获胜，还没有失败。大夫伯嚭，是个狂妄谄媚的人，通晓谋略，但轻视朝廷上的政事。伍子胥则致力于战争，又豁出命去劝谏议论。这两个人一起权衡事情，一定会有破败的时候。请大王丢掉心事而把自己隐藏起来，不要暴露计谋，那么吴国就可以消灭了。"

大夫浩说："现在的吴国，国君骄横，臣子奢侈；民众饱食终日，将士胆大妄为：外面有侵扰边境的敌人，国内有争权夺利的臣子耀武扬威，该可以去攻打了吧。"

大夫皋如说："自然界有四季的交替，人类社会有五德相胜的更迭。从前商汤、周武王凭借了四季交替的有利条件而制服了夏桀、商纣王，齐桓公、秦穆公凭借了五德相胜的有利条件而能安排各诸侯国的位次。这是凭借了那时机才取胜的啊。"

越王说："现在我们还没有得到四季交替的有利条件与五德相胜的有利时运，请各位还是回到自己的工作岗位上去吧。"

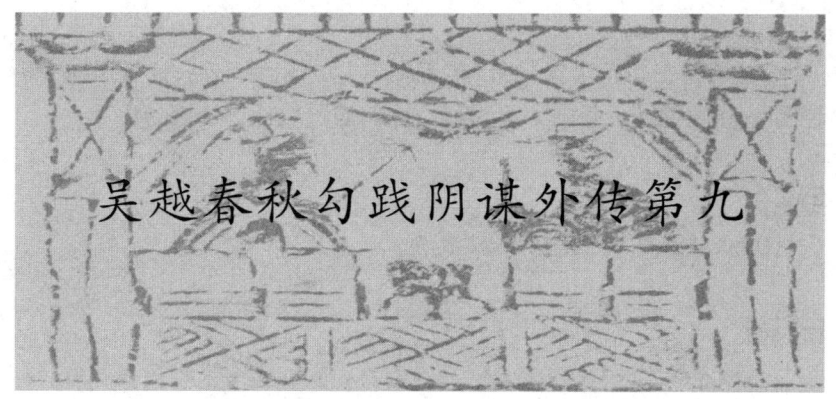

吴越春秋勾践阴谋外传第九

【题解】

"勾践阴谋外传",顾广圻、蒋光煦所见影宋本作"越王阴谋外传",是徐天祜将"越王"改成了"勾践",以便与上下文一律。"外"字参见第四篇题解。

勾践阴谋外传,就是勾践秘密计谋对吴用兵的传记。它记述了勾践十年至十三年之间的事迹,《左传》《国语》《史记》等均略,所以它具有较为重要的史料价值。特别像其中的弹歌,一向被人们看作为原始歌谣的典型,成为探究文学艺术起源的重要史料。还有对弩矢、射法的记述,本篇也远比他书为详,它无疑是研究我国古代科技史与军事史的宝贵资料,只是未引起后人的注意罢了。当然,此文在剪裁方面也颇具匠心,如《左传·哀公十一年》所记吴将伐齐时勾践率其众朝吴之事,本书便安排在《夫差内传》中叙述,而本篇则从略了,以免重复。

文章紧承上篇,围绕越王谋吴称霸的主题渐次展开。要达到谋吴称霸的目的,既要走富国强兵之路,又要行贫吴弱敌之计。所以,文章围绕文种所说的"君王闭口无传"的阴谋九术落笔,其实不外乎这两个方面。文章先写越国"已富",后又写越王"尊天事鬼",以致"国不被灾",依从计砚之计而充实粮仓,这便是富国之术;请越女传授剑术,让陈音讲解射法,这是强兵之道。送给吴王神木而促成其大兴土木,献给吴王美女而使其惑乱,借粟还粟而使吴种而无收,都是贫吴弱敌之计。凡此种种,为越王破吴称霸奠定了坚实的基础。于是,"阴谋"便可转为阳攻了,从而引出了下篇的伐吴。

【原文】

9.1 越王勾践十年二月,越王深念远思侵辱于吴,蒙天祉福,得越国①。群臣教诲,各画一策,辞合意同,勾践敬从,其国已富。

注释

①徐天祜说:"'得'下当有'返'字。"

【今译】

越王勾践十年(公元前487年)二月,越王深深地回忆起过去,遥想那被吴国侵入侮辱的情景,幸好蒙受上天福佑,才得以返回越国。群臣又循循善诱,各人都谋划了一条计策,言论一致、意见相同,勾践慎重地听从了这些意见,他的国家就已经富足了。

【原文】

9.2 反越五年①,未闻敢死之友②。或谓诸大夫爱其身、惜其躯者,乃登渐台③,望观其群臣有忧与否。相国范蠡、大夫种、句如之属俨然列坐④,虽怀忧患,不形颜色。

越王即鸣钟鹫檄而召群臣⑤,与之盟,曰:"寡人获辱受耻,上愧周王⑥,下惭晋、楚。幸蒙诸大夫之策,得返国修政,富民养士。而五年未闻敢死之士、雪仇之臣,奈何而有功乎?"群臣默然,莫对者。越王仰天叹曰:"孤闻:'主忧臣辱,主辱臣死。'今孤亲被奴虏之厄,受囚破之耻,不能自辅,须贤任仁⑦,然后讨吴。重负诸臣,大夫何易见而难使也⑧?"

于是计砚年少官卑,列坐于后,乃举手而趋,蹈席而前进曰:"谬哉!君王之言也。非大夫易见而难使,君王之不能使也。"

越王曰:"何谓?"

计砚曰:"夫官位、财币、金赏者,君之所轻也;操锋履刃、艾命投死者⑨,士之所重也。今王易财之所轻⑩,而责士之所重,何其殆哉!"

注释

①反:通"返"。五年:当为虚数,其实不足五年。古代"三"、"五"、"七"、"九"往往表虚数,参见《中国古代语法·称代篇》第六章。

②友:四部丛刊本作"发",据四库全书本改。《说文》:"同志为友。"

③渐(jiān肩)台:古代关于渐台的记载不少,如《列女传·楚昭贞姜》载楚昭王出游,留夫人渐台之上,江水大至,台崩,夫人流而死。另外,齐宣王也建过渐台五重,见《列女传·齐钟离春》《新序·杂事》。汉武帝作建章宫,太液池中有渐台,高二十余丈,因台址在水中,故名渐台。参见《汉书·郊祀志下》《王莽传》《三辅黄图·台榭》。可见"渐"就是浸的意思,"渐台"就是筑于水中之台。水中之台较为险峻,所以勾践与君臣一起登台,以考验他们是"敢死",还是"爱其身、惜其躯"。

④列:位次(参见8.8注㉚),这里用作状语。

⑤骛:通"警",《诗经·小雅·车攻》"徒御不骛"疏:"警戒也。"《易·震》"震惊百里"郑注:"骛之言警戒也。"皆其证。古代报告危急的信息称为警。檄(xí习):古代用来征召、声讨的文书。警檄:指发布使人警戒的征召文书。

⑥周王:指周敬王,名丐,公元前519—公元前476年在位。

⑦须:通"需",《说文》:"需,待也。"

⑧俞樾说:"'见'当作'得'。此传所载越王及计砚之言与《国策·齐策》管燕、田需之言相似,彼作'士何其易得而难用也'。《韩诗外传》'管燕'作'宋燕','田需'作'陈饶',亦曰'何士大夫易得而难用也'。二书皆是'得'字,故知此传'见'字之误。'得'古作'㝵',见《说文》,故往往误作'见'。《史记·赵世家》'逾年历岁,未得一城',《赵策》'得'误作'见',即其例也。"

⑨艾(yì义):通"刈",斩。

⑩徐天祜说"'易'字不通,疑'吝'字之误,'吝'、'吝'同。"觉按:徐说可通,但未必正确,因为'吝'与'易'形音相差颇大,不易致误。《国语·晋语》"而勤易之"注:"易,治也。"易财:治财,管理财物,此指在财物的奖赏施舍方面斤斤计较。

【今译】

勾践回到越国好几年了,还没听说过有为自己卖命的人。有人说他的各位大夫都是爱惜自己身躯的人。于是勾践就和群臣一起登上水中的高台,以观察他的大臣们是否有担忧害怕的神情。相国范蠡、大夫文种、皋如之类都庄重地按照次序坐着,虽然心里有点担忧害怕,也不表现在脸色上。

越王立即敲响警钟、发布使人警戒的征召文书而召见群臣,和他们立誓缔约,说:"我遭受耻辱,向上愧对周王,向下愧对晋国、楚国。幸亏受到各位大夫的指点,才得以返回祖国重理朝政,使民众富足,又培养了贤士。但好几年了也没有听说过有为我拼死的勇士和为我报仇雪耻的臣子,我怎样才能有所成就呢?"群臣鸦雀无声,没有谁回答。越王抬头朝天叹息说:"我听说:'君主有了忧患,臣子就为君主忍受耻辱;君主忍受耻辱,臣子就为君主殉身拼死。'现在我亲身遭到当奴仆的困厄,受到被囚禁以及国家被攻破的耻辱,但我不能自己辅佐自己,所以想等待贤能的人、任用有仁德的人,然要后再去讨伐吴国。我深深地依赖各位大臣,但大夫们为什么容易被我得到却难以被我使用呢?"

在这个时候计砚年纪还轻、官位还低,依次坐在后面,他竟然举着手小步快跑起来,踩着坐席而走到前面说:"大王的话多荒谬啊!并不是大夫们容易被您得到而难以被您使用,而是大王没有能力使用他们啊。"

越王说:"你的话是什么意思?"

计砚说:"那官位、财物以及黄金的奖赏,是君主所看轻的东西;手握锋利的兵器、脚踩锐利的刀口、杀身效死,是士人所看重的事情。现在大王老是在盘算财物这种应该看轻的东西,却要求士人去干那些他们所看重的事情,这多么危险啊!"

【原文】

9.3 于是越王默然不悦,面有愧色,即辞群臣,进计砚而问曰:"孤之所得士心者何等?"

计砚对曰:"夫君人尊其仁义者,治之门也。士民者,君之根也。开门固根,莫如正身。正身之道,谨左右。左右者,君之所以盛衰者也。愿王明选左右,得贤而已。昔太公①,九声而足②,磻溪之饿人也③,西伯任之而王④。管仲⑤,鲁之亡囚,有贪分之毁⑥,齐桓得之而霸⑦。故传曰⑧:'失士者亡,得士者昌。'愿王审于左右,何患群臣之不使也?"

越王曰:"吾使贤任能,各殊其事⑨。孤虚心高望⑩,冀闻报复之谋。今咸匿声隐形,不闻其语,厥咎安在?"

计砚曰:"选贤实士⑪,各有一等。远使以难,以效其诚⑫;内告以匿,以知其信;与之论事,以观其智;饮之以酒,以视其乱⑬;指之以使⑭,以察其能;示之以色,以别其态⑮。五色以设⑯,士尽其实,人竭其智。知其智,尽实⑰,则君臣何忧⑱?"

越王曰:"吾以谋士效实、人尽其智,而士有未尽进辞有益寡人也。"

计砚曰:"范蠡明而知内,文种远以见外,愿王请大夫种与深议,则霸王之术在矣。"

注释

①太公:见7.2注⑥。

②九声而足:若依字面解,即"九种音调都精通"。古代乐律中有所谓"五音"、"四清",合称为"九声"。五音即宫、商、角、徵(zhǐ旨)、羽,相当于现在简谱中的1、2、3、5、6。四清即宫清、商清、角清、徵清四个高声,相当于现在简谱中的1̇、2̇、3̇、5̇。足:就是无缺失,指都精通。但是,其他典籍并无太公精通音乐的记载,所以此文恐误。考《越绝书·外传计倪》,这句作"九十而不伐",指其九十岁仍无功,可从。《说苑·杂言》:"吕望行年五十,卖食于棘津;行年七十,屠牛朝歌;行年九十,为天子师,则其遇文王也。管夷吾束缚胶目,居槛车中,自车中起为仲父,则其遇齐桓公也。"《韩诗外传》卷七也载此事。由此可知,太公到九十岁仍没有什么成就,这是汉代盛行的一种传说。他九十岁得遇文王以后,才功业卓著。此文述说太公、管仲之事,与《说苑》《韩诗外传》相类,而此句又与"磻溪之饿人"、"鲁之亡囚,有贪分之毁"等并列,也当指其缺陷而言。所以"九声而足"应从《越绝书》作"九十而不伐"。

③磻(pán 蟠)溪:在陕西宝鸡市东南,源出南山,北流入于渭河。一名潢河。传说太公望未遇文王时在这里垂钓。参见《水经注·渭水》。饿:严重的饥饿,指没有饭吃而受到死亡的威胁,并不是指一般的饥饿。

④西伯:即周文王,见1.4注④。

⑤管仲:姓管,名夷吾,字仲,是春秋初期具有法家思想的政治家。公元前686年,齐将乱,为了避难,管仲、召忽奉公子纠出奔鲁国,鲍叔牙奉公子小白出奔莒国。这一年,襄公被杀后,小白于次年先入齐国立为桓公,大败鲁军,鲁国被迫按桓公的要求杀了公子纠,把管仲囚禁了交还齐国。管仲回齐后,由鲍叔牙推荐,被齐桓公任命为相。他推行富国强兵的政策,使齐国国力大振,齐桓公因此而成就了霸业。桓公尊他为"仲父",后谥"敬",所以又称管敬仲。

⑥《史记·管晏列传》:"管仲曰:'吾始困时,尝与鲍叔贾,分财利多自与,鲍叔不以我为贪,知我贫也。'"

⑦齐桓:见7.9注⑳。

⑧传(zhuàn 篆):书传,古书的记载。

⑨殊:不同。这里是使动用法。

⑩虚心:见5.21注⑲。
⑪实:这里用作动词,指了解实情。
⑫《广雅·释言》:"效,考也。""效,验也。"
⑬徐天祜说:"酒能乱性。《论语》:'唯酒无量,不及乱。'"
⑭徐天祜说:"《曲礼》:'耆,指使。'注:'指事使人也。'"觉按:此文与《曲礼》似乎不能类比。因为从上下文可知,此"之"字代人而不代事。所以,此文"指"当解为指定;"使"与"酒"、"色"等相对,当用作名词,并当解为"事"(古代"事"、"使"义通)。
⑮态:四部丛刊本作"熊",四库全书本作"態",今据改,且用简化字。
⑯五色:《周礼·疾医》"以五声五气五色眡其死生"注:"五色,面貌青赤黄白黑也。"此文指各种脸色。以:通"已"。
⑰卢文弨说:"如上文,'实'上当有'其'字。"
⑱君臣:当作"君王"。

【今译】

于是越王沉默无言,闷闷不乐,脸上露出了惭愧的容色,就辞退了群臣,让计砚到自己跟前而问他说:"我得人心的程度怎样?"

计砚回答说:"统治人民时崇尚那仁爱道义,这是治国的关键方法。贤士民众,是君主立身的根本。要打开治国的窍门、巩固君主的立身之本,没有什么比得上端正君主本身。端正本身的办法,在于谨慎地挑选身边的近臣。君主身边的近臣,是君主兴盛或衰亡的根源。希望大王英明地选择身边的近臣,任用有德才的人就是了。从前太公,九十岁了也还没有什么成就,是个磻溪边上的饿鬼,但西伯任用了他,就成就了王业。管仲,是个逃亡到鲁国的囚犯,虽然有贪婪地多分财利的坏名声,但齐桓公得到了他,就成就了霸业。所以古书的记载说:'丧失贤能之士的就衰亡,得到了贤能之士的就兴旺。'希望大王对您身边的近臣详加审察,干嘛要去担忧群臣不能被您使用呢?"

越王说:"我使用有德才的人、任用有能力的人,使他们的职事各不相同。我一心一意地瞻望,希望能听到报复吴国的谋略。但现在他们却都销声匿迹,听不到他们的话,那过失在什么地方呢?"

计砚说:"选择贤能的人、了解谋士的实情,对于不同的考察目的各有一种相应的办法。拿困难的事情让他们到远方去做,以此来考验他们的忠诚;在朝内把保密的事告诉他们,以此来了解他们的守信;和他们讨论政事,以此来观察他们的智慧;拿酒让他们喝,以此来审视他们的昏乱;拿某种职使指定他们去做,以此来考察他们的才能;拿自己的脸色给他们看,以此来辨别他们的态度。君主的各种脸色都已经摆出来了,那么谋士就会全部献出自己的真心实意,能人就会竭尽自己的智慧谋虑。知道了能人的智谋,全部地了解了谋士的真心实意,那么大王还担忧什么呢?"

越王说:"我依靠谋士献出他们的真心实意、能人竭尽他们的智谋,但谋士中有些人却还没有尽心献上有益于我的意见啊。"

计倪说:"范蠡明智聪慧而能了解国内的情况,文种远见卓识而能看到国外的情况,希望大王把大夫文种请来和他深入地讨论一番,那么称霸称王的办法就有了。"

【原文】

9.4 越王乃请大夫种而问曰:"吾昔日受夫子之言,自免于穷厄之地。今欲奉不羁之计①,以雪吾之宿雠,何行而功乎?"

大夫种曰:"臣闻:'高飞之鸟,死于美食;深川之鱼②,死于芳饵。'今欲伐吴,必前求其所好,参其所愿,然后能得其实③。"

越王曰:"人之所好,虽其愿,何以定而制之死乎?"

大夫种曰:"夫欲报怨复雠、破吴灭敌者,有九术,君王察焉?"

越王曰:"寡人被辱怀忧,内惭朝臣,外愧诸侯,中心迷惑,精神空虚。虽有九术,安能知之?"

大夫种曰:"夫九术者,汤、文得之以王④,桓、穆得之以霸⑤。其攻城取邑,易于脱屣。愿大王览之。"种曰:"一曰尊天事鬼以求其福⑥;二曰重财币以遗其君⑦,多货赂以喜其臣;三曰贵籴粟槁以虚其国,利所欲以疲其民;四曰遗美女以惑其心而乱其谋;五曰遗之巧工良材,使之起宫室以尽其财;六曰遗之谀臣,使之易伐;七曰强其谏臣,使之自杀;八曰君王国富而备利器;九曰利甲兵以承其弊⑧。凡此九术,君王闭口无传,守之以神,取天下不难,而况于吴乎?"

越王曰:"善。"

【注释】

①不羁(jī机):《史记·鲁仲连邹阳列传》"使不羁之士"《索隐》:"言骏足不

可羁绊,以比喻逸才之人。"此指不拘泥而才华横溢。

②川:四部丛刊本作"泉",据《文选》卷二十五《赠何劭王济》诗注引文改。

③实:《文选·吴都赋》"数军实乎桂林之苑"刘注引郑氏曰:"军所讨获曰实。"《淮南子·原道训》"兽蹠实而走"注:"实,地也。"《国语·晋语》"吾有卿之名而无其实"注:"实,财也。"此文指战果,包括土地、财物等等。

④汤、文:商汤、周文王,见7.2注③、1.4注④。

⑤桓、穆:齐桓公、秦穆公,见7.9注⑳、8.8注㉚。

⑥徐天祜说:"'鬼'下当有'神'字,下文亦兼鬼神言之。"

⑦遗(wèi卫):赠送,给予。

⑧承:通"乘",趁着,凭借。

【今译】

越王就请来大夫文种而问他说:"我过去接受了先生的意见,才使自己没有陷入困厄的境地。现在我再想恭敬地接受您那才华横溢的计策,用它来消除我的宿仇旧恨,怎样干才能成功呢?"

大夫文种说:"我听说:'高高地飞翔着的鸟,死在甜美的食物上;深深的河流中的鱼,死在芳香的诱饵上。'现在要攻打吴国,一定得先找到吴王喜欢的东西,投合他的愿望,然后才能得到他的土地财物。"

越王说:"人的嗜好,即使是他的愿望,为什么肯定能用它来把人置于死地呢?"

大夫文种说:"想要报仇雪恨、攻破吴国消灭敌人,有九种办法,大王清楚吗?"

越王说:"我遭受耻辱,心怀忧愁,在内愧对朝廷上的大臣,在外愧对各国诸侯,内心迷惑,精神空虚。即使有九种办法,哪能知道它们呢?"

大夫文种说:"那九种办法,商汤、周文王得到了它们从而成就了王业,齐桓公、秦穆公得到了它们从而成就了霸业。他们攻占大城夺取小镇,比脱掉鞋子还容易。请大王还是看看它们吧。"文种接着说:"第一种办法是尊敬上天、侍奉鬼神来求得他们的福佑;第二是加重财物礼品去送给它的国君,增多货物钱财去讨好它的臣子;第三是以昂贵的价格买入粮草来挖空他的国家,诱使他纵欲从而使他的民众疲劳不堪;第四是赠送美女来迷惑他的思想而扰乱他的计谋;第五是送给他能工巧匠和优质木材,让他建造宫殿房舍来耗尽他的财产;第六是送给他阿谀奉承的奸臣,使他轻易地去攻战;第七是使他的劝谏之臣刚强不屈,从而使谏臣自杀;第八是大王国家富足而准备好锋利的兵器;第九是锻炼好自己的军队,趁他们疲惫困乏的时候去攻打。所有这九种办法,大王紧闭嘴巴不要传出去,用自己的心灵去把握它,那么夺取天下也没有什么困难,更何况是一个吴国呢?"

越王说:"好。"

【原文】

9.5 乃行第一术,立东郊以祭阳,名曰东皇公①。立西郊以祭阴,名曰西王母②。祭陵山于会稽③,祀水泽于江州④。事鬼神一年,国不被灾。越王曰:"善哉!大夫之术。愿论其馀。"

注释

①蒋光煦说:"宋本下有'祠'字。"俞樾说:"《竹书》《穆天子传》并载西王母,其名古矣。至东王公之名,则始见于此。"觉按:"东皇公"之名,可能是后代小说家根据"西王母"之名反推而塑造出来的,并不是越国的史实。

②西王母:神话中的女神。《穆天子传》"天子宾于西王母"注:"西王母如人,虎齿,蓬发,戴胜,善啸。"后世小说戏曲多以西王母为美貌之女神。参见《山海经》《汉武帝内传》《通俗编》。

③徐天祐说:"陵山,禹陵之山。先秦古书帝王冢皆不称陵,陵之名自汉始。"觉按:禹陵可参见6.6注㊱。但此文"陵山"与"水泽"对文,恐怕非指禹陵,而是泛指山陵。

④徐天祐说:"今之江州,春秋时为吴西境,楚东境,越不得祀水泽于其地。兼晋以前,亦未有江州之名。蜀之巴郡,古有江州县,又去越辽远,亦非当时祀水泽之地。'州'字义当作'洲'。按《说文》:'州,渚也。'字本作'州',水中可居者。州,今作'洲',盖后人加水以别州县之字。"觉按:江州,当指浙江(见7.1注③)中的沙洲。

【今译】

于是越王就先实施第一种办法,在东郊建起了祠庙来祭祀主阳气的神,名叫东皇公祠。在西郊建起了祠庙来祭祀主阴气的神,名叫西王母祠。在会稽山上祭祀山陵之神,在浙江中的沙洲上祭祀江河湖泊之神。越王侍奉鬼神才一年,国家就不再遭受什么灾害了。越王说:"大夫的办法真好啊!请您再议论一下其他的办法。"

【原文】

9.6 种曰:"吴王好起宫室,用工不辍。王选名山神材①,奉而献之。"

越王乃使木工三千余人入山伐木。一年,师无所幸②。作士思归,皆有怨望之心,而歌《木客之吟》。一夜,天生神木一双,大二十围,长五十寻③,阳为文梓④,阴为楩柟⑤。巧工施校,制以规绳⑥,雕治圆转,刻削磨砻,分以丹青⑦,错画文章⑧,婴以白璧⑨,镂以黄金,状类龙蛇,文彩生光。

乃使大夫种献之于吴王,曰:"东海役臣——臣孤勾践使臣种,敢因下吏闻于左右:赖大王之力,窃为小殿,有余材,谨再拜献之。"

吴王大悦⑩。

子胥谏曰:"王勿受也。昔者桀起灵台⑪,纣起鹿台⑫,阴阳不和⑬,寒暑不时,五谷不熟⑭,天与其灾,民虚国变,遂取灭亡。大王受之,必为越王所戮。"

吴王不听,遂受而起姑苏之台⑮。三年聚材,五年乃成,高见二百里⑯。行路之人,道死巷哭,不绝嗟嘻之声,民疲士苦,人不聊生。

越王曰:"善哉!第二术也。"

注释

①名山:见6.3注㉟。神材:即"神木",指松柏之类四季长青、寿命极长、质地优良的木材。

②师:《左传·哀公五年》"师乎师乎"注:"师,众也。"此指伐木工人。幸:宠爱。《独断上》:"亲爱者皆曰幸。"

③寻:古代长度单位,八尺为一寻。

④文梓:有斑纹的梓木,是优质之木。

⑤楩(pián骈):《汉书·司马相如传》"楩柟豫章"注:"楩……即今黄楩木也。"柟(nán南):同"楠",《汉书·司马相如传》注:"柟音南,今所谓楠木。"据《汉书》注,则楩柟为两种树,但此文则指一种树。所以此文之"楩柟"或为偏义复词,或者其中之一为连类而及之辞(参见8.2注③)。

⑥制:《礼记·月令》注"制肺及心肝为俎"疏:"制谓裁割。"此文指砍削。

⑦丹青:朱砂和青雘,原是两种可制颜料的矿石,因而泛指绘画用的颜料。

⑧错:涂饰。文章:错杂的色彩或花纹。古代以青与赤相配合为文,赤与白相配合为章。

⑨婴：缠绕。

⑩徐天祜说："天生神木，不假日夜之所息，一夕而大二十围，长五十寻，有是哉？使兹事而信，越尝以其木致于吴，而行人之辞乃曰：'东海役臣，献为殿之余材。'甚非所以礼吴而示有先也。且越有五台，未尝敢上，吴王以为畏法服威。夫既天之产材若是其异，人之致饰若是其都，而名之曰'余材'，则越之为殿亦已侈矣。而特以其遗余奉吴，何越之失言而吴之易悦耶？"

⑪桀：见1.2注②。灵台：参见8.3注㉙。夏桀作灵台，未详，或许当时有此传说。

⑫纣：见4.7注②。鹿台：故址在今河南汤阴县朝歌镇南。《新序·刺奢》："纣为鹿台，七年而成，其大三里，高千尺，临望云雨。"

⑬阴阳：见8.8注⑭。

⑭五谷：见1.1注⑬。

⑮姑苏之台：见4.35注⑨。

⑯徐天祜说："台始基于阖闾，而新作于夫差。《吴地记》曰：'高三百丈，广八十四丈。'"

【今译】

文种说："吴王喜欢建造宫殿房屋，役使工匠从未中断。请大王挑选一些大山上的优良木材，恭敬地拿去献给他。"

越王就派木工三千多人进山砍伐树木。一年了，工匠们一直没有自己亲爱的人陪伴。做工的人想回家，都有怨恨的心情，因而唱起那《伐木游子之歌》。就在这一个晚上，天然生出两棵神奇优质的树木，大二十围，高四十丈，那向阳的一棵是有斑纹的梓树，背阴的一棵是楩楠。技术高超的工匠进行校正，用圆规墨线进行弹画而砍削它们，雕刻得滚圆，又进一步刻削打磨，用朱砂、青膦等颜料画上各种线条，再涂饰画上错杂的花纹，用白色的玉璧系在上面，用黄灿灿的金子镶嵌在表面，那形状类似龙和蛇，花纹和色彩闪闪发光。

于是越王就派大夫文种把它们献给吴王，对吴王说："东海边上的奴仆——臣子我勾践派遣使者臣子文种，冒昧地通过您的下属官吏向您报告：依靠了大王的力量，我得以私下营建小小的宫殿，现在还有一些多余的木材，谨向大王行个再拜礼而把它们奉献给大王。"

吴王十分高兴。

子胥劝谏说："大王不要接受。从前夏桀建造灵台，商纣建造鹿台,以致阴阳不调和,寒冬与炎暑不按时到来,五谷不成熟,上天给他们降下灾祸,民众贫乏,国家发生事变,于是他们就自取灭亡了。大王如果接受了这木材,一定会被越王杀死。"

吴王不听子胥的话,就接受了这些木材而建造姑苏台。花了三年时间收集材料,造了五年才造成,高得能望见远在二百里处的东西。走在路上的人,面对在路上死去的劳工和在里巷中痛哭流涕的家属,不断地发出唉唉唉的叹息声,百姓疲惫,士人劳苦,人民没法生活。

越王说:"这第二种办法真好啊!"

【原文】

9.7 十一年,越王深念永思,惟欲伐吴,乃请计砚,问曰:"吾欲伐吴,恐不能破,早欲兴师,惟问于子。"

计砚对曰:"夫兴师举兵,必且内蓄五谷,实其金银,满其府库,励其甲兵①。凡此四者,必察天地之气,原于阴阳,明于孤虚②,审于存亡,乃可量敌。"

越王曰:"'天地'、'存亡',其要奈何?"

计砚曰:"天地之气,物有死生。原阴阳者,物贵贱也。明孤虚者,知会际也。审存亡者,别真伪也。"

越王曰:"何谓'死生'、'真伪'乎?"

计砚曰:"春种八谷③,夏长而养,秋成而聚,冬畜而藏④。夫天时有生而不敷种⑤,是一死也。夏长无苗,二死也。秋成无聚,三死也。冬藏无畜,四死也。虽有尧、舜之德⑥,无如之何。夫天时有生,劝者老,作者少⑦,反气应数⑧,不失厥理⑨,一生也。留意省察,谨除苗秽,秽除苗盛,二生也。前时设备,物至则收,国无逋税,民无失穗,三生也。仓已封涂,除陈入新,君乐臣欢,男女及信⑩,四生也。夫阴阳者,太阴所居之岁⑪,留息三年,贵贱见矣⑫。夫孤虚者,谓天门地户也。存亡者,君之道德也。"

越王曰:"何子之年少于物之长也?"

计砚曰:"有美之士不拘长少⑬。"

越王曰:"善哉!子之道也。"乃仰观天文,集察纬宿⑭,历象四时⑮,以下者上,虚设八仓⑯,从阴收著⑰,望阳出粜,筴其极计⑱,三年五倍,越国炽富。勾践叹曰:"吾之霸矣。善!计砚之谋也⑲。"

注释

①励:通"砺",磨。甲兵:铠甲与兵器,此文偏指兵器。励其甲兵:即磨快其兵器,此文泛指整治武器装备。

②孤虚:徐天祐说:"《史记·龟策传》:'日辰不全,故有孤虚。'《六甲孤虚法》:'甲子旬中无戌、亥,戌、亥即为孤,辰、巳即为虚。'盖旬空为孤,对冲为虚,馀五旬可以类推。刘歆《七略》有《风候孤虚》二十卷。"觉按:孤虚是古时占卜的一种方法,日即天干,辰即地支,日辰不全就有孤虚,又称空亡。占卜时得孤虚,主事不成,今《汉书·艺文志·五行家》著录《风后孤虚》二十卷,"后"通"候"。

③八谷:八种谷物,即黍、稷、稻、粱、禾、麻、菽、麦(见《本草》注),或以稻、黍、大麦、小麦、大豆、小豆、粟、麻为八谷(见《续古文苑·天文大象赋》注)。此文泛指谷物。

④畜:四库全书本作"蓄",字通。下同。

⑤天时有生:指万物萌生的春季。敷:四部丛刊本作"救",据四库全书本改。敷:散布。

⑥尧:见 1.1 注⑰。舜:见 6.2 注⑪。

⑦劝者老,作者少(shào 哨):劝勉的人是老年人,劳动的人是年轻人。译文用意译。

⑧反:对。数:道,自然界的普遍规律。

⑨失:错失,引申指违背。与《商君书·画策》"失法离令"之"失"义同。厥:其,指代八谷。理:与"道"相对,指各种事物的具体规律。

⑩及:与。"及"字下省去了宾语。男女及信:等于说"男女与男女信"。

⑪太阴:见 5.12 注⑬,此文当指太岁而言。依古代的方术,太岁所在为凶方,忌兴土木建筑等。

⑫见(xiàn 现):同"现",显露。

⑬美:《孟子·尽心下》:"充实之谓美。"指才德优秀、学识渊博。不拘长少:不限于长幼。

⑭集:聚集,指组织人员。纬宿(xiù 秀):徐天祐说:"天象定者为经,动者为纬,故五星亦曰五纬。宿,音秀,列星也。"觉按:"纬宿"等于说"星宿",指五星二十八宿(参见 5.27 注⑩)。古代行星叫"纬",指五纬,即金星、木星、水星、火星、土星五大行星。《史记·天官书》:"水、火、金、木、土星,此五星者,天之五佐,为纬。"古代列星叫"宿"。所谓列星,即指在天空中有固定的排列位置的恒星。古代天文学家把黄道(太阳所经天区)附近的恒星分成二十八个星座,称为二十八宿,四方各有七宿,见 5.27 注⑩。

⑮历象:推算历法观测天象。历象四时:与《书·尧典》"历象日月星辰,敬授人时"的意思相似。

⑯虚设八仓:空空地设置了八方之仓。

⑰从阴:与"望阳"互文。著:同"贮"。

⑱徐天祜说:"'筴'通作'策'。"

⑲《国语·越语下》载勾践归国后四年召范蠡谋吴,当在本年,此文则略而不载。

【今译】

十一年(公元前486年),越王深深地惦念长期地思量,只是想要攻打吴国,于是就请来计砚,问他说:"我想攻打吴国,怕不能攻破它,所以早就想起兵了,还是想先问一下您。"

计砚回答说:"发动军队进行战争,一定要在国内积蓄粮食,使金银财宝富足起来,装满自己的金库兵库,加强自己的武器装备。大凡有了这四种条件,还一定要明察天地的节气,推究事物的阴阳,明白日辰孤虚,审察存亡的条件,才可以与敌人去较量。"

越王说:"你说的'天地的节气'、'存亡的条件'等等,它们的要义怎样?"

计砚说:"所谓天地的节气,是指物体有死有生。所谓推究事物的阴阳,是指物体有贵有贱。所谓明白日辰孤虚,是指知道机会际遇。所谓审察存亡的条件,是指辨别真伪。"

越王说:"你说的'死生'、'真伪'等等是指什么?"

计砚说:"在春天播种各种谷物,到夏天长起来了就加以保养,在秋天成熟了就进行收集,在冬天有了积蓄就加以贮藏。在那自然界的时令具备了生长条件的时候却不去播种,这是第一种死亡之道。夏天庄稼要生长了却没有秧苗,这是第二种死亡之道。秋天庄稼成熟了却不去收集,这是第三种死亡之道。冬天谷物要贮藏了却没有积蓄,这是第四种死亡之道。像这样的话,那么即使有了尧、舜那样的贤德,对它也没有什么办法。在那自然界的时令具备了生长条件的时候,老年人进行劝勉,年轻人勤奋耕作,对照节气顺应自然规律,不违背各种谷物的具体生长规律而及时播种,这是第一种生存之道。留心检查照看,严格地清除禾苗中的杂草,杂草除去了,禾苗就茂盛了,这是第二种生存之道。在收成时节到来之前就作好准备,谷物交上来了就及时收藏,国内没有逃税的人,民众都把成熟的庄稼收起来了,这是第三种生存之道。粮仓已经用泥土封高涂好,清除陈米旧粮而装入新谷,君主快乐、臣民欢喜,男男女女相互信任,这是第四种生存之道。至于阴阳,就是在太岁所停留的那一年起,留在国内停止活动三年,这样,高贵和卑贱就彰明了。至于孤虚,是指天上的门道和地上的门路。至于存亡的条件,就是君主的道德。"

越王说:"为什么您年纪轻轻而对于事物的了解却像长者一样?"

计砚说:"有优秀德才的人并不受年龄大小的限制。"

越王说:"您的一番道理真好啊!"于是就抬头观察天文,组织人员观察五星二十八宿,推算历法、观测天体运行的现象、确定四季交替的时刻,拿地上的东西来和天上的相比附,在四面八方设置了宽敞的仓库,根据阴阳的变化来收藏粮食,观察阴阳的变化来卖出粮食,制订了那最好的计划,三年之间粮食的储藏量增加到五倍,越国于是繁荣昌盛、十分富足。勾践颇有感慨地说:"我要称霸了。计砚的谋略真好啊!"

【原文】

9.8　十二年,越王谓大夫种曰:"孤闻吴王淫而好色,惑乱沉湎①,不领政事。因此而谋,可乎?"种曰:"可破。夫吴王淫而好色,宰嚭佞以曳心②,往献美女,其必受之。惟王选择美女二人而进之。"越王曰:"善。"乃使相工索国中③,得苎萝山鬻薪之女,曰西施、郑旦④。饰以罗縠⑤,教以容步,习于土城⑥,临于都巷⑦。三年学服⑧,而献于吴。乃使相国范蠡进曰:"越王勾践窃有二遗女⑨。越国洿下困迫,不敢稽留。谨使臣蠡献之大王。不以鄙陋寝容⑩,愿纳以供箕帚之用⑪。"吴王大悦,曰:"越贡二女,乃勾践之尽忠于吴之证也。"子胥谏曰:"不可。王勿受也。臣闻:'五色令人目盲⑫,五音令人耳聋⑬。'昔桀易汤而灭,纣易文王而亡。大王受之,后必有殃。臣闻越王朝书不倦,晦诵竟夜⑭,且聚敢死之士数万,是人不死,必得其愿。越王服诚行仁⑮,听谏进贤,是人不死,必成其名。越王夏被毛裘⑯,冬御絺绤⑰,是人不死,必为对隙⑱。臣闻:'贤士,国之宝;美女,国之咎。'夏亡以妹喜⑲,殷亡以妲己⑳,周亡以褒姒㉑。"吴王不听,遂受其女。越王曰:"善哉!第三术也㉒。"

注释

①沉湎:指沉溺于酒。《尚书·泰誓上》"沈湎冒色"注:"沈湎,嗜酒。""沈"同"沉"。

②曳:引,拖。曳心:拖住其心,牵制其思想。

③相工索:四部丛刊本作"相者",据《太平御览》卷三百五引文改。

④徐天祜说:"《会稽志》:'苎萝山在诸暨县南五里。'《舆地志》:'诸暨县苎萝山,西施、郑旦所居。'《十道志》:'勾践索美女以献吴王,得之诸暨苎萝山,卖薪女也。'西施山下有浣沙石。"觉按:西施,我国古代四大美女之一,一作先施,又称西子,名夷光。苎萝山下有施姓两村,夷光居西,故称西施。今浙江诸暨县城南1公里许浣纱溪畔、苎萝山下有浣纱石,相传为西施浣纱处。石高2米许,上刻"浣纱"两字,每字高0.99米,宽0.48米,世传为王羲之所书。石上方有浣纱亭一座,内有碑碣记其事。古代典籍记述过西施事迹的又有《越绝书》《吴地记》。明代梁辰鱼有传奇《浣纱记》,即以西施故事为题材,写得较详。

⑤縠:四部丛刊本作"榖",据冯念祖本改。罗:见8.6注㉓。縠(hú 胡):有绉纹的纱。

⑥徐天祜说:"《越旧经》:'土城在会稽县东六里。'"觉按:土城,《越绝书·外传记地传》称为"美人宫"。今绍兴市区东五云门外有西施山遗址,即勾践作土城以栖西施之处。山高不过数仞,上有台,台东有亭,亭前有脂粉塘。1959年曾在山南发现大批铜制生产工具、兵器及印纹陶、原始青瓷等。

⑦临:《尔雅·释诂》:"临,视也。"《方言》卷十三:"临,照也。"即参观仿效、对照学习的意思,犹画画时的临摹。

⑧服:《楚辞·九章·橘颂》"橘徕服兮"注:"服,习也。"即习惯、适应的意思。

⑨遗(wèi 卫)女:《越绝书·内经九术》作:"昔者越王勾践,窃有天之遗西施、郑旦。"可知"遗女"即"天所遗之女"。

⑩鄙陋、寝容:徐天祜说:"貌不扬曰寝,通作'寝'。《广韵》:'寝陋。'又:'貌丑。'或作'侵'。"

⑪供箕帚之用:派洒扫的用处。古代妻妾在家主管洒扫,所以此实指给吴王作妻妾之用。

⑫这两句见《老子》第十二章。五色:青、黄、赤、白、黑。此泛指各种色彩。

⑬五音:宫、商、角、徵、羽。此泛指各种音乐。

⑭竟:终。竟夜:终夜,通宵。

⑮服:《管子·幼官》"服忠用信则王"注:"服,行也。"

⑯被(pī 披):同"披"。

⑰御:《文选·景福殿赋》注引蔡邕《月令章句》:"凡衣服加于身曰御。"绨绤(chī xì 吃细):细葛布与粗葛布(参见8.6注㉔),此指夏季穿的葛布衣。越王"夏

被毛裘,冬御绤绤"的用意与"冬常抱冰,夏还握火"同,参见 8.5 注③。

⑱对隙:仇敌。

⑲妹喜:当作"妺喜",姓喜,名妺。他书又作"妺嬉"、"末嬉"、"末喜",均读为 mò xī(末西)。有施氏(喜姓之国)之女,夏桀之妃。相传夏桀伐有施国,有施人把妹喜进献给夏桀,她深受夏桀宠爱。后来夏桀又伐岷山(国名,见《竹书纪年》,又作"山民",《楚辞·天问》作"蒙山",《韩非子·难四》作"崏山"),岷山人把琬、琰二女献给他,他爱二女而弃元妃妹喜于洛,妹喜便与伊尹(见 7.2 注④)勾结,致使夏桀灭亡。参见《国语·晋语一》《竹书纪年》卷上。

⑳己:四部丛刊本作"巳",据四库全书本改。妲(dá 达)己:姓己,名妲,有苏氏(己姓之国)之女,商纣王之妃。《国语·晋语一》:"殷辛(商纣)伐有苏,有苏氏以妲己女焉,妲己有宠,于是乎与胶鬲(原为商王朝的贤臣,后来至周,辅佐周武王灭商)比而亡殷。"

㉑周:指周幽王,西周天子,姬姓,名宫涅(一作宫湦),宣王子。公元前 781—公元前 771 年在位。褒姒:西周时褒国女子,姓姒。幽王伐褒国,褒人进献褒姒,为幽王所宠幸。褒姒不爱笑,幽王施以千方百计也不得其笑,乃举烽火以召诸侯,诸侯急至,而无外敌入侵,褒姒大笑。幽王遂数举烽火戏诸侯以博得褒姒之笑。后褒姒生伯服,于是与虢石甫勾结,逐太子宜臼(即后来的周平王)而立伯服。太子逃奔母家申国,申侯(太子宜臼的外祖父)联合鄫国、西戎以伐周,幽王举烽火,诸侯不信,救兵不至。西戎等破镐京,杀幽王,虏褒姒而去,西周遂亡。参见《国语·晋语一》《史记·周本纪》。此文所述,与《国语·晋语一》一脉相承,均将红颜视为祸水,此乃为谏说之辞,故不免偏执一端。若以历史事实而论,则司马迁的说法较为公允,其言云:"夏之兴也以涂山(指涂山之女,见 6.4),而桀之放也以末喜;殷之兴也以有娀(殷之始祖契为有娀之女简狄所生),纣之杀也嬖妲己;周之兴也以姜原及大任(见 1.1 与 1.4),而幽王之禽也淫于褒姒。"(《史记·外戚世家》)

㉒《国语·越语下》载勾践在此年召范蠡谋吴,此文则略,可参见。

【今译】

十二年(公元前 485 年),越王对大夫文种说:"我听说吴王纵欲放荡而喜爱女色,糊涂昏乱而沉溺于酒,不治理政务。凭借这一点去谋取吴国,可以么?"文种说:"可以利用这一点去攻破吴国。那吴王纵欲放荡而喜爱女色,太宰嚭巧言谄媚而控制了吴王的思想,所以去进献美女,他们一定会接受的。希望大王挑选两个美女去献给他们。"越王说:"好!"于是就派相面的人到国内寻觅,得到了苎萝山上的卖柴女,名叫西施、郑旦。接着就用绫罗绉纱打扮她们,教给她们美容的方法与走路的姿势,让她们在土城练习,到国都的里巷去参观学习。三年学下来她们已经能适应了,就将她们献给吴王。于是就派相国范蠡前去进献说:"越王勾践私下有两个上天恩赐的女子。越国地势低下、君臣困厄,不敢让她们居留。所以慎重地派我范蠡把她们献给大王。如果大王不觉得她们长得丑陋难看,请大王收留下来给您作妻妾吧。"吴王十分高兴,说:"越国进献两个女子,这就是勾践尽忠于吴国的明证啊。"伍子胥劝谏说:"不行。大王别接受。我听说:'各种色彩会使人眼瞎,各种音乐会使人耳聋。'从前夏桀轻视了商汤便灭亡了,商纣王轻视了周文王也就灭亡了。大王如果接受这两个美女,以后一定会有祸殃。我听说越王白天书写办公不知疲倦,夜晚诵读典籍常常通宵,而且还聚集了不怕死的勇士几万名,这个人如果不死,就一定能实现他的愿望。越王奉行诚信、实施仁政,听从劝告、进用贤人,这个人如果不死,就一定能成就他的名声。越王夏天披着毛皮大衣,冬天穿着葛布衣,这个人如果不死,一定会成为我们的仇敌。我听说:'贤士,是国家的宝物;美女,是国家的灾祸。'夏桀因为妹喜而灭亡了,商纣王因为妲己而灭亡了,周幽王因为褒姒而灭亡了。"吴王不听子胥的话,就接受了越国的美女。越王说:"这第三种办法真好啊!"

【原文】

  9.9 十三年,越王谓大夫种曰:"孤蒙子之术,所图者吉,未尝有不合也。今欲复谋吴,奈何?"种曰:"君王自陈:'越国微鄙,年谷不登,愿王请籴,以入其意①。'天若弃吴,必许王矣。"

  越乃使大夫种使吴,因宰嚭求见吴王,辞曰:"越国洿下,水旱不调,年谷不登,人民饥乏,道荐饥馁②,愿从大王请籴,来岁即复太仓③。惟大王救其穷窘。"

  吴王曰:"越王信诚守道,不怀二心④,今穷归愬,吾岂爱惜财宝、夺其所愿⑤?"

  子胥谏曰:"不可!非吴有越,越必有吴。吉往则凶来。是养生寇而破国家者也。与之不为亲,不与未成冤⑥。且越有圣臣范蠡,勇以善谋,将有修饰攻战,以伺吾间⑦。观越王之使使来请籴者,非国贫民困而请籴也,以入吾国伺吾王间也。"

  吴王曰:"寡人卑服越王而有其众,怀其社稷以愧勾践。勾践气服⑧,为驾车⑨,却行马前⑩,诸侯莫不闻知。今吾使之归国奉其宗庙、复其社稷,岂敢有反吾之心乎?"

子胥曰:"臣闻:'士穷非难抑心下人,其后有激人之色⑪。'臣闻越王饥饿,民之困穷,可因而破也。今不用天之道、顺地之理⑫,而反输之食,固君之命,狐、雉之相戏也。夫狐卑体,而雉信之,故狐得其志而雉必死。可不慎哉?"

吴王曰:"勾践国忧,而寡人给之以粟。恩往义来,其德昭昭,亦何忧乎?"

子胥曰:"臣闻:'狼子有野心,仇雠之人不可亲。'夫虎不可餧以食⑬,蝮蛇不恣其意。今大王捐国家之福以饶无益之雠,弃忠臣之言而顺敌人之欲。臣必见越之破吴,豸、鹿游于姑胥之台⑭,荆、榛蔓于宫阙⑮。愿王览武王伐纣之事也⑯。"

太宰嚭从旁对曰:"武王非纣王臣也?率诸侯以伐其君,虽胜殷,谓义乎?"

子胥曰:"武王即成其名矣。"

太宰嚭曰:"亲戮主以为名,吾不忍也。"

子胥曰:"盗国者封侯,盗金者诛。令使武王失其理,则周何为三家之表⑰?"

太宰嚭曰:"子胥为人臣,徒欲干君之好、咈君之心以自称满⑱,君何不知过乎?"

子胥曰:"太宰嚭固欲以求其亲,前纵石室之囚⑲,受其宝女之遗⑳,外交敌国,内惑于君㉑。大王察之,无为群小所侮。今大王譬若浴婴儿,虽啼,无听宰嚭之言。"

吴王曰:"宰嚭是。子无乃闻寡人言㉒,非忠臣之道,类于佞谀之人。"

太宰嚭曰:"臣闻:'邻国有急,千里驰救。'是乃王者封亡国之后、五霸辅绝灭之末者也㉓。"

吴王乃与越粟万石而令之曰:"寡人逆群臣之议而输于越,年丰而归寡人。"

大夫种曰:"臣奉使返越,岁登诚还吴贷。"

大夫种归越,越国群臣皆称"万岁"。即以粟赏赐群臣,及于万民㉔。

注释

①《广雅·释诂》:"入,得也。"入其意:等于说"得其意",就是"使其得意",让其如愿以偿而感到满意。

②《左传·襄公四年》"戎狄荐居"注:"荐,聚也。"

③太仓:京城储粮的大仓。

④二心:二条心,有异心。不怀二心:指一心一意,尽忠不渝。

⑤夺:使……丧失。

⑥冤(yuàn 怨):通"怨",怨恨,仇恨。

⑦间(jiàn 见):间隙,空子。

⑧气服:服气,由衷地屈服。

⑨驾:把车套在马身上。

⑩却行:倒退着走,表示极其恭敬。《战国策·燕三》:"太子跪而逢迎,却行为道。"即其义。却行马前:据说勾践曾为夫差的马前卒。《国语·越语上》:"勾践……然后卑事夫差,宦士三百人于吴,其身亲为夫差前马。"韦注:"前马,前驱在马前也。"

⑪激:阻遏水势,此指阻遏(别人的)气势。

⑫用:《方言》卷六:"用,行也。"天道:见7.2注㉘。

⑬餧(wèi 喂):同"喂"。

⑭豸:徐天祜说:"虫无足曰豸。疑当作'豕'。"觉按:"豕"为家畜,此不当作"豕"。《尔雅·释虫》所谓"无足谓之豸",是指无足的动物,即蛇、蚯蚓之类,于此文也通。而《说文》云:"豸,兽长脊行豸豸然,欲有所司杀形,凡豸之属皆从豸。"从"豸"的有"豹"、"貙"、"貋"、"豺"、"貂"、"貉"、"貛"等,可见"豸"原来当泛指野兽而言,于此文更相合。

⑮荆:灌木名。榛(zhēn 贞):木名。灌木或小乔木,果实叫榛子。

⑯武王伐纣:《史记·殷本纪》:"周武王于是遂率诸侯伐纣。纣亦发兵,距之牧野。甲子日,纣兵败,纣走入,登鹿台,衣其宝玉衣,赴火而死。周武王遂斩纣头,县之白旗。杀妲己,释箕子之囚,封比干之墓,表商容之间,封纣子武庚禄父,以续殷祀。"

⑰三家之表:即"表三家"。徐天祜说:"意谓释箕子之囚,封比干之墓,表商容之间也。"

⑱徒:只。干:冒犯,抵触。咈(fú 弗):违背。满:《吕氏春秋·贵信》"则百事不满也"注:"满,犹成。"即圆满成功的意思。

⑲石室之囚:指勾践、范蠡等,见7.6、7.7。

⑳遗(wèi):赠送。这里用作名词,指赠送之物。据《国语·越语上》,越国曾"饰美女八人纳之太宰嚭"。

㉑惑于君：即"惑君"。"于"是动宾之间的助词，参见拙著《韩非子全译》36.2注③。

㉒乃：犹"能"，参见《古书虚字集释》。

㉓王者封亡国之后：如商汤封夏之后(见《史记·夏本纪》)，周武王封商纣王子禄父于殷(见《史记·周本纪》)。五霸：见7.2注⑯。绝灭之末：与"亡国之后"义同。

㉔《国语·越语下》载勾践在此年召范蠡谋吴，此文不载，可参见。

【今译】

十三年(公元前484年)，越王对大夫文种说："我接受了你的策略，所图谋的事情都吉利，还从来没有不圆满的。现在想再次谋取吴国，该怎么办？"文种说："大王可以主动地向吴王诉说：'越国微小鄙陋，庄稼不成熟，希望大王让我买些粮食，以此来满足我的心愿。'上天如果舍弃吴国，吴王就一定会答应大王的。"

越王就派大夫文种出使吴国，通过太宰嚭求见吴王，说道："越国地势低下，雨水和干旱不协调，庄稼不成熟，人民饥饿困乏，路上聚集着饥饿的人，希望能向大王请求买些粮食，明年立即还给贵国国库。希望大王对我们的困厄进行援救。"

吴王说："越王真诚老实，坚守道义，对我不怀异心，现在陷于困境而来诉说他的苦衷，我难道能吝惜财物而使他的愿望落空？"

子胥劝谏说："不行！不是吴国占有越国，那么越国一定会占有吴国。吉利跑到了越国，那么不幸就会来到吴国。这卖粮的事是养活敌寇而使自己的国家破亡的事啊。把粮食给他们也不能算是亲近，不给他们也不会造成怨恨。再说，越国有圣明的臣子范蠡，勇敢而且善于谋划，他将对他们的进攻有所掩饰，因此用买粮作为借口来侦察我们的漏洞。我看越王派使者前来请求买粮，并非是因为国家贫穷人民困厄而来恳求买粮，而是以此为借口进入我国来探测我们大王的失误啊。"

吴王说："我使越王低头屈服而占有了他的人民，拥有了他的国家从而使勾践惭愧万分。勾践由衷地屈服了，给我准备车马，在我马前倒退着走给我开路，各国诸侯没有不知道的。现在我让他回国供奉他的祖宗庙宇、恢复他的土地神谷神，他怎么敢有背叛我的念头呢？"

子胥说:"我听说:'士人走投无路了就不难做到抑制自己的思想感情而向别人低三下四,到那后来就会有盛气凌人的脸色。'我听说越王挨饿,民众穷困,那就可以趁此机会攻破他。现在不遵行天神的意志,不顺从地祇的法则,却反而给他们输送粮食,这本来就是您的命运,是狐狸与野鸡的互相戏弄吧。那狐狸压低了自己的身体,因而野鸡相信了它,所以狐狸达到了目的而野鸡必死。这样的事能不小心吗?"

吴王说:"勾践为自己的国家担忧,而我供给他粮食。恩惠送过去了,义气就会随之而来,我的德行光明卓著,还担忧什么呢?"

子胥说:"我听说:'狼崽子有着野兽凶残的本性,敌对的人不可以亲近。'那老虎不可以用食物去喂养,蝮蛇不能让它任意活动。现在大王抛弃了国家的幸福,去让对自己毫无好处的仇敌富足起来;抛弃了忠臣的意见,而去顺从敌人的欲望。我一定会看见越国攻破吴国,蛇、鹿等动物在姑苏台上活动,荆棘、榛树在王宫中丛生蔓延。希望大王看看周武王攻打商纣王的事情吧。"

太宰嚭在旁边接嘴说:"周武王不是商纣王的臣子吗?他竟然率领了诸侯去讨伐自己的君主,虽然战胜了商纣王,能说他合乎道义吗?"

子胥说:"但周武王就此成就了他的名声啦。"

太宰嚭说:"他凭借亲手斩杀君主的手段来成名,我是不能容忍他的。"

子胥说:"窃取国家政权的人才会被封为诸侯,窃取金银财宝的人才会被惩处。假如武王不懂道义,那么周王朝为什么要表彰箕子、比干、商容这三个人呢?"

太宰嚭说:"子胥做臣子,只是想抵制君主的爱好、违背君主的心意而自己说自己的主张会圆满成功,真是这样,君主为什么不明白自己的过失呢?"

子胥说:"太宰嚭本来就想借此机会求得越王的亲爱,他过去放掉了石洞中的囚犯,接受了越国赠送的财宝美女,对外和敌国结交,在内迷惑君主。请大王明察这些情况,不要被您身边的小人玩弄了。现在大王好比给婴儿洗澡一样,那小孩就是啼哭叫喊,您也不要听信太宰嚭的话。"

吴王说:"太宰嚭是对的。你不能听我的话,这不是忠臣的做法,而类似于巧言谄谀的人。"

太宰嚭说:"我听说:'邻国有了紧急的事,就要日行千里赶去解救。'这就是称王天下的人要分封亡国者的后代、五霸要辅助被消灭者的后裔的原因啊。"

吴王于是就给了越国上万石的谷子而命令文种说:"我顶住了君臣的议论而把粮食输送给了越国,年成丰收了就得还给我。"

大夫文种说:"我接受使命而回到越国,年成如果丰收了,肯定马上归还吴国借出的粮食。"

大夫文种回到越国,越国群臣都高呼"万岁"。于是就把谷子赏给群臣,还一直分发到万民手中。

【原文】

9.10 二年,越王粟稔①,拣择精粟而蒸,还于吴,复还斗斛之数②,亦使大夫种归之吴王。王得越粟,长太息,谓太宰嚭曰:"越地肥沃,其种甚嘉,可留使吾民植之。"于是吴种越粟,粟种杀而无生者,吴民大饥。越王曰:"彼以穷居③,其可攻也。"大夫种曰:"未可。国始贫耳,忠臣尚在④,天气未见⑤,须俟其时。"

【注释】

①稔(rěn 忍):庄稼成熟。

②斛(hú 胡):古代容量单位,十斗为一斛。

③以:通"已"。

④忠臣:指子胥(参见10.1)。据《左传·哀公十一年》及《国语·越语下》,此年(勾践十四年)子胥已死,与此不同。本书5.19记子胥死于夫差十三年,尚可与此文圆通。

⑤天气:见4.2注⑥。见(xiàn 现):同"现"。

【今译】

第二年(公元前483年),越国谷子丰收,于是就挑选了上等的谷子把它们蒸熟,然后才去还给吴国,也还给同样的斗数,同样派大夫文种去把它们还给吴王。吴王得到越国的谷子,长长地叹了口气,对太宰嚭说："越国的土地肥沃，他们的品种很好，可以留下来让我们的人民去种植它。"于是吴国就种植越国的谷子，谷子种下去全都烂死了，没有一颗发芽的，吴国人因而大闹饥荒。越王说："他们已经处于困境，该可以进攻了吧。"大夫文种说："还不行。他们的国家不过是刚刚开始贫困而已，忠臣还健在，天地的气数还没有露出苗头，还需要等待那时机。"

【原文】

9.11　越王又问相国范蠡曰："孤有报复之谋，水战则乘舟，陆行则乘舆。舆、舟之利，顿于兵弩①。今子为寡人谋事，莫不谬者乎？"范蠡对曰："臣闻古之圣君莫不习战用兵，然行阵、队伍、军鼓之事②，吉凶决在其工③。今闻越有处女出于南林④，国人称善。愿王请之，立可见。"越王乃使使聘之，问以剑戟之术。

处女将北见于王，道逢一翁，自称曰袁公，问于处女："吾闻子善剑，愿一见之。"女曰："妾不敢有所隐，惟公试之。"于是袁公即拔箖箊竹⑤，竹枝上枯槁⑥，末折堕地⑦，女即捷末⑧。袁公操其本而刺处女。处女应即入之，三入，因举杖击袁公⑨。袁公即飞上树⑩，变为白猿。遂别去，见越王。

越王问曰："夫剑之道则如之何？"女曰："妾生深林之中，长于无人之野，无道不习⑪，不达诸侯。窃好击之道，诵之不休。妾非受于人也，而忽自有之。"越王曰："其道如何？"女曰："其道甚微而易⑫，其意甚幽而深。道有门户⑬，亦有阴阳⑭。开门闭户，阴衰阳兴。凡手战之道：内实精神，外示安仪；见之似好妇，夺之似惧虎；布形候气⑮，与神俱往；杳之若日，偏如滕兔⑯；追形逐影，光若佛彷；呼吸往来，不及法禁；纵横逆顺，直复不闻。斯道者，一人当百，百人当万。王欲试之，其验即见⑰。"越王大悦⑱，即加女号，号曰"越女"。乃命五校之队长、高才习之以教军士⑲。当此之时皆称越女之剑⑳。

【注释】

①顿：通"钝"，不锋利。此指不便利。

②行(háng 杭)阵：军队的行列队形。队伍：军队的组织编制。《淮南子·道应训》"襄子疏队而击之"注："队，军二百人为一队。"《周礼·夏官序》："五人

为伍。"

③工：《仪礼·燕礼》"席工于西阶上"注："凡执技艺者称工。"此文指具有一技之长的人才。

④处女：未出嫁的女子。南林：徐天祜说："《越旧经》：'南林，在山阴县南。'"

⑤拔：四部丛刊本作"杖"，据《北堂书钞》卷一百二十二引文改。篰簬(lín yū 林迂)：竹名。《文选·吴都赋》"其竹则篔筜篰簬"注："篰簬是袁公所与越女试剑竹者也。"

⑥枯槁：四部丛刊本作"頡橋"，据《艺文类聚》卷九十五引文改。

⑦末：四部丛刊本作"未"，据四库全书改。折：四部丛刊本无此字，据《艺文类聚》卷九十五引文补。

⑧《淮南子·兵略训》"百族之子捷捽招杼船"注："捷，疾取也。"

⑨四部丛刊本无"袁公操其本而刺处女处女应即入之三入因举杖击袁公"23字，据《艺文类聚》卷九十五引文补。即：通"节"（節）。"应节"就是应合节奏，即趁势的意思。不过，"应即"也可解为"当即"、"立即"。《三国志·吴志·朱桓传》："桓督诸将周旋赴讨，应皆平定。""应"就是当即、立即的意思。入：纳。杖：棍状物叫"杖"，此指处女手中的竹梢。

⑩即：四部丛刊本作"则"，据《太平御览》卷三百四十三引文改。

⑪道：由。无道：无从。不：语助词，无实义，参见《古书虚字集释》。

⑫易：四部丛刊本作"昜"，据四库全书本改。

⑬门户：参见4.2注⑮。此文"门"指大道，即正确重要的途径；"户"指小道。即歪门邪道。

⑭阴阳：见8.8注⑭。

⑮候：视，观测。候气：是指看体气的情况而定。

⑯偏：通"媥"，与"翩"同源。《说文》："媥，轻貌。"滕：徐天祜说："'滕'当作'腾'。"

⑰见(xiàn 现)：同"现"。

⑱四部丛刊本无"大悦"二字，据《太平御览》卷三百四十三引文补。

⑲五校之队长高才习之以教：四部丛刊本作"五板之堕长高习之教"，据《太平御览》卷三百四十三引文改。校：军营，又指军队之一部。五校：泛指各支军队。队：见注②。

⑳当此之时皆称：四部丛刊本作"当世胜"，据《太平御览》卷三百四十三引文改。

【今译】

越王又问相国范蠡说："我有报复吴国的谋略，如果是水战，就乘船;如果是在陆地上行军,就乘车。但车、船的便利,比不上兵器弓弩。现在您给我策划战事,没有不谬误的吗?"范蠡回答说:"我听说古代的圣明君主都熟悉攻战、善于用兵,但是军队的行列队形、军队的组织编制、军队中的战鼓等具体的事情,吉利与不吉利取决于那具有特长的人才。现在我听说越国有个处女出生于南林,国内的人都称道她武艺高超。希望大王去请教她,那就立即可以让她来见您。"越王就派使者去聘请她,向她请教使用剑戟的方法。

处女将到北面朝见越王,在路上碰到一个老头,自己说名叫袁公,他问处女说:"我听说你善于舞剑,希望能看一下。"处女说:"小女不敢有所隐瞒,请老公公试一试吧。"于是袁公就拔起一支簌簌竹。那竹枝的上部干枯了,所以竹梢断了掉到地上,处女便立即拾起那竹梢。袁公手握那竹杆来刺击处女。处女趁势让袁公前来刺击,让他刺了三下,便举起竹梢去刺击袁公。袁公立即飞跃上树,变成了一只白色的猿。处女就告别白猿走了,拜见了越王。

越王问道:"那击剑之术到底是个什么样子?"处女说:"小女出生在深山密林之中,成长于荒无人烟的野外,没有什么地方可以学习,也不与诸侯交往。我只是私下喜欢击剑之术,所以一直不停地念诵它。这击剑之术我并不是从别人那里接受来的,而是在突然之间自己获得的。"越王说:"那击剑的方法怎样?"处女说:"那方法非常微妙但很容易,那旨意则非常隐晦深奥。方法有大道小道之分,也包含着阴阳两个方面。打开那正确的门径而堵塞那歪门邪道,阴气就衰微而阳气就兴盛。大凡亲身参加作战的原则是:在体内要充足精神,在外表要显示出安稳庄重的仪表;看上去好像是个温顺的美女,但争夺时要像受惊的猛虎一般;安排自己的身体时要根据体气,要和精神同步向前;要像太阳一样高远莫测,像飞奔跳跃的兔子一样轻快敏捷;追击别人时形来影去,要使那剑光若有若无;吐气吸气来来往往,不触犯法禁;横冲直撞反攻正攻,无论是径直向前还是再次回击都不被人听见。这种剑术,可以使一个人挡住一百个人,一百个人挡住一万个人。大王如果想试一下,那效果立即会表现出来。"越王十分高兴,立即赐给处女名号,称她叫"越女"。于是就命令各支部队的队长以及能力较强的人去向越女学习剑术,然后把它教给战士。在这个时候人们都称道越女的剑术。

【原文】

9.12 于是范蠡复进善射者陈音。音,楚人也。越王请音而问曰:"孤闻子善射,道何所生?"

音曰:"臣,楚之鄙人①,尝步于射术②,未能悉知其道。"

越王曰:"然,愿子一二其辞。"

音曰:"臣闻弩生于弓③,弓生于弹④,弹起古之孝子。"

越王曰:"孝子弹者奈何⑤?"

音曰:"古者人民朴质,饥食鸟兽,渴饮雾露⑥,死则裹以白茅⑦,投于中野。孝子不忍见父母为禽兽所食,故作弹以守之,绝鸟兽之害。故古人歌曰⑧:'断竹属木⑨,飞土逐肉⑩。'遂令死者不犯鸟、狐之残也⑪。于是神农、黄帝弦木为弧⑫,剡木为矢⑬,弧矢之利以威四方。黄帝之后,楚有弧父⑭。弧父者,生于楚之荆山⑮,生不见父母。为儿之时,习用弓矢,所射无脱。以其道传于羿⑯,羿传逄蒙⑰,逄蒙传于楚琴氏。琴氏以为弓矢不足以威天下。当是之时,诸侯相伐,兵刃交错,弓矢之威不能制服。琴氏乃横弓着臂⑱,施机设郭⑲,加之以力,然后诸侯可服。琴氏传大魏,大魏传楚三侯⑳——所谓句亶、鄂、章,人号麋侯、翼侯、魏侯也㉑。自楚之三侯传至灵王㉒,自称之楚累世盖以桃弓棘矢而备邻国也㉓。自灵王之后,射道分流,百家能人用,莫得其正。臣前人受之于楚,五世于臣矣。臣虽不明其道,惟王试之。"

越王曰:"弩之状何法焉?"

陈音曰:"郭为方城㉔,守臣子也㉕。敖为人君㉖,命所起也。牙为执法㉗,守吏卒也㉘。牛为中将㉙,主内裹也。关为守御㉚,检去止也㉛。锜为侍从㉜,听人主也㉝。臂为道路,通所使也㉞。弓为将军,主重负也。弦为军师,御战士也㉟。矢为飞客,主教使也㊱。金为穿敌㊲,往不止也。卫为副使㊳,正道里也㊴。又为受教㊵,知可否也。缥为都尉㊶,执左右也。敌为百死㊷,不得骇也㊸。鸟不及飞,兽不暇走,弩之所向,无不死也。臣之愚劣,道悉如此。"

越王曰:"愿闻正射之道。"

音曰:"臣闻正射之道,道众而微。古之圣人,射弩未发而前名其所中。臣未能如古之圣人,请悉其要。夫射之道:身若戴板,头若激卵㊸;左足纵㊹,右足横;左手若附枝㊺,右手若抱儿;举弩望敌,翕心咽烟㊻;与气俱发,得其和平;神定思去,去止分离;右手发机,左手不知[48]；一身异教，岂况雄雌[49]！此正射持弩之道也。”

“愿闻望敌仪表、投分飞矢之道[50]。”

音曰：“夫射之道：从分望敌，合以参连[51]；弩有斗石[52]，矢有轻重，石取一两[53]，其数乃平；远近高下，求之铢分[54]。道要在斯，无有遗言。”

越王曰：“善！尽子之道。愿子悉以教吾国人。”

音曰：“道出于天，事在于人。人之所习，无有不神。”

于是乃使陈音教士习射于北郊之外。三月，军士皆能用弓弩之巧。

陈音死，越王伤之，葬于国西山上[55]，号其葬所曰陈音山[56]。

注释

①《荀子·非相》“期思之鄙人也”注：“鄙人，郊野之人也。”

②步：行走，引申指研究。

③弩：一种利用机械力量发射箭的弓。《说文》“弩，弓有臂者。”参见注⑱。弓：发射箭的武器。

④弹：弹弓，发射弹丸的弓。

⑤“弹”上当有“作”字。柰：通“奈”。

⑥“雾”当为连类而及之辞，参见4.31注⑩。

⑦白茅：也叫茅，多年生草本植物，其地下茎白软有节，味甜可食，入药。

⑧四部丛刊本无“古人”二字，据《北堂书钞》卷一百二十四引文补。

⑨属木：四部丛刊本作“续竹”，据《艺文类聚》卷六十引文改。“木”与“肉”押韵，古韵均属屋部。属（zhǔ 嘱）：连接。

⑩肉：四部丛刊本作“害”，据《太平御览》卷七百五十五引文改。逐肉：驱逐禽兽。

⑪遂令死者不犯鸟狐之残也：四部丛刊本作“之谓也”，据《太平御览》卷三百五十引文改。

⑫黄：四部丛刊本作“皇”，据《文选》卷三十四《七启》“魏氏发机”注引文改。《世本·作篇》：“挥（黄帝之臣）作弓。夷牟（黄帝之臣，一作牟夷）作矢。”《周易·系辞下》：“神农氏没，黄帝、尧、舜氏作。……弦木为弧，剡木为矢，弧矢之利，以威天下。”可见弓箭非创于神农之世，而始创于黄帝之时。此文连言“神农”，恐误；或者，此“神农”为连类而及之辞（参见注⑥）。神农：传说中的远古人物，相传他创制耒耜，教民农业生产；又曾尝百草，发现药材，教人治病。可见神农时代，人类已由原始的狩猎时代过渡到了农业时代。黄帝：见6.3注㉕。弦：弓弦，此文用作动词，指绷上弓弦。弧：木弓。

⑬剡(yǎn掩):削。矢:木制的箭。《急就篇》"弓弩箭矢铠兜䥐"注:"以竹曰箭,以木曰矢。"

⑭父(fǔ府):通"甫",古代在男子名字下加的美称。

⑮荆山:楚国山名,在今湖北南漳县西。

⑯羿(yì益):夏代东夷族有穷氏(位于今山东省德州市南)的部落首领,射箭能手。

⑰逢(páng宠)蒙:又作"蜂门"、"逄蒙",《荀子·王霸篇》杨注:"蜂门,学射于羿,善射。"《汉书·艺文志》兵技巧家著录《逢门射法》二篇。

⑱着:附着。臂:弩的柄。横弓着弩:见下图:

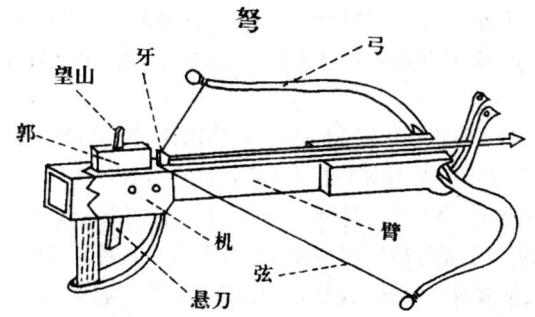

⑲郭:四部丛刊本作"枢",据《太平御览》卷三百四十八引文改。徐天祜说:"《释名》:'弩柄曰臂,钩弦曰牙,牙外曰郭,郭下有悬刀,合而名之曰机,言机巧("巧"原误为"功",据徐乃昌本改)也,亦言如门户之枢机,开阖有节。'觉按:机:弩机,弩上发箭的装置,青铜制,装在弩的木臂后,见上图。郭:是弩机的组成部分,在弩牙之后,上有望山作为瞄准器,见上图。

⑳"琴氏传大魏,大魏传楚三侯":四部丛刊本作"琴氏传之楚三侯",据《文选》卷三十四《七启》"魏氏发机"注引文改。大魏:不详。《韩诗外传》卷六:"昔者楚熊渠子夜行,见寝石以为伏虎,弯弓而射之,没金饮羽。"可见熊渠之善射。此大魏不知是否是熊渠之号。

㉑徐天祜说:"熊渠三子,长子康为句亶王,红为鄂王,少子执疵为越章王。三侯者,未僭王号时所称也。"觉按:"三侯"并非是"未僭王号时所称",而是后来去掉王号时所称。据《史记·楚世家》,周夷王时,王室衰微,熊渠强大而立三子为王。到周厉王时,厉王暴虐,熊渠怕他伐楚,就去掉了这些王号。所以此文称为侯。句亶:《史记·楚世家》《集解》:"张莹曰:'今江陵也。'"即今湖北江陵县,参见4.9注⑤。鄂:秦为鄂县,隋唐以后入武昌县,即今湖北鄂城县。章:《史记·楚世家》作"越章",并说句亶、鄂、越章"皆在江上楚蛮之地",则"越章"当为"豫章",在今汉水之东、汉口之北一带(参见4.18注②)。

㉒灵王:见2.8注②。

㉓卢文弨说:"'之楚'疑倒。"累世:历代。从三侯至灵王共三百馀年,熊渠死后,在位者依次为:熊红(渠之中子)、熊延(红之弟)、熊勇(延之子)、熊严(勇之弟)、熊霜(严之子)、熊徇(霜之弟), 熊咢(徇之子)、若敖熊仪(咢之子)、霄敖熊坎(仪之子)、蚡冒熊眴(坎之子)、武王熊通(眴之弟)、文王熊赀(通之子)、杜敖熊囏(赀之子)、成王熊恽(囏之弟)、穆王商臣(恽之子)、庄王侣(商臣之子)、共王审(侣之子)、康王招(审之子)、郏敖员(招之子)、灵王围(招之弟)。盖:句中语助词,参见《古书虚字集释》。徐天祜说:"楚右尹子革曰:'唯是桃弧棘矢以共御王事。'"觉按:子革的话见《左传·昭公十二年》,是在楚灵王十一年(公元前530年)时说的,但他并没有说楚国历代以弓矢备邻国,而只是说熊绎(楚国始封之君,当周成王时)以桃弧棘矢共御王事。此文所述,恐为误解了子革之言所致,并不符合史实。

㉔郭:见注⑲。郭的形制象方形的外城,所以说"郭为方城"。

㉕弩郭围在弩牙之后,弩牙是执法之臣(见下),所以说郭"守臣子"。

㉖敖:四部丛刊本作"教",据《太平御览》卷三百四十八引文改。敖:同"鏊",当指"悬刀",即扳机,是弩郭下用来钩动弩牙的发箭机件。只要悬刀一扳动,弩牙就下缩放弦,箭就射出。所以说它是"人君",是"命所起也"。

㉗牙:弩牙,弩上钩住弓弦的机件。它受制于悬刀,所以说它是"执法"。

㉘守:掌管。吏:官,此指下文之"军师"。卒:战士。下文说:"弦为军师,御战士也。"而弩牙是控制弦的,所以说它"守吏卒"。

㉙牛:指牛筋,附着于弓内以增强韧性。

㉚关:古代的器械,往往同时设置机、关,机用来发射,关用来关闭。此"关"当指弩机上的制动装置,是卡住弩牙的部件。守御:抵挡,阻止。

㉛检:约束,限制。去止:离开与停止,指箭的发射与不发射。

㉜锜(yǐ倚):放置弩的架子。《文选·西京赋》:"武库禁兵,设在兰锜。"薛综注:"锜,架也。"李善注:"刘逵《魏都赋》注曰:'受他兵曰兰,受弩曰锜,音蚁。'"锜是承托弩的,所以说它是侍从。

㉝人主:喻指弩。

㉞所使:被驱使的东西,指箭。弩臂实是安放箭的轨道(见上图),所以说它是"道路",是"通所使也"。

㉟御:驾驭,控制。战士:比喻箭。"军师"即监军,掌监统军队及其刑法之事,所以说他"御战士"。

㊱教:即上文"命所起"之"命"。《文选·教》注引蔡邕《独断》:"诸侯言曰教。"《淮南子·主术训》"而行不言之教"注:"教,令也。"此喻指"人君"似的悬刀所发出的"命"。使:即上文"通所使"之"使"。此"教"、"使"都用作被动词。

㊲金:金属之器,此指金属制的箭头,即镞。穿:四部丛刊本作"實",据《太平御览》卷三百四十八引文改。按"實"或为"貫"字之误,所以《太平御览》作"穿"。

㊳卫:箭尾部的羽毛。《释名·释兵》:"矢,……其旁曰羽,……齐人曰卫。"副使:使臣中正使的助手属官为副使。卫是箭的附属部分,帮助箭向前飞行,所以说是副使。

㊴里:乡里。此文"道里"连言,"里"当为连类而及之词(参见注⑫)。四库全书本作"理",恐不当。道里:仅表示"道",即道路,指箭前行的轨道。

㊵又:当作"叉",形近而误。叉:即箭末尾的叉状物,用来防止箭尾滑脱于弦。《释名·释兵》:"矢……其末曰栝(箭末端扣弦之处)。栝,会也,与弦会也。栝旁曰叉,形似叉也。"毕沅:"栝之有叉,所以筑弦也。"上文说箭"主教使",所以这箭尾也"受教"。

㊶缥:当作"柎"(fǔ府),音近而误("柎"古属滂母、侯部、上声,"缥"古属滂母、宵部、上声)。柎即弓把的中部,所以说它"执左右"。都尉:官名,战国时将军的属官称都尉,亦称军尉,辅佐武事。

㊷敌(敵):当作"镝",镝即箭头。《释名·释兵》:"镝,敌也,言可以御敌也。"

㊸骇:《战国策·宋策》"而国人大骇"注:"骇,乱也。"《吕氏春秋·审应》注:"骇,扰也。"即扰乱的意思。

㊹激夘:未详,疑当作"激卬",形近而误。《汉书·王章传》"不自激卬",又《扬雄传·解嘲》"激卬万乘之主",皆"激卬"连用之证。激卬,即"激昂",激动昂扬的样子。

㊺足纵:四部丛刊本作"蹸",据《太平御览》卷三百四十八引文改。

㊻附:依附,指握着。

㊼翕(xī 希):《方言》:"翕,聚也。"咽(yàn 晏):通"嚥",吞。烟:积聚的气体。咽烟:吞气,指不呼气,屏气。

㊽这是形容握弓的左手十分稳定。

㊾岂况:何况。雄雌:雄性与雌性,指不是同一身。

㊿仪表:外貌动态,举止动静。分(fèn 奋):《文选·金谷集作诗》"投分寄石友"注:"阮瑀为魏武与刘备书曰:'披怀解带,投分托意。'分,犹志也。"即志向。投分:投合志向。此文指根据自己的目的意向。

○51参(sān 三)连:古代五种射法之一。《周礼·地官·保氏》"三曰五射"注:"五射:白矢、参连、剡注、襄尺、井仪也。"疏:"云参连者,前放一矢,后三矢连续而去也。"

○52斗石:古时用来计算弓弩拉力的单位。《宋史·兵志四》:"凡募弓箭手……不以等样,第募有保任、年十七已上、弓射七斗、任负带者。"《商君书·外内》：" 以此遇敌，是以百石之弩射飘叶也。"即其例。至于其具体数量则不详。《吴郡志》卷二："吴俗以斗数鱼，今以二斤半为一斗。"与《宋史》所述之事不合，不可用来解释此文。此文之"斗"似当为 12 斤或 15 斤，"石"当为 120 斤。此文"斗"指弓弱，"石"指弓强。

㊣两：重量单位。古代十六两为一斤。

㊣铢(zhū 珠)分：古代重量单位。《淮南子·天文训》："十二粟而当一分，十二分而当一铢，十二铢而当半两。"可见古代铢为 1/24 两，分为 1/12 铢。

㊣四部丛刊本无"山上"二字，据《水经注·浙江水》引文补。

㊣陈音山：徐天祐说："在山阴县西南四里，《寰宇记》曰：'属上虞县。'非也。" 觉按：《越绝书·外传记地传》说陈音山去县五里。

【今译】

在这个时候范蠡又推荐了善于射箭的人陈音。陈音，是楚国人。越王请来了陈音而问他说："我听说您善于射箭，您的知识是从什么地方得到的？"

陈音说："我是楚国的乡下人，曾经钻研过射箭的技术，但还没有能全部了解它的知识。"

越王说："即使这样，我还是希望您简略地讲一讲。"

陈音说："我听说弩是从弓衍生而来的，弓是从弹弓衍生而来的，弹弓是古代的孝子创造的。"

越王说："孝子制作弹弓的原因是什么？"

陈音说："古时候人民朴实，饥饿了就吃禽鸟野兽，干渴了就喝露水，死了就用白茅包起来，抛在田野中。孝子不忍心看到父母的尸体被禽兽吃掉，所以制造了弹弓去守护父母的尸体，以杜绝飞鸟野兽的侵害。所以古代的人唱道：'截断竹子接上木，飞射土丸赶鸟狐。'这样就使死人不再遭到飞鸟、狐狸的残害了。在这以后，黄帝把弓弦绷在木材上制成木弓，又砍削木材制成箭，凭借着木弓和箭的便利而使天下的人都感到害怕。黄帝之后，楚国出了个弧父。弧父这个人，出生于楚国的荆山，生下来就没有见到父母。他还是小孩的时候，就能熟练地使用弓箭，他要射的禽兽没有能逃脱的。他把自己的射箭技术传授给了羿，羿传授给了逄蒙，逄蒙传授给了楚国的琴氏。琴氏认为弓箭还不能够用来威慑天下的人。在这个时候，诸侯各国互相攻打，兵器的锋刃交接杂错，弓箭的威力已不能制服对方。琴氏就把弓横过来附在木臂上,加上了发箭的机关,设置了望山来瞄准,给原有的弓增加了发射的力量,然后诸侯才能制服。琴氏把这射术传给了大魏,大魏又传给了楚国的三个王侯——就是所谓的句亶王、鄂王、章王,后来人们称之为麋侯、翼侯、魏侯。从楚国的三个王侯传到楚灵王,自称楚国历代都用桃木做成的弓、棘树做成的箭来防备邻国。从楚灵王之后,射箭的技术分成了各个流派,各派有才能的人都使用弓箭,但没有谁能掌握它的正确原则。我的祖先在楚国学习这种技术,到我已经五代了。我虽然不明白那弓弩的一番道理,还是希望大王来考考我。"

越王说:"弩的形状效法什么呢?"

陈音说:"弩郭好像是方形的外城,是用来守卫臣子的。扳机好像是君主,是命令产生的地方。弩牙好像是执行法令的,是掌管官吏士兵的。牛筋好像是中将,主管弓杆内的包扎。关是制动的装置,控制箭的去留。锜架好像是侍从,是听从君主的。弩臂是道路,是被驱使的箭通过的地方。弩弓好像是将军,主持那沉重的负荷。弓弦好像是军师,用来掌驭战士般的箭。箭好比是飞奔向前的侠客,主管接受命令而被驱使。箭镞是用来穿透敌人的,它勇往直前而不停止。箭尾的丫叉是用来接受命令的,它知道箭是否可以发射。弓把好像是都尉,它控制着弓的左右两边。箭头是百发百中的,不可能被扰乱。禽鸟来不及飞掉,野兽来不及逃跑,弩瞄准的东西,没有不死的。我愚笨低能,把懂得的道理全部说出来就是这样。"

越王说:"希望再听听正确的射箭方法。"

陈音说:"我听说过正确的射箭方法,那技术复杂而且微妙。古代的圣人,在那弓弩还没有发射的时候就能预言他要射中的东西。我还不能像古代的圣人那样,请让我先把那射法的要领全都说一下吧。那射箭的方法是:身体要像穿上了木板一样挺直,头要像激动昂扬的样子;左脚竖直向前,右脚横着在后;左手伸直就像握着树枝,右手弯曲就像抱着婴儿;举起弓弩瞄准敌人,聚精会神屏住呼吸;箭要和自己的气息一起发出去,使箭得到那气息的温和平静;精神要稳定、杂念要除去,箭的去留要分清;右手扳动扳机的时候,左手一点儿也不知道;一个人身体上的各个部位都奉行不同的使令,更何况是两个人以上!这就是正确地发射以及操持弩弓的方法啊。"

越王说:"希望再听听瞭望敌人的动静、根据自己的目的意向来射箭的方法。"

陈音说："那射箭的方法是：根据自己的目的意向来瞭望侦察敌情，两军交锋时使用连发三箭之法；弩有弱有强，箭有轻有重，拉力达一百二十斤的弓采用重一两的箭，它们的比例才适当；至于要射的目标有远近高低之别，那就再寻找只相差几铢几分的箭来加以调节。射法的要领都在这里了，我没有保留一句话。"

越王说："您毫无保留地介绍了您的知识，真棒！希望您把它们全部教给我国的人民。"

陈音说："知识产生于客观事物之中，事情的成败取决于人的努力。人反复练出来的技术，没有不神奇的。"

于是越王就派陈音在北郊之外教士兵练习射箭。三个月后，战士都掌握了使用弓弩的技巧。

陈音死了，越王哀悼他，把他安葬在国都西边的山上，并把他埋葬的地方题名叫陈音山。

吴越春秋勾践伐吴外传第十

【题解】

"外"字参见第四篇题解。勾践伐吴外传,就是勾践攻打吴国的传记。它主要记述了勾践十五年以后出兵灭吴的事迹,同时也记载了勾践灭吴以后的事,直至越国灭亡为止。当然,由于本书的主题是"吴越春秋",所以本篇仍侧重于写春秋时期越国争强的史事。对于勾践死后的事情或与吴、越关系不大的事情,本篇就写得极为简略。如果我们将本篇与《史记·越王勾践世家》一对照,这一点尤为明显。如《史记》以大量笔墨去叙述战国时越王无强与中国争强以及范蠡出走以后的种种事迹,本篇均略而不书。而本篇对勾践时的事迹记载,则远比《史记》丰富,它不仅搜罗了《左传》《国语》中的材料,还补充了不少传闻异说。虽然本书记载不很谨严,年代、史实多有舛误,但它描述得具体详尽,所以还是具有一定的史料价值。

本篇从"谋伐吴"入笔,先交代了勾以往所作的战争准备,如繁殖人口、争取民心等等。接着便写勾践进行战争动员以及初战告捷的情况。然后再详写勾践咨询申包胥及八大夫,告诫国人、夫人、大夫,向车士三令五申以严明法令等事迹,具体地揭示了勾践所作的充分准备,这实际上也就是在向读者揭示勾践克敌胜吴的战争经验。所以这些笔墨虽多,有些地方甚至给人以重复感,但实际上并非败笔。接着写胜敌灭吴,与《夫差内传》互有详略,颇具匠心。至于灭吴以后的庆功作乐,范蠡退隐,文种被诛等等,也写得有声有色,完全是一种文学的笔调了。至于文中子胥显灵、孔子献乐、迁葬元常等等,更非史家之实录，而纯为小说家之言了。另外，文中保存的诗歌也颇具特色。如"离别相去之词"既悲又壮，颇具楚辞韵味。《河梁之诗》虽偶带"兮"字，但句句押韵而整炼畅达，也充分体现了楚辞向七言诗过渡时期的风貌，在文学史上值得大书一笔。

【原文】

10.1　勾践十五年，谋伐吴①，谓大夫种曰："孤用夫子之策，免于天虐之诛②，还归于国。吾诚已说于国人③，国人喜悦。而子昔日云：'有天气即来陈之④。'今岂有应乎？"

种曰："吴之所以强者，为有子胥。今伍子胥忠谏而死，是天气前见亡国之证也⑤。愿君悉心尽意以说国人。"

越王曰："听孤说国人之辞：'寡人不知其力之不足以大国报雠⑥，以暴露百姓之骨于中原⑦，此则寡人之罪也。寡人诚更其术。'于是乃葬死问伤，吊有忧，贺有喜，送往迎来，除民所害。然后卑事夫差，往宦士三百人于吴⑧。吴封孤数百里之地⑨，因约其父母昆弟而誓之曰⑩：'寡人闻古之贤君，四方之民归之若水⑪。寡人不能为政，将率二三子夫妇以蕃⑫。'令壮者无娶老妻，老者无娶壮妇。女子十七未嫁，其父母有罪；丈夫二十不娶，其父母有罪⑬。将免者以告于孤⑭，令医守之。生男二，贶之以壶酒、一犬⑮；生女二，赐以壶酒、一豚⑯。生子三人⑰，孤以乳母⑱；生子二人，孤与一养⑲。长子死，三年释吾政⑳；季子死，三月释吾政。必哭泣葬埋之，如吾子也。令孤子、寡妇、疾疹、贫病者㉑，纳官其子。欲仕，量其居，好其衣，饱其食，而简锐之义㉒。四方之士来者，必朝而礼之。载饭与羹以游国中㉓，国中僮子游而遇孤㉔，孤铺而啜之㉕，施以爱，问其名㉖。非孤饭不食，非夫人事不衣㉗。七年不收㉘，国民家有三年之畜㉙。男即歌乐，女即会笑。今国之父兄日请于孤曰：'昔夫差辱吾君王于诸侯，长为天下所耻。今越国富饶，君王节俭，请可报耻。'孤辞之曰：'昔者我辱也，非二三子之罪也。如寡人者，何敢劳吾国之人以塞吾之宿雠㉚？'父兄又复请曰：'越四封之内㉛，尽吾君子。子报父仇，臣复君隙，岂敢有不尽力者乎？臣请复战，以除君王之宿雠。'孤悦而许之。"

大夫种曰："臣观吴王得志于齐、晋，谓当遂涉吾地，以兵临境。今疲师休卒㉜，一年而不试，以忘于我㉝。我不可以怠。臣当卜之于天㉞。

吴民既疲于军、困于战斗,市无赤米之积,国廪空虚,其民必有移徙之心,寒就蒲、赢于东海之滨㉟。夫占兆㊱,人事又见于卜筮㊲。王若起师,以可会之利㊳,犯吴之边鄙,未可往也㊴。吴王虽无伐我之心,亦难动之以怒㊵,不如诤其间以知其意㊶。"

越王曰:"孤不欲有征伐之心,国人请战者三年矣,吾不得不从民人之欲。今闻大夫种谏难。"

越父兄又谏曰:"吴可伐。胜则灭其国,不胜则困其兵。吴国有成㊷,王与之盟。功名闻于诸侯。"

王曰:"善。"于是乃大会群臣而令之曰:"有敢谏伐吴者,罪不赦。"

蠡、种相谓曰:"吾谏已不合矣。然犹听君王之令。"

注释

①徐天祜说:"按:勾践七年归自吴,既反国,四年即与范蠡谋伐吴,自兹四年间必谋之,蠡皆以为未可。《国语》记之稍详,至是始伐吴。《左传》见于哀公十三年,正勾践十五年也。"觉按:参见《国语·越语下》。

②天虐:天灾,天神降下的灾祸。当时的人认为国之存亡、君之祸福取决于天神的意志,如7.2所载文种、范蠡之言说:天道福佑文王,因而否极泰来;而越王之危,也是"天道之数"。5.27所载文种之书曰:"昔吴以越赐吴,吴不肯受,是天所反。"《韩非子·内储说下》载范蠡、文种之言曰:"昔天以越与吴,吴不受,今天反夫差,亦天祸也。"此文所谓"天虐之诛",即指"天以越与吴"的"天祸"。

③说:徐天祜说:"音税,下同。"即读为 shuì(税),表示劝说的意思。但《国语·越语上》"勾践说于国人"注:"说,解也。"则仍读为 shuō。两说均通。

④天气:天命气数,上天安排的运数。

⑤见(xiàn 现):同"现"。

⑥"大国"作状语,表示"向大国"。《国语·越语上》作:"寡人不知其力之不足也,而又与大国执雠。"与此文不同。

⑦暴(pù 曝):同"曝",晒。

⑧《国语·越语上》"宦士三百人于吴"注:"将三百人以入事吴,若宦竖然。"《国语·越语下》"与范蠡入宦于吴"注:"宦,为臣隶也。"

⑨见8.1注⑫与8.6注⑨。

⑩约:邀请。《国语·越语上》作"致"。其父母:四部丛刊本作"吴国父兄",据《国语·越语上》改。其:指越国而言,作者误解了《国语》而改为"吴国",反与下文不连贯了,参见注⑫。昆:通"晜",兄。

⑪若水:《国语·越语上》作"若水之归下也",义更显豁。

⑫将(qiāng 羌):愿,请。蕃:四部丛刊本作"为藩辅",据《国语·越语上》改。"为藩辅",意思是"作护卫的屏障与辅佐的帮手"。作者既误解《国语》之文而将上文"其"改为"吴国",则此"蕃"字也就不通了,于是又改为"藩辅",并加"为"字,殊不知如此一改,既与此句"二三子夫妇"不相协调,而且与此下所述也不能贯通,今仍改回。蕃(fán 凡):繁殖,生息。

⑬《国语·越语上》注:"礼:'三十而娶,二十而嫁。'今不待礼者,务育民也。"

⑭徐天祜说:"免者,免身脱也,谓生子。"觉按:免,通"娩"。

⑮贶(kuàng 况):赐与。《国语·越语上》注:"犬,阳畜,知择人。"

⑯《国语·越语上》注:"豚,主内,阴类也。"

⑰《国语·越语上》注:"人生三者亦希耳。"可见所谓"生子三人"是指生下三胞胎。

⑱以:《广雅·释诂》:"以,与也。"《国语·越语上》这句作"公与之母"。

⑲养:《公羊传·宣公十二年》"厮役扈养死者数百人"注:"炊亨者曰养。"即炊事员。

⑳《国语·越语上》注:"礼:父为适(通'嫡')子丧三年。"

㉑疢(chèn 趁):通"疢",病。病:《广雅·释诂》:"病,苦也。"即困苦。

㉒义:四部丛刊本作"凡",据顾广圻所录影宋钞本改。《国语·越语上》此句作"而摩厉之于义"。简:《国语·吴语》"简服吴国之士于甲兵"注:"简,习也。"即练习、锻炼的意思。锐:使精锐,磨炼。

㉓《国语·越语上》作"载稻与脂于舟以行",可知此所谓"载",是指装在船上。

㉔游:四部丛刊本作"戏",据《国语·越语上》改。作者大概把"游"误解为游戏,所以改为"戏"。诚然,这"游"是指无家可归的游子之流浪而言。改作"戏",则与下文"施其爱,问其名"文义不密切了。

㉕铺(bù 部):通"哺",给人吃东西。啜(chuò 辍):吃,这里用作使动词。

㉖问其名:《国语·越语上》注:"为后将用之。"

㉗《国语·越语上》作:"非其身之所种则不食,非其夫人之所织则不衣。"义更显豁。

㉘七:当作"十"。古文"七"作"十"、"十"作"丨",故易误。勾践五年入吴,至此已十年。《国语·越语上》作"十",可证此文之误。

㉙畜:通"蓄"。《国语·越语上》注:"古者三年耕,必余一年之食。"

㉚塞(sài 赛):酬报。

㉛越:四部丛刊本作"诚",据《国语·越语上》改。

㉜疲:当作"罢"。盖古代"罢"通"疲",后人遂误将此"罢"字改成了"疲"。

《国语·吴语》作"今罢师而不戒以忘我",《庄子·盗跖》:"罢兵休卒。"皆可为证。

㉝以:通"已"。已忘于我:即下文所说的"无伐我之心"。

㉞当:当作"尝"(嘗),形近而误。《国语·吴语》此句作"日臣尝卜于天",是其证。《国语·吴语》开始记夫差二年伐越时,文种曾向勾践献谋曰:"吾以卜之于天,天若弃吴,必许吾成而不吾足也(必答应我讲和而不重视我),将必宽然有伯(称霸)诸侯之心焉。既罢(疲)弊其民,而天夺之食,安受其烬(馀),乃无有命矣。"所以此文说"臣尝卜之于天"。本书未载夫差二年文种之言,此"尝"字便不可通,因而被误改为"当"。

㉟蠃:四部丛刊本作"赢",据《国语·吴语》改。寒:寒酸,贫困。就:《广雅·释诂》:"就,归也。"《国语·吴语》注:"蒲,深蒲也。蠃(luó 罗),蚌、蛤之属。"深蒲即菖蒲,是一种水草,生于水边,根入药,亦名白菖。古代菖蒲与蚌、蛤都被用作为食物,《韩非子·难四》:"屈到嗜芰,文王嗜菖蒲菹(菖蒲做的腌菜)。"《韩非子·五蠹》:"民食果蓏蚌蛤。"此文说民"就蒲蠃",是指没有粮食而去取食之以充饥。

㊱夫:当作"天",形近而误。《国语·吴语》作"天占既兆",是其证。韦注:"兆,见也。""兆"即显现出征兆的意思。

㊲《国语·吴语》作:"人事又见,我蔑卜筮矣。"与此文不同,似可从。今译文姑从原文。见(xiàn 现):同"现"。卜筮(shì 誓):古时占卜,甩龟甲称卜,用蓍(shī 诗)草称筮,合称卜筮。

㊳"会"下当有"夺",形近而脱。《国语·吴语》作"王若今起师以会,夺之利",可证。会:交战。之:是"夺"的宾语,也可解为"其"。

㊴此下与《国语·吴语》所载不同。《国语·吴语》载文种倡议伐吴,此文则载文种反对伐吴,未知孰是。

㊵难:四部丛刊本作"雖",据四库全书本改。难:以……为难,即"不能"的意思。《诗经·桑扈》疏:"难者,戒惧之辞。"又见10.14 注㉓。

㊶诠:《淮南子·诠言训》注:"诠,就也。"即靠近的意思。间(jiàn 见):空子,漏洞,指疏忽之时。

㊷有:如果。参见《古书虚字集释》。成:和解,讲和。

【今译】

勾践十五年(公元前482年),谋划攻打吴国,对大夫文种说:"我采用了先生的计策,因而免除了上天降下的惩罚,回到了祖国。我实在已经向国内的人解说过了,国内的人都很高兴。但您从前说过:'等有了天赐良机就马上来告诉我。'现在是否有应验了呢？"

文种说："吴国之所以强大，是因为有了伍子胥。现在伍子胥忠诚地劝谏吴王而死了，这是上天安排的运数预先显示出吴国要灭亡的征兆啊。请您全心全意地去说服国内的人。"

越王说："你先听一下我劝说国民的话：'我过去不知道自己的力量还不够用来向大国报仇，因而使广大民众战死而尸骨在原野中日晒夜露，这便是我的罪过啊。我一定诚恳地改变自己的策略。'于是我就埋葬战死者，慰问伤病员，哀悼有丧事的人，祝贺有喜事的人，欢送前往外国的人，迎接来到越国的人，除掉民众的祸害。然后我谦卑地去服侍夫差，一起到吴国去做奴仆的人有三百个。吴国封给了我方圆几百里的土地，我便请来了我国的父母兄弟，并向他们发誓说：'我听说古代的贤明君主，四面八方的民众就像江河之水向下流动那样投奔他。我没有能力治理政事，请让我率领诸位夫妻来繁衍生息吧。'于是我命令壮年人不准娶年老的妻子，老年人不准娶年轻的妇女。女子十七岁还没有出嫁，她的父母就有罪；男子二十岁还没有娶妻，他的父母就有罪。将要分娩的孕妇要报告给我，我将派医生守护她。如果同时生下两个男孩，就赐给她一壶酒、一条狗；如果同时生下两个女孩，就赐给她一壶酒、一头小猪。如果一胎生下三个孩子，我就给她配备奶妈；如果同时生下两个孩子，我就给她提供一个做菜做饭的保姆。当家的长子死了，我就放下我的政事三年去为他守丧；小儿子死了，我就放下我的政事三个月去为他守丧；我一定痛哭流涕地去埋葬他，就像对我的儿子一样。我让孤儿、寡妇以及生病、贫困的人将他们的孩子交给国家。想要做官而为国出力的，我就丈量宅地房舍分给他们，又使他们的服装华美荣耀，使他们的食物丰盛充足，并用道义来磨炼他们。外地的贤士前来投奔的，一定在朝廷上接见他而以礼相待。我还用船装着米饭和菜羹到国内巡行，国内那些无家可归的小孩在流浪时碰上我，我就给他们吃饭吃羹，把我的爱心奉献给他们，并询问他们的名字以备以后选用。不是我自己种出来的粮食做的饭，我就不吃；不是我夫人织出来的布做的衣服，我就不穿。十年没有向国内的民众收租，国内的民众每家都有了三年的存粮。男的走到一起都快乐得唱起歌来，女的走到一起都会心地笑了。现在国内的父老兄弟每天都向我请求说：'从前夫差在各国诸侯面前侮辱了我们的国君，经常被天下人所耻笑。现在越国已经富足，大王又节约俭省，可以让我们去报仇雪耻了。'我拒绝他们说：'从前我受到屈辱，不是诸位的罪过。像我这种人，怎么敢烦劳我国的人民去报我的旧仇呢？'父老兄弟又再次请求说：'越国四境之内，都是我们国君的儿子。儿子为父亲复仇，臣子为君主报怨，哪敢有不竭尽全力的呢？请让我们再去打仗，以此来除掉君主的旧仇。'我高兴地答应了他们。"

大夫文种说："我当时看到吴王在齐国、晋国已达到了目的，以为会接着插足我们的领土，将他的军队逼近我们的国境。但现在他却不调动军队而休养士兵，一年了还不对我用兵，已经把我们忘了。但我们可不能因此而懈怠啊。我曾经向上天给他占过卜。现在吴国的民众已经在军队中被搞得疲惫不堪、在战斗中被拖得困苦万分，市场上没有糙米的囤积，国家的米仓中空空荡荡，他的民众一定会有迁移的念头，寒酸地到东海岸边去取食菖蒲、蚌、蛤之类。我向上天的占卜早就显现出了征兆，现在人世上的事情又早就从占卜中显示了出来。大王如果起兵，认为可以和吴国交战而从他们那里捞到好处，从而去侵犯吴国的边疆，这种事现在还不可以去干啊。吴王虽然没有进攻我们的念头，但也不能惹他发怒，不如在他疏忽的时候去靠近他，以此来摸清他的心思。"

越王说："我并不愿意怀有攻打吴国之心，但国内的人请求作战已经三年啦，我不得不顺从民众的愿望。现在却听到大夫种劝告说这件事很困难。"

越国的父老兄弟又劝告说："吴国可以去攻打了。如果打赢了，就可以灭掉他们的国家；如果打不赢，也可以困住他们的军队。吴国如果要讲和，大王就和他们订立盟约。这样，大王的功业名望就会在诸侯各国传扬。"

越王说："好。"于是就大规模地集合群臣而命令他们说："如果还有敢来劝阻我攻打吴国的，严惩不贷。"

范蠡、文种交谈说："我们的劝说已经不合用了。然而我们还是听从君主的命令。"

【原文】

10.2 越王会军列士而大诫众，而誓之曰①："寡人闻古之贤君，不患其众不足，而患其志行之少耻也②。今夫差衣水犀甲者十有三万人③，不患其志行之少耻也，而患其众之不足。今寡人将助天威④。吾不欲匹夫之小勇也⑤。吾欲士卒进则思赏，退则避刑⑥。"于是越民父勉其子、兄劝其弟，曰："吴可伐也。"

注释

①誓：出征前告诫将士。此文既说"大诫众"，又说"誓之"，文重义复，实为赘辞，"而大诫众"四字宜删。《国语·越语上》这两句作"乃致其众而誓之曰"。

②《国语·越语上》注："少耻，谓进不念功，临难苟免。"

③徐天祜说："徼外有山犀，有水犀。水犀之皮有珠甲，山犀则无。吴以水犀皮饰甲也。《周礼》：'犀甲寿百年。'"觉按：徐说本于《国语·越语上》韦注。所谓"徼外"，即境外，指国外。水犀，是犀牛的一种，因生活在水中而得名。水犀甲：水犀皮做的铠甲。有：通"又"。

④助天：《国语·越语上》注："言夫差天所不与，故曰助天。"威：即《韩非子·解老》"理相夺予，威德是也"之"威"，指刑罚。此文用作动词，指实施处罚。或者，"威"当作"灭"，形近而误；其下又脱"之"字。《国语·越语上》作"今寡人将助天灭之"，是其证。

⑤《国语·越语上》注："匹夫，轻倢要功徼利者。"即指轻率莽撞只图眼前利益的人。匹夫之勇：指没有头脑、只凭个人血气的勇敢。

⑥《国语·越语上》作："欲其旅（俱）进旅退也。进则思赏，退则思刑，如此则有常赏。进不用命（不服从命令而离伍独进），退则无耻（无耻辱之心而不畏刑戮），如此则有常刑。"文义更周详。

【今译】

越王集合军队，使战士们都排成了队列而郑重地告诫大家，他告诫他们说："我听说古代的贤明君主，不担忧他的军队人数不够，而是担忧他们的志向操守中缺少耻辱感。现在夫差拥有穿着水犀皮铠甲的士兵十三万人，却不担忧他们的志向操守中缺少耻辱感，而担忧他的士兵数量不够。现在我将辅助上天惩罚夫差。我不要那种微不足道的匹夫之勇。我要战士们前进时就想到受赏的条例而服从命令，后退时就想到要避免刑罚而不擅自溃逃。"于是越国的民众父亲勉励自己的儿子、兄长勉励自己的弟弟，说："吴国可以攻打了。"

【原文】

10.3　越王复召范蠡,谓曰:"吴已杀子胥,道谀者众①,吾国之民又劝孤伐吴,其可伐乎?"范蠡曰:"未可。须明年之春,然后可耳。"王曰:"何也?"范蠡曰:"臣观吴王北会诸侯于黄池②,精兵从王,国中空虚,老弱在后,太子留守③。兵始出境未远,闻越掩其空虚④,兵还不难也。不如来春。"

【注释】

①道(dǎo 导):同"导"。《史记·越王勾践世家》作"导"。导谀:阿谀,曲意逢迎。
②黄池:见 5.21 注④。
③太子:名友,见《左传·哀公十三年》及本书 5.21。
④掩:袭取。参见 3.1 注③、4.14 注⑫。

【今译】

越王又召见范蠡,对他说:"吴王已经杀掉了伍子胥,阿谀奉承的马屁精很多,我国的民众又劝我攻打吴国,可以去攻打吗?"范蠡说:"还不可以。要等到明年的春天,然后才可以。"越王说:"为什么呢?"范蠡说:"我看吴王到北方黄池与诸侯会盟,精锐的部队都跟随着吴王,国内实力空虚,年老体弱的留在后方,太子留下来守卫国都。但现在吴王的军队才出境不远,如果听说越国趁他国内空虚去袭击他,他的军队拉回来是并不困难的。所以不如到明年春天。"

【原文】

10.4　其夏六月丙子①,勾践复问,范蠡曰:"可伐矣。"乃发习流二千人、俊士四万、君子六千、诸御千人②,以乙酉与吴战③。丙戌④,遂虏杀太子。丁亥⑤,入吴,焚姑胥台。吴告急于夫差。夫差方会诸侯于黄池,恐天下闻之,即密不令泄。已盟黄池,乃使人请成于越。勾践自度未能灭,乃与吴平⑥。

【注释】

①此文之干支纪日同于《左传·哀公十三年》。六月丙子:即鲁哀公十三年

(勾践十五年,公元前482年)六月十一日。

②徐天祜说:"《史记》'俊士'作'教士'。《索隐》曰:'《虞书》云:"流宥五刑。"习流,谓流放之罪人,使之习战。教士,谓常所教练之兵也。君子,谓君所子养有恩惠者。诸御,谓诸理事之官,在军有职掌者。'徐天祜曰:笠泽之战,越以三军潜涉,盖以舟师胜。此所谓习流,是即习水战之兵。若曰使罪人习战,越一小国,流放者何至二千人哉?"觉按:习:熟悉。习流:指熟悉水性的水兵。俊士:才智出众的士兵。即上文所谓"进则思赏,退则避刑"之士卒。原文可通,可能是作者故意改动的,不必再依从《史记·越王勾践世家》。君子:君所子养,即君主当作儿子来抚养的士兵,当即指10.1所说的"孤铺而啜之,施以爱,问其名"的那些人,也就是国君亲自关心培养起来的忠于自己的嫡系部队。参见10.11注⑥。御:侍从。诸御:当指各种勤务兵,如马夫、炊事员等等,而非指有执掌之军官。

③乙酉:六月二十日。以下可参见5.22、5.23。

④丙戌:六月二十一日。

⑤丁亥:六月二十二日。

⑥《左传》:哀公十三年(公元前482年),"冬,吴及越平"。

【今译】

　　这一年的夏季六月丙子日,勾践又问范蠡,范蠡说:"可以攻打了。"于是勾践就出动了熟悉水战的水兵二千人、才智出众的战士四万人、嫡系部队六千人、各种勤务兵一千人,在乙酉日与吴军作战。丙戌日,便俘虏杀死了太子友。丁亥日,攻入吴国国都,放火焚烧了姑苏台。吴国派人向夫差告急。夫差正好在黄池与诸侯会盟,怕天下人都听到这一消息,就加以保密而不让泄露出去。已经在黄池订立盟约后,才派人到越国求和。勾践自己估计还不能灭掉吴国,就和吴国讲和了。

【原文】

　　10.5　二十一年七月①,越王复悉国中士卒伐吴。会楚使申包胥聘于越②。越王乃问包胥曰:"吴可伐耶?"申包胥曰:"臣鄙于策谋③,未足以卜越。"王曰:"吴为不道,残我社稷,夷吾宗庙,以为平原,使不得血食④。吾欲与之徼天之中⑤,惟是舆马、兵革、卒伍既具,无以行之⑥。诚闻于战⑦,何以为可?"申包胥曰:"臣愚不能知。"越王固问,包胥乃曰:"夫吴,良国也,传贤于诸侯。敢问君王之所战者何⑧?"越王曰:"在孤之侧者,饮酒食肉未尝不分;孤之饮食不致其味⑨,听乐不尽其声⑩;求以报吴,愿以此战。"包胥曰:"善则善矣,未可以战。"越王曰:"越国之中,吾博爱以子之,忠惠以养之;吾修令宽刑⑪;施民所欲⑫,去民所恶;称其善,掩其恶;求以报吴,愿以此战。"包胥曰:"善则善矣,未可以战。"王曰:"越国之中,富者吾安之,贫者吾予之,救其不足,损其有余⑬,使贫富不失其利,求以报吴,愿以此战。"包胥曰:"善则善矣,未可以战。"王曰:"邦国南则距楚⑭,西则薄晋⑮,北则望齐,春秋奉币、玉帛、子女以贡献焉未尝敢绝⑯,求以报吴,愿以此战。"包胥曰:"善哉!无以加斯矣,犹未可战。夫战之道,知为之始⑰,以仁次之,以勇断之。君,将不知,即无权变之谋以别众寡之数⑱;不仁,则不得与三军同饥寒之节、齐苦乐之喜;不勇,则不能断去就之疑、决可否之议。"于是越王曰:"敬从命矣。"

注释

①徐天祜说:"按《左传·哀公十七年》:'越伐吴,吴御之笠泽。'实勾践十九年事,此书不当以为二十一年也。"觉按:徐说是,参见10.11注②。《史记·吴太伯世家》:"(夫差)二十年(即勾践二十一年),越王勾践复伐吴。"此文之二十一年,或因此而误。今译文姑从原文。

②申包胥:见3.6注①。聘:《礼记·曲礼下》:"诸侯使大夫问于诸侯曰聘。"

③鄙:《文选·东京赋》"鄙哉予也"注引《广雅》:"鄙,固陋不惠。"即固陋寡闻而不聪明。

④血食:吃血,指祭祀。古代祭祀时杀牲取血以供神鬼享用,所以祭祀称为血食。

⑤之:指代"社稷"、"宗庙"。徼(yāo 腰):通"邀",求,求取。中:通"衷"(《国语·吴语》作"衷"),善,福,参见5.16注⑥。"徼衷"即"徼福",为古代习语,《左传·昭公三年》:"徼福于大公、丁公。"

⑥《国语·吴语》注:"行,犹用也。"

⑦徐天祜说:"'闻'当作'问'。"觉按:《国语·吴语》作"请问战"。可各从本文,不烦改字。

⑧所战者:《国语·吴语》作"所以与之战者",文更详密。

⑨《国语·吴语》注:"致,极也,不极五味之调。"则"其味"指五味,即甜、咸、酸、苦、辣。饮食不致其味:饮食不吃遍所有的味道。实与8.6所说的"食不重味"意思类似。

⑩不尽其声:《国语·吴语》注:"不尽五声之变。"其声:指五声,即宫、商、角、

徵、羽,此指各种曲调。

⑪修令:四部丛刊本作"今修",据《国语·吴语》改。

⑫施:四部丛刊本作"欲",据《国语·吴语》改。

⑬此指利用征税的办法来适当减少豪富者的收入,类似现在征收所得税、调节税。

⑭邦国:《国语·吴语》作"越国"。南:《国语·吴语》注:"西、南、北,皆以中国言之。"则:表示相对关系的连词,参见《词诠》。距:到。

⑮薄:靠近,依附。

⑯币:用作礼物的丝织品(参见1.3注⑤),此泛指礼品。玉帛:泛指财物。

⑰知:通"智"。

⑱不智,就没有办法去了解军心的向背,而只以军队人数的多少来衡量战斗力,这其实是不能明辨"众寡之数",所以说"不知即无权变之谋以别众寡之数"。《国语·吴语》作:"不智,则不知民之极(心),无以铨度(衡量)天下之众寡。"10.2说:"古之贤君,不患其众不足,而患其志行之少耻也。"皆可明此文之义。

【今译】

二十一年(公元前476年)七月,越王又调动全部国内的士兵攻打吴国。正好碰上楚国派申包胥到越国访问。越王就问申包胥说:"吴国可以攻打吗?"申包胥说:"我孤陋寡闻而不懂得出谋划策,不能够用我来预测越国啊。"越王说:"吴国施行暴虐,破坏我的土地神谷神,铲平我祖宗的庙宇,将它们夷为平地,使他们不能吃到鲜血。我想给他们求取上天的福佑,只是现在兵车战马、武器铠甲、军队已经具备了,却还没有办法使用它们。我真想听一下有关战争的事,用什么办法才行?"申包胥说:"我实在愚昧无知弄不清楚。"越王坚持问他,申包胥才说:"那吴国,是个善良的国家啊,在诸侯各国都传颂着他们的贤德。我胆敢问一下大王凭什么和他们作战?"越王说:"在我身边的人,我喝酒吃肉的时候从来没有不分给他们吃的;我吃饭不吃五味俱全的菜肴,听音乐不听五音俱全的曲调;我指望用这种办法去报复吴国,希望凭借这些去作战。"申包胥说:"这些做法好倒是好,但还不可以靠它去作战。"越王说:"越国之内的民众,我以博大的爱心把他们当作儿子来对待,以忠厚仁爱之心供养他们;我修改法令,放宽刑罚;布施民众追求的东西,除去民众憎恶的东西;赞扬他们的善行,掩盖他们的罪恶;我指望用这种办法去报复吴国,希望凭借这些去作战。"申包胥说:"这些做法好倒是好,但仍不可以靠它去作战。"越王说:"在越国之中,富者我让他们安定,穷人我就施舍周济他们,救助那些缺吃少穿的,减损那些家有余财的,使穷人富人都不丧失自己的利益,我指望用这种办法去报复吴国,希望凭借这些去作战。"申包胥说:"这些做法好倒是好,但还是不可以靠它去作战。"越王说:"我越国在天下之中,南边则到楚国和他们结交,西边则依附晋国,北边则敬仰齐国,一年四季拿礼品、财物、少女去贡献给他们从未敢间断过,我指望用这种办法去报复吴国,希望凭借这些去作战。"申包胥说:"好啊! 没有什么能超过这个了,但还不可以去作战。战争的方法,智慧是它的首要因素,其次要靠仁爱,还要靠勇敢来决断。君主、将领如果没有智慧,就没有通权达变的计谋去明辨士兵数量的多少;如果没有仁爱之心,就不能和全军将士一起节衣缩食、同甘共苦;如果没有勇敢,就不能决断是去还是留、是进还是退的疑惑,就不能裁定针锋相对的两种意见。"于是越王说:"我恭敬地接受您的指教了。"

【原文】

10.6　冬十月,越王乃请八大夫①,曰:"昔吴为不道,残我宗庙,夷我社稷,以为平原,使不血食。吾欲徼天之中,兵革既具,无所以行之。吾问于申包胥,即已命孤矣②。敢告诸大夫③,如何?"

大夫曳庸曰:"审赏则可战也④。审其赏,明其信⑤,无功不及,有功必加,则士卒不怠。"王曰:"圣哉!"

大夫苦成曰:"审罚则可战。审罚,则士卒望而畏之,不敢违命。"王曰:"勇哉!"

大夫文种曰:"审物则可战。审物,则别是非;是非明察,人莫能惑。"王曰:"辨哉!"

大夫范蠡曰:"审备则可战⑥。审备慎守,以待不虞。备设守固,必可应难。"王曰:"慎哉!"

大夫皋如曰:"审声则可战。审于声音,以别清浊。清浊者,谓吾国君名闻于周室,令诸侯不怨于外。"王曰:"得哉⑦!"

大夫扶同曰:"广恩、知分则可战。广恩以博施,知分而不外。"王曰:"神哉!"

大夫计砚曰:"候天察地,参应其变,则可战。天变、地应、人道便利,三者前见,则可。"王曰:"明哉!"

注释

①徐天祐说:"详下文止七人,岂与楚大夫申包胥共为八大夫耶?"觉按:下文八大夫虽未全部出场,但也当指越国的八大夫(参见 8.7 注③)而不包括申包胥,越王语中说"问于申包胥",可证。
②《国语·吴语》注:"命,告也。"
③告:使动用法,使……告。
④审:慎重地搞清楚,周密地处理好。
⑤信:指"信赏",即"有功必加"。
⑥《国语·吴语》注:"备,守御之备。"
⑦得:通"德"。

【今译】

  这一年冬季十月,越王请来了八位大夫,说:"从前吴国施行暴虐,破坏我祖宗的庙宇,铲平我的土地神谷神,将它们夷为平地,使他们得不到祭祀。我想求取上天的福佑,现在武器装备已经准备好了,却还没有办法使用它们。我询问了申包胥,他已经指教过我了。我大胆地让各位大夫来说一说,怎么样?"

  大夫曳庸说:"严明奖赏就可以去打仗了。严明自己的奖赏,彰明自己的信用,没有功劳的与奖赏不沾边,有功劳的一定给予奖赏,那么士兵就不会懈怠懒惰了。"越王说:"通达事理啦!"

  大夫苦成说:"严明刑罚就可以去打仗了。严明刑罚,那么士兵一看见您就会害怕,不敢违抗您的命令。"越王说:"勇敢啦!"

  大夫文种说:"慎重地搞清楚各种事物的内容实质就可以去打仗了。搞清楚了事物的内容实质,那就能使将士分辨是非;是非明白了,别人就不能再使他们迷惑。"越王说:"能辨析啦!"

  大夫范蠡说:"周密地搞好了防御工事就可以打仗了。周密地搞好了防御工事、谨慎地加以防守,以此来对付没有预料到的事件。由于防御工事已经设置、防守又严密,就一定可以应付战祸了。"越王说:"谨慎啦!"

  大夫皋如说:"慎重地维护了名声就可以打仗了。慎重地维护名声,以此来区别高洁和污浊。所谓区别高洁和污浊,是指我们国君那高洁的名声传扬到周王朝,使各国诸侯不在外面怨恨我君。"越王说:"有德行啦!"

　　大夫扶同说:"扩大自己的恩德,知道自己的职分就可以打仗了。扩大自己的恩德就会广泛地进行施舍,知道自己的职分就不会越俎代庖。"越王说:"神妙啦!"

　　大夫计砚说:"观测天象,考察地理,参考并适应天地的各种变化,就可以去打仗了。天气是否要变化、地形是否能适应、人类社会的道德规范对所采取的行动是否有利,这三者如果事先能预见到,就可以了。"越王说:"明智啦!"

【原文】

　　10.7　于是勾践乃退斋,而命国人曰:"吾将有不虞之议①,自近及远,无不闻者。"乃复命有司与国人曰:"承命有赏,皆造国门。之期有不从命者,吾将有显戮②。"勾践恐民不信,使以征不义闻于周室,令诸侯不怨于外,令国中曰:"五日之内,则吾良人矣;过五日之外,则非吾之民也,又将加之以诛。"

【注释】

　　①《广雅·释诂》:"议,谋也。"
　　②显戮:明正典刑,处决示众。《尚书·泰誓下》:"功多有厚赏,不迪有显戮。"

【今译】

　　于是勾践就退朝而整洁身心,并命令国内的民众说:"我将有出人意料的策划,从近处到远处,都将知道我勾践。"于是又命令官吏和国民说:"接受命令的有赏,请都到国都的城门口报到。到了规定的日期还有不服从命令的,我将公开处决示众。"勾践怕民众不相信,就派使者把讨伐无道的事报告给了周王朝,使各国诸侯不再在外面怨恨自己,又命令国内的人说:"五天之内来报到的,那便是我的良民;超过了五天之外,就不是我的人了,我将对他们加以惩处。"

【原文】

　　10.8　教令既行,乃入命于夫人。王背屏、夫人向屏而立①。王曰:"自今日之后,内政无出,外政无入[2]。各守其职,以尽其信。内中辱者,则是子;境外千里辱者,则是予也[3]。吾见子于是,已明诚矣[4]。"王出宫,夫人送王,不过屏[5],王因反阖其门,填之以土。夫人去笄,侧席而坐[6],安心无容[7],三月不扫。

王出,则复背垣而立[8],大夫向垣而敬。王乃令大夫曰:"食士不均[9],地壤不修,使孤有辱于国,是子之罪。临敌不战,军士不死,有辱于诸侯,功隳于天下,是孤之责。自今以往,内政无出,外政无入[10]。吾固诚子[11]。"大夫曰[12]:"敬受命矣。"王乃出,大夫送,不出垣[13],反阖外宫之门,填之以土。大夫侧席而坐,不御五味[14],不答所劝。

勾践有命于夫人、大夫曰[15]:"国有守御!"

注释

①屏:照壁,对着门的小墙。《荀子·大略》:"天子外屏,诸侯内屏。"(天子的照壁设在门外,诸侯的照壁设在门内。)《国语·吴语》注:"屏,寝门内屏。王北向,夫人南向。"

②《国语·吴语》注:"内政,妇职;外政,国事。"无:通"毋"。

③予:四部丛刊本作"子",据《太平御览》卷一百八十五引文改。

④已:四部丛刊本作"以为",据《太平御览》卷一百八十五引文改。

⑤《国语·吴语》注:"礼:妇人送迎不出门。"

⑥《国语·吴语》注:"笄(jī基),簪也。去笄,去饰也。侧,犹特也。礼:忧者侧席而坐。"所谓"特",即独自的意思。

⑦安心:指安心思量后宫之事。无容:因丈夫要外出征战,所以无心打扮了。《诗经·卫风·伯兮》:"自伯(丈夫)之(到)东,首如飞蓬。岂无膏沐,谁适为容(为谁打扮)?"其意与此同。

⑧垣(yuán园):矮墙,此指王宫外朝的围墙。

⑨食(sì饲):给……吃。

⑩《国语·吴语》注:"内,国政;外,军政。"

⑪固:通"故",故意,特地。

⑫四部丛刊本无"曰",据顾广圻所录影宋钞本补。下句"敬受命矣"与10.5末句相似,可证此当有"曰"字。

⑬四部丛刊本无"不",据《国语·吴语》补。不出垣:《国语·吴语》注:"示当守备。"即表示安心在内操办国事。

⑭御:进用。五味:见10.5注⑨。

⑮有:通"又"。

【今译】

　　命令已经实行了，勾践就进入后宫命令夫人。越王背对着照壁、夫人面对着照壁而站着。越王说："从今天以后，后宫的事情不要捅出后宫之门让别人管，外朝的国事不要带入后宫之门而让你插手。各人管好自己的职事，以此来贯彻我们的信用。后宫内有了耻辱的事，就是你的责任；在国外千里之远的地方有了屈辱的事，就是我的责任。我在这里见了你，已经明确地告诫你了，千万不要疏忽。"越王走出后宫，夫人送越王，不走出照壁，越王便转过身来在外面把门关上，用泥土把门垫住。夫人拔去了头上的簪子卸了妆，独自一个人在坐席上坐着。静下心来不再打扮自己，三个月没有扫地。

　　越王走出后宫，就又背对着外朝的围墙站着，大夫们面对着围墙毕恭毕敬。越王就命令大夫们说："供养贤士不均匀，土地不开垦，使我在国内有了耻辱，这是你们的罪过。面对敌人不战斗，战士不肯拼死，在各国诸侯面前有了耻辱，功业毁于天下，这是我的责任。从今以后，国内的政事不要搞到国外让我管，对外作战的事不要带进宫内让你们插手。我特地告诫你们。"大夫们说："我们恭敬地接受您的命令。"越王就走出王宫，大夫们送他，不走出围墙，越王转过身来在外面把外宫的门关上，用泥土把门垫住。大夫们都独自在坐席上坐着，不进用各种美味佳肴，也不理睬别人的劝告。

　　勾践又命令夫人、大夫们说："国家要有防守！"

【原文】

　　10.9　乃坐露坛之上，列鼓而鸣之，军成行阵①，即斩有罪者三人，以徇于军，令曰："不从吾令者，如斯矣。"

　　明日，徙军于郊，斩有罪者三人，徇之于军，令曰："不从吾令者，如斯矣。"

　　王乃令国中不行者，与之诀而告之曰："尔安土守职。吾方往征讨我宗庙之雠，以谢于二三子。"令国人各送其子弟于郊境之上，军士各与父兄昆弟取诀。国人悲哀，皆作离别相去之词。曰：

　　"跮踱摧长恶兮擢戟驭殳②，所离不降兮以泄我王气苏③。三军一飞降兮所向皆殂④，一士判死兮而当百夫⑤。道佑有德兮吴卒自屠⑥，雪我王宿耻兮威振八都⑦。军伍难更兮势如貔貅⑧，行行各努力兮於乎於乎!"

于是,观者莫不悽恻。

明日,复徙军于境上,斩有罪者三人,徇之于军,曰:"有不从令者,如此。"

后三日,复徙军于檇李⑨,斩有罪者三人,以徇于军,曰:"其淫心匿行、不当敌者⑩,如斯矣。"

注释

①成行:四部丛刊本作"行成",据顾广圻所录影宋钞本改。行(háng 杭)阵:军队行列。

②跃(h 立):跨跃。跃躁:急速前进。摧:《周易·晋》"晋如摧如"疏:"何氏云:摧,退也。"恧(nù 女去声):惭愧,羞耻。摧长恧:除去长期的羞耻,等于说"雪旧耻"。擢(zhuó 斫):拔。殳(shū 殊):徐天祐说:"兵器。《周礼》:'殳以积竹,八觚,长丈二尺,建于兵车,旅贲以先驱。'(《说文》)积竹,谓削去白,取其青处合之,取其有力。"觉按:"八觚"(gū 孤)即八个棱角。古代的殳用竹制成,有棱角而没有金属的刃口。它竖于兵车上,所以说"驭"。驭殳:指兵车载着殳奔驰。

③离:通"罹",遭遇(灾难)。气苏:气息,指怨气。

④降:徐天祐说:"去声。"即读 jiàng(匠),表示降临。与上"降"字读 xiáng(详),表示投降不同。殂(cú 徂):死亡,指敌人死亡。

⑤判(pān 攀):不顾,豁出去。百夫:百人,指敌人而言。

⑥自屠:自相屠杀,指起义倒戈。《史记·周本纪》载武王伐纣时,"纣师虽众,皆无战之心,心欲武王亟入。纣师皆倒兵以战,以开武王"。10.2 说夫差有十三万兵,但"不患其志行之少耻",所以其兵将与纣兵一样会倒戈。

⑦八都:八方的大城市,泛指四面八方的城市。

⑧更:改变,指改变其前进的方向。貔(pí 皮)、貙(chū 初):徐天祐说:"貔,猛兽。陆玑曰:'似虎。或曰似罴。'貙,似狸,能捕兽祭天。陆佃曰:'虎五指为貙。'"

⑨檇李:见 4.17 注①。

⑩淫:邪恶。匿(tè 特):通"慝",邪恶。

【今译】

于是越王便坐在露天的阅兵坛上,排列了战鼓而敲响它,军队排成了行列,便杀了三个犯罪的人,将他们在军中示众,命令说:"不服从我命令的,就像这样。"

第二天,把军队调迁到城郊,又杀了三个犯罪的人,将他们在军中示众,命令说:"不服从我命令的,就像这样。"

越王于是叫来国内不出征的人,和他们诀别而对他们说:"你们安心住在本土掌管好各自的职事。我们就要去讨伐我国的仇敌,就此和诸位告辞了。"又让国内的人各自送自己的儿子兄弟到国都的边界上,战士们各自与父亲兄弟诀别。国内的人悲痛哀伤,都作了吟唱生离死别互相分手的歌词,那歌词是:

"急忙前进除旧耻啊拔出戟来车载殳,
遭到灾难不投降啊发泄我王怨和怒。
三军一旦飞下来啊所到之处无活路,
一个战士拼死命啊可以抵挡上百夫。
天道保佑有德者啊吴军士兵自相屠,
洗刷我王旧耻辱啊威振天下各大都。
军队难以阻挡住啊来势凶猛像貔貅,
每行每队都努力啊哎呀哎呀不会输!"

在这个时候,旁观的人没有不悲伤的。

第二天,又把部队调迁到国境边,杀了三个有罪的人,将他们在军中示众,说:"如果有不服从命令的,就像这样。"

过了三天,又把部队调迁到槜李,杀了有罪的人三个,将他们在军中示众,说:"那些思想不正、行为恶劣、不能抵抗敌人的,就像这样。"

【原文】

10.10 勾践乃命有司大徇军①,曰:"其有父母无昆弟者,来告我。我有大事,子离父母之养、亲老之爱②,赴国家之急。子在军寇之中③,父母昆弟有在疾病之地④,吾视之如吾父母昆弟之疾病也;其有死亡者,吾葬埋殡送之如吾父母昆弟之有死亡葬埋之矣⑤。"

明日,又徇于军,曰:"士有疾病、不能随军从兵者,吾予其医药,给其糜粥,与之同食。"

明日,又徇于军,曰:"筋力不足以胜甲兵⑥、志行不足以听王命者,吾轻其重,和其任⑦。"

明日,旋军于江南⑧,更陈严法,复诛有罪者五人,徇曰:"吾爱士也,虽吾子不能过也。及其犯诛,自吾子亦不能脱也。"

恐军士畏法不使,自谓未能得士之死力,道见蛙张腹而怒,将有战争之气⑨,即为之轼⑩。其士卒有问于王曰:"君何为敬蛙虫而为之轼⑪?"勾践曰:"吾思士卒之怒久矣,而未有称吾意者。今蛙虫无知之物⑫,见敌而有怒气,故为之轼。"于是军士闻之,莫不怀心乐死,人致其命。

有司、将军大徇军中,曰:"队各自令其部⑬,部各自令其士:'归而不归,处而不处⑭,进而不进,退而不退,左而不左,右而不右,不如令者,斩。'"

注释

①徇:通"巡",巡行。
②亲:父母。亲老:年老的父母。
③军寇:敌军。
④上文说"有父母无昆弟",可知此"父母昆弟"仅指"父母"而言,"昆弟"是连类而及之辞(参见9.12注⑫)。下三处同。
⑤殡:停放灵柩。
⑥胜(shēng生):能承受。
⑦和:缓、放宽。
⑧江:指松江,参见5.21注㉔、10.11注①。
⑨将:犹"乃",参见《古书虚字集释》。
⑩轼:古代车厢前用作扶手的横木叫"轼",低头伏在轼上表示敬意也称"轼"。
⑪虫:古代对动物的泛称。
⑫知(zhì 至):通"智"。
⑬队:是古代军队的编制单位,隶属于"军",参见9.11注②。部:也是古代军队的编制单位,隶属于"队"。
⑭《国语·吴语》注:"处,止也。"

【今译】

于是勾践就命令专职官吏大规模地巡视全军,去对他们说:"那些有父母而没有兄弟的,请来告诉我。我现在有了这重大的战事,你们离开了养育你们的父母、宠爱你们的老人,投身于国家的危急之事。如果你们落入敌军的手中,那么你们的父母若患了疾病,我就把他们看作为我的父母患了疾病;其中如果有死亡的,我就像我的父母死了以后埋葬他们那样来出殡送葬而掩埋他们。"

第二天，又巡视全军，说："战士有病而不能跟随部队进行战斗的，我给他们医药，供给他们稀饭，有饭和他们一起吃。"

第二天，又巡视全军，说："体力不能承受铠甲和兵器的重量、志向操守还不能做到自觉听从国君命令的，我就减轻他们身负的重量，放宽他们的责任。"

第二天，越王把军队转移到松江南岸，再次颁布了严厉的法令，又杀掉了五个有罪的人，巡视说："我爱护战士，即使是对我的儿子也不能超过这种爱了。但等到犯了死罪，就是我的儿子也不能赦免。"

越王怕战士只是畏惧法令而不是心悦诚服地被自己使用，自以为还没有能真正获得战士的拼死之力，于是在路上看见一只青蛙鼓起了腹部很愤怒，竟然有战斗的气慨，就低头伏在车厢前的横木上向它表示敬意。他的士兵中有人问他说："国君为什么敬重青蛙这种小动物而为它低头伏在车厢前的横木上呢？"勾践说："我盼望战士们发怒动气已经很久了，却还没有符合我心意的人。现在这青蛙只是一种没有智慧的动物，但看见了仇敌便有了愤怒的气色，所以我为它低头伏在车前的横木上。"战士们听说了这件事，无不抱定决心甘愿牺牲，人人都想献出自己的生命。

有关官吏与将军大规模地到军中巡行，说："每个支队各自命令自己的分队，每个分队各自命令自己的战士：'命令你回营而不回营，命令你停止而不停止，叫你前进而不前进，叫你后退而不后退，让你向左而不向左，让你向右而不向右，凡是像这样不服从命令的，就杀头。'"

【原文】

10.11　于是吴悉兵屯于江北①，越军于江南②。越王中分其师以为左、右军，皆被兕甲③；又令安广之人佩石碣之矢④，张卢生之弩⑤，躬率君子之军六千人以为中阵⑥。

明日将战于江，乃以黄昏令于左军衔枚溯江而上五里以须吴兵⑦，复令于右军衔枚逾江十里复须吴兵。于夜半，使左军、右军涉江鸣鼓⑧，中水以待吴发。吴师闻之，中大骇⑨，相谓曰："今越军分为二师，将以夹攻我众⑩。"亦即以夜暗中分其师以围越⑪。越王阴使左、右军与吴望战⑫，以大鼓相闻⑬；潜伏其私卒六千人⑭，衔枚不鼓攻吴，吴师大败。越之左、右军乃遂伐之,大败之于囿⑮。又败之于郊⑯,又败之于津⑰。如是三战三北⑱,径至吴⑲,围吴于西城⑳。

吴王大惧,夜遁。越王追奔,攻吴兵,入于江阳松陵㉑,欲入胥门。未至六七里㉒,望吴南城,见伍子胥头巨若车轮,目若耀电,须发四张,耀于十数里㉓。越军大惧,留兵假道。即日夜半,暴风疾雨,雷奔电激㉔,飞石扬沙,疾于弓弩。越军坏败,松陵却退,兵士僵毙,人众分解,莫能救止。范蠡、文种乃稽颡肉袒㉕,拜谢子胥,愿乞假道。子胥乃与种、蠡梦,曰:"吾知越之必入吴矣,故求置吾头于南门,以观汝之破吴也。惟欲以穷夫差。定汝入我之国㉖,吾心又不忍,故为风雨以还汝军。然越之伐吴,自是天也。吾安能止哉?越如欲入,更从东门㉗,我当为汝开道贯城,以通汝路。"于是越军明日更从江出,入海阳㉘,于三道之翟水㉙,乃穿东南隅以达㉚,越军遂围吴㉛。

注释

①《国语·吴语》注:"江,松江,去吴五十里。"觉按:参见 5.21 注㉔。

②军:驻扎。即《左传·哀公十七年》所载的"三月,越子伐吴,吴子御之笠泽,夹水而阵。"此文之"江",即《左传》之"笠泽"。《左传》所谓"夹水而阵",即此文所说的吴屯兵江北,越驻兵江南。可见此战发生在勾践十九年。参见 10.5 注①。

③兕(sì 寺):雌性的犀牛。徐天祜说:"《尔雅》:'兕似牛。'注:'一角,青色,皮坚厚可制铠。'铠即甲也。《周礼》:'兕甲,寿二百年。'"

④安:《论语·为政》"察其所安"皇疏:"安,谓意气归向之也。"此文指思想情绪稳定而服从命令,与前文所说的"志行不足以听王命"相反。广:《诗经·六月》"四牡脩广"传:"广,大也。"此文指身体魁梧,与前文所说的"筋力不足以胜甲兵"相反。《汉语大词典》"石碬"条以"安广"为专有名词,恐误。因为安广县为西汉所置,且在今广西横县西北。石碬之矢:用石头作箭头的箭。

⑤卢:古国名,在今湖北襄阳县西南,地处楚国边上,或产强弩,参见 9.12。弩:见 9.12 注③。卢生之弩:当指卢国所产之强弩。有人将"卢生"视为专有名词,恐误。

⑥君子:即下文之"私卒",《国语·吴语》作"以其私卒君子六千人为中军",注:"私卒君子,王所亲近有志行者,犹吴所谓贤良、齐所谓士。"即国君亲自培养而忠于自己的嫡系部队,参见 10.4 注②。中阵:即"中军"。古代作战分左、右、中三军,由主将所在的中军发号施令。

⑦令于左军:即"令左军","于"是动宾结构之间的助词。枚:见 5.23 注⑧。

⑧四部丛刊本无"右军"二字,据《国语·吴语》补。

⑨中:内心。

⑩夹:四部丛刊本作"使",据四库全书本改。

⑪中分:对半分。《国语·吴语》注:"不知越复有中军,故中分其师以御之。"

⑫望战:指望作战,即公开挑战。

⑬相:指代性副词,这里偏指吴军。闻:使听见。

⑭潜伏:当作"潜涉",这里是使动用法,是"使……偷渡"的意思。《国语·吴语》作:"越王乃令其中军衔枚潜涉,不鼓不噪以袭攻之。"《左传》也作"潜涉",皆其证。

⑮囿:徐天祜说:"韦昭曰:'囿,笠泽也。'《史记正义》《吴地记》皆曰:'笠泽,松江之别名。'"觉按:参见5.21注㉔。

⑯《国语·吴语》注:"郊,郭外。"即吴国国都的外城之外。《国语·越语上》"又郊败之"注:"在哀公二十年十一月,越围吴。"据此,则此后二战并非与囿之战同时。此文依《国语·吴语》而将三战连记在一处,行文虽然方便,却不自觉地违背了本书的编年体体例。鲁哀公二十年即勾践二十二年,此文将此战与囿之战一概列入勾践二十一年,显属谬误。

⑰津:渡口,此当指吴国外城的水关。

⑱三战:据此文,指囿、郊、津三战。《国语·吴语》及《越语上》均作囿、没(地名)、郊,与此不同。北:《国语·吴语》注:"军败奔走曰北。北,古之背字。"

⑲径:四部丛刊本作"俓",据四库全书本改。《国语·吴语》"径"作"乃",文较胜,因为这三战经历了三年(见注②、⑯),不宜说"径",今译文仍从原文。

⑳据《吴郡志》卷八载,越国围吴时,曾在胥门(见5.9注①)外筑有越城以逼吴。现在苏州市区西南七公里处有越城遗址(在横山东麓、石湖北岸),相传是当时的遗迹。

㉑阳:《谷梁传·僖公二十八年》:"水北为阳,山南为阳。"江阳:指松江之北。松陵:徐天祜说:"《吴地记》:'在松江。松陌流溢至此,故名。'"觉按:松陵,当即今江苏吴江县政府驻地松陵镇,今在吴淞江之南。当时当在松江之北,地势较高如陵,所以名陵。不过,此文说"入"松陵,与下文的"入海阳"相仿,这"松陵"似当指松江北边通往胥门的支流。《史记·吴太伯世家》"抉吾眼置之吴东门,以观越之灭吴也"《正义》:"《吴俗传》云:'子胥亡后,越从松江北开渠至横山东北,筑城伐吴。子胥乃与越军梦,令从东南入破吴,越王即移向三江口岸,立坛杀白马祭子胥,杯动酒尽,越乃开渠。子胥作涛,荡罗城东,开入灭吴。至今犹号曰示浦门,曰鳝、鲜。'"此文之松陵,当即《吴俗传》中所说的至横山(见4、35注⑨)东北的"渠",亦即《吴郡志》卷十八所说的"越来溪"。《吴地记》:"胥门……西南五里有越来溪。"《吴郡图经续记》卷中:"越来溪在吴县之境,自太湖过横山至于郡城之

西,盖越王由此水至于吴,故得此名。"今苏州市西南八公里横山东麓之越溪镇,即越来溪经过之处。

㉒未:四部丛刊本作"来",据《太平御览》卷三百二十九引文改。

㉓耀于十数里:四部丛刊本作"射于十里",据《太平御览》卷三百二十九引文改。

㉔雷奔电激:宜作"雷激电奔"。

㉕颡(sǎng嗓):额。稽(qǐ起)颡:古时所行跪拜礼之一,拜时前额着地停留一会儿,参见5.6注③。古代为父母守丧时跪拜宾客常用此礼以表示悲痛,后来也用于请罪。《汉书·李广传》:"若逎免冠徒跣,稽颡请罪,岂朕之指哉?"肉袒:也是请罪的礼节,参见5.11注⑦。

㉖定:的辞(见《助字辨略》),是"真的"的意思。四库全书本作"令",也通,但恐为抄写人臆改。

㉗东门:指今苏州市东城靠南的葑门。《史记·伍子胥列传》"而抉吾眼县吴东门之上"《正义》:"东门,鱣门,谓鲟门也,今名葑门。越军开示浦,子胥涛荡罗城,开此门,有鱣、鲟随涛入,故以名门。顾野王云:'鱣鱼,一名江豚,欲风则涌之也。'"

㉘海阳:当即后来的"上坛浦",在三江口(见5.21注㉔)东三里。《史记·伍子胥列传》"为立祠于江上"《正义》:"《吴地记》曰:'越军于苏州东南三十里三江口又向下三里,临江北岸立坛,杀白马祭子胥,杯酒酒尽,后因立庙于此江上。今其侧有浦名上坛浦。'"所谓"上坛浦",当即此文之"海阳"。所以称"海",是因为三江口以东古称"沪海"(见5.21注㉔);所以称"阳",是因为它在"沪海"之北(水北为阳)。

㉙三道:指三江口(见5.21注㉔)。瞿水:是三江口向西北方向通往苏州葑门的河流,又名示浦,参见注㉗、㉑。

㉚《国语·吴语》作"越师遂入吴国",则此文所谓"穿东南隅",是指穿过吴国东南角的城门(古名鱄门,今名葑门)。

㉛《国语·吴语》作"围王台",可知此文"围吴"是指围吴王。据《左传》,越围吴在鲁哀公二十年,即勾践二十二年,此文记于勾践二十一年,误。

【今译】

　　在这个时候吴国把所有的兵力都驻扎在松江北岸,越军驻扎在松江南岸。越王把自己的部队对半分为左、右二军,使战士们都穿上犀牛皮制成的铠甲;又命令思想坚定、身体魁梧的人佩带了用石头作箭头的箭,拉开了卢国出产的强弩,亲自率领了嫡系部队六千人作为中军。

  第二天就将在松江展开战斗,于是越王就在这前一天的黄昏命令左军口衔木片悄悄地沿着松江逆流而上五里去守候吴军,又命令右军口衔木片悄悄地越过松江行军十里再去守候吴军。在半夜,越王让左军、右军渡江敲鼓,在江中等候吴军出动。吴军听见了鼓声,心中十分害怕,相互议论说:"现在越军分为二军,将以此来夹攻我军。"也就在当夜黑暗之中把自己的军队对半分成二支去包围越军。越王暗中命令左、右军与吴军公开挑战,让他们大规模地击鼓使吴军听见;而另派自己的嫡系部队六千人偷渡过江,口衔木片不敲战鼓偷偷地去攻打吴军,吴军大败。越国的左、右军也就接着攻打吴军,在松江把吴军打得大败。接着又在吴国郊外打败了吴军,又在吴都外城的水关打败了吴军。像这样三次交战而吴军三次败走,越军径直到达吴都,在西边的城墙下包围了吴军。

  吴王十分恐惧,就在夜里偷偷地逃跑了。越王追击逃兵,攻打吴军,进入松江北边的松陵河,想攻进胥门。到胥门还有六七里路,远望吴都南面的城墙,便看见伍子胥的头大得像车轮一样,眼睛就像光亮夺目的闪电,胡须头发向四面散开,那光亮映射到十几里之外。越军十分害怕,便驻扎军队准备借路。当天半夜,暴风骤雨突然而来,雷声激越,闪电奔驰,飞沙走石,比弓弩射过来的箭还要迅猛。越国的军队被挫败,松陵之水后退,士兵倒毙,众人离散,没有谁能挽救制止。范蠡、文种便磕头伏地、袒胸露臂,拜谢子胥,恳求借路。子胥便给了文种、范蠡一个梦,说:"我早就知道越军一定会攻入吴都了,所以要求把我的头放置在南门上,以此来观看你们攻破吴国。但这种做法只是想用来使夫差困窘。真的你们要进入我的国家了,我又于心不忍,所以制造了暴风骤雨来迫使你们的军队回去。然而越国讨伐吴国,本来就是上天的安排。我又怎么能阻止呢?越军如果想要进城,可以改道走东门,我将会给你们开辟道路、打通城墙,使你们要走的路畅通无阻。"于是越军第二天便重新从松江出来,进入海阳,又从三江口到翟水,这样就穿过了吴国国都的东南角而到了吴都城内,越军就包围了吴王。

【原文】

10.12 守一年①，吴师累败，遂栖吴王于姑胥之山②。吴使王孙骆肉袒膝行而前③，请成于越王，曰："孤臣夫差敢布腹心④。异日得罪于会稽⑤，夫差不敢逆命，得与君王结成以归。今君王举兵而诛孤臣，孤臣惟命是听⑥。意者犹以今日之姑胥，曩日之会稽也⑦。若徼天之中得赦其大辟⑧，则吴愿长为臣妾。"勾践不忍其言，将许之成。范蠡曰："会稽之事，天以越赐吴，吴不取；今天以吴赐越，越可逆命乎？且君王早朝晏罢，切齿铭骨，谋之二十余年，岂不缘一朝之事耶⑨？今日得而弃之，其计可乎？'天与不取，还受其咎。'君何忘会稽之厄乎？"勾践曰："吾欲听子言，不忍对其使者。"范蠡遂鸣鼓而进兵，曰："王已属政于执事，使者急去，不时得罪。"吴使涕泣而去。勾践怜之，使令人谓吴王曰⑩："吾置君于甬东⑪，给君夫妇三百余家⑫，以没王世，可乎？"吴王辞曰："天降祸于吴国，不在前后。正孤之身，失灭宗庙社稷者⑬。吴之土地民臣，越既有之，孤老矣，不能臣王。"遂伏剑自杀⑭。

【注释】

①徐天祜说："《左传》:哀公二十年，'越围吴'，是为勾践二十二年；哀公二十二年，'越灭吴'，为勾践二十四年。盖首尾三年也。《国语》曰：'居军三年，吴师自溃。'《越世家》亦曰：'留围之三年，吴师败。'与《左传》合。此书系其事于一(觉按：当作"二")十一年，以为围守一年而灭吴，误也。"觉按：即据本书，5.26也将越灭吴记于夫差二十三年（即勾践二十四年），而10.11所记围吴之事，当在勾践二十二年（见10.11注㉛），所以此文当作"三年"。

②栖：见5.5注④。姑胥山：见4.35注⑨。5.26作"胥山"，可参见。《史记·越王勾践世家》作"姑苏之山"，名异实同。

③王孙骆：见5.9注⑯。《史记·越王勾践世家》作"公孙雄"，恐误。膝行：跪地用膝部前行，表示畏服。

④布：陈述。腹心：指肺腑之言，心里话。

⑤异日：往日。得罪于会稽：指夫差二年（公元前494年）打败越王而栖之于会稽。参见5.1注①。

⑥惟命是听：只要是命令就听从，即绝对服从。

⑦这句的言外之意是：希望与往日栖越王于会稽山时一样，两国讲和。

⑧中：通"衷"，见10.5注⑤。大辟：死刑。

⑨缘：因为。一朝：一时，指这一时刻。

⑩卢文弨说:"'使令'当作'令使'。"觉按:卢说可通,但"使令"恐为复合词,是使唤的意思。《孟子·梁惠王上》:"便嬖不足使令于前与?"是其证。入:当作"人",《史记·越王勾践世家》这句作"乃使人谓吴王曰",是其证。

⑪甬东:见5.25注⑤。

⑫《国语·吴语》"夫妇三百"注:"夫妇各三百人以奉之。"

⑬卢文弨说:"'者'字疑衍。"觉按:"者"字不衍,此当为倒装句,以强调罪过在于自己。

⑭徐天祜说:"上卷《夫差传》亦曰:'引剑而伏(四部丛刊本"伏"作"依",据四库全书本改)之死。'《吴世家》云:'自到死。'《越世家》止言'自杀'。按《左传》:'吴王曰:"孤老矣,焉能事君?"乃缢。'丘明,春秋时人,所闻当必不谬。《越绝》曰:'越王与之剑,使自图之。吴王乃旬日而自杀。'意者勾践虽与之剑,而夫差自以缢死耶?"

【今译】

　　越军在吴国坚持了三年,吴军连连失败,就使吴王被迫躲在姑胥山上。吴王派王孙骆袒胸露臂、跪着用膝盖走向前,向越王求和,说:"臣夫差大胆地陈述一下肺腑之言:从前在会稽得罪了君王,夫差不敢违反您的命令,能和君王缔结了和约而回国。现在君王起兵来讨伐臣,臣对您的命令绝对服从。我想君王还是会拿今天的姑胥山,当作往日的会稽山来对待的。如果我得到上天的福佑而能被您赦免我的死刑,那么吴国君臣愿意长期地做您的奴仆。"勾践听了他的话而硬不起心肠了,准备答应他讲和。范蠡说:"会稽山的战事,是上天要把越国赐给吴国,吴国不接受;现在上天把吴国赐给越国,越国可以违背天命吗?况且大王每天一早就上朝,很晚才退朝,恨得咬牙切齿、刻骨铭心,图谋吴王二十多年,难道不是因为此时此刻的事情吗?今天得到了这个机会却又放弃它,这样的计策适当吗?常言道:'上天恩赐不取它,反会遭到天责罚。'国君怎么忘了会稽的困厄呢?"勾践说:"我是想听从您的话,但不忍心回绝他的使者。"范蠡就敲响战鼓而让战士前进,说:"越王已经把政事托付给我这个办事的了,请使者赶快离去,如果你不及时离去;我就要得罪你了。"吴国的使者痛哭流涕地走了。勾践可怜吴王,就派人去对吴王说:"我把你安置在甬江东边,供给你夫妻俩每人三百多家,以此来过完大王这一生,行吗?"吴王拒绝说:"上天既然把灾祸降给了吴国,那就不在于早一点死还是晚一点死。使我的宗庙和国家丧失的人,正是我自己。吴国的土地臣民,越国已经占为己有,我老了,不能再做君王的臣子了。"就用剑自杀了。

【原文】

10.13 勾践已灭吴,乃以兵北渡江、淮,与齐、晋诸侯会于徐州①,致贡于周。周元王使人赐勾践②。已受命号③,去还江南,以淮上地与楚④,归吴所侵宋地,与鲁泗东方百里⑤。当是之时,越兵横行于江、淮之上,诸侯毕贺,号称霸王⑥。

注释

①齐、晋诸侯:越灭吴在勾践二十四年(公元前473年),此时齐国诸侯为齐平公,名骜,公元前480—公元前456年在位;晋国诸侯为晋出公,名错(一作凿),公元前474—公元前452年在位。徐(shū 舒)州:徐天祜说:"《索隐》曰:'徐,音舒。徐州,齐邑薛县是也。其字从"人",左氏作"舒"。'"觉按:"徐州"应作"俆州",《说文》作"郤",即今山东滕县东南之薛城。越灭吴以后的事,《史记》未载其确实的年份。此文承《史记·越王勾践世家》之文,但将会徐州以及以下的一些事都记于勾践二十二年(10.5 说"二十一年",10.12 说"守一年"),恐误。据《左传》,越灭吴已是勾践二十四年的事了。

②周元王:东周天子,名仁,公元前476—公元前469年在位。赐勾践:《史记·越王勾践世家》作"周元王使人赐勾践胙",可知所赐的是"胙"(zuò 作),即祭祀用的肉。天子常赐同姓诸侯以胙,以密切关系(见5.24 注⑯)。但对夏、商二王的后代也致胙,以表尊重,故《左传·僖公二十四年》说:"宋,先代之后也,于周为客。天子有事,膰焉。"杜注:"有事,祭宗庙也。膰,祭肉。尊之,故赐以祭胙。"有时为了对异姓诸侯之有大功者表示尊敬,也致胙,故《左传·僖公九年》载:"王使宰孔赐齐侯胙。"杜注:"胙,祭肉。尊之比二王后。"勾践名为夏禹的后代,又称霸一方,所以周元王赐之胙,以表示对他的尊重。

③号:称号。《史记·越王勾践世家》作"命为伯",可见其称号为"越伯"(勾践伯爵)。

④《史记·楚世家》:楚惠王四十四年(公元前445年),"是时越已灭吴,而不能正(治)江、淮北(今扬州与徐州之间的大片土地),楚东侵,广地至泗上(在今江苏西北部)。"当即指此事。本书将此事记于勾践二十二年(公元前475年),恐误。

⑤泗:见4.12 注③。

⑥四部丛刊本无"号称霸王"四字,使下节之言无根,今据《史记·越王勾践

世家》补。《索隐》:"越在蛮夷,少康之后,地远国小。春秋之初,未通上国。国史既微,略无世系,故《纪年》称为'於粤子'。据此文,勾践平吴之后,周元王始命为伯,后遂僭而称王也。'徐天祜说:"《初学记》引《吴越春秋》曰:'越王平吴后,立贺台于越。'此书无之,亦阙文也。"

【今译】

勾践已经消灭了吴国,便带兵向北渡过长江、淮河,和齐国、晋国的诸侯在徐州会盟,并向周王朝献上了贡品。周元王派人赐给勾践祭祀用的肉。勾践接受了周元王任命的伯爵称号后,就离开周王朝而回到江南,把淮河边上的土地给了楚国,把吴国所侵占的宋国土地归还给了宋国,把泗水东边方圆百里的土地给了鲁国。在这个时候,越国的军队在长江、淮河一带纵横驰骋而没有阻挡,各国诸侯都来祝贺,称勾践为霸王。

【原文】

10.14 越王还于吴,当归而问于范蠡曰:"何子言之其合于夫①?"范蠡曰:"此素女之道②,一言即合③。大王之事,王问为实④;《金匮》之要,在于上下⑤。"越王曰:"善哉!吾不称王⑥,其可悉乎?"蠡曰:"不可。昔吴之称王,僭天子之号⑦,天变于上,日为阴蚀。今君遂僭号不归⑧,恐天变复见⑨。"

越王不听⑩,还于吴,置酒文台。群臣为乐⑪,乃命乐作伐吴之曲⑫。乐师曰:"臣闻即事作操⑬,功成作乐。君王崇德,诲化有道之国,诛无义之人,复雠还耻,威加诸侯,受霸王之功。功可象于图画⑭,德可刻于金石⑮,声可托于弦管⑯,名可留于竹帛⑰。臣请引琴而鼓之。"遂作《章畅》⑱,辞曰:"屯乎⑲!今欲伐吴可未耶?⋯⋯"大夫种、蠡曰:"吴杀忠臣伍子胥,今不伐吴人何须⑳?"

大夫种进祝酒,其辞曰:

"皇天佑助㉑,我王受福。

良臣集谋,我王之德。

宗庙辅政,鬼神承翼㉒。

君不忘臣,臣尽其力。

上天苍苍,不可掩塞。

勾践伐吴外传第十 317

　　　　觞酒二升,万福无极。"
于是,越王默然无言。大夫种曰:
　　　　"我王贤仁,怀道抱德。
　　　　灭雠破吴,不忘返国。
　　　　赏无所吝,群邪杜塞。
　　　　君臣同和,福佑千亿。
　　　　觞酒二升,万岁难极[23]。"
　　台上群臣大悦而笑,越王面无喜色。范蠡知勾践爱壤土,不惜群臣之死,以其谋成国定,必复不须功而返国也[24],故面有忧色而不悦也。

注释

①其:语助字。孙诒让怀疑它是"甚"字之误,也通。
②素女:传说中的神女名,与黄帝同时。传说她知阴阳天道、擅长音乐、精通房中术。《隋书·经籍志》著录有《素女养生要方》《素女秘道经》《素女方》等。
③此句回答上文,"合"指"合于天"。有人将"大王之事"与此句连读,恐不当。
④孙诒让说:"'大王之事,王问为实'二语有误。徐改'为'为'焉'而以'实'属下读,于文仍难通。以意推之,疑当作'玉门为实'。'玉门'与'金匮',文正相对,皆六壬式书名。《勾践入臣外传》:范蠡曰:'大王安心,事将有意,在《玉门》第一。'又子胥曰:'且大王初临政,负《玉门》之第九。'又本篇后文文种曰:'吾见王时,正犯《玉门》之第八也。'此越王讶蠡言何甚合天,故蠡即以六壬占式为对。今本'玉门'讹作'王问',遂不可通耳。"觉按:实,实际结果。考察7.9、7.13、10.19、10.20所载,凡《玉门》相应的事,都必定会成为现实,所以说"《玉门》为实"。
⑤上下:泛指相对的两个方面,此指利弊得失。考察5.12可知,《金匮》相应的事,有利有弊,所以必须权衡得失。因而说"《金匮》之要,在于上下"。
⑥不:语助。参见《古书虚字集释》。不称王:即称王。见10.13注⑥。
⑦僭(jiàn荐):越分。僭号:指超越身份,冒用在上者的名号。如诸侯称"王"(楚平王)、大夫称"公"(叶公)之类。"王"是天子才可以称用的名号(如周元王),诸侯应称"公"、"侯"、"伯"等等,称"王"就是僭号。
⑧归:返回,指返回到不称王的阶段。
⑨见(xiàn现):同"现"。
⑩四部丛刊本无"不听"二字,据顾广圻所录影宋钞本补。
⑪乐:徐天祜说:"音洛。"
⑫"乐"下当有"师"字,下文"乐师"相答,是其证。乐:徐天祜说:"音岳。

下同。"

⑬即事:作事。操:琴曲名。《后汉书·曹褒传》"歌诗曲操"注引刘向《别录》:"君子因雅琴之适,故从容以致思焉。其道闭塞,悲愁而作者,名其曲曰操,言遇灾害不失其操也。"

⑭象:图。此用作动词,表示绘,画。

⑮金石:钟鼎碑碣之类,参见6.5注⑮。

⑯弦:琴、瑟之类的弦乐器。管:笛、箫之类的管乐器。托于弦管:寄寓于丝竹乐器里,指谱写在乐章中。

⑰竹帛:竹简和白绢。古代无纸时,用竹帛作为书写材料,所以"竹帛"即指书籍、史册。

⑱章:彰明。指表白越王的功劳。畅:琴曲名。《风俗通·声音琴》:"其道行,和乐而作者,命其曲曰畅。"

⑲屯(zhūn谆):艰难。

⑳徐天祜说:"'人'当作'又'。"觉按:何须:等待什么。这两句是文种、范蠡的诙谐调笑之语。他们不等乐师唱下去就接着唱了这两句。"胥"、"须"与上"乎"、"耶"押韵。"须"古韵属侯部,其他属鱼部。

㉑皇天:见7.1注⑥。

㉒承:通"丞",辅佐。翼:辅佐。

㉓难:不能(参见10.1注㊵)。万岁难极:指万岁仍不能尽越王之寿。

㉔须:求。此句当作"必复须功而不返国也"。上文文种的祝酒词说:"灭雠破吴,不忘返国。"勾践想继续求功而不想返国,所以听后面无喜色。这句便是解释此中原因。现"不"字误置在"须"字上,便不能与上下文贯通了。

【今译】

越王返回吴国,正在回去的时候而问范蠡说:"为什么你说的话那样合于天道?"范蠡说:"这是根据了素女的学说,所以一说出来就能与天道相合。大王的事情,《玉门》所记载的就是它的事实;至于《金匮》的要点,在于权衡其利弊得失。"越王说:"说得好啊!我现在自称王,那结果你可以详尽地知道么?"范蠡说:"您不能称王。从前吴王自称王,超越了自己的身份而冒用天子的名号,因而天象在上面发生了变异,太阳被阴影所吞食。现在您就这样冒用了天子的名号而不去掉,恐怕那上天的变异又要出现了。"

越王不听从范蠡的话,回到了吴国,在文台上大摆酒席。群臣要寻欢作乐,越王就吩咐乐师创作讨伐吴国的歌曲。乐师说:"我听说做事的时候就创作坚贞不渝的琴曲,功业建成了就创作歌功颂德的乐曲。大王崇尚德行,教育感化富有道义的国家,惩处不讲道义的暴君,报仇雪恨,以牙还牙,威风凛凛地凌驾于诸侯之上,取得了称霸称王的功劳。大王的功劳完全可以画在图画上,大王的德行完全可以铭刻在钟鼎碑碣上,大王的声誉完全可以谱写在乐章中,大王的名字完全可以留在史册上。请让我拿过琴来弹一曲吧。"于是就创作了《章畅》,那歌辞唱道:"艰难困苦要考虑!今想攻吴可否去?……"大夫文种和范蠡马上唱道:"吴杀忠臣伍子胥,今不攻吴又何须?"

大夫文种走上前去祝酒,他的祝酒辞说:

"天帝玉皇保佑帮忙,我们大王有福能享。

忠臣贤良一起相商,我们大王功德无量。

宗庙祖先帮助执掌,人鬼天神辅佐帮忙。

国君思臣永远不忘,臣下竭尽自己力量。

悠悠上天其色苍苍,不可掩盖不可埋藏。

一杯美酒已举两趟,幸福无限万寿无疆。"

在这个时候,越王默默地一言不发。大夫文种又说:

"我们大王贤能慈祥,胸怀道义守德高尚。

消灭仇敌打败吴王,没有忘记返回故乡。

奖赏没有吝惜的地方,各种邪恶被杜绝埋葬。

君臣同心和睦相帮,幸福降临万民同享。

一杯美酒已举两趟,幸福无边万寿无疆。"

台上群臣十分高兴地笑了,而越王脸上却没有一点儿喜悦的神色。范蠡知道勾践是贪图土地,而并不顾惜群臣的死亡,因为他的计谋已获得成功,国家已经安定,肯定又想去求取大功而不想回国,所以脸上有忧虑的神色而不高兴。

【原文】

10.15 范蠡从吴欲去,恐勾践未返失人臣之义,乃从入越[①]。行谓文种曰:"子来去矣[②]!越王必将诛子。"种不然言。蠡复为书遗种曰[③]:"吾闻天有四时,春生冬伐;人有盛衰,泰终必否[④]。知进退存亡而不失其正,惟贤人乎!蠡虽不才,明知进退。高鸟已散,良弓将藏;狡兔已尽,良犬就烹。夫越王为人,长颈鸟喙[⑤],鹰视狼步;可与共患难,而不可共处乐;可与履危,不可与安。子若不去,将害于子,明矣。"文种不信其言。越王阴谋,范蠡议欲去徼倖⑥。

注释

①《国语·越语下》载范蠡回到五湖时就辞别了越王,与此文不同。

②来:语助词,用来加强语势。

③遗(wèi卫):送给。据《史记·越王勾践世家》载,范蠡给文种此信时已到了齐国,与此文不同。

④参见7.2注㉙。

⑤喙:四部丛刊本作"啄",据四库全书本改。

⑥此下当有脱文。徼倖:同"侥幸",求利不止而意外获得成功或免于不幸。

【今译】

范蠡在吴国的时候就想离开勾践了,只是怕勾践还没有回国而有失做臣子的礼义,于是就跟随勾践一起回越国去。走在路上他对文种说:"你该走啦!越王一定会杀害你的。"文种并不认为他的话是对的。范蠡又写信给文种说:"我听说自然界有四季的交替,春天万物生长,冬天就要杀灭;人有兴盛和衰微的变化,通达显贵到了极点就一定会转向穷困潦倒。通晓进取和退隐、生存和死亡之间的辩证关系而能把握住它的正确原则,大概只有贤人才能这样吧!我范蠡虽然没有才能,也明白地懂得进取与退隐的原则。高飞的鸟儿已经散落,强劲的好弓就将收藏;狡猾的兔子已经死光,优良的猎狗投锅煮汤。越王的长相生性,长脖子、鸟嘴巴,眼神像老鹰,走路像狼;这种人可以和他共度患难,却不可和他同享安乐;可以和他一起出入于危险的地方,却不可和他一起处在安全的环境中。你如果不离开他,他就会杀害你,这道理已是很明白的了。"文种还是不相信他的话。越王暗中策划,范蠡提出要离开越王去碰运气。

【原文】

10.16 二十四年九月丁未①,范蠡辞于王曰:"臣闻主忧臣劳,主辱臣死,义一也。今臣事大王,前则无灭未萌之端②,后则无救已倾之祸。虽然,臣终欲成君霸国,故不辞一死一生③。臣窃自惟乃使于吴、王之惭辱、蠡所以不死者④，诚恐谗于太宰嚭、成伍子胥之事⑤。故不敢前死，且须臾而生⑥。夫耻辱之心，不可以大⑦；流汗之愧⑧，不可以忍。幸赖宗庙之神灵、大王之威德，以败为成，斯汤、武克夏、商而成王业者⑨。定功雪耻，臣所以当席日久⑩。臣请从斯辞矣。"越王恻然，泣下沾衣，言曰："国之士大夫是子，国之人民是子，使孤寄身托号以俟命矣⑪。今子云去，欲将逝矣。是天之弃越而丧孤也，亦无所恃者矣。孤窃有言：公位乎⑫，分国共之；去乎，妻子受戮。"范蠡曰："臣闻：'君子俟时，计不数谋⑬，死不被疑，内不自欺。'臣既逝矣，妻子何法乎？王其勉之⑭！臣从此辞。"乃乘扁舟⑮，出三江之口⑯，入五湖之中⑰，人莫知其所适⑱。

注释

①《左传·哀公二十二年》："冬十一月丁卯（二十七日），越灭吴。"则越灭吴在勾践二十四年十一月。此文在越灭吴后再记"二十四年九月"，虽与前文不矛盾，恐也为误记。参见10.12注①、10.13注①。今译文姑从原文。勾践二十四年（公元前473年）九月丁未为九月初六。

②此两句应"主忧臣劳"而言，实是反话，是范蠡的自谦之辞。则：表示对比关系的连词，参见《词诠》。端：开头，苗头，也指祸根。

③不辞一死：指他与勾践冒险入臣于吴，应"主忧臣劳"。不辞一生：指勾践栖于会稽山、到吴国当奴仆这种受辱之时他没有殉身，对应"主辱臣死"。《国语·越语下》作："昔者君王辱于会稽，臣所以不死者，为此事（指灭吴称霸之事）也。"可资参考。

④此句以下应"主辱臣死"而言。惟：思。乃：《广雅·释诂》："乃，往也。"即过去的意思。《汉书·曹参传》"乃者我使谏君也"颜注："乃者，犹言曩者。"

⑤据《左传·哀公二十四年》，太宰嚭此时为越国之臣而未死，则此所谓"太宰嚭"应解为其本人。但根据此文语气及本书5.27所载，此时太宰嚭已死，所以此所谓"太宰嚭"，是指类似太宰嚭那样的谗佞。

⑥须臾：苟延。

⑦徐天祜说："承上文而言，则'大'当作'久'。"觉按：作"大"也通。

⑧流汗：指当奴仆服劳役。

⑨参见7.2注③、1.6注⑧、1.2注②、4.7注②。

⑩当席：在位当权。日久：时间很长。

⑪俟(sì 寺)命：待命。寄身托号以俟命：指把君位让给范蠡而自己为臣。

⑫徐天祜说："'位'当作'住'。"觉按：作"位"也通，表示任职。

⑬数(shuò 朔):屡次。数谋:多次谋划,指犹豫不定,不能当机立断。

⑭《国语·越语下》"君王勉之"注:"勉王以德。"

⑮扁(piān 偏)舟:即"偏舟",小船。《国语·越语下》作"轻舟"。

⑯四部丛刊本无"之口"二字,据《水经注》卷二十九引文补。三江口:见5.21注㉔。

⑰四部丛刊本无"之中"二字,据《水经注》卷二十九引文补。五湖:见5.21注㉕。相传范蠡入五湖时经过蠡口。《吴郡志》卷八:"蠡口在齐门之北,又有蠡塘,在娄门之东。相传鸱夷子乘扁舟下五湖潜过此,以出招大夫种,因以名之。"今苏州市东北九公里处有蠡口镇。

⑱此承袭《国语·越语下》之文。《史记·货殖列传》则载其去向,其言云:"范蠡既雪会稽之耻,乃喟然而叹曰:'计然之策七,越用其五而得意。既已施于国,吾欲用之家。'乃乘扁舟,浮于江湖,变名易姓,适齐,为鸱夷子皮;之陶,为朱公。朱公以为陶天下之中,诸侯四通,货物所交易也。乃治产积居,与时逐,而不责于人。故善治生者,能择人而任时。十九年之中,三致千金,再分散与贫交疏昆弟,此所谓富好行其德者也。后年衰老而听子孙。子孙修业而息,遂至巨万。故言富者,皆称陶朱公。"《史记·越王勾践世家》记其事更详,可参见。

【今译】

二十四年(公元前473年)九月丁未日,范蠡向越王告辞说:"我听说君主忧虑时臣子就该劳苦,君主受辱时臣子就该殉身,那道理是一样的。现在我侍奉大王,在以前没有消灭过尚未萌生的祸根,后来又没有救援过已经倾泻成灾的祸患。虽然这样,我还是始终想成就国君称霸立国的大业,所以既没有推辞一死,又没有放弃一命。但我私下里一直在思忖从前出使到吴国时大王遭到那样的耻辱而我仍然没死的原因,我真怕被太宰嚭那样的奸臣所谗毁而演成伍子胥那样的事。所以我不但没有胆量在从前殉身,而且至今还能苟延残喘。那忍受耻辱的思想,是不可以让它扩大的;被奴役而汗流浃背的羞愧,是不应该忍受的。幸好依靠了祖宗的神明精灵、大王的威势德行,所以才将失败转变为成功,这就好像是商汤、周武王战胜了夏桀、商纣王而成就了称王大业。大王建立了功业、洗刷了耻辱,这就是我能长期在位当权的原因。请让我从此告别吧。"越王非常悲痛,眼泪滴湿了衣服,说道:"国内的官吏都认为你正确,国内的人民都认为你做得对,就让我把自己托付给您、把国君的名号交给您而等候您的命令吧。现在您说要离去,想马上就走。这是上天在抛弃越国而损伤我啊,我也就不再有什么依靠了。我个人想说句话:您如果在位任职嘛,那我就把国家分一半给您和您共同统治它;如果一定要离开嘛,您的妻子儿女就会被杀掉。"范蠡说:"我听说:'君子只是等待时机,计策从不多次商议,到死也不怀疑自己,心里从不排解自欺。'既然是我要走,妻子儿女又犯了什么法呢?大王还是努力行德吧!我就此告辞了。"于是就乘了小船,从三江口出去,进入了太湖,人们没有一个知道他到了什么地方。

【原文】

10.17　范蠡既去,越王愀然变色①,召大夫种曰:"蠡可追乎?"种曰:"不及也。"王曰:"奈何?"种曰:"蠡去时,阴画六,阳画三②。日前之神③,莫能制者。玄武、天空威行④,孰敢止者?度天关⑤,涉天梁⑥,后入天一⑦,前翳神光⑧。言之者死,视之者狂。臣愿大王勿复追也。蠡终不还矣。"越王乃收其妻子⑨,封百里之地⑩:"有敢侵之者,上天所殃⑪。"于是越王乃使良工铸金象范蠡之形,置之坐侧,朝夕论政。

【注释】

①愀(qiǎo 巧):忧惧的样子。

②阴画六:指八卦中的坤卦☷。阳画三:指八卦中的乾卦☰。《周易·乾》"元亨利贞"疏:"乾卦本以象天,天乃积诸阳气而成天,故此卦六爻,皆阳画成卦也。"坤属阴,象征地;乾属阳,象征天。范蠡画阴阳之划,是为了求得天地的佑助。

③日前之神:或即后世所谓"日游神",是一种凶神,人宜避忌。《元曲选·桃花女》:"今日他出门之时,正与日游神相触,便不至死,也要带伤。"范蠡出游,故文种以游神保佑来附会;此神"莫能制者",喻指范蠡之不能制止。

④玄武:北方太阴之神。《楚辞·远游》"召玄武而奔属"注:"呼太阴神使承卫也。"补注:"说者曰:'玄武,谓龟蛇。位在北方,故曰玄。身有鳞甲,故曰武。'《文选》注云:'龟与蛇交曰玄武。'"北方之神主水,范蠡乘舟入湖,故文种以水神保佑来附会。水神威行,"孰敢止者",喻指范蠡出游无人敢阻止。天空:神名。《黄帝金匮玉衡经》:"天空下贱,主侍帝庭。"则天空神虽下贱,也侍奉于帝庭,所以其行也无人敢阻止。

⑤度:越过。天关:《晋书·天文志上》:"东方:角二星为天关,其间天门也,其内天庭也。"则"天关"即指角宿,也就是室女座α、ζ两星。此喻指范蠡经过的关口。

⑥涉:古代趟水过河叫涉,而渡水以及走过桥梁也可叫涉,如《楚辞·离骚》:"麾蛟龙使梁津兮,诏西皇使涉予。"(命蛟龙做成桥梁,令西皇帮我走桥过河)。此文即指过桥。天梁:《晋书·天文志上》:"北方:南斗六星,天庙也,丞相太宰之位,……南二星魁,天梁也。"则"天梁"即指斗宿五、六两星,也就是人马座 ξ、τ 两星。此喻指范蠡经过的桥梁。《黄帝金匮玉衡经》:"出天门,登天关,涉天梁,见白虎必忧死丧。"与此文旨意相似。

⑦天一:星名,占术中用作神名。《史记·天官书》:"中宫……皆曰紫宫。前列直斗口三星,隋北端兑,若见若不,曰阴德,或曰天一。"《晋书·天文志上》:"天一星在紫宫门右星南,天帝之神也,主战斗,知人吉凶者也。"依此,则天一当指北极座之三、四、五号星。它主战斗,所以"言之者死"。此文当以"天一"来喻指范蠡的归宿处。

⑧翳(yì义):遮蔽。神光:神异的灵光。一说,"神光"是神名。

⑨俞樾说:"据此,则范蠡之去,妻子不从,后世乃有载西子泛五湖之说,非事实矣。"觉按:此"妻"当指范蠡正妻,而并非指西施。西施乃越王施计时另外访得的美女,她不过是由范蠡去献给吴王罢了(见9.8),而并不是范蠡的正妻。所以,此文即使明记其妻子不从,也不能以此来证明他没有与西施泛五湖。据传说,范蠡与西施有过一段情事。如《吴地记》载:"(嘉兴)县南一百里有语儿亭,勾践令范蠡取西施以献夫差,西施于路与范蠡潜通,三年始达于吴,遂生一子。至此亭,其子一岁能言,因名语儿亭。"

⑩《越绝书·外传记地传》:"苦竹城者,勾践伐吴还封范蠡子也。……去县十八里。"《水经注·浙江水》:"浙江又迳会稽山阴县,有苦竹里,里有旧城,言勾践封范蠡子之邑也。"

⑪这二句是誓告之辞,"有敢"上宜有"曰"字(本书记言时常不用"曰"字,参见 1.5、3.4、3.8、3.11、4.4、4.9、4.24、4.25、5.11、10.17、10.19 等等)。《国语·越语下》:"(越王)环会稽三百里者以为范蠡地,曰:'后世子孙,有敢侵蠡之地者,使无终没于越国,皇天后土、四乡地主正之。'"注:"此誓告也。"可作参证。这两句是说:"有胆敢侵害他们,就会成为上天所残害的对象。"译文用意译。

【今译】

范蠡走了以后,越王忧惧得变了脸色,召见大夫文种说:"范蠡可以被追回来吗?"文种说:"已追不上了。"越王说:"为什么呢?"文种说:"范蠡离去的时候,画了阴划六横,画了阳划三横。那个日游神,没有人能制止它。玄武、天空之神威武地行走,谁敢去阻止他呢?此神越过了天关,走过了天桥,从后面进入天一,而在前面遮蔽了神异的灵光。议论他的就会死亡,注视他的就会发疯。我请大王不要再去追他了。范蠡终究不会回来了。"越王就收揽了范蠡的妻子儿女,封给她们百里见方的土地,告诫人们说:"如果有谁敢侵害她们,就将受到上天的惩罚。"于是越王就叫能工巧匠仿照范蠡的形状铸造了一个铜像,把他放在座位边上,每时每刻都和他讨论政事。

【原文】

10.18 自是之后,计硯佯狂;大夫曳庸、扶同、皋如之徒,日益疏远,不亲于朝。大夫种内忧不朝,人或逸之于王,曰:"文种弃宰相之位而令君王霸于诸侯①。今官不加增,位不益封,乃怀怨望之心②。愤发于内,色变于外,故不朝耳。"异日,种谏曰:"臣所以在朝而晏罢、若身疾作者③,但为吴耳。今已灭之,王何忧乎?"越王默然。时鲁哀公患三桓④,欲因诸侯以伐之;三桓亦患哀公之怒,以故君臣作难,哀公奔陉⑤。三桓攻哀公,公奔卫,又奔越。鲁国空虚⑥,国人悲之,来迎哀公,与之俱归。勾践忧文种之不图,故不为哀公伐三桓也。

注释

①此指让范蠡当宰相,从而成就了越王的霸业。

②望:埋怨,责怪。

③徐天祜:"'在'当作'蚤'。"觉按:"蚤"、"在"形近而误。"蚤"通"早"。10.12作:"早朝晏罢",《墨子·尚贤中》说"蚤朝晏退",与此文义同。若:各本皆作"若",实当作"苦",形近而讹。《庄子·至乐》:"失富者苦身疾作。"是其证。

④鲁哀公:见5.3注③。三桓:春秋后期鲁国大夫孟孙氏(一作仲孙氏)、叔孙氏、季孙氏是鲁桓公之子仲庆父(亦称孟氏)、叔牙、季友的后代,故称"三桓"。鲁文公死后,三桓势力日强,分领三军,实际上掌握了鲁国的政权。参见《史记·鲁周公世家》及4.3注⑮。《左传·哀公二十四年》:"闰月(闰十月),公如越,得大子适郢。"《左传·哀公二十五年》:"六月,公至自越,季康子、孟武伯逆于五梧。"《史记·鲁周公世家》:"(哀公)二十七年春,季康子卒。夏,哀公患三桓,将欲因诸侯以劫之;三桓亦患公作难,故君臣多间。……公欲以越伐三桓。八月,哀公如陉氏。三桓攻公,公奔于卫,去如邹,遂如越。国人迎哀公复归,卒于有山氏。"《左传·哀公二十七年》所记与此类似。可见鲁哀公虽两次赴越而归,但均在勾践二十六年以后。此文显然是承袭了《史记》之文,但将它记于勾践二十四年(即鲁哀公二十二年),显属谬误。参见10.25注③。

⑤陉:地名。此文《左传·哀公二十七年》作"公如公孙有陉",杜注:"有陉氏即有山氏。"所以《左传·僖公四年》"次于陉",《史记·楚世家》作"至陉山"。其地在今河南郾城县东。

⑥鲁国空虚:与3.11所说的"国空"义同,指国内无君。

【今译】

从此以后,计硏假装发疯了;大夫曳庸、扶同、皋如之类,也一天比一天疏远了,不再亲自到朝廷上了。大夫文种心中忧郁而不上朝,有人在越王面前诋毁他,说:"文种放弃了宰相的高位而使大王称霸诸侯。现在他官职没有进一步加大,爵位也没有进一步封高,于是就怀有怨恨之心。他的愤恨产生于内心,而脸色的改变却在外表,他怕被人看出来,所以才不上朝啊。"后来,文种劝越王说:"我过去之所以很早上朝很晚退朝、熬苦了自己而勤奋工作,只是为了吴国而已。现在已经把他们消灭了,大王还担忧什么呢?"越王一声不吭。当时鲁哀公因为三桓强大而担忧,想依靠别国诸侯来讨伐他们;三桓也担心哀公发怒,所以君臣之间互相作对,哀公就逃到了陉。三桓攻打哀公,哀公逃到卫国,又转而逃到越国。鲁国没有了君主,国内的人为此而感到悲哀,就来迎接哀公,和他一起回国。勾践担心文种不出谋划策,所以不为哀公去讨伐三桓。

【原文】

10.19　二十五年丙午平旦①,越王召相国大夫种而问之:"吾闻:'知人易,自知难②。'其知相国何如人也?"种曰:"哀哉!大王知臣勇也,不知臣仁也;知臣忠也,不知臣信也。臣诚数以损声色、灭淫乐、奇说怪论,尽言竭忠以犯大王,逆心咈耳必以获罪③。臣非敢爱死不言,言而后死。昔子胥于吴矣,夫差之诛也,谓臣曰④:'狡兔死,良犬烹;敌国灭,谋臣亡。'范蠡亦有斯言。何大王问犯《玉门》之第八⑤?臣见王志也。"越王默然不应,大夫亦罢。

【注释】

①二十五年丙午:当指该年正月初七。但此记年或有误,参见10.16注①、10.18注④。平旦:见5.12注⑩。

②人:别人,他人,此指敌人一方。自:自己,此指自己一方。所以勾践接着说不知相国是什么样的人。

③咈(fú 拂):违背,抵触。

④以下几句,据本书5.27,是夫差给文种信中的话;据《韩非子·内储说下》,是太宰嚭给文种信中的话。这里记为子胥之言,恐误。疑"子胥于吴矣"五字为衍文,今译文不译。

⑤《玉门》:见7.9注④。

【今译】

　　二十五年(公元前472年)丙午日清晨,越王召见相国大夫文种而问他:"我听说:'了解别人容易,了解自己困难。'我哪能知道你相国是个什么样的人呢?"文种说:"真使人伤心啊!大王知道我勇敢,却不知道我仁慈;知道我忠贞,却不知道我守信。我的确屡次用减少音乐女色、除掉放荡作乐等奇谈怪论,畅所欲言、竭尽忠诚地来冒犯大王,但违背了您的心意、刺激了您的耳朵就一定会因此而遭罪。我不敢爱惜生命而不说,但说了以后就会死。从前夫差将被我攻杀的时候,对我说:'狡猾的兔子已死光,优良的猎狗也煮汤;敌对的国家已消灭,划策的大臣就灭亡。'范蠡也说过这话。为什么大王问我时要触犯《玉门》第八呢?我已从中看到了大王的心意。"越王沉默不答,大夫文种也就作罢了。

【原文】

　　10.20　咈其耳以成人恶①。其妻曰:"君贱一国之相、少王禄乎?临食不亨②,咈以恶,何?妻子在侧③;匹夫之能自致相国,尚何望哉?无乃为贪乎?何其志忽忽若斯?"种曰:"悲哉!子不知也。吾王既免于患难,雪耻于吴,我悉徙宅自投死亡之地。尽九术之谋④,于彼为佞,在君为忠,王不察也,乃曰:'知人易,自知难。'吾答之,又无他语。是凶妖之证也。吾将复入,恐不再还,与子长诀⑤,相求于玄冥之下⑥。"妻曰:"何以知之?"种曰:"吾见王时,正犯《玉门》之第八也。辰克其日⑦,上贼于下,是为乱醜⑧,必害其良。今日克其辰⑨,上贼下,止吾命须臾之间耳⑩。"

【注释】

①卢文弨说:"此有脱文。"觉按:"哺"上当有"归而"二字。恶:见7.11注①。哺:喂食,引申指填塞。耳:当指鼎耳。《说文》:"鼎,三足两耳,和五味之宝器也。"鼎在古代既用于煮、盛物品,也用作为宗庙祭祀的礼器,所以其妻责之以"临食不亨"。鼎为国之重器,因而又用来喻指宰辅、重臣之位,如《后汉书·陈球传》:"公出自宗室,位登台鼎。"此文即喻指文种的相位,现"哺其耳以恶",也就是污蔑卑视其相国的地位,所以其妻责之以"贱一国之相"。

②亨(xiǎng 享):古"享"字,祭祀,供献。指把祭品、珍品献给祖先、神明或天子、侯王。

③在侧:在旁边,谦指自己还活着。(古代妾称为"侧室",故此"侧"字含有谦称之意)。这句是其妻劝他顾念妻子儿女而不要造次妄为。

④九术:指九种灭吴的方法,见9.4。

⑤诀:四部丛刊本作"诀",据冯念祖本改。

⑥求:通"逑",聚。玄冥之下:黑暗的地底下,指阴间。

⑦辰:指时辰,象征臣。日:日期,象征君。参见3.5注⑰。

⑧乱醜:当为占术中的术语,是混乱丑恶的意思。

⑨这次文种见勾践在丙午平旦(见10.19)。此句之"日"指丙午;"时"指平旦,即卯时(见5.12注⑩)。"丙午"在五行配火,"卯"在五行配木(见5.12注⑯)。火克木,所以说"日克其辰"。

⑩止:只,仅仅。

【今译】

文种回到相国府后拿成人的大便填在鼎耳中。他的妻子说:"郎君鄙视执掌全国大权的相国之位、看不起国君所给的俸禄吗?到吃饭的时候不但不供献祭品,却用大便填在鼎耳中,为什么呢?你要想想,你妻子儿女都在你身边;而且,一个平民能至相国之位,还企求什么呢?莫非是因为贪婪么?否则,为什么你的思想昏乱糊涂得像这个样子?"文种说:"真可悲啊!你实在不懂得这种事。我们的国君已经免除了灾难,在吴国洗刷了过去所受的耻辱,这样,我也就完全把自己的立身之处迁移到了死亡的地方。我全部献上了包含有九种办法的谋略,这在吴国一方可以说我是巧言谄媚,但在国君来说应该把这看作为忠诚,然而国王并没有明察这一点,竟然说:'了解别人容易,了解自己困难。'我回答他,他又没有其他的话。这是不吉利不正常的征兆啊。我将再次进宫,恐怕不能再回来了,就和你永别了,到阴间再相会吧。"妻子说:"凭什么知道事情会这样呢?"文种说:"我拜见国王的时候,正好触犯了《玉门》第八。如果这时时辰的干支胜过那日期的干支,那么君主就会被臣下所戕害,这就是乱酸,那就一定会危害那些好人。现在我拜见国王的时候是日期的干支胜过了那时辰的干支,所以君主就会杀害臣子,我的生命不过是在片刻之中罢了。"

【原文】

10.21　越王复召相国,谓曰:"子有阴谋兵法倾敌取国①。九术之策,今用三,已破强吴;其六尚在子所,愿幸以余术为孤前王于地下谋吴之前人。"于是种仰天叹曰:"嗟乎!吾闻:'大恩不报,大功不还。'其谓斯乎!吾悔不随范蠡之谋,乃为越王所戮。吾不食善言,故哺以人恶。"越王遂赐文种属卢之剑②。种得剑又叹曰:"南阳之宰而为越王之擒③。"自笑曰:"后百世之末,忠臣必以吾为喻矣。"遂伏剑而死。

越王葬种于国之西山④,楼船之卒三千余人⑤,造鼎足之羡⑥,或入三峰之下⑦。葬一年⑧,伍子胥从海上穿山胁而持种去⑨,与之俱浮于海。故前潮水潘候者⑩,伍子胥也;后重水者,大夫种也。

▶注释

①阴谋:秘密的计谋,即指九术。9.4说:"凡此九术,君王闭口无传。"所以说它是"阴谋"。

②属卢:见5.19注①。

③南阳:当作"南郢"。《文选·豪士赋序》"文子怀忠敬而齿剑"注:"《吴越春秋》曰:'文种者,本楚南郢人也。姓文,字少禽。'"是其证。南郢:即楚都郢,在今湖北江陵县北的纪南城。因其地处中国南方,所以又称"南郢"。

④西山:徐天祜说:"即卧龙山,又名种山,一曰重山。《太平御览》曰:'种山之名,因大夫种。以语讹,成重也。'"觉按:该山状若卧龙,故名卧龙山、龙山。因文种葬于此山北麓,故又名种山。后代山阴县治在其西麓,府治于东麓,故俗称府山。主峰海拔七十八米。在今绍兴市区,今已辟为公园。参见8.1注⑩、8.3注③。

⑤楼船:有叠层的大船,多作为战船。《史记·平准书》:"越欲与汉用船战逐……治楼船,高十余丈,旗帜加其上,甚壮。"

⑥鼎足:鼎为国之重器,有三足,因以鼎足喻三公、宰辅之位。羡(yán 延):徐天祜说:"《周礼·冢人》'丘隧'注:'羡道也。'"疏曰:"天子有隧,诸侯已下有羡

道。'《史·卫世家》:'共伯入釐侯羡。'《索隐》曰:'羡音延。延,墓道。'"觉按:参见4.14注⑪。

⑦《越绝书·外传记地传》作"葬之三蓬下",未知孰是。

⑧一:四部丛刊本作"七",但其中的"乚"很淡,今依冯念祖本改作"一"。

⑨山:即指葬文种之山。山胁:胸的两侧叫"胁"。山胁当指山腰之上、山头之下的部位,当是文种所葬之处。

⑩潘(pán 盘):通"蟠"、"澰",水旋流。候:伺望,迎候。《水经注·渐江水》:"潮水之前扬波者,伍子胥。"文义显豁,但与此不同。

【今译】

越王又召见相国,对他说:"你有秘计兵法去颠覆敌人夺取他国。那九种方法的计策,现在只用了三种,就已经攻破了强大的吴国;其中的六种还在你那里没有用过,希望你用这些剩下的方法为我的前代君王在地下图谋吴国的祖先。"于是文种仰天叹息说:"唉!我听说:'大的恩德是得不到报答的,大的功劳是得不到酬劳的。'这话大概就是说的这种情况吧!我真后悔没有听从范蠡的计谋,竟然被越王所杀。我不背弃他的那些忠言好话,所以用人粪填在相国府中的鼎耳上。"越王就赐给文种属镂宝剑让他自杀。文种得到了属镂剑又叹息说:"南郢出身的宰相却被越王擒住了。"又讥笑自己说:"以后在各个时代的衰亡时期,忠臣一定会拿我作为比喻的。"于是就用剑自杀了。

越王把文种埋葬在国都西面的山上,送葬时出动了楼船上的士兵三千多人,还建造了级别很高的墓道,有人说文种埋葬在三峰之下。葬了一年,伍子胥从海上过来凿通山胸而挟着文种走了,和他一起漂浮在海上。所以前面的潮水盘旋地前来伺望迎候的,就是伍子胥;后面那层层重叠而来的波浪,就是大夫文种。

【原文】

10.22 越王既已诛忠臣,霸于关东①,徙都琅邪②,起观台③,周七里,以望东海。死士八千人,戈船三百艘④。居无几,射求贤士⑤。孔子闻之⑥,从弟子奉先王雅琴礼乐奏于越⑦。越王乃被唐夷之甲⑧,带步光之剑,杖屈卢之矛⑨,出死士以三百人为阵关下。孔子有顷到,越王曰:"唯唯,夫子何以教之?"孔子曰:"丘能述五帝三王之道⑩,故奏雅琴以献之大王。"越王喟然叹曰:"越性脆而愚,水行山处,以船为车,以楫为马,往若飘然,去则难从,悦兵敢死,越之常也。夫子何说而欲教之?"孔子不答,因辞而去。

注释

①关东:指函谷关(在今河南宝灵县南)以东之地。

②徙都:四部丛刊本作"從",据《太平御览》卷一百六十引文改。琅邪:即"琅玡",见8.3注⑫。

③《史记·秦始皇本纪》"乃徙黔首三万户琅玡台下"《集解》:"骃案:《地理志》:'越王勾践尝治琅玡县,起台馆。'"《正义》:"《括地志》云:'密州诸城县东南百七十里有琅邪台,越王勾践观台也。台西北十里有琅邪。'"

④戈船:古代一种战船。《文选·吴都赋》"戈船掩乎江湖"刘注:"戈船,船下有戈也。"船下安上戈戟,是为了除去蛟鼍水虫之害(参见《汉书·武帝纪》"归义越侯严为戈船将军"注)。但《西京杂记》卷六则说:"戈船,上建戈矛,四角悉垂幡旄於葆麾盖。"未知孰是。

⑤射:逐取,追求。

⑥孔子(公元前551—公元前479年):名丘,字仲尼,鲁国陬邑(今山东曲阜东南)人。他是春秋末期著名的思想家、教育家、儒家学派的创始者。这时孔子已死,不可能"闻之",此文不可信。

⑦从:使……跟从,带领。王:四部丛刊本作"生",据冯念祖本改。雅琴:乐器名。徐天祜说:"《春秋》,哀公十六年夏四月书'孔丘卒'。由文种之死,上距夫子之卒,已八年矣。谓夫子以是年入越,非也。"

⑧被(pī披):同"披"。唐夷:通"棠铗",见3.15注⑥。有人认为"唐夷"就是"唐猊",是古代一种凶猛的野兽,用它的皮制甲,非常坚厚,后来就用"唐夷"作为甲的代词。此说已为词典所吸取,但恐怕并不正确。因为古书中只有"棠铗之甲"(见3.15)、"赐夷"(见《文选·吴都赋》)、"肠夷之甲"(见《越绝书·外传记宝剑》)、"赐夷之甲"(见《越绝书·外传记地传》)等说法,而无以"唐猊之甲"一语来替代上述说法的例子。不知说者有何根据。

⑨步光、屈卢:见5.7注⑨。杖:通"仗",执持。

⑩五帝:见7.2注㉒。三王:见7.2注⑮。

【今译】

越王杀了忠臣以后,在函谷关以东一带称霸诸侯,把国都迁到琅玡,在那里筑起了观望的高台,周长七里,凭此来远望东海。他拥有敢死之士八千人、装有戈戟的战船三百艘。过了没有多少时候,他又追求贤德之士。孔子听到了这个消息,就带领学生捧着先王时代的雅琴、带着合礼的雅乐到越国去演奏。越王就穿了用棠豁的优质铁片制成的铠甲,佩带着步光利剑,手执屈卢良矛,派出敢死之士三百人使他们在边关下排成队列。过了一会儿,孔子就到了,越王说:"是是是,先生用什么来教我?"孔子说:"我孔丘能陈述五帝三王的政治原则,所以将通过演奏雅琴来把这些原则进献给大王。"越王感慨地叹息说:"越国人生性脆弱而愚蠢,在江河中来往,在山上居住,在交通中用船代替了车,用船桨代替了马,前进冲锋时就像旋风那样迅猛,但要他们撤离却很难听从,喜欢战争勇于牺牲,这是越国人的通性。先生有什么高见想来教我呢?"孔子没有回答,便告别他离去了。

【原文】

10.23 越王使人如木客山取元常之丧①,欲徙葬琅邪。三穿元常之墓,墓中生熛风②,飞沙石以射人,人莫能入。勾践曰:"吾前君其不徙乎!"遂置而去。

【注释】

①徐天祜说:"木客山,去会稽县十五里。《越绝》曰:'木客太冢者,允常冢也。'"元常:参见 4.15 注⑥。《北堂书钞》卷一百六十引此文作"允常"。丧(sāng 桑):尸体。

②徐天祜说:"熛,火飞貌,风热如火飞也。"觉按:熛,当通"飘"。《史记·礼书》"卒如熛风",《荀子·议兵》作"卒如飘风",《商君书·弱民》作"速若飘风",是其证。飘风:旋风。

【今译】

越王派人到木客山去取元常的尸体,想把他迁葬到琅玡。凿了三次才凿通了元常的墓室,但墓室中却生出旋风,将沙石飞扬起来射人,没有人能进得去。勾践说:"我的先君大概不愿意迁移吧!"于是就放弃了此事而离开了。

【原文】

10.24 勾践乃使使号令齐、楚、秦、晋皆辅周室,血盟而去①。秦桓公不如越王之命②,勾践乃选吴越将士,西渡河以攻秦,军士苦之。会秦怖惧,逆自引咎③,越乃还军。军人悦乐,遂作《河梁之诗》,曰:

"渡河梁兮渡河梁,举兵所伐攻秦王。
孟冬十月多雪霜④,隆寒道路诚难当⑤。
阵兵未济秦师降,诸侯怖惧皆恐惶。
声传海内威远邦⑥,称霸穆桓齐楚庄⑦。
天下安宁寿考长,悲去归兮河无梁⑧。"

自越灭吴,中国皆畏之。

注释

①血:指饮血。《史记·秦始皇本纪》"乃徙黔首三万户琅邪台下"《正义》引此文作"歃血"可证。歃:见5.23注㊶。《礼记·曲礼下》"莅牲曰盟"疏:"盟者,杀牲歃血,誓于神也。……盟之为法,先凿地为方坎,上割牲牛耳,盛以珠盘,又取血,盛以玉敦。用血为盟书,成乃歃血而读书。"

②徐天祜说:"按《史记·年表》,勾践二十五年是为秦厉共公六年,此书为'秦桓公不如越王之命',非也。由勾践二十五年上距秦桓公之卒,盖一百有六年矣。'桓公'当作'厉共公'云。"觉按:秦桓公,见4.25注⑨。秦厉共公,公元前476—公元前443年前在位。

③逆:预先。

④孟冬:冬季的第一个月叫孟冬,即十月。

⑤隆:盛。当:承受。

⑥威:威慑,使……害怕。远邦:远方的国家。

⑦穆:秦穆公,参见8.8注㉚。桓:齐桓公,参见7.9注⑳。楚庄:楚庄王,参见2.2注③。穆、桓、庄都是春秋时期的霸主。此句是说勾践与他们一样称霸诸侯。

⑧河:四部丛刊本作"何",据四库全书本改。去:消除。

【今译】

勾践于是派使者命令齐国、楚国、秦国、晋国都辅佐周朝王室,要饮血结盟才离去。秦厉共公不服从越王的命令,勾践就挑选了吴越的将士,向西渡过黄河去攻打秦国,战士们为此而苦恼。正好碰上秦厉共公害怕了,事先主动地承认了错误,越国也就把军队撤回了。全军将士都十分高兴,就作了一首《河梁之诗》,那诗歌说:

"过桥梁啊过桥梁，兴兵讨伐攻秦王。
孟冬十月多雪霜，严寒道路实难当。
阵兵未渡秦军降，诸侯害怕都恐慌。
名传海内震远邦，称霸穆桓与楚庄。
天下安宁寿命长，悲消回家河无梁。"
自从越国消灭了吴国，中原各国都怕它。

【原文】

10.25 二十六年，越王以郯子无道而执以归①，立其太子何②。冬③，鲁哀公以三桓之逼来奔，越王欲为伐三桓，以诸侯大夫不用命④，故不果耳。

【注释】

①郯：春秋诸侯国名，曹姓，故地在今山东邹县境。郯子：指郯国国君，郯国为子爵之国，所以其君称为郯子。此当指郯隐公，名益。鲁哀公八年（公元前487年），郯隐公无道，吴国派太宰嚭讨而囚之，使诸大夫立太子革以为政（即郯桓公）。鲁哀公十年（公元前485年），郯隐公自吴逃出奔鲁，既而又奔齐。鲁哀公二十二年（公元前473年）夏四月，郯隐公自齐奔越，向越王诉说："吴为无道，执父立子。"并向越王求助。于是越国送郯隐公回国，太子革反而逃奔越国。鲁哀公二十四年（勾践二十六年，公元前471年），郯隐公又无道，所以越王执之以归。参见《左传》及杜注、孔疏。

②太子：当作"公子"。《左传·哀公二十四年》作"立公子何"可证。太子是革而不是何，何是郯隐公的小儿子。杜预注："何，大子革弟。"

③冬：指该年的闰十月，见10.18注④。

④"侯"字当衍。7.3"以国累诸大夫"，原本也衍"侯"字，与此同例。诸大夫不用命：当即指10.18所说的"计砚佯狂"，"大夫曳庸、扶同、皋如之徒，日益疏远"等等。

【今译】

二十六年（公元前471年），越王因为郯国国君暴虐无道而把他抓起来带了回去，拥立郯国的公子何。冬天，鲁哀公因为三桓的逼迫而逃到越国来，越王想为他去攻打三桓，因为各位大夫不尽力服从命令，所以才没有成为现实罢了。

【原文】

10.26　二十七年冬,勾践寝疾,将卒①,谓太子兴夷曰②:"吾自禹之后,承元常之德,蒙天灵之佑、神祇之福③,从穷越之地④,籍楚之前锋⑤,以摧吴王之干戈,跨江涉淮,从晋、齐之地⑥,功德巍巍。自致于斯,其可不诫乎? 夫霸者之后,难以久立,其慎之哉!"遂卒。

注释

①徐天祜说:"《通鉴外纪》:'勾践三十三年薨。'"觉按:《竹书纪年》卷下:贞定王"四年十一月,於越子勾践卒"。贞定王四年,即勾践三十二年(公元前465年),与《通鉴外纪》近。此文记为二十七年,恐误。

②太子兴夷:典籍所载有歧异。《左传·哀公二十四年》所记越王太子名"适郢",《史记·越王勾践世家》记为"鼫与",《竹书纪年》卷下作"鹿郢",《越绝书·外传记地传》作"与夷"。

③祇:四部丛刊本作"祗",据四库全书本改。

④从:犹"以",参见《古书虚字集释》。

⑤籍:(jiè 借)通"藉"。"藉"既可表示贡献(《谷梁传·哀公十三年》"其籍于成周"注:"藉,谓贡献。"),又可表示凭借,此文似乎兼有此二义。10.5　载越王说:"南则距楚……奉币、玉帛、子女以贡献焉未尝敢绝,求以报吴,愿以此战。"是其证。

⑥从:通"纵",放纵,恣肆。此当即指 10.13 所载的"与齐、晋诸侯会于徐州","横行于江、淮之上"。

【今译】

二十七年(公元前 470 年)冬天,勾践卧病不起,临死时,对太子兴夷说:"我在大禹之后,继承了元常的德行,受到了上天神灵的保佑和天地之神的赐福,以穷困的越国之地,结交与凭借了楚国这个先锋,因而摧毁了吴王的武装力量,跨过了长江,渡过了淮河,在晋国、齐国的土地上横冲直撞,功业与德行伟大崇高。自从达到了这种地步,难道可以不警戒吗? 那称霸者的后代,难以长期立于不败之地,你一定要谨慎啊。"勾践说完就死了。

【原文】

10.2　兴夷即位一年,卒,子翁①;翁卒,子不扬;不扬卒,子无强;

无强卒②,子玉;玉卒,子尊;尊卒,子亲。自勾践至于亲,共历八主③,皆称霸④,积年二百二十四年⑤。亲众皆失,而去琅邪、徙于吴矣⑥。

注释

① "翁"下承上省去了"即位"。下面的句式同此。

② 无强卒:四部丛刊本作"强卒",据冯念祖本补"无"。

③ 共:四部丛刊本作"其",据四库全书本改。徐乃昌本作"丌",当为古本原字,后人不知"丌"即"共"之古字,因误为"其"。

④《竹书纪年》《史记》所记越国世系与此不同,也并非都称霸,此文所记与《越绝书》同。今并录之以供参考。《竹书纪年》卷下:贞定王"四年(公元前465年)十一月,於越子勾践卒,是为菼执。次鹿郢立。""十年(公元前459年),於越子鹿郢卒。不寿立。""二十年(公元前449年),於越子不寿见杀,是为盲姑。次朱勾立。"威烈王"十二年(公元前414年),於越子朱勾伐郯,以郯子鸠归;十四年(公元前412年),於越子朱勾卒。子翳立。"安王"二十三年(公元前379年),於越迁于吴"。二十六年(公元前376年)"七月,於越太子诸咎弑其君翳。十月,越人杀诸咎,越滑吴人立孚错枝为君。"烈王元年(公元前375年),"於越大夫寺区定越乱,立初无余,是为莽安。"显王四年(公元前365年),"於越寺区弟思弑其君莽安。次无颛立。"十二年(公元前357年),"於越子无颛卒,是为菼蠋卯。次无疆立。"三十四年(公元前335年),"於越子无疆伐楚"。"三十六年(公元前333年),楚围齐于徐州,遂伐於越,杀无疆。"隐王三年(公元前312年),"四月,越王使公师隅来献舟三百、箭五百万,及犀角象齿。"无疆之后,越王之名在《竹书纪年》中已无著录。《史记·越王勾践世家》:"勾践卒,子王鼫与立。王鼫与卒,子王不寿立。王不寿卒,子王翁立。王翁卒,子王翳立。王翳卒,子王之侯立。王之侯卒,子王无强立。王无强时,越兴师北伐齐,西伐楚,与中国争强。……楚威王兴兵而伐之,大败越,杀王无强,尽取故吴地,至浙江,北破齐于徐州。而越以此散,诸族子争立,或为王,或为君,滨于江南海上,服朝于楚。后七世至闽君摇,佐诸侯平秦,汉高帝复以摇为越王,以奉越后。东越闽君,皆其后也。"《越绝书·外传记地传》:"越王夫镡以上至无馀久远,世不可纪也。夫镡子允常,允常子勾践,大霸,称王,徙琅琊都也。勾践子与夷时霸;与夷子子翁时霸;子翁子不扬时霸;不扬子无疆时霸,伐楚,威王灭无疆;无疆子之侯窃自立为君长;之侯子尊时君长;尊子亲失众,楚伐之,走南山。亲以上至勾践凡八君,都琅琊,二百二十四岁,无疆以上霸,称王;之侯以下微弱,称君长。"

⑤ 二百二十四年:此年数恐误。勾践元年为公元前496年,则224年以后为公元前272年,与楚灭越之年不合。参见10.28注⑧。今译文姑从原文。

⑥ 据《竹书纪年》,越王翳在周安王二十三年(公元前379年)就已迁于吴,见

注④。此文记迁吴之时甚晚,恐误。

【今译】

兴夷登上君位一年,去世了,儿子翁即位;翁去世了,儿子不扬即位;不扬去世了,儿子无强即位;无强去世了,儿子玉即位;玉去世了,儿子尊即位;尊去世了,儿子亲即位。从勾践到亲,一共经历了八个君主,都称霸,累计年数为二百二十四年。到亲做越国国君的时候,民众都散失了,于是他就离开琅玡而迁居于原来的吴国国都。

【原文】

10.28　自黄帝至少康十世①。自禹受禅至少康即位六世②,为一百四十四年。少康去颛顼即位,四百二十四年。

黄帝——昌意——颛顼——鲧——禹——启——太康——仲庐③——相——少康——无余——无玉,去无余十世④——无曎——夫康——元常——勾践——兴夷——不寿⑤——不扬——无强——鲁穆柳有幽公为名⑥,王侯自称为君⑦——尊——亲,失琅邪,为楚所灭⑧。

勾践至王亲,历八主,格霸二百二十四年⑨。从无余越国始封,至徐善返越国空灭⑩,凡一千九百二十二年。

注释

①黄帝:见6.3注㉕。少康:见6.8注①。十世:古代以父子相继为一世,黄帝生昌意,昌意生颛顼(见《史记·五帝本纪》),颛顼生鲧,鲧生禹(见6.1注③),但禹至少康不满六世(见6.8注①),所以从黄帝到少康实不足"十世"。本书盖以一主为一世。

②六世:见6.8注①。

③仲庐:《史记·夏本纪》作"中康"。

④俞樾说:"以《无余外传》证之,则'无玉'当为'无壬'。又,其下有'无曎'、'夫康'两君,以《无余传》证之,'无曎'当作'无瞫','夫康'当作'夫谭',或传刻之误。"觉按:古文"壬"作"玊","玉"作"玉",故"壬"、"玉"两字易误。今译文依俞说,以便与《无余外传》保持一致。夫谭:《越绝书·外传记地传》作"夫镡"。十世:参见6.9及6.10注③。

⑤上文记兴夷之子为"翁",而这里作"不寿",作者大概将"翁"与"不寿"视

为一人。但据《史记》，不寿是甀与的儿子、翁的父亲（见10.27注④）。此文恐误。

⑥穆柳：当为人名，姓穆，名柳，其事不详，待考。《史记·晋世家》载有晋"幽公柳"，公元前437—公元前420年在位，虽名"柳"，且以"幽公"为名号，但年代较早，国别不同，恐非此文所指。《史记·鲁周公世家》记有鲁穆公，公元前407—公元前375年在位，年代虽稍后，但名"显"而不名"柳"，且以"穆公"为名号，恐也与此无关。此文或为上述这两人之事之杂糅，纯为传说，非史实。有：犹"以"，参见《古书虚字集释》。

⑦徐天祜说："无强，王之侯之子。所谓'王侯自称为君'，或者即王之侯也。"觉按：徐氏据《史记》立说（见10.27注④），与此文不甚符合。此文之"王侯"，即"王之侯"，亦即10.27之"玉"，但不是无强之父，而是无强之子。它与《史记》不一致，不必用《史记》来强解此文。《越绝书》以"之侯"为无强之子（见10.27注④），与此同。又，据《史记·鲁周公世家》，鲁平公登位时（公元前314年），"六国皆称王"，可见当时僭称君王已成风气，这两句所说的情况也无非如此。

⑧楚灭越的年代有二说：一说在楚威王七年（公元前333年）以前，见《史记·楚世家》"齐孟尝君父田婴欺楚"《集解》；一说在楚怀王二十三年（公元前306年）或稍前，见杨宽《战国史》第八章注。据《史记·越王勾践家》，楚威王仅杀了越王无强，而越服朝于楚（见10.27注④），当时越并未被灭，所以前一说恐不当。另外，蒙文通《越史丛考·越人迁徙考》认为越灭于秦始皇二十五年（公元前222年），与此文"为楚所灭"不合，恐也误。

⑨徐天祜说："'格'当作'称'"。觉按：徐说可通，但作"格"也通。《史记·李斯列传》"严家无格房"《索隐》："格，强悍也。"格霸：等于说"称强称霸"。

⑩馀善：当为亲的别名或字。空：指无君。参见10.18注⑥。

【今译】

从黄帝到少康为十代。从禹接受禅让的帝位到少康即位为六代，是一百四十四年。少康离颛顼即位为四百二十四年。

黄帝——昌意——颛顼——鲧——禹——启——太康——仲庐——相——少康——无余——无壬，离无余十代——无瞫——夫谭——元常——勾践——兴夷——不寿——不扬——无强——鲁国的穆柳以幽公作为自己的名号，王之侯自称为君——尊——亲，丢了琅玡，被楚国所灭。

勾践到越王亲，经历了八个君主，称强称霸共二百二十四年。从无余开始被封在越国，到馀善返回越国而被消灭，总共一千九百二十二年。

附录一

《吴越春秋》佚文

【说明】

赵晔所撰《吴越春秋》共十二卷,今传十卷是后人删改过的本子。从唐、宋以前的学者所编撰的类书、著作、注释等所引的《吴越春秋》之文来看,其中不但有许多异文,而且还有不少文字不见于今本。这些佚文虽然较为零碎杂乱,而且也可能被引者篡改过了,但它对于了解《吴越春秋》原著的面貌还是有意义的。所以,前人曾做过辑佚的工作。其中顾广圻大概是较早从事这一工作的人,他曾辑录了十四条佚文分别附于各卷首尾。而贡献最大、搜罗最广的当推顾观光,他所辑的《吴越春秋逸文》刊在《武陵山人遗书》中。后来王仁俊《经籍佚文》中的《吴越春秋佚文》、徐乃昌《随庵徐氏丛书》中所录的《吴越春秋逸文》,均转抄自《武陵山人遗书》。为了不埋没其大功,今过录如下。为便于阅读,今另加序号。《武陵山人遗书》本将第11、12条误合为一条,今分列。顾氏原注为双行小字,今用单行而加括号。凡我另加的注均题以"觉按",以便与顾氏原注区别。

王仁俊《经籍佚文》(稿本,藏上海图书馆)于顾氏所辑外,又从杜氏《古谣谚》辑录《广博物志》卷三十四所引"越王还于吴,置酒文台……今欲伐吴可未邪"一条。此条实非佚文(见10.14),故今不录。

除顾氏所辑外,我又搜得10条,今列于后。

凡原文中已经补出、注释中已经录出的文字,在此不再重列。请参阅3.5注㉗,3.8注①,3.9注⑤,4.8注⑥、⑦,4.15注⑬,5.11注⑧,5.27注①,6.3注㉑,7.10注③,7.14注⑦,8.2注⑥,8.3注④、⑬、⑮、㉗,8.5注④,8.6注㉒,9.11注⑨,9.12注⑪。

【佚文】

1. 尧听四岳之言,用鲧修水。鲧曰:"帝遭天灾,厥黎不康。"乃筑城造郭,以为国固。(《初学记》廿四,《御览》百九十三。觉按:《初学记》卷二十四"修"作"脩"、"国固"作"固国"。《太平御览》卷一百九十三"帝"下有"之","不"作"及"。)

2. 鲧筑城以卫君,造郭以居人(《初学记》作"守民"),此城郭之始也。(同上)

3. 楚王召风胡子而告之曰:"寡人闻吴有干将,越有欧冶。寡人欲因子请此二人作剑,可乎?"风胡子曰:"可。"为(觉按:"为"为"乃"之误)往见二人,作剑,一曰龙渊,二曰太阿。(《史记·苏秦传·集解》)

4. 阖闾死(觉按:《吴郡志》卷三十九引无"死"字,卷十六引有"死"字),葬于国西北,名(觉按:《吴郡志》无"名"字)虎邱。穿土为川(《吴郡志》误作"山"),积壤为邱,发五郡之士(《艺文》"郡"作"都")十万人共治千里,使象挞土凿池(《寰宇记》九十一引作"楗土临湖"。觉按:《艺文类聚》"凿池"作"冢池"),四周水深丈余,铜椁三重,澒水银为池(《艺文》"澒"作"倾"),池广六十步,黄金珠玉为凫雁,扁渚(觉按:《艺文类聚》卷八、《吴郡志》卷三十九"渚"作"诸")之剑、鱼肠三千在焉。葬之已(觉按:《吴郡志》卷三十九无"已")三日,金精上扬为白虎,据坟,故曰虎邱。(《艺文》八、《吴郡志》三十九。觉按:《北堂书钞》卷九十四:"《吴越春秋》云:虎丘者,吴阖闾墓。夜,桐椁三重,金凫玉鼠、鱼肠之剑皆送葬焉。金精上出,化为白虎,据坟,故曰虎丘。"又,陆广微《吴地记》也节引此文。参见下条。)

5. 虎邱者,吴王阖闾墓也。下池广六十步,深一丈五尺,铜棺三重,中池广六尺(《御览》八百十二引:"中澒池广六丈"。觉按:《御览》卷八百十二"池"作"地"),金雁玉凫、鱼肠之剑以送焉(此句又见《书钞》九十四。觉按:与此文稍异,见上),取土临海潮千万人筑治之。(《御览》五百五十八。此即上条之文而引者互有删节,不可强合为一,故两存之。觉按:《御览》卷五百五十八"邱"作"丘","五"下"尺"字作"赤","铜棺"作"铜椁","鱼肠"上有"诸肠","土"作"士","治之"下有"以葬后,金精上地为白虎,据坟,故以为虎丘"。)

6. 越王既栖会稽,范蠡等曰:"臣窃见会稽之山(觉按:《说郛》"山"作"上")有鱼池,上下二处,水中有三江四渎之流、九豁六谷(觉按:《说郛》"谷"作"合")之广。上池宜于君王,下池宜于臣民。畜鱼三年,其利可以致千万,越国当富盈。"(《艺文》九十六,《御览》九百三十五,《事类赋注》廿九。觉按:《说郛》卷第二也引此文,但稍略。《御览》《事类赋注》"臣民"作"民臣"。)

7. 吴亡后,越浮西施于江,令随鸱夷以终。(《修文御览》引,见《绎史》九十六。)

8. 越王平吴后,立贺台于越。(《初学记》廿四)

9. 文种者,本楚南郢人也(此上依《文选·豪士赋序》注补)。姓文,名种,字子禽(《文选》注名少禽。觉按:《文选》注引作"字少禽")。荆平王时为宛令,之三户之里,范蠡从犬窦蹲而吠之,从吏恐文种惭,令人引衣而障之。文种曰:"无障也。吾闻犬之所吠者人。今吾到此,有圣人之气,行而求之,来至于此。且人身而犬吠者,谓我是人也。"乃下车拜,蠡不为礼。(《史记·越世家·正义》)

10. 蠡,字少伯,乃楚宛三户人也。(同上)

11. 文种,荆平王时为宛令,不治官职,有若狂颠,惟叹咲也。(《抄本书钞》七十八。觉按:今本《北堂书钞》卷七十八也引以上21字,"咲"作"笑"。)

12. 吴王既杀(觉按:《御览》卷四百五十六作"煞")子胥,问太宰曰:"子胥数以越谏,遂以丧身。从死以来,若有所亡。今欲祠之,何日可也?"曰:"三月癸未可也(《御览》五百廿六引作"二月癸未",《书钞》亦作"二月"。觉按:《御览》卷五百二十六无"二月癸未",《北堂书钞》卷八十八作"二月")。"及夫差帅诸群臣出国东门祀子胥于江水之滨,诸臣并在,夫差乃言曰:"寡人蒙先王之遗恩,为千乘之主。昔日不听相国之言,乃用谗佞之辞,至令相国远投江海(《御览》五百廿六引作"江滨"。觉按:《御览》卷五百二十六"远投江海"作"远没江海")。自亡以来,濛濛惑惑,如雾蔽日,莫谁与言。"泣下沾矜(觉按:《御览》卷五百二十六"矜"作"衿",当据正),哀不自胜。左右群僚莫不悲伤。忽见乐自触酒,又言曰:"相国!其可留神,一与寡人相见。"胥即从中出,曰:"生时为人,死时为神。向远大王复重祭臣。"诸臣持杯,杯动酒尽,左右群臣,莫不见之。(《抄本书钞》八十八,《御览》四百五十六,又五百廿六参定。觉按:今《北堂书钞》卷八十八引文删节甚多,《御览》亦不全,此为顾氏参定之文。)

13. 吴王夫差闻孔子与子贡游于吴,出,求观其形,变服而行,为或人所戏而伤其指。夫差还,发兵索于国中,欲诛或人。子胥谏曰:"臣闻昔上帝之少子,下游青泠之渊,化为鲤鱼,随流而戏渔者,豫且射而中之,上诉天帝。天帝曰:'汝方游之时,何衣而行?'少子曰:'我为鲤鱼。'上帝曰:'汝乃白龙也,而变为鱼。渔者射汝,是其宜也,又何怨焉?'今夫大王弃万乘之服而从匹夫之礼,而为或人所刑,亦其宜也。"于是吴王默然不言。(《群书治要》、又《御览》三百七十节引。)

14. 吴将伐齐，北霸中国，自广陵掘江通淮。(《寰宇记》百二十四。觉按：《太平御览》卷一百六十九引作："吴将伐齐，自广陵掘沟通江、淮。")

15. 子胥谏吴王，王怒。胥暮归(此"胥"字依《事类赋注》三补)，举衣出宫。宫中群臣皆惊曰："天无霖雨，宫中无泥露，相君举衣行高，何为?"子胥曰"吾以越谏王，王心迷，不听吾见(觉按：《书钞》《御览》"吾见"均作"吾言"，当据正)。宫中生草棘，雾露沾我衣。"群臣闻之，莫不悲伤。(《书钞》百五十二、《御览》十二。觉按：这是顾氏据《书钞》《御览》参定之文。《书钞》文略，"行高"作"行适"，且不明题《吴越春秋》。《事类赋注》也节引此文。)

16. 大夫种善图始，范蠡善虑终。(《文选·五等论》注)

17. 范蠡曰："夫人君，勇者，逆德也；兵者，凶器也；争者，国之末也。"(《文选·陆士衡乐府诗》注)

18. 赐以甘果。(《书钞》十九)

19. 越雁，阵名。(《白帖》五十四)

20. 海盐县沦为柘(觉按：今《初学记》作"招")湖，徙居武原乡，故越地也。(《初学记》七)

21. 截骨之剑，无削掇之。(《书钞》百廿二。觉按：《书钞》卷一百二十二引作："截骨之剑，无削掇之利。"顾氏误脱"利"字。又，此非佚文，见本书 7.2，顾氏失考耳。)

22. 练塘里，勾践练冶铜锡之处。(《水经·渐江水注》)

23. 鹿野山，越之麋苑也。(同上)

24. 越王都埤中。(同上)

25. 眉间尺逃楚，入山，道逢一客。客问曰："子眉间尺乎?"答曰："是也。""吾能为子报雠。"尺曰："父无分寸之罪，枉被荼毒。君今惠念，何所用耶?"客曰："须子之头，并子之剑。"尺乃与头。客与王，王大赏之，即以镬煮其头，七日七夜不烂。客曰："此头不烂者，王亲临之。"王即看之。客于后以剑斩王头，入镬中。二头相龁，客恐尺不胜，自以其(觉按：《御览》无"其"字)剑拟头入镬中。三头相咬，七日后，一时俱烂，乃分葬汝南宜春县，并三冢。(《御览》三百六十四)

26. 季札(觉按：《说郛》"季"字前有"吴"，《御览》卷四百九十一"札"皆作"扎")去徐而归，行于道，逢男子五月被裘，采薪于道，傍有委金一器。季札见之，忽不入意，顾谓薪者曰："来(觉按：《说郛》"来"上有"尔")取此金。"薪者曰:"君举止何高,视何下也? 五月被裘采薪,宁是拾金者乎?"札惭于斯言,下车礼之,曰:"何子衣之鄙而言之雅也? 予(觉按:《御览》卷四百九十一作"子",当据正)姓为何?"薪者曰:"皮相之士(觉按:《御览》卷四百九十一"皮"上有"君",当补),何足以告姓字乎?"季札有惭色。(《御览》四百九十一,又《艺文》八十节引。《艺文》八十三引:"延陵季子出游于齐,见路有遗金,有披裘采薪者,季子呼薪者取彼地金。薪者曰:'吾当夏五月披裘而薪,岂取金者哉?'"《御览》六百九十四略同。觉按:《说郛》卷二《古典录略》录此文,从开头录至"拾金者乎")。

27. 吴师入郢,阖闾既妻(觉按:《御览》"妻"下有"昭王")夫人,又及于伯嬴。伯嬴,秦康公之女、平王之夫人、昭王之母也。伯嬴操刃曰:"妾闻:'天子,天下之表也;公侯,一国之仪也。天子失制则天下乱,诸侯失节则国危。'今夫妇之道,固人伦之始、王教之端也。今吴弃(觉按:《御览》"弃"作"去")仪表之行,从乱亡之欲,犯诛绝之事,何以行训民乎? 妾闻:'生以辱者,不如死以荣者。'使吴王弃仪表,则无以生存,一举而两仪辱,妾以死守之,不敢闻(觉按:《御览》无"闻")命也。且凡欲近妾者,为乐也。近妾而死,何乐之有? 先杀妾,又何益于君王?"于是吴王惭耻,遂退迁(觉按:《御览》"迁"作"还")舍。(《御览》四百九十一)

28. 昇(觉按:《御览》作"早")平门外糜湖西城者,糜王城也。与越王遥战,越王杀糜王。糜王无头,骑马还武里,乃死,因留葬武里城中。以午日死,至今武里午日不举火。(《御览》五百五十六)

29. 独女山者,诸寡妇女淫泆(觉按:《御览》"泆"作"佚")犯过皆输此山上。越王将伐吴,其士有忧思者,令游山上,以喜其意。(《御览》四十七)

30. 娄门外鸡陂墟者,吴王牧鸡处。(《御览》八百三十三,又九百十八。觉按:《御览》卷八百三十三无"陂",《事类赋注》卷十八无"吴"。)

31. 太官舍,春申君所造殿。后殿名逃夏宫,春申子假君宫也。数失火,因涂雌黄,故曰黄堂。(《御览》九百八十八。按:《越绝书》有此文。觉按:《御览》"黄堂"下尚有"临海水"三字。)

32. 秦徙大越鸟语之人置晋。(《寰宇记》九十三,又引阚骃《十三州志》云:"晋,读为'潜'。")

(觉按:以上为顾观光所辑,见《武陵山人遗书·吴越春秋校勘记》)

33. 禹周行宇内,竭洛涸济,沥淮于泽。(觉按:《文选》卷二十七沈休文《新安江水至清浅深见底贻京邑游好》"清济涸无津"注引。本书6.5有"周行寓内"一句,但无下面两句。)

34. 禹乃登宛委之山,发石,乃得金简玉字,以水泉之脉(觉按:以上见本书6.3)。山中又有一穴,深不见底,谓之禹穴。(觉按:《史记·太史公自序·正义》引)

35. 至勾践迁都山阴,立禹庙为始祖庙,越亡遂废也。(觉按:《史记·太史公自序·正义》引)

36. 阖闾葬虎邱,十万人治葬。经三日,金精化为白虎,蹲其上,因号虎邱。秦始皇东巡至虎邱,求吴王宝剑,其虎当坟而踞,始皇以剑击之,不及,悮(觉按:当作"误")中于石,其虎西走二十五里,忽失于今虎疁。(觉按:陆广微《吴地记》引,上半与顾观光所辑第4、第5条相近。)

37. (常州),周改为阳羡。(觉按:《太平御览》卷一百七十引)

38. 夏禹庙以梅木为梁。(觉按:《太平御览》卷一百八十七引)

39. 乐野者,越王所弋猎处也,故曰乐野。(觉按:《太平御览》卷八百三十二引)

40. 山覆釜盎,盎中有金简玉书,皇帝之遗谶也。(觉按:《事类赋注》卷七引)

41. 菜之美者,有骆越之菌、云梦之薑。(觉按:《事类赋注》卷二十四引)

42. 《吴越春秋》《吴地记》等书云:"阖闾城西有山号砚石山,高三百六十丈,去人烟三里,在吴县西三十里,上有吴馆娃宫、琴台、响屟廊。山上有西施洞、砚池、玩月池。山顶之池有葵莼,夏能去热,秋则去寒。"(觉按:见范成大《吴郡志》卷十五。此条合叙二书,不尽可靠,故今加录其书名。)

附录二

《吴越春秋》的研究考证资料辑录

【说明】

前人所撰《吴越春秋》的序跋、提要、考证等文字虽不是很多,但为了节约本书篇幅,今仅录其较重要者。读者若想作深入广泛的研究,可检索本书附录三及前言的注释中所列出的有关文献。所录资料之自注,加用括号以与正文相区别。我的注,则冠以"觉按"以别之。

【资料】

1.【元徐天祜《吴越春秋序》】(录自四部丛刊本《吴越春秋》。四部丛刊本无题,今据冯念祖本、徐乃昌本补题为《吴越春秋序》。)

吴越,古称东南僻远之邦,然当其盛强,往往抗衡上国。黄池之会,夫差欲尊天子,自去其僭号,称子以告令诸侯。及越既有吴,勾践大盟四国,以共辅王室。要其志,皆归于尊周,其知所天矣。孔子作《春秋》,虽小国犹录而书之,而况以世言则禹、稷之裔,以地言则会稽、具区,其川其浸,《周·职方氏》列为九州之首,皆足以望天下,故记可阙而不传乎?《吴越春秋》,赵晔所著。《隋、唐·经籍志》皆云十二卷,今存者十卷,殆非全书。二《志》又云"杨方撰《吴越春秋削繁》(《唐·志》作"烦")五卷,皇甫遵撰《吴越春秋传》十卷(《隋·志》缺"传"字)。"此二书今人罕见,独晔书行于世。晔《传》在《儒林》中。观其所作,乃不类汉文。按邯郸李氏《图书十志目》,亦谓杨方尝刊削晔所为书,至皇甫遵遂合二家考正,为之传注。又按:《史记》注有徐广所引《吴越春秋》语,而《索隐》以为今无此语者。他如《文选》注引季子见遗金事,《吴地记》载阖庐时夷亭事,及《水经注》尝载越事数条,类皆援据《吴越春秋》。今晔本咸无其文,亦无所谓传注,岂杨方所已刊削而皇甫所未考正者耶?晔书最先出,东都时去古未甚远,晔又山阴人,故综述视他书所纪二国事为详,取节焉可也。其言上稽天时,下测物变,明微推远,憿若蓍蔡。至于盛衰成败之迹,则彼己君臣,反覆上下,其论议,种、蠡、诸大夫之谋,迭用则霸;子胥之谏,一不听则亡;皆凿凿然,可以劝戒万世,岂独为是邦二千年故实哉?晔书越旧尝锓梓,岁久不复存,汴梁刘侯来治越,奖励学校,蒐遗文,修坠典,乃辍义田,廪羡财,重刻于学。不鄙谀(觉按:当依四部备要本作"谡")闻,属以考订,且命序其左端。夫越人宜知越之故,则是举也,于所阙不为无补,遂不得辞。厥既刊正疑讹,过不自量,复为之音注,并考其与传记同异者,附见于下而互存之。惜其间文义犹有滞碍不可训知,不敢尽用臆见更定,又无皇甫本可证,姑从其旧,以俟后之君子考焉。侯名克昌,世大其字云。郡人前进士徐天祐受之序。

  2.**【明钱福《重刊吴越春秋序》】**(录自四部丛刊本《吴越春秋》)

    古者列国皆有史官以掌记时事,若孔子因鲁史以脩《春秋》者是也。《吴越春秋》乃作于东汉赵晔,后世补亡之书耳。大抵本《国语》《史记》,而附以所传闻者为之。元徐天祐谓其"去古未远",又"越人宜知越之故","视他书所记二国事为详",得之矣。天祐之所考注亦精当,第谓其"不类汉文?"者,其字句间或似小说家。观《儒林传》,称其所著复有所谓《诗细》者,蔡邕读而叹息,以为长于《论衡》。今《论衡》故在也,鄙俚怪诞者不少,则东汉末亦自有此文气矣。谓其"非全书",则吴越颠末亦备矣。《隋、唐·经籍志》多二卷,意者西施之至吴、范蠡之去越乎?若附会于谶纬梦卜之说,则固当时所尚,而左氏传《春秋》亦多述焉,不可尽谓其无据也。其大旨,夸越之多贤,以矜其故都;而所编《传》,乃内吴而外越,则又不可晓矣。自科举声律之学兴,而古书散佚无留意者,虽好古博雅之士,历代《经籍志》所载,亦或不能举其篇目,故有志于集古者,皆在所取也。去年秋,监察御史宁乡袁公大伦奉命来按吴,体正而蠹剔,威加而惠流,乃本古观风之法,访吴之故于吴邑侯任丘邝廷瑞。侯素称稽古尚文,历举郡乘所载者以对,公问其所本始,侯辞焉。公乃手出是编授之,侯读之,曰:"命之矣。古者使于其国,仕于其邦,不能举其地之故,君子耻焉。吾乃今知吴山川城郭之所名也,吾乃今知封疆因革之所始也,吾乃今知民情土俗之所由也。吾不忍自私,当重梓以行于吴人,俾无忘厥本。"乃属郡史冯弋等录而刻之。既成,走书属予序。盖侯第进士时,以予为知己,而袁公亦吾榜进士之杰也。呜呼!孟轲氏称:"入则无法家拂士、出则无敌国外患者国恒亡,然后知生于忧患而死于安乐也。"观二国之兴而偾,偾而兴,斯昭昭矣。骄畏之殊,兴亡所系;忠谗之判,祸福攸分。可畏哉!予窃怪夫大言无术自暇以怠人者曰"大数已定,无庸人力",又曰"天子有道,守在四夷",此英雄驾驭之言,非臣子思患预防之策也。禹、益儆惕于三苗之师,成、康不忘乎戎兵之诘,其见远矣。是书所载,若胥之忠,蠡之智,种之谋,包胥之论战,孙武之论兵,越女之论剑,陈音之论弩,勾践之畏天自苦、臣吴之别辞、伐吴之戒语,五大夫之自效,世亦胡可少哉？所载孔子、子贡事不可据,而其谋则在当时游说之至高者也。相传《越绝书》为子贡撰,抑亦有所本云。噫! 书称轼怒蛙尚足以激士,而况读其书、论其世,能不少动于衷者,其亦非夫也夫! 至于司职方、掌外史,地里所在,必有所因而名,附会以成其说者,多不可辩验。然与其信乎今,不若传诸古;与其徵诸远,不若考乎近。是又今日邝侯崇信此书之意,而袁公博古之功不可诬也。因附予所欲言为序。

　　弘治十四年,岁在辛酉,夏五朔旦。
　　赐进士及第翰林
　　国史脩撰儒林郎华亭钱福与谦序

　　3.【清永瑢等《四库全书总目》卷六六】(录自中华书局影印浙江本,台湾商务印书馆影印的《文渊阁四库全书》第463册中收《吴越春秋》六卷,其《提要》与此不尽相同,今注明其中较有意义的异文,供读者参考。)

　　《吴越春秋》十卷(觉按:文渊阁本提要作"六卷")兵部侍郎纪昀家藏本

　　汉赵煜(觉按:此避清圣祖讳而改)撰。煜,山阴人,见《后汉书·儒林传》。是书前有旧序,称"《隋、唐·经籍志》皆云十二卷,今存者十卷,殆非全书"。又云"杨方撰《吴越春秋削繁》五卷,皇甫遵撰《吴越春秋传》十卷。此二书,今人罕见,独煜书行于世。《史记》注有徐广所引《吴越春秋》语,而《索隐》以为今无此语。他如《文选》注引季札见遗金事,《吴地记》载阖闾时夷亭事,及《水经注》尝载越事数条,类皆援据《吴越春秋》,今煜本咸无其文"云云。考证颇为详悉,然不著名姓(觉按:四部丛刊本等均著名姓)。《汉魏丛书》所载,合十卷为六卷,而削去此序并注(觉按:并未削去注),亦不题撰人,弥失其初。此本为元大德十年丙午所刊,后有题识云:"前有(觉按:文渊阁本提要无"有")文林郎国子监书库官徐天祜音注。"然后知注中称"徐天祜曰"者,即注者之自名,非援引他书之语。惟其后又列绍兴路儒学学录留坚(觉按:文渊阁本提要"坚"作"圣")、学正陈昺伯、教授梁相、正议大夫绍兴路总管提调学校官刘克昌四人,不知序(觉按:文渊阁本提要"序"作"究")出谁手耳。煜所述虽稍伤曼衍,而词颇丰蔚。其中如伍尚(觉按:当作"子胥")占甲子之日,时加于巳;范蠡占戊寅之日,时加日出,有"螣蛇"、"青龙"之语;文种占阴画六、阳画三,有"元(觉按:文渊阁本提要作"玄",此乃避清圣祖讳而改)武"、"天空"、"天关"、"天梁"、"天一"、"神光"诸神名;皆非三代卜筮之法,未免多所附会。至于处女试剑、老人化猿、公孙圣三呼三应之类,尤近小说家言,然自是汉、晋间稗官杂记之体。徐天祐以为"不类汉文",是以马、班史法求之,非其伦也。天祐注于事迹异同颇有考证,其中如季孙使越、子期私与吴为市之类,虽犹有未及详辨者,而原书失实之处,能纠正者为多。其旁核众说,不徇本书,犹有刘孝标注《世说新语》之遗意焉。

  4.【徐乃昌《吴越春秋跋》节录】(摘自徐乃昌校刊的明翻元大德本《吴越春秋》之后)

  《吴越春秋》十卷,明缮元大德本,题曰"后汉赵晔撰",前有徐天祐序,卷十末有"大德十年岁在丙午三月音注"、"越六月书成刊板十二月毕工"两行,"前文林郎国子监书库官徐天祐音注"一行,"正议大夫绍兴路总管提调学校官刘克昌"及"儒学梁相"等衔名四行。每叶十八行,行大小十七字,板心分十卷,字样、款式、题名均与大德本同,讹字甚少,佳刻也。而与元刻不同者,一字数,元小字二十六七字不等,此大小十七字;一板心,元分上下二册,此分十卷而已。(另有明刻本,每叶十六行,行二十七字,亦有衔名,款式亦雅。)乃昌得此书。爱其古雅,变交鄂工缮雕,并为缺雠。本书如馀祭、夷昧之年,郑定公、波太子之事,均异他书,则汉人所见之书,非今日所能强证。徐注亦时时订之。……

  5.【余嘉锡《四库提要辨证》】

  嘉锡案:吴寿旸《拜经楼题跋记》言其先人曾从元刻补钞徐天祐序并补注九条云云。今案音注即是天祐所作,则序自宜出于天祐之手,吴氏之说盖是也。至于后列之留坚(觉按:"坚"当作"圣")等四人姓名,不过因书刻于郡庠,因而幸附骥尾耳,恶得作此序乎?《提要》于天祐事迹不详。考《宝庆续会稽志》卷六进士题名云:"嘉定三年壬戌,方山京榜徐天祐。"《万姓统谱》卷七云:"徐天祐(祐误祐),字受之。父粗,朝奉大夫知惠州。天祐初有慧质,颖悟夙成,以惠州任为将仕郎,诠试为词赋第一。注归安尉,地近事烦,而尉职犹剧。天祐既试以吏事,众皆惊服。贵人居邑者,将嘱事,出谓人曰:'吾见尉,自不敢有所请。'中进士第,时年尚英妙,声华籍藉,为大州教授,日与诸生讲经义,听者感发。德祐二年,以文林郎、国库书监召,不赴,退归城南杜门读书,与人交终不变。四方学者至越,必进谒。天祐高冠大带,议论卓卓,见者咸以为仪形。"《宋诗纪事》卷六十八云:"徐天祐,字受之,山阴人,嘉定三年进士,与王修竹齐名。"至于天祐之序,其所考证,实不甚精,今特举正之于此。案《隋书·经籍志》有《吴越春秋》十二卷,赵晔撰;又有《吴越春秋削繁》五卷,杨方撰;《吴越春秋》十卷,皇甫遵撰。天祐序谓"此二书今人罕见,独晔书行于世",盖因《隋·志》杨及皇甫二书均题"撰"字,遂疑二人别有所撰,与赵书不同也。今考皇甫遵之《吴越春秋》十卷,《唐·志》作《吴越春秋传》,《通考·经籍考》同,并引《崇文总目》云:"唐皇甫遵注(唐字误)。初,赵晔为《吴越春秋》十二卷,其后有杨方者,以晔撰为烦,又刊削之为五卷。遵乃合二家之书,考定而注之"云云。愚案:杨方,《晋书》附《贺循传》后,云:"字方回,会稽人,官至高梁太守,更撰《吴越春秋》,行于世。"《崇文总目》第云"其后有杨方者",而不言方为何时人,殆未检《晋书》欤?《传》所言"更撰"云者,即指削繁而言,非别撰一书也。皇甫遵之书,名之为传,即是书之注,第既合晔与皇甫(觉按:当云"杨方")之书,其意必以为晔书太繁,遵(觉按:当云"方")书太简,故合二书斟酌乎繁简之间以求适乎其中,故较原书少二卷。二人之书即晔书,而云"独晔书行于世",误之甚矣。此书十二卷之本,至宋时尚存,《新唐·志》《读书志》《通考》并著于录,《宋史·艺文志》别史类有此书,已作十卷。考蒋光煦《斠补偶录》,有所校影宋本亦止十卷,则此二卷,当亡于宋末,皇甫遵之书正是十卷。宋本,疑即用皇甫之本,而去其注。然则当云"独皇甫遵书行于世",不当如序所云"独晔书行于世"也。序又云:"徐广《史记》注引《吴越春秋》,而《索隐》以为无其语。"考《吴世家·索隐》云:"徐广引《吴越春秋》云:'王僚,夷昧子。'今检《吴越春秋》,无此语。"序盖即指此条。考之本书《吴王寿梦传》云:"吴人立馀昧子州于,号为吴王僚也。"馀昧即夷昧,徐广所引,殆即因此二语而檃括之,《索隐》以为《吴越春秋》无此语,已误,序从而疑此书,更误矣。其馀若《文选》注诸书所引,亦当在所佚二卷之内。序乃云"今晔本咸无其文",若疑其在方、遵书内也者,何其漫无考证哉!《提要》乃称其考证颇为详悉,过矣!余十五岁时,尝作《吴越春秋辨证》,既悔其少作,原稿又毁,姑撮其大指如此。

6.【黄云眉《古今伪书考补证》】

眉按:徐天祐曰:"《史记》注有徐广所引《吴越春秋》语,而《索隐》以为今无此语;他如《文选》注引季札见遗金事,《吴地记》载阖闾时事、夷亭事,及《水经注》尝载越事数条,类皆援据《吴越春秋》,今晔本咸无其文。"(《吴越春秋序》)孙志祖曰:"《隋、唐·志》俱云《吴越春秋》十二卷;今本止十卷,则徐氏所举佚文,或在二卷之中,未可知也。余又考得《文选·豪士赋叙》注引'文种者,本楚南郢人也,姓文,字少禽'及《太平御览》吴王祠子胥事,并今本所无,则此书之阙佚者多矣。"(《读书脞录》)王芑孙曰:"《晋书·杨方传》:'更撰《吴越春秋》行于世。'则《吴越春秋》当为晋杨方所更撰;而世归赵晔者,独据《隋·志》及马贵与《经籍考》耳。今是书参错小说家言,其文笔不类汉人,或竟出杨方之手。"(《愓甫未定稿》)余谓《晋书》谓杨方"更撰《吴越春秋》",《隋·志》"杨方《吴越春秋削繁》五卷",意所谓更撰者,即就赵晔所撰,损益成书。增者少而削者多,故十二卷减为五卷。其书当名《削繁》,《晋书》盖简言之耳。惟其削者多,故诸书所引,今本多不见;惟其削而有增,故今本文笔不类汉人。皇甫遵《吴越春秋传》,《崇文总目》称遵合赵晔、杨方二家之书,考定而注之,可证杨方更撰之书,异同必多,非仅削繁而已。然则今世所传之《吴越春秋》,殆即杨方更撰之本,经后人析五卷为十卷,而又误去其"削繁"之名;自宋以后,赵书既失,(《唐·志》二书俱录。《宋·志》不著杨书,但著赵晔《吴越春秋》十卷,则赵书至宋以后始亡。芑孙谓独据《隋·志》及《通考》,恐非。惟赵书在唐时亦有阙佚,故《索隐》以为今无此语。)遂以杨书归之赵晔耳。

附录三

本书采撷文献目录

【说明】

　　为了节约篇幅,本书在引用文献时往往仅标出作者姓名或文献简称,而且有时还作了删节或转述。为了便于读者在深入研究时进行查考,现详列其作者、著作全称及其版本,有时还稍作必要的说明。当然,本书写作时所参考的文献不止于此。但对未加征引的文献(如何允中所辑"广汉魏丛书"中的《吴越春秋》、王仁俊《经籍佚文》中的《吴越春秋佚文》、各种索引等等)、引用时不便加以标名的文献(如各种辞书)以及偶尔引用而已在注释中注明的文献,则从略,以节约本附录的篇幅。

　　本书所据文献,除一部分是我的个人藏书外,其余均见于上海图书馆与复旦大学图书馆。读者若想作进一步的查考而有资料匮乏之苦,可求助于上述两馆。

一、本书的原文、佚文及校改原文时所据文献:

　　1. 四部丛刊本——上海涵芬楼1919年影印明弘治十四年(公元1501年)邝璠(字廷瑞)、冯弋所刻《吴越春秋十卷》,见《四部丛刊·史部》。

　　2. 冯念祖本——明万历丙戌(公元1586年)冯念祖卧龙山房所刻《吴越春秋》。

　　3. 汪士汉本——清康熙七年(公元1668年)汪士汉搜罗《古今逸史》残版辑印的《秘书廿一种》中的《吴越春秋》六卷。该书卷一至卷五皆题"新安汪士汉考校",卷六题"明吴琯校"。其实,他的版子即吴琯之版,所以两本全同,卷一至卷五不过是将其卷首剜改了,而卷六则漏剜了。

　　4. 四库全书本——台湾商务印书馆1986年影印的《文渊阁四库全书》第463册中的《吴越春秋》六卷,该书原抄校于乾隆四十六年

(公元1781年)十二月。

5. 徐乃昌本——清光绪三十二年(公元1906年)徐乃昌据明覆元大德本校刊的《吴越春秋》十卷,在《随庵徐氏丛书》中。

6. 顾广圻所录影宋钞本——叶昌炽手录在明刻本上的顾广圻于乾隆甲寅(公元1794年)所校出的影宋钞本《吴越春秋》上的文字,手写本。

7. 蒋光煦引宋本——清蒋光煦校《吴越春秋》时所引录的影宋本文字,在蒋氏所辑的《斠补隅录》中,今据清光绪九年(公元1883年)蒋廷黻重刊本。

8. 四部备要本——中华书局1936年据冯念祖本重排校刊本,见《四部备要·史部》。该书自称据《古今逸史》本校刊,实非,但文字与冯念祖本也有不同。

9.《水经注》引文——北魏郦道元所撰的《水经注》中所引录的《吴越春秋》之文,据上海涵芬楼影印武英殿聚珍版乾隆时刊本。

10.《北堂书钞》引文——唐虞世南所辑的《北堂书钞》中所引录的《吴越春秋》之文,据光绪戊子(公元1888年)孔广陶三十有三万卷堂校注重刊本。

11.《艺文类聚》引文——唐欧阳询等所辑的《艺文类聚》中所引录的《吴越春秋》之文,据上海古籍出版社1982年新1版校点本。

12.《初学记》引文——唐徐坚等所辑的《初学记》中所引录的《吴越春秋》之文,据中华书局1962年出版的校点本。

13.《文选》注引文——唐李善《文选》注中所引录的《吴越春秋》之文,据中华书局1977年影印嘉庆十四年(公元1809年)胡克家重刻宋淳熙本。

14.《吴地记》引文——唐陆广微《吴地记》中引录的《吴越春秋》之文,据张海鹏照旷阁嘉庆十年(公元1805年)刊本,在《学津讨原》第七集第七册中。

15.《太平御览》引文——宋李昉等所编的《太平御览》中所引录的《吴越春秋》之文,据上海涵芬楼影印本,见《四部丛刊》三编子部。

16.《事类赋注》引文——宋吴淑撰注的《事类赋注》中所引录的《吴越春秋》之文,据中华书局1989年版校点本。

17.《吴郡志》引文——宋范成大所撰的《吴郡志》中所引录的《吴

越春秋》之文,据钱熙祚道光二十四年(公元 1844 年)辑刊的《守山阁丛书》中的《吴郡志》。

18.《说郛》引文——元陶宗仪辑《说郛》卷二《古典录略》中所引录的《吴越春秋》之文,据上海商务印书馆 1927 年张宗祥重校排印本。

19. 顾观光所辑《吴越春秋逸文》——附于清顾观光所撰的《吴越春秋校勘记》之后,在清光绪癸未(公元 1883 年)莫祥芝所刊的《武陵山人遗书》中。

20.《左传》——据中华书局 1980 年出版的影印本《十三经注疏》。

21.《国语》——据上海古籍出版社 1982 年 9 月出版的新排点校本。

22.《史记》及其《正义》引文——据中华书局 1982 年第二版点校本。

二、本书前言、题解、注释、附录二所采摭的文献：

1.《周易》——据中华书局 1980 年出版的影印本《十三经注疏》。

2.《尚书》孔安国传、孔颖达疏、陆德明《释文》——所据同上。

3.《诗经》毛公传、郑玄笺——所据同上。

4.《周礼》及郑玄注、贾公彦疏——所据同上。

5.《礼记》及郑玄注——所据同上。

6.《春秋》《左传》及杜预注、孔颖达疏、陆德明《释文》——所据同上。

7.《公羊传》及何休注——所据同上。

8.《谷梁传》及范宁集解——所据同上。

9.《论语》——所据同上。

10.《孟子》及赵岐注——所据同上。

11.《黄帝金匮玉衡经》——据文物出版社等 1988 年影印本《道藏》第 4 册。

12.《国语》及韦昭注——据上海古籍出版社 1982 年版《国语》。

13. 帛书《老子》——据浙江人民出版社 1982 年版《帛书老子注释与研究》。

14.《老子》——据中华书局 1984 年版《老子校释》。

15.《春秋事秋》——据《文物》杂志 1977 年第一期所刊《马王堆

汉墓出土帛书〈春秋事语〉释文》。

16.《世本》——商务印书馆1937年版，在《丛书集成初编》中。

17.《竹书纪年》——据台湾商务印书馆1986年影印的《文渊阁四库全书》第303册。

18.《战国策》——据江苏古籍出版社1985年版《战国策集注汇考》。

19.《荀子》杨倞注——据中华书局1988年版《荀子集解》。

20.《商君书》——据浙江书局光绪二年（公元1876年）校刻的严万里校正本。

21.《韩非子》——据贵州人民出版社1992年版《韩非子全译》。

22.《吕氏春秋》——据上海古籍出版社1986年影印浙江书局《二十二子》。

23.《楚辞》及洪兴祖补注——据中华书局1983年版《楚辞补注》。

24. 刘安等《淮南子》及高诱注——据中华书局1989年版《淮南鸿烈集解》。

25. 韩婴《韩诗外传》——据中华书局1980年版《韩诗外传集释》。

26. 司马迁《史记》及裴骃《集解》、司马贞《索隐》、张守节《正义》——据世界书局缩印本《前四史》。

27. 刘向《说苑》——据中华书局1987年版《说苑校证》。

28. 扬雄《方言》——据上海古籍出版社1984年影印的红蝠山房本《方言笺疏》。

29. 王充《论衡》——据中华书局1979年版《论衡注释》。

30. 班固《汉书》——中华书局1962年排印本。

31. 许慎《说文》——据中华书局1963年影印陈昌治刻本《说文解字》。

32. 刘熙《释名》及毕沅注——据上海古籍出版社1984年影印的光绪二十二年（1896）刊本《释名疏证补》。

33. 袁康《越绝书》——据台湾商务印书馆1986年影印的《文渊阁四库全书》第463册。

34. 范晔《后汉书》——中华书局1965年版点校本。

35. 张揖《广雅》——据江苏古籍出版社1984年影印本《广雅疏

证》。

36. 干宝《搜神记》——中华书局1979年版点校本。

37. 郦道元《水经注》——据上海涵芬楼影印武英殿聚珍版乾隆时刊本。

38. 萧统编《文选》及李善注——中华书局1977年影印胡克家重刻宋淳熙本。

39. 房玄龄等《晋书》——中华书局1974年版排印本。

40. 魏征等《隋书》——中华书局1973年版排印本。

41. 欧阳询等《艺文类聚》——上海古籍出版社1982年新1版。

42. 陆广微《吴地记》——据张海鹏所辑《学津讨原》第七集第七册,张氏照旷阁嘉庆十年(公元1805年)刊本。

43. 刘昫等《旧唐书》——中华书局1975年版排印本。

44. 欧阳修等《新唐书》——中华书局1975年版排印本。

45. 王尧臣等《崇文总目》——据台湾商务印书馆1986年影印的《文渊阁四库全书》第674册。

46. 晁公武《郡斋读书志》——所据同上。

47. 陈振孙《直斋书录解题》——所据同上。

48. 郑樵《通志》——中华书局1987年影印本。

49. 朱长文《吴郡图经续记》——据张海鹏所辑《学津讨原》第七集第七册,张氏照旷阁嘉庆十年(公元1805年)刊本。

50. 李昉等《太平御览》——上海涵芬楼影印本,《四部丛刊》三编子部。

51. 乐史《太平寰宇记》——据台湾商务印书馆影印的《文渊阁四库全书》第469—470册。

52. 范成大《吴郡志》——据钱熙祚道光二十四年(公元1844年)辑刊的《守山阁丛书》本。

53. 徐天祜《吴越春秋》注——据四部丛刊本《吴越春秋》,详前。

54. 马端临《文献通考·经籍考》——华东师范大学出版社1985年版。

55. 脱脱《宋史》——中华书局1977年版排印本。

56. 陶宗仪《说郛》卷二《古典录略》——版本详前。

57. 杨慎《丹铅馀录》——据台湾商务印书馆影印的《文渊阁四库

全书》第 855 册。

58. 胡应麟《少室山房笔丛》——广雅书局光绪二十二年（公元 1896 年）校刊本。

59. 姚际恒《古今伪书考》——朴社 1933 年版。

60. 刘淇《助字辨略》——中华书局 1954 年版。

61. 高士奇《春秋地名考略》——据台湾商务印书馆影印的《文渊阁四库全书》第 176 册。

62. 胡渭《禹贡锥指》——康熙乙酉（公元 1705 年）孟夏四月刊本。

63. 惠栋《春秋左传补注》——据台湾商务印书馆影印的《文渊阁四库全书》第 181 册。

64. 阎若璩《四书释地续》——乾隆癸亥（公元 1743 年）东浯王氏眷西堂刊本。

65. 永瑢等《四库全书总目》——中华书局 1965 年影印浙江本。

66. 卢文弨校语——转引自徐乃昌《吴越春秋札记》，版本见下。

67. 钱大昕——①《淮南天文训补注·序》，引自钱塘《淮南天文训补注》，版本见下。②转引自中华书局 1989 年版《淮南鸿烈集解·天文训》所引。

68. 钱塘《淮南天文训补注》——湖北崇文书局光绪三年（公元 1877 年）版。

69. 段玉裁《说文解字注》——上海古籍出版社 1981 年影印经韵楼藏版。

70. 王念孙《广雅疏证》——江苏古籍出版社 1984 年影印王氏家刻本。

71. 王引之——①《经传释词》，岳麓书社 1985 年版。②《经义述闻·太岁考》，江苏古籍出版社 1985 年影印道光七年（公元 1827 年）重刊本。③转引自中华书局 1989 年版《淮南鸿烈集解·天文训》所引。

72. 朱骏声《说文通训定声》——武汉市古籍书店 1983 年影印临啸阁藏版。

73. 顾广圻所录影宋钞本——版本详前。

74. 顾观光《吴越春秋校勘记》——据莫祥芝光绪九年（公元 1883

年)所刊《武陵山人遗书》。

75. 成蓉镜《禹贡班义述》——广雅书局光绪十四年(公元 1888 年)刊本。

76. 莫友芝——据明刻本《吴越春秋》莫友芝手跋。

77. 蒋光煦《吴越春秋》校语——据蒋廷黻光绪九年(公元 1883 年)所刊的《斠补隅录》。

78. 俞樾《曲园杂纂》卷十八《读吴越春秋》——据光绪二十五年(公元 1899 年)刊《春在堂全书》本。

79. 孙诒让《札迻》——光绪廿年(公元 1894 年)刊本。

80. 皮锡瑞《郑志疏证》——光绪己亥(公元 1899 年)刊本。

81. 徐乃昌《吴越春秋札记》及《跋》——附于徐乃昌光绪三十二年(公元 1906 年)校刊的《吴越春秋》之后,在《随庵徐氏丛书》中。

82. 余嘉锡《四库提要辨证》——中华书局 1980 年版。

83. 杨树达《词诠》——中华书局 1965 年第 2 版。

84. 黄云眉《古今伪书考补证》——齐鲁书社 1980 年新 1 版。

85. 裴学海《古书虚字集释》——中华书局 1954 年版。

86. 吴承洛《中国度量衡史》——商务印书馆 1937 年版。

87. 四部备要本——详前。

88. 姚承祖著、张至刚增编《营造法原》——中国建筑工业出版社 1986 年第 2 版。

89. 周法高《中国古代语法·称代篇》——据复印本。

90. 杨伯峻《春秋左传注》——中华书局 1981 年版。

91. 张传玺主编《中国古代史教学参考手册》——北京大学出版社 1985 年版。

92. 苗麓点校的《吴越春秋》——江苏古籍出版社 1992 年第 2 版。

93. 《对照表》——方诗铭、方小芬编著的《中国史历日和中西历日对照表》,上海辞书出版社 1987 年版。

94. 张觉《古汉语中的谦称》——载《贵州文史丛刊》1989 年第 4 期。

95. 张觉《韩非子全译》——贵州人民出版社 1992 年版。

后 记

仆守贫处穷，旷日离久，每仰勾践卧薪尝胆之志，然未闻其饮溲食恶之为也。今治是书，始惊其忍垢吞辱若此其甚也。然所谓大丈夫之能屈能伸，固若此乎？然则不忍为卑躬屈膝者，宜乎其入冷宫；不忍为请命乞恩者，宜乎其不容于世邪？嗟乎！嗟乎！如仆尚何言哉？尚何言哉？文章憎命达，君子固穷乎？

仆乃吴人，虽非出于书香门第，幼少时亦颇得父辈大人之教诲，又曾就学于浏河中学、苏州高级中学，颇得吴风之渐染，然不意为书而有功于故吴也。是书之成，实李立朴先生提携之功；而复旦大学古籍部吴格、刘一萍、上海图书馆古籍组诸君以及张晓东、徐和生诸友热情为我提供、复印各种文献资料，亦成事之前提。在此谨为志谢。

《吴越春秋》易晓处，自可畅读无阻，然其讹误疑难之处亦时见书中，非广闻博识则不能解。区区不才，虽不惮耗时费日，苦心经营，欲毕校、证、释、译之功于一役，以期使拙编成为《吴越春秋》诠释研究史上之里程碑，然孤陋寡闻，管窥蠡测，终不敢自以为是，诚望海内外博雅君子教而正之。

太仓张觉于五角场铁屋
1992年12月18日晨

图书在版编目(CIP)数据

吴越春秋全译/张觉译注.—贵阳:贵州人民出版社,2008.9(2017.2重印)

(中国历代名著全译丛书)

ISBN 978-7-221-08202-2

Ⅰ.吴… Ⅱ.张… Ⅲ.①中国-古代史-吴国(？~前473)②中国-古代史-越国(？~前306)③吴越春秋-译文Ⅳ.K225.04

中国版本图书馆 CIP 数据核字(2008)第 133436 号

书 名	吴越春秋全译	
著 者	〔汉〕赵晔	
译 注	张觉	
责任编辑	赵泓	
特约编辑	王培德	
装帧设计	余强	
出版发行	贵州人民出版社	
地 址	贵阳市中华北路 289 号	
印 刷	三河市明华印务有限公司	
版 次	2008 年 9 月第 1 版	
印 次	2017 年 2 月第 2 次印刷	
开 本	787×1092mm 1/16	
字 数	357 千字	
印 张	24	
印 数	1-3000 册	
定 价	60.00 元	